박권상을 생각한다

# 박권상을
# 생각한다

지 은 이 | 박권상기념회
펴 낸 이 | 김원중
기　　획 | 김재운
편　　집 | 김주화
디 자 인 | 옥미향
제　　작 | 허석기
관　　리 | 차정심
마 케 팅 | 박혜경

초판인쇄 | 2015년 1월 27일
초판발행 | 2015년 2월 3일

출판등록 | 제313-2007-000172(2007. 08. 29)

펴 낸 곳 | 상상예찬 주식회사
　　　　　 도서출판 상상나무
주　　소 | 경기도 고양시 행주산성로 5-10
전　　화 | (031) 973-5191
팩　　스 | (031) 973-5020
홈페이지 | http://www.smbooks.com

ISBN 979-11-86172-02-5 (04070)
　　　 979-11-86172-01-8 (세트)

값 20,000원

영 원 한 저 널 리 스 트

# 박권상을 생각한다

박 권 상 선 생 추 모 문 집 _ 평전

상상
나무

5~6평되는 좁은 박권상 선생의 서초동 서재 한쪽은 50여
년 한국 현대사의 축도인 양 역사적인 기록 사진들로 가득
차 있다.

# 1952~1960 기자 시절

1. 1952년 부산정치파동의 현장을 취재한 박권상 기자는 1953년 휴전을 전후하여 판문점에서 벌인 한국전쟁의 마무리 취재에 미친 듯이 뛰었다. 환도 직후 을지로 2가 합동통신 현관 앞에서

2. 판문점의 막사에서 연락장교들과. 왼쪽에서 세 번째가 박권상 기자

3. 1953년 정전회담 중립국 대표를 취재하는 박권상 기자

4. 1956년 미국 국무성 초청, 신문기자 연수를 마치고 귀국하는 김포공항에서 유석 조병옥과 삼연 곽상훈 등 민주당 최고 간부들과 함께. 왼쪽이 27세의 박권상

# Tell How Korea Cut Illiteracy

South Korea has reduced its illiteracy rate from 60 to 10 per cent since liberation 10 years ago, according to visiting Seoul journalists.

"The figures are those of our Ministry of Education," said Chul-soo Chin, Associated Press correspondent at Seoul.

Chin is one of 11 Korean newswriters who are enrolled as special students in the Northwestern University School of Journalism under the Department of State educational-exchange program.

Chin and two colleagues were visitors at the Daily News plant.

"The reason the drastic reduction in illiteracy is possible," Chin said, "is to be found in the relatively simple Korean alphabet.

"THIS ALPHABET has existed four centuries but under

JUNG-HEE PARK    KWON-SANG PARK

CHUL-SOO CHIN

5

6. 박권상의 눈과 귀, 손의 삼위일체. 그의 관심사는 정치와 언론만이 아니었다. '판소리' 대가를 만나기 앞서 신문을 펼쳐보며 취재구상을 하고 있다(1960년대 논설위원 시절).

5. 1955년 가을 미국 시카고의 지방신문에 실린 국무성초청 연수기자들. 왼쪽부터 진철수, 박중희, 박권상. 이들은 귀국 이후 공부하는 젊은 기자들의 모임을 박권상의 관훈동 하숙집에서 계속하다가 1957년 1월 관훈클럽을 만들었다.

1. 1980년 2월 '서울의 봄'. 박권상의 동아일보 편집국장 시절 김상만 사장은 여야 영수들을 계동 인촌기념관으로 초청 3김의 화해의 분위기를 만들었다. 왼쪽부터 김영삼, 김종필, 정일권, 김대중. 맨 오른쪽에 박권상 편집인

2. 1992년 1월 판문점 판문각에서 월터 크롱카이트와 함께

4. 1990년대 초 '자유기고가' 박권상은 한 달에 한 번 여야 중진 정치인들의 중지를 모으는 일에 정력을 쏟았다. 왼쪽부터 김근태, 조순승, 김용환, 김원기, 박권상, 조세형, 남재희, 이종찬. 이분들 외에 몇 분 더 있다.

3. 1991년 인촌 탄신 100주년을 맞아 인촌언론상을 받은 동아일보 박권상 전 편집인.
동아일보 김상만 회장은 박권상이 군사정권의 압력으로 퇴임한 후에도 각별한 관심을 보였다.

5. 1989년 동아일보에서 강제해직된 지 8년 만에 박권상은 한국 최초의 정통 시사 주간지 시사저널 창간에 편집인 겸 주필로 나선다.

# 1998~2014

1. 1998년 2월 25일 김대중 정부 출범과 함께 정부조직개편심의위원장을 맡은 박권상(왼쪽에서 두 번째)과 김대중 대통령

2. 1999년 4월 21일 엘리자베스 영국 여왕 부부의 방한을 기념하여 마련된 한영 친선음악회가 열린 KBS홀을 방문한 김대중 대통령 내외와 엘리자베스 여왕 내외, 그리고 박권상 사장 내외

3. 1998년 4월 공영방송 KBS를 명실상부한 국민의 방송으로 만들겠다는 대통령의 다짐을 받고 취임한 박권상 사장

4. 5년 후 전 사원의 환송 박수받으며 KBS를 떠나는 박권상 사장

5. 2003년 2월 국민 훈장을 받고

6. 2002년 10월 24일 KBS 국악관현악단의 UN 공연에서 축사하는 박권상 사장

7. 2007년 1월 11일 관훈클럽 창립 50주년. 왼쪽부터 관훈클럽 창립회원 정인양, 임방현, 이정석, 조세형, 박권상, 총무 김창기, 이재숙 KBS 기자

관훈클럽 창립 50주년 축하연

2007.1.11    국제회의장

1. 1960년 어머님 칠순 때. 큰형 박용상(당시 전북일보 사장)이 모시고 있는 전주시 고사동 집에서. 박권상은 네 살 때 아버지(박경래)를 여의었다. 그때 어머님(최성녀)은 40을 갓 넘었다. 독실한 불교신자인 자당의 법명은 최자선화다.

2. 1957년 박권상 군과 최규엽 양은 광주 동부교회에서 백영흠 목사 주례로 결혼식을 올렸다. 이 교회는 1910년대 초 광주 기독교계의 원로 최흥종 목사(신부의 조부)와 오랜 인연이 있다.

4. 1970년대 동아일보 시절 박권상 국장의 가족 사진. 맨 왼쪽(본인)부터 3녀 소라, 2녀 소원. 그 옆이 부인 최규엽 여사. 뒷줄은 장남 일평, 장녀 소희. 유치원부터 여중까지 1남 3녀가 졸망졸망하다.

3. 할아버지와 외손자 인호의 한 때. 2010년 5월 어느 날 밤 서초동 자택에서 쓰러져 3년 8개월 오랜 투병생활을 하기 전의 고인의 밝은 모습

5. 1958년 노스웨스턴대학원에서 신문학 석사를 받고 돌아오는 박권상을 마중 나온 '아버지 같은' 친형 박용상 씨(가운데 · 전북일보 사장)와 김동극 씨(오른쪽 · 세계통신전무)

# 국내외 정상들과

1. 1988년 12월 김수환 추기경과의 신동아 인터뷰

2. 2002년 코피 아난 유엔 사무총장과 환담하는 KBS 박권상 사장

3. 1989년 방한한 빌리 브란트 독일 수상과 함께

To Park Kwon·Sang
With best wishes,   Ronald Reagan

5. 1987년 9월 레이건 미국 대통령 조찬모임에 초청
된 박권상

4. 1992년 4월 마거릿 대처 전 영국수상 개인사무실
에서

6. 1999년 4월 21일 국빈 방문한 엘리자베스 2세 영국 여왕의 방한을 축하하여 여의도 KBS홀에서 열린 한·영 친선음악회에서 환담하는 김대중 대통령과 엘리자베스 여왕, KBS 박권상 사장

7. 2000년 8월 언론사 사장단의 북한 방문 때 북한 김정일 국방위원장과 환담

# 언론 일선에서 치열하게 싸워온
# 참다운 언론인의 자취

박권상기념회 이사장 **김진배**

기자를 천직으로 알고 평생, 언론 외길을 걸은 사람이 있습니다. 언론인 박권상은 1952년 한국전쟁의 포성이 채 끝나지 않은 피난수도 부산에서 합동통신 기자로 출발했습니다. 그는 글 잘 쓰는 정치부 기자였습니다. 신식 기자교육을 받으러 미국에 갔던 박권상 기자는 함께 다녀온 동료 기자들과 자신의 관훈동 하숙집에 모여 공부하고 탐구하는 언론인 모임 관훈클럽을 만들었습니다. 박권상 선생 1주기를 맞아 그를 존경하는 동인들이 두 권의 문집을 세상에 내놓습니다. 그분이 언론 일선에서 치열하게 고민하며 싸워온 참 언론인의 자취를 살펴보려는 소박한 소원을 이 책으로 엮었습니다.

박 선생은 1960~70년대 가장 영향력이 컸던 언론사 동아일보의 논설위원, 편집국장, 논설주간, 편집인으로서 정권의 부당한 압력에 굴복하지 않고 자신이 신앙처럼 지켜온 자유 언론인의 바른길을 묵묵히 걸어간 분입니다. 1980년 전두환 신군부에 의해 동아일보에서 강제해직되어 끝내 신문사로 복귀하지 못했습니다. 대신 그는 1989년 우리나라 최초의 정통 시사매거진 시사저널을 창간했습니다. 1998년 김대중 정부로부터 KBS 사장직을 제의받자 '청와대가 공영방송 KBS 운영에 일절 관여하지 않는다'는 대통령의 확약을 받은 후에야 그 직을 맡아서 공정하고 신뢰받는 공영방송을 만드는 일에 언론인으로서 삶의 마지막 열정을 불살랐습니다.

영광스런 시기의 박권상을 아는 사람은 많습니다. 그러나 그의 실직 10여 년, 굴욕과 고통의 세월을 아는 사람은 많지 않습니다. 그의 막내딸의 말처럼 그의 직업은 '자유기고가' 였습니다. 언론인 박권상 그의 참모습은 이 시기에 '칠흑 속의 촛불' 처럼 빛납니다. 그는 원고지 한 장에 5천 원, 1만 원 하는 자유기고가를 할지언정 글 한 번 쓰는데 기백만 원을 주겠다는 유혹을 과감히 뿌리쳤습니다.

'박권상' 그는 이제 봉분도 표석도 없는 한 그루 나무 밑에 한 줌 하얀 뼛가루 되어 묻혔습니다. 그러나 그가 어찌 저승의 사람으로 그칠 사람입니까. 육신은 가고 없지만 오늘 이승의 우리가 박권상이 주는 준엄한 메시지를 살려내 보자는 것이 이 책을 펴낸 진정한 이유입니다. 나아가 그를 기리는 조그만 기념사업의 시작을 통해 그분의 열정을 우리의 것으로 삼으려 합니다.

이 책의 원고를 써주신 기고자들, 출판사분들, 관훈클럽 신영연구기금을 비롯하여 물심양면으로 도와주신 많은 분들의 이름을 한 분 한 분 알려 고마움을 표시하지 못하는 것을 너그러이 용서하여 주시기 바랍니다.

2015년 1월

# 차례

발간사  14

## 제1부  시대별 영역별 언론 활동

**1952~1971**  1기-기자 박권상  News Journalism 시기

20대에 국내외서 신문기사 현대화에 앞장
– 출입처도 국경도 없이 넘나드는 종횡무진한 정력 – 김진배  23

**1960~1979**  2기-논객 박권상  Opinion Journalism 시기

중량급 정치인 간담회를 주재
– 막후에서 발휘한 정치 논객의 노련한 역량 – 남재희  47

**1980~1989**  3기-저술가 박권상  Book Journalism 시기

'자유혼의 파랑새' 박권상의 언론사상
– 언론자유의 지적 탐험은 학계에서도 독보적 – 김민환  73

**1989~1991**  4기-잡지인 박권상  Magazine Journalism 시기

잡지 역사를 바꾼 정통 시사주간지 창간
– '시사저널' 창간의 키를 잡다 – 표완수  101

**1998~2003**  5기-방송인 박권상  TV Journalism 시기

대통령의 방송독립 약속 받고 사장 취임
– 신뢰와 영향력 1위 매체 이룩한 KBS 5년 – 류 균  132

## 제2부 박권상을 말한다

**신문**

"골프 치는 기자는 부패 기자" – 김대곤　　　　　167

자유주의 언론의 선도자 – 김영희　　　　　175

하늘이 낸 기자 – 김종심　　　　　181

이상주의자, 현실주의자, 지성적 언론인 – 김진현　　　　　188

생애 최고의 동아일보 시절 – 남시욱　　　　　193

우리 시대를 대표하는 지성인 – 심상기　　　　　198

한국 언론의 영원히 빛나는 별 – 이대훈　　　　　207

통일을 내다본 혜안 – 이석렬　　　　　216

신념 투철했던 직업언론인 – 이종석　　　　　221

박 씨 형제의 남다른 은혜 – 이치백　　　　　227

큰형님 같던 언론계 거목 – 임홍빈　　　　　231

89동우회 – 전만길　　　　　236

정언(正言)의 죽비 소리 – 전진우　　　　　242

칼 같은 공과 사 그리고 돈 – 조천용　　　　　247

지금 여기 박권상이 있었다면 – 진철수　　　　　253

자유인 문화인 평화인 – 천승준　　　　　256

**방송**

무지와 싸우는 것이 가장 힘들었다 – 강대영　　　　　260

뉴미디어 방송에 앞장서다 – 김인규　　　　　268

진실과 참된 용기의 승리 – 박인택　　　　　276

지금도 KBS 마이크 앞에 – 이금희　　　　　283

공영방송의 프로그램 개혁 – 이원군　　　　　288

공영방송 독립성을 지켜낸 거목 – 진홍순　　　　　293

남북 방송교류, 화해와 협력의 시대 – KBS 남북교류협력단　　　　　300

# 차례

**학계**

박권상 형과의 즐거운 대화 – 김용운      308
사실과 진실, 자유와 책임 – 김정기      312
"외유에 만감이 교차"하던 박 주간 – 김형국      322
학처럼 매화처럼 – 박종렬      331
런던, 서울, 그리고 최병우 전기의 인연 – 정진석      338
사실은 신성하고 의견은 자유롭다 – 조용철      347
정치 저널리즘을 천직으로 살다 – 최정호      352

**정치 사회**

타고난 천품과 재골(才骨) – 김선홍      361
사람을 그렇게 좋아하셨던 분 – 김원기      368
겹겹이 쌓인 소중한 인연 – 박 실      374
DJ 재임 중 직언만 하신 박권상 선생 – 박지원      380
청아한 대 바람 소리 – 신 건      384
내가 본 박권상 선생과 DJ 선생 – 이강래      390
박권상이 본 블렌하임 성 – 이연택      397
박권상 선배를 그리워하며 – 이종찬      401
한눈팔지 않은 '권생이' 동생 – 이철승      406
3선 개헌 반대 사설을 쓴 용기 – 이희호      412
'사실과 진실'의 구도자 – 장성원      417
자랑스러운 글로벌 언론인의 귀감 – 한승헌      422

제3부　추억. 사랑. 그리움

추억…

박 주간에 대한 이 생각 저 생각 – 소설가 최일남　　429

사랑…

이제라도 사랑한다는 말을 꼭 하고 싶어요 – 아내 최규엽　　441

그리움…

드리고 싶었던 편지 – 장녀 박소희　　452

영국과 아버지 – 차녀 박소원　　460

직업은 '자유기고가' – 삼녀 박소라　　465

수정같이 맑은 인생 아깝고 그립습니다 – 처제 최규경　　469

추도식에서 읽은 고인이 좋아했던 시

"이니스프리 호수섬" – 외손자 인호 애글리 번역　　472

수목장 樹木葬 – 시인 김경명　　474

우뇌적인 탤런트의 아버지 – 장남 박일평　　475

연보_ 전후기자 1세대의 생애(1929년 10월~2014년 2월) 477

편찬을 마치고 490

제1부

# 시대별 영역별 언론 활동

**1952~1971** 1기-기자 박권상 News Journalism 시기

20대에 국내외서 신문기사 현대화에 앞장
– 출입처도 국경도 없이 넘나드는 종횡무진한 정력 – 김진배　　23

**1960~1979** 2기-논객 박권상 Opinion Journalism 시기

중량급 정치인 간담회를 주재
– 막후에서 발휘한 정치 논객의 노련한 역량 – 남재희　　47

**1980~1989** 3기-저술가 박권상 Book Journalism 시기

'자유혼의 파랑새' 박권상의 언론사상
– 언론자유의 지적 탐험은 학계에서도 독보적 – 김민환　　73

**1989~1991** 4기-잡지인 박권상 Magazine Journalism 시기

잡지 역사를 바꾼 정통 시사주간지 창간
– '시사저널' 창간의 키를 잡다 – 표완수　　101

**1998~2003** 5기-방송인 박권상 TV Journalism 시기

대통령의 방송독립 약속 받고 사장 취임
– 신뢰와 영향력 1위 매체 이룩한 KBS 5년 – 류 균　　132

# 20대에 국내외서 신문기사 현대화에 앞장
## – 출입처도 국경도 없이 넘나드는 종횡무진한 정력 –

김진배 (전 동아일보 기자, 전 국회의원)

기자는 선천적으로 소질이 있어야 한다. 사물을 한눈에 꿰뚫어 보고, 자기 대로 판단하는 능력이 있어야 하고, 정확한 용어로 대중에게 의사를 전달할 능력을 갖추어야 한다. 기자의 무기는 글이다. 글 잘 쓰는 기자가 요구되는 것은 이 때문이다. 박권상은 글 잘 쓰는 기자로 일찍부터 소문이 났다. 1955 년 그가 시카고에서 보낸 기사를 보자. 첫 리드는 이렇게 시작된다.

마거릿 공주의 염문으로 연일 신문 1면 톱을 채우던 시카고 신문들이 최근 10일 동안 거의 예외 없이 소학생(초등학생)을 납치하여 목 졸라 죽인 사건을 여기에 대 체했다. 이 사건의 내용인즉 어린 초등학생 4명이 지난 16일 행방불명이 되었고 사 흘 뒤에 교외 어느 숲 속에서 시체로 발견되었다는 것이다. 수천 경찰관의 눈부신 수색활동과 수만 시민의 동정적인 협조에도 불구하고 아직껏 오리무중, 전혀 단서 조차 잡지 못하고 있다는 것이다.

오늘의 트리뷴지 1면은 대가리에 주먹만 한 특호 활자로 범인을 알아내든가 잡아내는 사람에게는 일금 2만 7천 달러, 그러니까 한화로 약 2천만 환의 포상이 있을 것이라는 내용의 기사가 실렸다. 하루에 60페이지씩이나 나오는 신문의 7~8페이지쯤 배당되어야 할 듯도 하다. 그러나 잇달아 10일 동안 계속되는 이 센세이셔널리즘엔 아연하지 않을 수 없었다.

그의 눈에 비친 미국 신문의 센세이셔널리즘이 23회에 걸치는 르포 기사의 첫 번째였다. 50년 뒤의 지금 우리 기자나 독자가 보아도 미국 사회와 언론을 보는 시각이 남다른 대목이다. 다시 몇 줄 더 보자.

이런 데서 미국 사람들의 기질을 옳게 볼 수 있는 것 같았다. 수백만의 인명이 희생되고 국토가 초토로 변한 우리로서는 몇 사람쯤 원인 모르게 죽었댔자 그리 놀랄 일은 아니라고 할지 모른다. 그것은 인간의 존엄성을 잊었기 때문이 아니라 그런 참사에 거의 불감증이 되어버렸기 때문이다. 설사 그렇지 않더라도 우리 한국의 신문으로서는 마거릿 공주 기사를 며칠씩 톱기사로 싣는다든가 어린이 피살사건을 이틀이나 이렇듯 떠들어 대지는 않을 것이다.

그의 문장은 지금 문장과 크게 다르지 않을 만큼 신선한 느낌을 주고 있다. 상투적이라거나 진부하거나 교훈적인 냄새가 나지 않는다. 모든 것이 생소한 후진국 기자의 한 사람으로서 갖기 쉬운 사대적이라거나 감격적인 문구들은 거의 찾아보기 어렵다. 냉철한 관찰자의 입장이다. 짧은 몇 달 동안의 교육이나 훈련으로 어떻게 이러한 매끈한 신문기사가 나올 수 있었을까.

그가 기사를 처음 쓰기 시작한 것은 1952년 여름 23세 때 합동통신 기자를 시작한 피란수도 부산에서였다. 직선제 개헌안을 둘러싸고 이승만과 야당 사이에 엄청난 파동을 일으켰던 피란 국회 시절이다. 그 무렵 합동통신은 요즈음의 '풀 기자' 같은 구실을 했다고 한다. 다른 사들의 경우 출입기자 한 사람이 국회를 담당한 데 비해 합동통신은 2~3명이었다. 그는 김진학 정치부장을 따라 정력적으로 일했고 전국의 여러 신문에 상당히 많은 기사가 보내졌지만 어느 것이 그의 기사인지는 가려내기 어렵다.

통신사 기자이던 박권상이 자기 기사를 따로 정리한 자료는 발견되지 않고 있다. 흔히 신문에 기사를 쓰거나 기명 칼럼을 쓰는 요즈음 기자와는 다르다. 이 조그만 기사들은 그 당시의 신문 문장이나 '박권상 언론학'을 연구하는 데 아마 문헌사적 가치가 있을 것이다. 5년 전쯤 나는 이 기사를 전북대학 도서관에서 복사해서 필자에게 드렸다.

귀국 직전에 보낸 그의 르포 기사는 앨라배마주의 모빌에서 보낸 학교에서의 흑백인 차별 문제를 다루고 있다.

## 앨라배마 대학의 흑백차별 논쟁

앨라배마 주립대학에 흑인으로서 최초로 입학했다가 백인학생의 반대시위로 일단 등교를 정지당한 오스틴 루시 양의 장래문제와 여기에서 파생되는 여러 가지 문제를 둘러싸고 일찍이 없던 논쟁이 벌어지고 있다. 미국 전 지역의 신문 논평은 물론 흑인 분리 문제에 직접 관계를 갖고 있는 남부 일대에 크나큰 인종 문제로 번지고 있다.

문제는 비단 루시 양의 수학 여부에 그치지 않는다. 1천8백만을 헤아리는 흑인이 사회적으로 백인과 동등한 지위를 얻게 되느냐의 여부가 인종 차별문제의 큰 표준이 될 것이다.

흑인에 대한 백인의 편견이 하룻밤 사이에 바뀌지는 않을 것이고 앞으로 상당기간 계속되겠지만 '흑백공학'이란 영단이 실천단계에 들어가고 있다는 데 의의가 있다. 모든 일이 더디게 진행된다는 것은 민주주의의 장점인 동시에 단점인 그러나 불가피한 생리인 까닭이다.

신문 공부를 하러 간 박권상 기자는 이러한 현상들을 그저 지나치지 않았다. 마치 그런 문제를 취재하기 위해 특파된 기자처럼 정면으로 다루었다.

얼마 뒤 미국 연수를 마치고 귀국 길에 오르는 박권상 기자는 워싱턴 한국 대사관에서 양유찬 대사를 만나 1956년의 정·부통령 선거를 전망하는 가운데 깜짝 놀랄 말을 듣게 된다. 이 대통령이 계속 집권하지 않으면 미국의 경제원조는 끊기고 말 것이라는 게 양 대사의 말이었다. 1956년의 한국에 대한 미국의 원조는 2억 6,000만 달러 규모, 혹시라도 그 돈이 끊어지기라도 한다면 전후 복구 사업을 벌이기는커녕 공무원들 월급도 주기 어려웠다. 공급부족으로 물가 상승률은 연 100%가 넘었다. 저축은 5% 수준이었다.

어떤 기사를 보냈을까.

양유찬 주미 대사는 22일 그가 "부통령에 출마할 것인가" 하는 질문에 대하여 오직 이 대통령의 결정에 달려 있다는 그의 태도를 명백히 하였다. "이 대통령이 귀하를 부통령으로 지명할 것으로 보느냐"는 질문엔 답변을 회피하였다. 그러나 동 대사는 그가 이 대통령에 '직언할 수 있는 가장 측근의 위치'에 있다는 점을 여러 가지로 설명함으로써 대통령의 그에 대한 신임 척도를 강력히 시사하는 한편 "자유당원의 일원으로서 부통령 후보자에 누구를 천거하겠는가" 하는 질문에 대해서는 그때 가봐야 한다고 매우 함축 있게 언명하였다.

양 대사는 이 대통령의 재선을 확언하여 "이 박사를 제외하고 누가 이 난국을 극복해 나가겠는가"라고 반문하고 "한국의 투표자들은 만일 대통령이 하야하시는 경우 미국은 한국에 대한 경제 원조를 중지하게 될 것임을 알아야 할 것"이라고 심각하게 말하였다. 그는 이 대통령의 정치적 대립자로 간주되는 민주당 최고위원 장면 씨와 신당 발기위원회 지도위원 이범석 씨를 '유약한 자'와 '독재자'라고 말하고 대통령으로서의 자격이 완전히 결여되어 있다고 규정했으며 미국 정계 지도자들 간의 뚜렷한 정평이라고 부연하였다. 이러한 사람들이 정권을 잡게 되는 경우 미국은 대한 원조를 중지하게 될 것이라고 예단하여 말하였다.〈워싱턴발 23일 합동〉

200자 원고지 12장(A4용지 3장) 분량의 긴 기사 가운데 앞머리 몇 줄이다. 이 기사는 동아일보와 조선, 경향, 서울, 한국은 물론 한때 발행 부수가 이들 피란 온 전체 신문을 합친 것보다 많았던 부산의 국제신문과 부산일보의 24일 석간 또는 25일 조간에 톱 또는 중간으로 크게 실렸다. 합동통신 자체의 기사가 이토록 큰 충격을 준 일은 일찍이 없었다. 야당과 국회가 벌떼같이 일어나 양 대사의 소환을 요구하고 경무대(청와대)와 대사관의 정치 간여를 비난했다. AP, 합동은 물론 경쟁사 UP, 동양까지 주미 대사로부터 기사의 신빙성을 재확인한다. 곧 이승만의 이에 대한 긍정적인 담화가 나온다.

## 이 박사 떨어지면 미국 원조 중단

어떤 질문을 어떻게 했기에 신중함이 몸에 배어 있을 외교관의 입이 이토록 오만한 말을 기관총처럼 쏟아낼 수 있었을까. 박권상 기자는 뒷날 '그날의 대화'를 기록에 남겼다(「미국에서 보낸 첫 기사」, 「저널리즘」, 1984).

워싱턴시 매사추세츠가 2322번지 주미 한국대사관 2층 대사실. 양유찬 주미 대사는 그를 찾아간 합동통신의 박권상 기자와 평화신문의 조세형 기자를 만난다. 그는 그해 5월에 실시되는 대통령 선거에 각별한 관심을 나타내면서 두 기자의 의견을 물었다.

"그래, 이 박사가 다시 당선되는 건 문제없지?"

"글쎄요, 그렇게 간단하게 점칠 수 있겠습니까. 이 박사는 부산정치파동 때 억지로 헌법을 고쳐 무리하게 재선됐는데, 그리고 재작년 54년 총선거에서 역시 무리하게 이긴 다음 이른바 사사오입개헌으로 억지로 헌법을 고쳐 초대 대통령에 한해서는 중임금지조항의 적용을 받지 않고 몇 번이고 출마할 수 있게 해놓기는 했지만 만일 진정한 자유선거가 실시된다면 이 박사가 손쉽게 이긴다고 속단할 수 있을까요?"

"이봐요, 미스터 박, 그러니 큰일 날 수 있지요. 이 박사가 떨어지면 큰일 난단 말이오."

"이 박사가 대통령이 안 된다고 해서 나라가 산산조각이라도 난답디까."

"나지요. 미국의 원조가 끊겨요. 미국의 원조가 말입니다. 이게 큰일 아니고 무엇이 큰일이오? 미국의 원조 없이 우리가 생존할 수 있다고 믿어요?"

두 시간 남짓 이야기가 끝나고 점심을 같이 했다. 그 자리에서 기사를 쓰겠다고 밝혔다. 양 대사는 당연히 보도된다는 걸 의식하고 있다고 흔쾌하게 말했다.

박권상 기자는 기사의 어디에도 자기 의견을 끼워 넣지 않았다. 사실은 신성하고 그에 대한 의견은 이 기사를 읽는 독자의 몫이기 때문이었다. 정치부 기자 3년 반밖에 되지 않았는데도 그는 그가 미국에서 배운 대로 썼다. 양 대사는 이기붕 국회의장과 같은 1897년생. 3·1운동 전에 일찍이 미국에 건너가 개업의가 되었다. 한국전쟁 때 장면 대사에 이어 10년 동안 주미 한국대사를 지냈고, 1951~53년 한일 예비회담이 열렸을 때 수석대표를 맡았다. 이승만과 가장 가까운 미국통의 거물이다. 박정희 정권 초기에도 순회대사를 지냈다.

1956년의 대통령 선거는 양 대사의 예측과는 달리 국회의장 신익희와 지난날의 공산주의자로서 해방과 함께 이승만의 우익으로 전향, 농림부 장관을 지낸 조봉암의 대결이었으며 대통령에 도전할 것으로 본 민주당의 장면 전 총리는 부통령에 출마, 자유당의 이기붕 의장을 꺾었다. 비록 등장인물은 달랐으나 5개월 뒤의 정·부통령 선거가 한강 백사장의 기적을 낳고 호남선 열차 속에서 일어난 심장마비가 정권교체의 한판 승부를 앗아갈 줄은 아무도 몰랐다. 허나 오늘의 우리에게 시사하는 것은 미국 워싱턴에서 박권상 기자는 이 선거가 만만찮겠다는 것을 예고했다는 것이다.

## 신문기사 문장의 황무지를 일군 선각자

이보다 2년 뒤 1958년 서울에서 발행한 유력지의 톱기사를 보면 박권상의 기사 스타일과는 크게 다름을 한눈에 알 수 있을 것이다.

제22회 정기국회는 20일 상오 국회의사당에서 엄숙히 개원식을 거행함으로써 개막되었다. 이날 이 대통령이 국회에 보낸 메시지를 수석국무위원인 김 내무부 장관이 대독하였는데 이 대통령은 동 메시지에서 ① 참의원 선거를 무슨 방식으로든지 속히 진행할 것 ② 국무위원들을 무시로 출석시키지 않도록 삼가고 서면으로 질문토록 할 것 ③ 정부에서 물건을 사고파는 가격 결정을 행정부로 하여금 결정케 할 것 ④ 사법부에 재판관 되는 사람들은 세계에 없는 권리를 가지고 행세하고 있으며 어떤 방면으로든지 재판장의 권한이 한정이 있어야 하겠다는 것 등을 강조하였다.

이 기사는 알기 쉽게 한글로 고쳐 썼다. 대통령의 국회에 보낸 문서가 얼마나 오만하고 반민주적인가는 우선 덮어두자. 지금은 신문 문장을 챙겨보는 자리니까. '메시지'라는 외래어 외에 한문 활자가 촘촘하게 꽉 박혀 있다. 기사가 끝 간 데 없이 긴 데다 주어마저 분명치 않다.

'엄숙히' 개원식을 했다는 것이 톱기사의 리드다. 엄숙하지 않은 개원식이 있었던가. 국회 발표를 그대로 받아쓰는 관청 홍보용 저널리즘을 성경처럼 따르고 있다. 둘째 줄에 주어가 '이 대통령', '수석 국무위원', '김 내무부 장관'이 잇달아 튀어나오는데 이 말이 누구 말인지 한참 뜯어보아야 알 정도다. 데스크를 거친 기사의 스타일이 이 정도다. 이보다 2, 3년 전 기사는 더 엉망이다.

국회는 작 27일 휴회일임에도 불구하고 50명 사고 의원 관계로 긴급회의를 개의하게 되었으나 하오 1시까지 출석의원은 56명에 불과하여 회의를 열지 못하고 결국 각 의원들에게 통지하여 하오 2시 반 개회하기로 하고 일단 산회하였다. 한편 삼우장파 의원을 제외한 50여 국회의원은 사고 의원들의 귀환을 기다려 재작 26일 밤 9시까지 국회의사당에서 대기하고 있었으나 그때까지 돌아오지 않아 일부 의원들은 각각 돌아가고 20여 의원은 국회의장 및 부의장실에서 철야 농성하였다 한다.

25, 26 양일의 사고로 인하여 본회의에 출석하지 못하였던 국회의원 50명은 27일 하오 2시 반 9인을 제외한 41명만이 의사당으로 귀환하였다.

기사의 한 글자 한 글자를 손가락으로 짚어가며 읽기 전에는 무슨 뜻인지 알기 어렵다. 문단을 쪼개어 보면 긴급회의를 개회하게 되었으나-회의를 열지 못하고-일단 산회하였다. 본회의에 출석하지 못하였던 국회의원 50명은 9인을 제외한 41명만이 의사당으로 귀환하였다.

기사의 어떤 대목이 이토록 혼란스럽게 했을까. 그저 들은 대로 죽 나열했기 때문이 아니었을까. 무엇이 이 기사를 1면 톱으로 올리게 만들었을까. 산회인가, 철야농성인가, 국회로 돌아온 41명의 의원인가, 아직도 군 수사기관에서 조사를 받고 있는 9인의 의원인가, 그들은 누구누구인가.

## 관훈클럽에서 문장개선 고민부터

박권상이 기자 초년에 겪은 의문은 왜 우리는 영국이나 미국의 신문들처럼 간결한 문장을 쓰지 못하고 접속사를 붙여 길게 끌어가느냐였다. 어느 것이 주어인지 분명치 않고 수식어가 더덕더덕 붙어 큰 줄기의 뜻을 흐리게 하는 기사를 볼 때마다 한심스럽다는 생각이 들었다. 다행스럽게도 통신 문장과 신문 문장을 비교할 때 신문의 경우가 통신보다 훨씬 이러한 병폐가 심했다. 왜 신문이 그렇게 되었을까. 덧칠 때문이었다. 자기 의견을 섞고 거기에다 데스크가 신문사의 '취향'에 따라 과장과 왜곡을 감행했다. 크게 보면 역시 정론지의 병폐가 암세포처럼 전 지면, 특히 흔히 정치면이라는 1면에 나타나기 일쑤였다. 한 말에서 일제를 거쳐 해방 뒤까지 관청용어, 법정용어, 국회용어를 그대로 쓰는 것에 아무런 반성이나 검토 없는 신문 풍토를 박권상은 일찍부터 개탄했다. 최병우, 진철수, 이시호, 임방현, 조세형, 정인량 등 관훈클럽 초기 멤버들이 이러한 신문 문장을 어떻게 개선할 것인지 고민하며 공론의 지평을 넓힌 것을 지금에야 알겠다.

관훈클럽이 연구 성과로 내놓은 「회지(관훈 클럽에서 낸 「관훈저널」 전신)」 첫 호는 '독자를 위한 신문기사' (이시호), '신문 문장의 구두점' (임방현)을 서두에 실어 신문 지면을 독자가 알기 쉽도록 쓰자는 데 초점을 맞추었다.

박권상은 부산 피란 시절이나 수복 뒤 폐허가 된 서울에서나 통신을 내는 편에 따라 하루에도 5, 6건의 기사를 보내기 일쑤였다. 다른 일간지 기자들과는 비교할 수 없는 많은 기사를 자주 보냈다. 그러면서도 항상 왜 우리는 '외국 신문과 같은 산뜻한 기사'를 만들지 못하고 엉성하고 지루하며 지저분한 기사를 만드는지 가슴이 답답했다. 더군다나 통신기사가 자기 사 기자가 쓴 기사보다 좀 낫더라도 표절은 할지언정 정직하게 통신사의 이니셜을 붙이는 데 인색했다. 굳게 닫힌 자사 폐쇄주의의 빗장이었다. 이런 궁지의 고민을 풀어 준 사람이 뜻밖에도 조선일보의 최병우 기자였다. 나이는 자기보다 몇 살 위지만 신문기자를 시작한 지 얼마 되지 않은 기자였다. 주일 대표부나 한국은행 등 신문기자 아닌 다른 직업을 가졌던 사람이었다. 판문점에 가는 미군용 버스 속에서 최 선배가 건네주는 조선일보를 보았다. 거기에 '최병우 특파원'의 이름이 그의 눈에 화살처럼 꽂혔다. 1면 톱. "내가 본 한국 기자의 이름으로 쓰인 최초의 톱기사였다." 뒷날 그의 회고다. 리드부터 매력적이었다.

백주몽과 같은 11분간의 휴전협정 조인식은 모든 것이 상징적이었다. 너무나 우리에게는 비극적이며 상징적이었다. 학교 강당보다도 넓은 조인식장에 배당된 한국인 기자석은 둘뿐이었다. 유엔 측 기자만 하여도 약 100명이 되고 참전하지 않은 일본 기자석도 10명을 넘는데 휴전회담에 한국을 공적으로 대표하는 사람은 한 사람도 볼 수 없었다. 이리하여 한국의 운명은 또 한 번 한국인의 참여 없이 결정되는 것이다.

27일 상오 10시 정각, 동편 출입구로부터 유엔 측 수석대표 해리슨 대표 이하 대표 4명이 입장하고 그와 거의 동시에 서편 입구로부터 공산 측 수석대표로 남일 이하가 들어와 착석하였다. 악수도 없고 목례도 없었다. '기이한 전쟁'의 종막다운 기이한 장면이었다. 북쪽을 향하여 나란히 배치된 두 개의 탁자 위에 놓인 각 18통의 협정문서에 교전 쌍방의 대표는 무표정으로 사무적인 서명을 계속할 뿐이었다. 당구대같이 퍼런 융에 덮인 두 개의 탁자 위에는 유엔기와 인공기가 둥그런 유기 기반에 꽂혀 있었다. 〈판문점 조인식장에서 최병우 특파원발〉

## 판문점 외국 기자들 미친 듯이 일하는 데 놀라

박권상이 외국 기자들을 빈번하게 접촉한 것도 이 시기였다. 그는 전쟁의 그 긴박한 속에서도 지칠 줄 모르고 자기 일밖에 모르는 그들의 모습에서 '숭고함을 느꼈다'고 회고했다. '천직으로 알고 평생 기자가 되겠다고 결심한 기자'라야 제대로 기자 노릇을 할 수 있다고 박권상은 강조했다. 그러한 기자들을 문산을 오고 가며 보았고 내자 호텔 로비에서 차를 마시며 눈앞에서 보았다. 그들은 일하면서 불평하지 않았으며 다른 일에 한눈을 팔지 않았다. 우리 기자들이 대부분 20대인 데 비해 그들은 30, 40대였다. 그들 가운데는 제2차 세계대전 때 전투를 하거나 전선을 취재한 기자들도 몇 사람 있었다.

천직으로 알고 미친 듯이 일하는 그 원천이 무엇일까. 최병우는 자기 앞에 홀연히 나타난 최초의 '신문 문장 훈장선생'이자 성직자처럼 '신문 기자를 천직으로 아는 그런 사람'이었다.

박권상이 무슨 강령처럼 말하는 두 가지가 있다. 하나는 기자의 무기는 문장이다. 신문 문장으로서 완벽해야 한다. 정확하고 진실해야 하며 공정하고 솔직해야 하는 것은 필수다. 거기에 문장이 명확하고 오해나 혼동의 여지가 없어야 한다. 둘째는 신문기자라는 직업을 천직으로 알지 않고는 진실을 전하기 어렵다. 이해관계에 얽히거나 사사로운 선입관이나 감정에 치우쳐서는 독자의 신뢰를 얻을 수 없다. 박권상의 눈에 비친 최병우는 한 명의 선배로서

만이 아니라 말하자면 '신문기자의 우상' 이었다.

　박권상에게 또 한 사람의 우상이 있다. 「뉴욕 타임스」의 솔즈베리다. 왜 솔즈베리인가. 그는 한 저명한 언론인의 말을 빌려 "저널리즘의 수준은 정직성을 갖춘 저널리스트의 지칠 줄 모르는 탐구정신에 달렸다"고 말하면서 정직성을 '신문 헌법' 제1조로 꼽았다. 그가 1958년 노스웨스턴대학에서 학위를 마치고 돌아온 얼마 뒤 나는 그를 자주 만났다. 그는 만날 때마다 솔즈베리를 들먹이며 '오니스트', '오니스트', '페어 앤 오니스트'를 '하늘 천 따 지' 처럼 되뇌었다. 경향신문 기자로 국회에 나가던 나는 솔즈베리가 누구인지는 몰라도 '오니스트'가 솔즈베리의 소유물이오, 박권상이 우상으로 섬기는 영물이 아닌가 여겼다. 그 영물을 만인의 영물로 만들려는 것이 박권상의 소원이었다. 그는 그러한 소원이 동아일보를 통해 이루어지리라고 믿었고 설령 자기 당대에 이루어지지 못하더라도 언젠가는 이루어질 것이라는 신념을 가지고 뚜벅뚜벅 발걸음을 옮겼다.

　그가 솔즈베리를 우상처럼 여긴 데는 그의 올바른 식견 못지않게 지칠 줄 모르고 뿜어내는 그 정열에 압도되었기 때문이다. 세계를 놀라게 한 많은 저술 가운데 마지막 책의 신간평을 쓰기 위해 저자를 인터뷰하러 가던 도중 그는 길거리에서 쓰러졌다. 기자다운 죽음이었다. 우연하게도 그에 앞서 최병우 기자도 그렇게 죽었다. 박권상은 그러한 기자를 부러워하며 후배들을, 아니 자신을 채찍질했다.

　그가 쓴 솔즈베리 찬사의 몇 구절을 본다. 동아일보 편집인에서 쫓겨난 뒤 60이 넘어서 쓴 글이다.

　솔즈베리는 정상급 공산권 전문 기자였다. 30대 기자로 제2차 세계대전 레닌그라드 방위작전에 참가하여 「뉴욕 타임스」에 생생한 뉴스를 전했고 『900일』이라는 명작을 남겼다. 80이 넘어서 30년대 모택동이 강행한 '양만리 장정'의 길목을 따라 강행군하여 『장정, 이야기가 안 된 이야기』를 책으로 써냈다. 그는 56년 흐루시초프가 제20차 당 대회에서 행한 스탈린 격하 비밀 보고를 특종으로 터뜨렸고 중소 분규가 내연하고 있던 1959년 시베리아와 외몽고 일대 3만 마일을 답사하여 두 공산 대국 간의 분열을 폭로하였는가 하면 1966년에는 미 공군이 폭격하고 있던 하노이를 방문, 호찌민을 만나 세계를 놀라게 하였다. 모두 세계적인 특종이었다.

1989년 천안문 사태가 벌어졌을 때 현지에서 「뉴욕 타임스」에 기사를 보내고 호텔 유리창 밖으로 보이는 유혈 사태를 '마치 올챙이 기자가 화재 현장을 묘사하듯' 미국 방송에 현장 중계하였다.

그 무렵 취재 집필한 것이 베스트셀러 『새 황제들』로 공산중국을 분석한 르포르타주에 속한다. 그때 나이 82세의 취재 기자였다. 80세에 이르러서도 "15세 소년이 지니는 미지의 세계에의 호기심과 정열"에 불타 있었으며 "끝없는 지식에 대한 탐구자"였다고 한 동료는 말하였다.

## NYT의 솔즈베리-또 하나의 우상

나는 박 선생의 이 기사를 보고 솔즈베리에 앞서 박권상의 글귀 하나하나가 나를 황홀한 경지로 몰아넣었다. 솔즈베리가 아무리 엄청난 특종을 하고 아무리 정확한 기사를 썼다 하더라도 나는 그러한 기사를 보지 못했다. 또한 그 가운데 한두 개 기사를 보았다 하더라도 내 영어로는 그 진짜 맛을 알기 어려웠을 것이다. 솔즈베리 대신 박 선생의 이 몇 줄 안 되는 '솔즈베리 찬사'를 읽어보는 것만으로도 나는 기쁘다.

박권상은 '백발삼천장' 식의 허황한 미사여구는 대비상이었다. 어린이에게 손으로 물건을 쥐어 주듯이 차분하고 구체적이다. 가히 박권상 말년의 명문으로 꼽을 만하지 않겠는가.

1958년 노스웨스턴대 석사 코스를 마친 박권상은 2년 만에 개선장군처럼 조국으로 돌아왔다. 미국식 저널리즘을 공부하고 신문제작에 참여한 최초의 기자가 되었다. 국내에서 그의 이러한 지위는 확고했다. 더러 일본이나 미국에서 석사나 박사 코스를 밟은 몇 사람이 있었지만 미국 신문의 실제를 공부한 사람은 박권상뿐이었다. 그는 어느새 한국 신문계에 독보적인 존재가 되었다. 그러나 그의 머리는 무거웠다. 입사 이래 6년 동안 몸담았던 합동통신은 그의 귀국을 환영했다. 그가 3년 전 국무성 초청으로 몇 사람의 기자들과 함께 미국에 갔을 때 현지 신문이 한눈에 알아본 기자는 진철수와 박권상뿐이었다. 진철수는 미국 2대 통신의 하나인 AP통신 기자였고 박권상은 KPP 기자였다. KOREA PACIFIC PRESS의 약자이니 아무리 조그만 나라이기로 한국의 대표적인 통신으로 알아차린 것이다. 영어를 잘하기로 하면 진철수 외에도 로이터 기자도 있었고 통역장교를 한 사람도 있었다. 박권상으로서는 합동통신의 영문표기인 'KPP' 덕을 톡톡히 본 의외의 행운이었다.

지난 3, 4년 동안에 정국은 가파른 긴장 국면, 독재로 치닫고 있었다. 국회는 정쟁으로 치달았고 신문의 선정성과 정파성은 지면이 늘어나는 데 따라 극성을 피웠다. 그는 해외에 눈을 돌렸다. 마침 세계통신이 진용을 갖추어 해외 뉴스에 큰 비중을 두고 있었다. 정치부 기자로 뼈가 굳은 박권상은 어떻게든 해외로 눈을 돌려 세계의 움직임을 보고 싶었고 세계 속의 한국을 자세히 살피고 싶었다. 그는 6년 동안 몸담았던 합동통신에서 세계통신으로 옮겼다. '정치부장 겸 출판부장'이었지만 그가 원한 것은 해외 순회 특파원 같은 역할이었다.

기회는 일찍 왔다. 정부는 장택상, 유진오, 장기영 등 야당의 거물급을 포함, 학계와 언론계 인사들로 구성한 '북송반대사절'을 제네바를 비롯해 유럽 여러 나라에 보낸다. 이때 박권상 부장이 이들을 수행하게 된다. 어느 곳에도 상주 특파원을 둘만 한 재정적 여력이나 적당한 사람이 없던 시기였다. 마침 IPI 회의가 파리에서 열려 여기에서 우리 한국의 언론자유에 대한 뜨거운 논쟁을 목격한다. 동양통신의 김규환, 한국일보의 김종규 등이 김성곤과 장기영 등을 수행했다.

## 세계통신으로 옮겨 해외에 눈 돌려

그는 서부 베를린에서 6,000자가 넘는 긴 기사를 세계통신 라인으로 보낸다.

동과 서로 나뉘어 세계의 이목을 끌어왔고, 역사적인 수송기의 대량 공수. 끊임없는 공로와 육로에 대한 소련의 위협에 심지어는 공동관리 철폐안의 대비에도 불구하고 이상할 정도로 평화롭고 냉정하며 힘차게 활동하고 있다는 것이 필자의 머릿속엔 강렬하게 박힌 서부 자유 베를린의 인상이었다.

'요새 밤잠을 잘 자느냐고요? 놀라지 마십시오. 우리 신경은 무딥니다. 심장도 힘찹니다. 공산 측 선전의 호소에는 이미 면역이 되었고요. 신경전에는 자신이 서 있답니다. 전쟁이요? 싸움이 터지면 베를린 사람만 죽고, 크렘린 사람은 죽지 말라는 법은 없을 것이니까요.' 기골이 굳고 투지에 찬 서베를린 시장 빌리 브란트는 호탕한 웃음과 함께 이야기한다. 한 시간 남짓 진행된 기자와의 담소에서 브란트 시장은 베를린 문제, 동-서 정상회담, 독일 통일 문제와 비무장 지대 문제에 빈틈없이 체계 있게 짜인 소견과 전망을 말해주었다.

사회민주당 출신 브란트 시장은 이렇게 말한다. '잘못 생각한 것이 많은 전쟁을 일으켜서 많은 사람을 죽였다. 이러한 악몽 같은 역사는 다시 되풀이하지 않을 것이다. 흐루시초프는 작년 11월 서방 측의 태도를 공연히 착각하여 우물쭈물 베를린을 자기 손아귀에 넣으려고 꾀를 썼다. 그러한 계략은 서방 측의 즉각적이고 단호한 반응으로 곧 무너지고 말았고, 전쟁을 이기는 한고비가 넘어갔다.' 브란트 시장의 말을 빌릴 것도 없이 크렘린의 위협은 서베를린 시민에게 통하지 않는다. 〈베를린발, 세계-박권상 기자〉

서부 베를린 시민들의 결연한 자세에 감동하면서도 그는 기자로서의 흥분을 감춘다. 그것은 독자의 몫이지 기자의 몫이 아니기 때문이다. 조금 더 보자. 문장의 템포가 아주 빨라진다. 속도가 강도를 더 한다.

"붉은 태양 속의 자유섬이 몇 년 몇 달 며칠이나 남아있을 것으로 보느냐" 브란트 시장의 한마디였다. 소련의 자유시 개선안은 소련이 베를린을 자유로 만들지 않으려는 1948년 때 이상으로 음흉한 계획이 아닐 수 없다. 굶주려 죽이려는 것이 아니고 아예 200만 명의 자유인과 서독 전체를 삼키려는 배짱이다. 베를린 시민들은 "우리는 어느 때 어떤 곳에서 누구와도 대결할 용의를 가지고 있으며 200만 자유민의 자유를 포기하면서까지 평화를 사들일 수 없다"는 아이젠하워 대통령의 단호한 선언을 끝까지 믿고 있다.

상황의 묘사가 아주 포괄적이고 어디에도 그의 의견이 보이지 않는다. 한 시간 남짓한 브란트 시장의 말을 이토록 에센스만 추려 간결하게 그리고 상징적으로 표현하기가 어디 쉬운 일인가. 노련한 기자로서의 품격과 자세가 벌써 엿보이는 대목이다. 이 베를린 기사 하나가 4·19 뒤 통신사의 폐쇄와 뒤늦게 다시 도진 폐결핵으로 고통을 겪는 박권상을 한국일보 논설위원으로 발탁하는 계기가 되었다고 한다.

동아일보의 고재욱 주필은 명실상부한 동아일보의 터줏대감이었다. 그는 1930년 수습기자로 입사 이래 1976년 명예회장으로 퇴직할 때까지 46년 동안 동아일보를 떠난 일이 없다. 사주 김성수는 고재욱의 고숙이다. 그의 장남 김상만은 그의 내종 동생이다. 고재욱의 조부이자 김성수의 장인인 고정주는 신식학당을 세워 아들과 사위 외에 송진우, 김병로 등 명망 있는 자제들 몇몇을 모아 신학문을 가르쳤다. 해방 뒤에는 각천 최두선의 각별한 보살핌을 받았다. 최두선은 1946년 복간과 함께 동아일보 사장을 맡은 이후 1963년 박정희 정부의 국무총리로 발탁될 때까지 18년 동안 동아일보를 지킨 사람이다. 창업주 김성수나 수성한 최두선이나 간에 첫 번째 관심은 동아일보의 유지나 발전이지 주필이나 편집국장의 안위가 아니었음은 분명하다. 아무리 고재욱의 이런 인연을 중시하더라도 그의 능력을 과소평가할 근거는 되지 못할 것이다. 정작 고재욱 주필의 진가는 박정희의 민정 이양에 따른 격동기에 나타난다.

## 천하의 인재들 동아일보로 몰려

이 시기에 고재욱 주필은 고재욱답지도 않고 동아일보답지도 않은 행보에 나선다. 이 기회에 천하의 인재를 세종로 139번지 울타리로 모시자는 것이었다. 맨 먼저 접촉한 사람이 한국일보 논설위원으로 있는 박권상이었다. 그가 미국에서 제대로 된 신문 공부를 한 최초의 사람이고 영어에 능통한 데다 붙임성이 좋아 영국이나 미국 대사관 쪽 접촉을 하는 데 크게 도움이 될 것으로 믿었다. '관훈클럽'을 만들고 이 조그만 클럽을 모체로 하여 '신문의 날'을 만들고 신문윤리강령을 만드는 계기가 되고 신문편집인협회로 발전하게 된 경위를 편집인협회를 오래 이끌어온 고재욱 회장은 잘 알고 있었다. 박권상의 형 박용상이 전주에서 서울로 올라올 때면 으레 "그놈, 자식 놈처럼 잘 좀 지도해 주시고 보아 주십시오"하고 스스럼없이 하던 말을 상기했는지도 모른다. 박용상은 6·25 때 정부를 따라 전주에서 부산으로 남하한 몇 안 되는 신문사 간부였고 수복 얼마 뒤 전주지역 언론 3사를 통합한 '전북일보'를 인수, 사장 책임을 맡은 사람이다.

곧이어 고 주필은 천관우를 어렵지 않게 모셔왔다. 그는 말 그대로 97킬로 그램의 거구에다 천하에 거칠 것이 없이 팔을 휘젓고 살아온 사람이었다. 관록이 대단하고 덩치가 커서 그렇지 나이 이제 38세. 이미 세 군데 신문사에서 편집국장과 주필을 지내다 쉰 지 몇 달 안 된 때였다. 천하의 거물 천관우를 동아일보 편집국 한가운데 앉혀놓고 자랑하고 싶은 것이 고재욱 주필의 간절한 소원이었다. 천관우는 동아일보에서 곤경도 겪고 필화도 겪었지만 어떻든 편집국장 3년에 이어 주필 3년, 1960년대 가운데 토막, 언론자유를 마음껏 구가하며 동아일보를 관권에 호락호락 흔들리지 않는 난공불락의 성지로 만들었다.

4·19 전 한국일보에서 편집국장을 지낸 홍승면은 천관우보다 몇 달 먼저 동아일보로 왔다. 그 2, 3년 뒤 작가 김성한을 사상계에서, 경향 편집국장이던 송건호를 동아일보 논설위원으로 합류시켜 바야흐로 고재욱 주필을 영수로 한 논설위원실은 이른바 신진 외인부대가 새로운 주류를 이루었다. 이들은 1960년대 중반부터 1980년대 초까지 10여 년 동안 동아의 편집국장과 주필 또는 논설주간으로서 그들의 역량을 과시한다.

3선 개헌과 유신, 그리고 전두환의 광주학살과 정권탈취에 이르는 그 시기다. 이 시기에 편집국장은 천관우–변영권–김성열–홍승면–박권상–김성한–송건호로 이어진다. 논설 쪽은 천관우, 이동욱, 김성한, 홍승면, 박권상, 송건호 등이 맡게 된다. 이동욱, 변영권, 김성열을 빼고는 모두 이른바 외인부대-신진사류들이었다.

　논설을 포함 편집관계를 총괄적으로 지휘하는 요지부동한 '편집인' 자리는 더러 간격은 있었지만 40년 동안 고재욱의 몫이었다. 동아에서의 주필 자리는 그만큼 신성불가침이오, 영구불변처럼 보였다. 그 예외가 1979년 말 논설주간으로서 편집인 책임을 맡은 박권상이었다. 왜 박권상이었는가. 동아일보로서는 박정희 피살에 따른 유신체제의 종말이라는 대격동기에 새로운 상황에 적응하고 새로운 국면을 개척해나갈 인적 체제를 갖출 필요가 있었던 것이 아닌가 짐작된다. 편집국장, 논설주간이나 출판주간, 주필을 지낸 사람치고 이사 아닌 사람은 아무도 없다. 그 단 한 사람의 예외가 박권상이었다. 그는 까다로운 이사회의 벽을 뛰어넘어 고재욱과 김상만의 신임 하나에 자기를 맡겼다. 그 시기 동아는 발행 부수는 물론 독자의 신뢰, 권위에 있어 단연으뜸이었다. 민주 세력은 '등대'로 여겼고 권력은 '주적'처럼 미워했다. 매수도 회유도 어려운 난공불락의 성채로 여겼다.

## 1971년 4월의 대통령 선거

　박권상은 1971년 박정희와 김대중이 맞붙은 대통령 선거를 치렀다. 왜 이 선거를 그 많은 제제다사를 제쳐 놓고 박권상에게 맡기게 되었을까. 1971년 대통령 선거를 통해 3선을 이룩하려는 박정희의 공작은 집요하게 진행되었다. 1968년의 신동아의 '차관' 기사(필자 김진배, 박창래)를 빌미로 중앙정보부는 동아일보를 쑥대밭으로 만들었다. 차관 기사와는 아무 관계가 없는 홍승면 출판 주간과 손세일 신동아 부장을 반공법 혐의로 구속 송치하면서 구치소에서 사표를 받았다. "상을 줄 일이지 벌을 줄 일이 아니다"라는 사설을 쓴 천관우 주필을 해임시키도록 했다. 엉뚱한 유탄을 맞은 사람은 김성열 편집국장이었다. 그는 편집국장 해임 정도가 아니라 아예 국외 추방으로 낙착되었다. 그 바람에 엉뚱한 액운이 박권상에게 미쳤다. 논설위원 박권상은 세상 돌아가는 징조가 심상치 않음을 직감했다. 중요하지도, 급하지도 않은 '런던 특파원' 자리를 만들어 출국 수속 중이었다. 어쩔 수 없이 이 자리가 김성열에게 돌아가게 된다. 치명적인 것은 발행인 김상만을 고재욱으로 바꾸게 하는 데까지 이르렀다. 동아일보로서는 일제 총독치하 정간의 압력 속에서 이루어진 조치 이후 최초였다.

그런 굴욕을 겪으면서도 '적은 목소리라도 내는' 신문은 동아일보뿐이었다.

그들로 보면 그럴 만도 했다. 박정희의 연임을 허용하는 3선 개헌을 강행할 때 이를 반대하는 사설을 실은 신문은 단 하나 동아일보뿐이었다. 편집국장 대리이던 박권상은 고재욱 회장을 간곡하게 설득, 이 반대 사설을 지면에 반영시켰다. 사설 필자였던 박권상 자신은 '상소문 같은' 사설이었다고 하지만 독자들이 보기에는 '폭탄선언'이었고 권력자로 보면 '선전포고'였다.

그가 얼마 뒤 고재욱 회장과 김상만 사장의 전폭적인 지원 밑에 편집국장의 중책을 맡은 것은 예사로운 일이 아니었다. 그는 김대중과 가까운 사람이고 박정희가 미워하는 사람으로 알려져 왔다. 그럼에도 그에게 정권교체를 좌우하는 선거를 치르는 편집국장의 책임을 맡긴 것은 그만큼 그의 공정성과 신중함을 믿었기 때문이 아니었을까.

신문의 공정을 해치는 가장 큰 위험은 유세장 청중 수의 계산이었다. 많은 신문들은 박정희의 청중은 배로 늘리고 김대중의 청중은 반으로 줄이기 예사였다. 박권상 국장은 정확하게 운동장 평수를 계산하고 항공사진과 망원 광각 사진 등을 면밀하게 대조하여 청중의 밀집도를 참고하여 사실대로 하려고 애썼다. 청중 수는 다른 신문보다 반 또는 3분의 1로 줄어드는 경우가 흔했다. 불만은 여당뿐만 아니라 야당에서도 터져 나왔다. 심지어 김대중 후보의 선거대책위원장인 정일형마저 "아니, 박권상이 그럴 사람이 아닌데" 하며 후보가 직접 좀 이야기하라며 후보를 다그쳤다고 한다. 김 후보는 박권상의 기자적 양식을 믿었다. 그에 못지않게 동아일보가 겪고 있는 어려움을 이해하고 있었는지 모른다.

그러나 권력의 오기는 그칠 줄 몰랐다. 그들은 선거에 이겼다. 그러나 압박과 탐욕은 그칠 줄 몰랐다. 선거가 끝난 지 얼마 뒤 박권상은 '주영 특파원'이라는 유배나 다름없는 자리를 자청해서 떠난다.

## 80년 전두환 시절 언론인 숙정 1호

1980년 5월, 광주학살의 피 묻은 손은 마침내 서울의 신문사들을 겨냥 진격해왔다. 많은 신문들이 계엄 당국의 요구에 순순히 응하거나 어쩔 수 없이 응한 데 비해 동아일보는 무사설로 대응하기도 하면서 어떻게든지 계엄 당국을 피해 나갔다. 결정적으로 그들의 비위를 거스르게 한 것은 '김대중 사건에 대한 사설'이었다.

박권상의 이 사설은 '내란음모의 수괴 김대중을 엄벌하라'는 식의 많은 다른 신문 논조와는 전혀 다른 것이었다. 장황하게 '무슨 말인지 분명치 않은' 이런저런 말을 한 끝에 결론은 이렇게 썼다.

국내외에 큰 충격을 준 이 사건에 대해 법의 심리 과정에서 진실이 소상히 밝혀질 것이고 공정한 법의 심판을 기대하거니와 신문윤리 요강에 따라 '재판의 판결에 영향을 주는 평론'을 삼가고자 한다. 다만 이 불행한 사건의 귀추를 지켜볼 뿐이다.

사설 검열을 하던 검열관은 사설을 전문 보류시켰다. 마침내 1980년 8월 9일 '자기 정화'라는 이름으로 박권상은 사표를 쓰고 물러났다. 동아일보는 편집 총책임자가 그만두었지만 단 한 줄의 퇴직 관련 기사도 인사 발령 소식도 내지 않았다. 박권상은 "아마 검열에 통과되지 않았는지도 모른다"고 좋게 생각했다. 죽은 자의 부고를 낼 자유도, 흐느낄 자유마저 압살한 한국의 1980년 8월이었다. 동아일보에서만 40명, 전체 400명의 언론인의 목이 달아난 가운데 언론인 '숙정 제1호'는 다시 돌아오지 못했다. 이보다 5년 전 박정희 정권은 이른바 광고사태를 빌미로 정보부의 언론탄압에 반대하여 들고 일어난 120여 명의 기자들을 해임시켰었다.

박권상이 동아일보에 입사한 지 18년, '평생기자'를 하겠다며 언론계에 발을 들여 놓은 지 꼭 28년 만이었다.

기자 박권상은 한시도 가만히 앉아 있는 성미가 아니었다. "내 사주에 역마살이 있는 모양이지……." 그는 가끔 이런 말을 되뇌었다. 지금 보니 그렇겠다 싶다. 놀 때는 외국의 연구소다 대학이다 뻔질나게 다니며 연구도 하고 호구도 이었다. 영국이든 미국이든 든든한 외국 친구들이 그를 도왔고 서울에 있는 대사관 사람들도 힘닿는 데까지 그를 도왔다. 오랫동안 닦아온 인맥과 친화력 덕분이다. 그는 신디케이트에 손대기도 하고 「시사저널」이라는 고급 주간지로 새로운 화제를 모으기도 했다. 쓴 글들을 모아 10여 권의 책을 냈다. 노는 동안에 쓴 글이 2,000꼭지 가깝다고 한다. 대단한 역작이다. 갈아먹을 땅이 없으면 갯벌이라도 갈아엎겠다는 그런 기백이었다.

KBS 사장을 포함 그의 51년 언론 생활은 장하다. 그에 못지않게 그 긴 시간 동안 한 번도 딴 데 눈을 팔지 않은 그 옹고집은 다른 언론인에게서 보기 어려운 모습이다. 그는 천관우만큼 호방하지 못하고 홍승면만큼 우아하지 못하며 김성한만큼 깐깐하지 못하고 송건호 같은 투사도 아니다. 그러면서도 역사학자로 돌아가거나 대학 강단으로 가거나 작가의 길을 다시 되짚어가거나 투사로 변신하지 않았다.

그들은 예외 없이 1960년대에서 1980년대에 이르는 20년 또는 30년 가까운 시기에 동아일보를 자유언론의 성채로 삼고 독재 권력과 싸우며 자랑스러운 동아일보를 구축하는 데 큰 역할을 한 사람들이다.

## 김대중, 박권상은 '의인' 인가

김대중은 박권상을 가리켜 '의인'이라고 칭송했다. 그는 놀라지도 않았고 '무슨 과분한 말씀'이냐고 겸양해 하지도 않았다. 지금 생각하니 그의 말대로 박권상은 범인이었다. '신문의 정도만을 걷겠다고 한눈팔지 않고 걸어온 떳떳한 신문기자'였다. 재벌이 경영하는 어떤 신문과 월간지는 파격적인 고료와 장기 연재를 제의해왔다. 그는 원고지 몇 장을 푼돈에 팔지언정 이런 횡재의 기회를 조용히 거절했다. 동아일보에 대한 미련이나 향수 때문만은 아니었다. 자기 한 몸을 정갈하게 지키려고 영혼을 불태워온 양심의 표현이었다. 그것은 51년이라는 흔치 않은 언론 연륜이나 큰 신문사의 편집국장, 편집인을 지냈다는 관록과도 비교할 수 없는 성자의 모습이다. 단 한 평의 땅도 필요치 않은 주먹 하나 들어갈 만한 구멍에 뼛가루를 버무려 넣고 그 위 조그만 소나무 줄기에 플라스틱 표찰 하나 걸쳐놓은 것이 그가 묻힌 징표다. 전주와 부안 선영에는 조상들이 누워 있다. 그의 부모, 조부모, 증조부모 누구의 묘소에도 비석은커녕 상석도 없다. 박권상은 그 후손이다.

20대의 그는 글 잘 쓰는 정치부 기자였다. 30대에 신문개혁자였고 40대엔 큰 신문의 편집국장과 편집인으로서 혹세무민의 언설이 판치는 속에서 품위를 지켰다. 50대의 암울한 시기에도 영혼을 팔지는 않았다. '자유기고가 박권상', '신문기자 박권상', 이 이름이면 그만이지 그의 이름 위에 무슨 수식어가 필요하며 그의 가슴에 무슨 훈장을 달아줄 것인가.

많은 사람들이 박권상의 마지막 3년 8개월의 혼수상태를 아쉬워한다. 나는 그렇게 생각지 않는다. 그가 그 상태에서 무엇을 할 수 있었겠는가. 박권상다운 장렬한 최후였다.

# 중량급 정치인 간담회를 주재

## - 막후에서 발휘한 정치 논객의 노련한 역량 -

남재희 (전 서울신문주필, 국회의원, 노동부장관)

평소 부르던 대로 박권상 선배, 그와 나는 특히 관훈클럽의 인연으로 가까웠다. 거기다가 미국 하버드대학 니만 언론연구원(펠로우십) 연수가 겹친다. 박 선배는 관훈클럽 창립에 참여하여 총무를 여러 번 했다. 훨씬 늦게 나도 총무를 해서 클럽의 모임이나 여러 행사에서 자주 만났다. 박 선배는 서울대 문리대 영문과, 나는 서울대 문리대 의예과. 법과대학이고 내가 네 살 연하의 크게 차가 나지 않은 연배라서 박 선배는 나를 특별히 선호했던 것 같다. 특별히 선호했다고 굳이 말하는 것은 항상 그런 느낌을 다분히 받았기 때문이다.

마침 박 선배가 책임을 맡고 있는 위암 장지연기념회 사무실이 성공회 대성당 근처에 있어서 거기에 자주 들렀다. 관훈클럽 총무들은 자주 만난다. 그러다 보니 언론인들의 유별난 집단처럼 보였다. 다양한 성향의 언론인들이지만 여하간 그들이 우리나라 언론계의 중심에 자리 잡고 은연중 큰 영향력을 행사하고 있다. 그 집단을 분석해 보는 것도 의미 있는 연구 과제일 것이다.

니만펠로우는 좀 다르다. 우선 한국에서 매년 한 명씩을 뽑아 보냈었는데, 한국의 언론자유가 문제가 되어 박정희 정권 말기에 장기간 중단되기도 하고, 또 계속된 뒤에도 가끔씩 거르기도 하였다. 박 선배는 1964년에 한국에서 2번째로, 그리고 나는 1967년에 5번째의 펠로우로 갔다. 순서대로 보면 ① 김용구 ② 박권상 ③ 조세형 ④ 임방현 ⑤ 남재희 ⑥ 권오기 등이다. 국내에 선정위원회가 있고 다시 미국 측의 심사를 받는 과정을 밟는다. 그들은 초기에는 가끔 친목모임을 가졌다. 그러나 수도 많아지고, 연령차이도 벌어져 요즘은 그런 모임도 전혀 없다. 다만 니만재단에서 매년 보내주는 니만보고서(Nieman Report)가 매개역할을 할 뿐이다.

그러다가 박 선배가 편집인으로 「시사저널」의 창간을 주도했다. 1989년이니 노태우 정권의 중반기였다. 동아그룹의 차남 최원영 씨는 이미 오랫동안 「객석」이라는 수준이 괜찮은 연극잡지를 발행해 오다가 범위를 넓혀 고급 시사 잡지를 내기로 하고 박권상 선배와 손을 잡았다. 영국의 권위 주간지 「이코노미스트」급을 목표한다고 했다.

최원영 씨는 젊고 야심도 있는 듯 박 선배가 의견을 내면 돈을 아낌없이 썼다. 아이디어와 재력의 좋은 결합이었다. 인기 있던 TV 사극드라마 「정도전」은 이성계의 무력과 정도전의 경륜의 좋은 결합이었다. 그런 거창한 이야기는 그만두고 어쨌든 일이 되려면 아이디어와 돈이 합쳐져야 한다. 중국에서 돌아온 독립운동가들이 중국 사람들이 잘 쓰는 "有力者 出力, 有錢者 出錢"을 인용하는 것을 들은 기억이 있다.

예를 들어, 독일(그때의 서독)의 수상을 지낸 빌리 브란트, 프랑스의 파리 시장을 지내고 얼마 뒤 대통령에 출마하여 당선되는 자크 시라크 등을 「시사저널」 주관행사로 초청하였다. 그리고 특별하게는 『시간의 역사』로 유명한 영국의 천재적 천체물리학자 스티븐 호킹 박사도 초청하였다. 휠체어에 앉은 호킹 박사는 말을 못하니까 그의 특수 장치로 의사 전달을 한다. 그런 국제적 명사들을 부르려면 돈이 엄청 든다. 본인에게 큰 사례를 해야 할 뿐 아니라 한국에서의 여러 행사도 최고급으로 치르기 때문이다.

모든 행사는 신라호텔에서 진행됐는데 나도 초청을 받아 참석했다. 시라크의 경우는 몇몇 소수인원만 식사자리에 초청됐는데 나도 거기 참석하여 그 거물과 이야기를 나눌 수 있었다. 아니, 이야기를 들을 수 있었다.

## 여야 정당에 지역안배도 고르게 인선

박 선배는 한 걸음 더 나아가 우리나라 정치인들의 정기적인 모임을 조직하였다. 말하자면 하나의 상설 정치 간담회를 구성한 것이다. 대충 6, 7년쯤 계속되었을 것이다. 모임은 노태우 정권 중간에 시작하여 김대중 정권 초기까지 계속되었다.

이름이나 임원 같은 형식적인 것은 없었다. 박 선배가 소집책 노릇을 계속했으니 그가 그냥 사실상의 주최자요, 대표라고 할 수 있다. 박 선배 말고는 전원 현역 국회의원이었다. 김원기(金元基, 나중에 국회의장), 김용환(金龍煥, 전 재무부 장관), 남재희(南載熙, 나중에 노동부 장관), 박관용(朴寬用, 나중에 국회의장), 이종찬(李鍾贊, 민정당 원내총무를 거쳐 나중에 국정원장), 조세형(趙世衡, 김대중 총재권한대행, 나중에 주일대사), 조순승(趙淳昇, 미국 미주리대학 교수, 나중에 국제대학교 이사장), 황병태(黃秉泰, 외대 총장, 나중에 주중대사) 등이 고정멤버였다. 그리고 김광일(金光一, 정주영 씨의 국민당 간부도 했으며 나중에 김영삼 대통령 말기 때 청와대 비서실장), 김근태(金槿泰, 나중에 보사부 장관) 등이 여러 번 나왔고, 예외적으로 원외인 진보 정치인 장기표(張棋杓) 씨가 한두 번 초청되기도 하였다.

정당 소속은 정국변화에 따라 여야가 바뀌기도 했다. 출발점을 기준으로 한다면 남재희, 이종찬이 여당, 김원기, 박관용, 조세형, 조순승, 황병태가 야당, 김용환이 JP당인데 3당 합당으로 김용환, 박관용, 황병태가 여당이 된다.

여야의 정당뿐만 아니라 지역 안배도 혹 미리 고려했던 것은 아닌지 결과적으로 비교적 고르게 되었다. 서울(이종찬), 충북(남재희), 충남(김용환), 경북(황병태), 부산(박관용), 전북(박권상, 김원기, 조세형), 전남(조순승).

모임은 초기에는 한 달에 한 번 꼴이었으나 얼마 지나서는 두 달에 한 번쯤 가졌다. 박 선배가 소집했는데 장소는 고급스럽게도 소공동 롯데호텔 32층에 있는 메트로폴리탄 클럽으로 고정되어 있었다. 사치스럽게 최고급 양식에 비싼 포도주가 나왔다. 박 선배의 고급 취향을 반영한 것이었다. 처음 몇 번은 스폰서인 최원영 씨가 동석했다. 약 4년쯤 롯데호텔 모임이 계속된 듯하다.

최 씨의 후원이 끊어지자 그다음은 남산에 있는 남산 맨션 '한남클럽'으로 바뀌었다. '한남클럽'은 기업가를 중심으로 한 서울의 이름 있는 명사들이 마련한 모임장소로 박 선배가 그 멤버십을 갖고 있었다. 그리 비싼 곳은 아니지만 적당히 고급스러운 분위기였다. 주로 한식이 정갈하게 나왔다. 처음에는 박 선배가 부담했으나 이어 김용환, 박관용, 이종찬, 황병태 씨 등 비교적 재력 있는 사람들이 돌려가며 자진 스폰서를 했다.

김대중 정부 들어 국정원장이 된 이종찬 씨가 다시 롯데호텔에서 스폰서를 했다. 국정원은 특수권력기관이어서 경호 연락담당 직원이 문밖에 대기하고 있었다. 기분이 야릇했다.

역시 DJ 정부 때 국회의장이 된 김원기 씨는 한남동의 국회의장 공관에서 한턱을 냈다. 처음 가보았는데 덩그러니 큰 건물이었다. 삼권 분립의 한 부(府) 수장인 국회의장이니 공관이 없을 수가 없다. 갖출 것은 다 갖추어야 한다. 그러나 낭비같기도 하고 허세같기도 하여 기분이 좀 이상했다.

여기서 박 선배의 사람 고르는 안목 이야기를 안 할 수 없다. 멤버는 사실상 박 선배가 독단적으로 선정한 셈이다. 추가할 경우는 협의하는 절차를 거쳤으나 그들은 고정멤버가 아니고 몇 번만 나왔을 뿐이다.

출발은 관훈클럽, 니만펠로우 인연인 조세형 씨와 남재희다. 그리고 같은 전북에, 같은 동아일보 출신인 김원기 씨가 있고, 영국 특파원 시절 그곳에 중앙정보부 파견으로 와 있어 사귄 이종찬 씨가 있다. 그쯤이면 대충은 구성된 셈이다.

## 정치현안도 원만한 합의점 찾아

사람을 평가한다는 것은 조심스럽다. 자칫 다른 사람들의 자존심을 건드릴 수도 있겠기에 말이다. 눈 질끈 감고 이야기하면, 박 선배가 고른 사람들은 첫째, 비교적 지적 수준이 높은 편이고, 둘째, 정치적으로 역량이 있으며, 셋째, 여야로 나뉘어 있으나 모두 점잖고 온건한 정치적 자세를 갖춘 인물들이었다. 수준 미달의 이야기를 하거나, 정파의 파당심에 얽매이는 사람은 없었다. 지나놓고 생각하니 우리 국회의 아주 상층 인물들이었다. 그것을 영어로 Upper Cream이라고 하는데 우리말로는 '노른자' 일 것이다. 더구나 민정당 원내총무를 오래 지낸 이종찬 씨가 오지랖이 넓어 분위기를 잘 유도했다.

지방에 여행을 하며 간담회도 가졌다. 설악 산록에 동아그룹의 콘도가 있어 거기 가서 묵으며 토론을 하였고 바로 옆에 있는 동해에 가서 뱃놀이도 하고 어쭙잖은 낚시질도 하는 체하였다. 바닷속 모래밭에 있던 작은 가자미를 낚았던 기억이 남아 있다.

광양제철의 영빈관에 가서 세미나를 하고 그 뒤에 있는 백운산 산록을 오르기도 하였다. 포항제철 회장이기도 한 박태준 씨가 주선했는데 박태준 씨는 그때 이미 대권을 생각했던지 우리의 모임에 아주 큰 관심을 보였다.

제일 중요한, 무슨 정치 이야기를 했느냐는 설명이 늦어졌다. 당연히 그때 그때 당면한 모든 정치현안에 관해 의견을 교환했다. 국회에서 첨예하게 대립하는 문제들도 이 모임의 간담에서는 대개 원만한 합의점이 발견되었다. 합의점을 발견 못 했을 경우도 서로가 협의할 공동의 광장, 또는 기반은 발견하였다. 신통하다. 그렇다고 이 모임의 대체적인 합의가 바로 국회로 옮겨진 것은 아니었다. 각자가 소속된 정당에서 알아서 반영하기 위해 노력한 것으로 짐작한다.

박 선배는 영국에서 오랫동안 특파원 생활, 연구 생활을 한 때문인지 그 무렵은 아주 철저한 내각책임제론자였다. 내각책임제를 주장하는 글도 여러 번 쓴 것으로 알고 있다. 정당초청으로 가서 주제발표도 했는데, "미국의 대통령 중심제가 그럴듯해 보이나 그것은 미국의 여러 가지 여건에 따른 특수한 것이다. 함부로 그것을 모방하려 해서는 안 된다. 미국의 대통령제가 미국의 국경을 벗어나 다른 나라에 옮겨 심어지려고 한다면 틀림없이 그 제도는 '죽음의 키스(Kiss of Death)'를 맞는다."

대충 그런 요지의 논조였다. 너무 여러 번 강조하였기에 대충의 논지가 내 머릿속에도 박혀 있다.

그러나 내각책임제에 관해 영국에서 잘 운영되는 것만 보아왔지, 한국의 역사와 사정은 덜 생각한 것 같다. 이승만 대통령의 전제와 싸워온 민주당은 대통령 중심제의 안티테제로 거의 무조건이다시피 내각책임제를 내세웠고, 4·19 뒤 채택했다. 그러나 혼미 상태가 계속되고 미처 안정을 찾기 전에 5·16이 일어났다. 그래서 여하간 우리 국민은 제2공화국 시기 혼미의 기억을 잊지 못하고 있고, 막연하나마 그것을 내각책임제와 연결시키고 있다. 우리의 정치발전단계에 비추어 볼 때 그런 연결을 우려하는 것은 어느 정도 근거가 있다고도 생각된다.

그래서 박권상 선배가 필생의 사명감으로 설득한 내각책임제 주장이 광범한 지지를 얻지는 못한 것으로 본다. 나는 언젠가는 우리도 내각책임제로 가야 한다고 생각하면서도 그 시기를 한참 뒤로 미루어 생각하고 있다. 통일이 된 후일 수도 있다. 우리에게 시급히 필요한 정치의 대개혁이 있고 난 뒤, 그래서 우리 정치가 선진국 수준이 되고 난 뒤, 대충 그때를 기다리고 있다. 우리 정치 구조는 특권층 온존형이라 정말 일대 정치개혁이 필요하다. 그리고 그 일은 내각책임제로는 매우 어렵다.

박 선배에 농담 하나 해야겠다. 그의 논법을 빌려 말하여 "내각책임제는 영국의 국경을 벗어나 다른 나라에 옮겨 심으려 한다면 (많은 경우) 그 제도는 (혼란이라는) '죽음의 키스'를 맞을 것이다."

## 동아일보 배경으로 정계 거물들 접근 쉬워

설악산의 세미나에서 박 선배는 내각책임문제로 관심을 돌려 주제로 삼았다. 광양에서의 세미나에서는 더 본격적으로 내각제 문제에 초점을 맞췄다. 멤버 중 반 이상이 내각제로 기울어졌던 것 같다. 나도 그때 솔깃했다. 그래서 내각제에 이르는 구체적인 프로세스 이야기까지 나왔다. 물론 대통령 중심제론자도 있었을 것이나 분위기를 깨지 않기 위해 강하게 주장하지는 않은 듯했다. 서로서로 너무 점잖은 태도들이었다(박 선배가 쓴 글들 나중에 검토해보니 내각책임제의 소신이 굳어진 것은 후반의 일 같다. 전에 쓴 글들은 반드시 그렇지는 않고 내각책임제와 대통령중심제에 선택적, 애매한 태도를 보였다).

여하간 그렇게 쟁쟁한 멤버들을 그토록 오랫동안 원만하게 이끌 수 있었다니, 박 선배의 역량은 대단하다. 실제 정당정치에 뛰어들지는 않았으나 그게 막후의 정치가 아니고 무엇이겠는가. 박 선배는 반은 정치인이었다. 그것도 아주 유능한 정치인이었다.

동아일보 편집국장이나 논설주간의 자리는 영향력이 대단하다. 나중에는 조선일보가 우뚝 솟아오르고, 중앙일보가 새로 생겨나 커졌지만 50, 60년대 는 동아일보가 단연 독보적이었다. 그리고 그 명성은 70, 80년대도 계속되 었다. 나도 조선일보 정치부장, 논설위원, 서울신문 편집국장, 주필을 지냈지 만 동아일보에 비교하면 속된 말로 "명함을 내기가 어려웠다". 더구나 그 시 대는 TV의 위력이 발휘되기 전이었다. 동아일보 전성기에는 그 신문이 여론 을 선도했다.

그 전성기 동아일보의 최고 편집간부였으니 정계 거물들에의 접근은 아주 용이했을 것이다. 그쪽에서 접근해 오기도 하고. 박 선배는 아마도 그가 탄압 을 받았던 박정희 대통령을 빼고는 김영삼, 김대중, 김종필, 박준규, 정주영, 이회창 등등 거의 모든 정치인들과 친밀하게 교제를 했을 것이다. 동아일보 간부 때는 당시 전성기였던 김영삼, 김대중 씨와 이후락 중앙정보부장 등을 그가 나서서 주선하여 사주인 김상만 씨의 덕소 별장에서 회동케 하여 크게 기사화되기도 하였다. 그 모임에 포터 미국대사도 참석하여 더 이채로웠다. 박 선배는 김대중 씨와도 아주 가까웠다. 겉으로는 중립적인 자세를 취했지 만 말이다. 박정희 후보와 김대중 후보가 장충단 유세로 대결했던 그 긴박했 던 때의 이야기다. 그가 나에게 밝힌 바에 의하면, 김대중 씨가 박 선배에게 전화를 걸어 청중 계산 방법을 구체적으로 따지며 그의 청중 수가 동아일보 에 적게 보도되었다고 항의했다는 것이다. 여기서 중요한 것은 항의 내용이 아니라 그 둘 사이의 친밀도다.

이회창 후보와 만나서는 학문적인 이야기도 한 듯하다. 나에게 비교적 구체적으로 설명한 바에 의하면 둘은 『역사의 종말』을 쓴 미국 학자 프란시스 후쿠야마를 놓고 의견을 나누다가 그의 저서 『트러스트(Trust)』 이야기까지 했다는 것이다.

김대중 씨가 집권하였을 때 DJ는 박 선배에게 행정기구개편안을 만드는 책임을 맡겼다. 총리가 되는 준비, 사전단계처럼도 비쳤다. 물론 김대중, 김종필의 DJP 연합정권이니 당연히 총리 자리는 JP 측에게 가야 하고 또한 같은 호남 출신이니 박 선배에게 총리 자리를 할당하기도 어려웠겠지만 말이다. 여하간 그런 급이다. 그래서 중요한 장관에 버금하는 KBS 사장에 점지된 게 아닌가 한다. 또한 조세형 의원도 당수권한대행을 오랫동안 아주 잘 수행하여 총리급이지만 그럴 수가 없어 역시 아주 중요한 주일대사를 맡긴 게 아닌가 한다. 재미있는 에피소드 하나, DJ 당수가 외국여행을 떠날 때 공항에서 배웅한 조세형 당수권한대행은 기자들에게 "권한은 가고 대행만 남았다."고 재치 있는 농담을 했다나.

## 50~70년대 언론계 전주 출신들이 우뚝

여기서 전주라는 곳을 생각하게 된다. 그곳에 여행 갔을 때도 참 훌륭한 고장이라 여겼다. 조선왕조 이성계 가문의 본향이 아닌가. 여러 가지 유서 깊은 곳이나 여유 있는 생활 모습이 좋았다.

내 고향 청주도 같은 도청소재지다. 그러나 인구는 몰라도 여러 가지 수준에서 전주에 못 미친다. 그런 이야기를 친구에게 했더니 전주는 넓은 곡창지대를 배후에 갖고 있지 않으냐고 한다. 공업화가 되기 전에 논농사가 그 생산성에 있어서 으뜸이었다. 그러니 넓은 평야가 주변에 있는 전주가 풍요로울 수밖에 없고, 문물이나 문화수준이 높을 수밖에 없다.

내가 언론계에 있던 50~70년대에 언론계에는 전주권 출신이 많았고 그렇게 우뚝했다. 박권상, 조세형, 임방현, 김인호, 임홍빈, 최일남, 최정호, 이규태…… 줄줄이 나오는 일류기자들이다. 전주권은 신문기자의 명산지였다. 연구과제로 삼을 만한 뚜렷한 현상이었다.

그 후에 언론계에는 부산 출신이 대거 서울의 편집기자군을 형성해 화제가 되었다. 부산에서 윤임술, 김경환 씨가 서울로 올라오더니 감자 줄기를 뽑을 때 알알이 딸려 올라오듯 부산 언론 출신들이 대거 서울의 편집기자로 이동했다. 이름을 줄줄이 댈 수 있다. 조영서, 권도홍, 이규은……. 이것도 또 하나의 연구과제이다.

특히 관훈클럽은 초기에 이 전주권 출신들이 주체였다. 거기에 보태어 미국에서 연수하였다는 부대조건이 붙는다.

나는 위에 말한 여러 연구 테마를 오랫동안 간직하고 있으나 아직 해답을 못 찾고 있다. 아주 지엽적인 이야기지만, 박 선배의 친형인 박용상 씨는 일찍이 언론인으로 유명해졌고 전북일보의 사장도 했다. 그래서 박권상 선배 주변 학생들의 선망의 대상이었는데 그런 연유로 그 무렵의 학생들이 줄줄이 언론계에 투신했는지도 모른다는 해석이 나돌았다. 구체적인 연구 없는 단순한 추측이지만 어떻든 부분적인 설명은 될 것 같다.

이왕에 박 선배가 조직한 정치인들 모임 이야기를 하였으니 거기에 모인 인물들(옛날 중국식 표현으로는 호협들)의 촌평을 해서 읽는 분들의 이해를 도울까 한다. 생전에 박 선배의 인물평을 들어 두었더라면 좋았을 것을…….

김원기-별명이 '지둘러'. 기다리라는 뜻의 사투리로 인내심이 있다는 이야기다. 올곧고
　　온건하다. 꼬마 민주당의 경력이 설명한다.
김용환-박정희 대통령 말기의 재무부 장관. 김종필 씨가 '복심(심복을 뒤집어 표현)' 이라

할 정도의 지모. 박근혜 대통령을 뒷받침하는 '7인회'의 멤버.

남재희–좀 시원치 않다. 학문을 하듯 정치를 했다(자평이니 후하다).

박관용–이기택 의원 보좌관 출신으로 그의 도움으로 국회의원이 된 후 죽순 돋듯 출세. 김영삼 씨 지지로의 방향전환이 출세의 계기.

박권상–약간 보수적인 듯한 자유주의 논객. 자세히 알고 보면 꽤나 개혁적이다. 국제적 지식인의 모습.

이종찬–우리나라 최대의 독립운동 가문의 손자답다. 영국 체류가 좋은 영향을 미친 듯 매우 합리적이다.

조세형–대단한 재사다. 글도 잘 쓰고, 머리도 잘 돌고, 얼렁뚱땅도 능하고, 타고난 정치인이다. 박관용 씨의 경우처럼, 이철승 씨의 공천으로 국회의원이 되었으나 김대중 씨 쪽으로 전환한 것이 잘 했던 것 같다.

조순승–아주 온건하고 차분한 학자형이다. 정대철 의원과 동서 간. 아사리판 정치에 잘 안 맞는다.

황병태–약관에 경제기획원의 유명한 관료였다. 미국 박사이지만 학문은 그런 것 같고, 특히 3당 통합 때 김영삼 씨의 책사이기도 했다.

이렇게 회고하고 나니 한국 정치 이면사의 한 중요한 부분을 묘사한 것 같기도 하다.

# 박권상 씨의 언론, 정치관
## -천관우, 조세형, 송건호 씨와 대비하여-

내가 잘 알고 존경한 언론인들을 나름대로 분류해보면 일제 때 교육을 받은 사람들과 해방 후 한국의 교육을 받으며 동시에 미국의 영향을 입은 사람들의 두 가지가 있다.

오랜 기간 일본의 식민지였으니 일본의 교육을 받아 언론인이 된 것은 어쩔 수 없다. 내가 존경하던 분으로 오종식 씨와 최석채 씨가 있다. 모두 일본 유학해서 대학교육을 받고 우리나라의 대표적 언론인이자 논객으로 이름을 떨친 분들이다.

그다음 세대가 천관우, 박권상, 조세형 씨, 그리고 좀 경향이 다르게 송건호 씨다. 천관우 씨는 일제 말기에 대학에 입학하여 해방 후에 졸업하였기에 약간 일제시대에 걸쳐진다. 그러나 해방 후 세대로 보는 것이 맞을 듯하다. 해방 후 세대인 이 네 분은 모두 미국 영향을 받았다. 박권상, 조세형 씨는 아주 엄청나게, 천관우 씨는 얼마간, 그리고 송건호 씨는 약간이란 차이가 있다. 특히 송건호 씨는 해방 후 세대임에도 불구하고 계속 전전, 전후의 일본 서적을 탐독하였기에 일제 강점기의 세대와 구별이 잘 안 될 정도로 그런 성향의 사고를 하고 있는 것으로 보였다.

일본에 이른바 '다이쇼(大正) 데모크라시'라고 이름 지어진 시대가 있었다. 민주주의가 나름대로 만개하던 시절로 마르크시즘, 사회주의, 무정부주의까지의 모든 사상이 '백화제방(百花齊放)' 격으로 꽃 피었다. 마치 우리나라의 이른바 해방공간과 비슷했다. 우리의 해방공간에도 모든 사상이 자유롭게 논의되었는데 그때 이 '다이쇼 데모크라시' 때의 책들이 탐독되기도 하였다. 송건호 씨는 그런 흐름에 있는 언론인이라고 볼 수 있다.

여기서 꼭 말해두고 싶은 것은 네 사람이 모두 권력의 부당한 압력에 용감히 저항하여 권력에 의해 숙청되는 수난을 당했다는 사실이다. 모두 용감한 언론자유의 투사였다. 천관우, 박권상, 송건호 씨는 군사정권에 의해 해직되었고, 조세형 씨는 언론인으로서 구속되었고, 정치인으로서 정치활동 규제를 당했었다.

박권상 씨의 언론관이나, 좀 거창한 말로 사상을 논함에 있어서 위에 말한 해방 후 세대 세 사람과 비교하여 보는 것이 편리할 것 같다. 이해에 도움이 될 줄 안다.

## ■ 우선 박권상 씨와 조세형 씨의 대비

둘이 그 세대 언론인들 가운데 쌍벽을 이루는 뛰어난 인물일 뿐만 아니라 대단히 닮은꼴이다. 언론계에 전언회가 유명하다. 처음에는 아마 전주고등학교 출신 언론인들의 모임을 전언회라고 하였던 것 같다. 그러다가 확대되어 전북 출신 모두를 포용하게 된 듯하다. 학제 개편으로 학교가 평준화되어 전날의 명문고가 퇴색하고 후배들의 숫자가 줄어들게 된 까닭도 있을 줄 안다.

여하간 그 전언회 현상에서 가장 두드러진 두 인물이 박권상 씨와 조세형 씨다. 저울로 달아 보면 아마 팽팽할 것이다. 우선 둘 다 유명한 언론연구 친목단체인 관훈클럽의 창립멤버이며 그 총무를 지내는 등 클럽활동을 주도하였다. 모두 초기에 미국 유학을 두 번씩 갔다 왔다. 두 번째는 명성이 높은 하버드대학의 니만 언론연구원 케이스다. 그러니 모두 미국물을 흠씬 먹은 셈이다. 그리고 박권상 씨는 아주 장기간 영국 특파원을 하고 미국과 영국에서 또한 오랫동안 연수기간을 가진다. 조세형 씨는 아주 오랫동안 워싱턴 특파원으로 활약했다.

그러니 둘은 한국 언론의 대표적인 미주통(또는 영국통)인 셈이다. 그러기에 잘 모르는 사람들은 두 사람에 관해 잘못된 선입견을 갖는 경우도 없지 않다. 둘 다 '친미적'이라고 보는 것이다.

박권상 씨는 편집국의 취재기자 경력이 아주 짧고 논설위원 등 논객으로서의 경력이 대부분이다. 조세형 씨는 편집국 경력뿐이지 논설위원 등 논객 경력이 없다. 따라서 박 선배의 생각을 어느 정도 짐작할 수 있으나 조 선배의 사고를 파악하기는 어렵다.

나는 인상평으로 박권상 씨는 친형이 신문사 사장을 할 정도로 가정형편이 넉넉하였고, 조세형 씨는 서울대 문리대 독문과를 중퇴하고 교편을 잡을 정도로 집안이 쪼들렸음에 비추어(조 씨 집안은 부자였으나 쇠락한 모양이다.) 둘의 사고방식을 추측하기도 하였다. 박권상 씨는 자유주의자이지만 약간 보수적이고, 조세형 씨는 자유주의자이지만 얼마간 개혁적이고……, 그런 성급한 판단 말이다.

그러나 박권상 씨의 글들을 대충 살펴보고 나는 생각을 바꾸었다. 나중에 이야기하겠지만 그는 의외로 '개혁적'이다. 이렇게 말하면 그를 알던 많은 사람들이 의아해할 줄 안다.

## 약간 보수적이지만 의외로 개혁적

그러나 미국과 영국에 푹 빠져있고, 미국대사관 측을 비롯한 미국 저명인사들과 교제가 넓은, 그래서 친미로만 기울어졌을 것으로 인상을 주는, 그리고 보수적이라 경우에 따라서는 우익적 인사로 분류될 법한 그가 실은 의외로 '개혁적'이라는 이야기다. '진보적'이라는 표현까지는 안 쓰겠다. 그러나

'개혁적'인 것은 틀림없다. 새로운 발견이다.

조세형 씨는 내가 같은 정치부에서 선배로 모시고 일한 적이 있어 나름으로의 느낌을 갖고 있다. 그는 자유주의자임에 틀림없으며 '개혁'이나 '진보'에 대해서도 개방적이고 이해심이 깊다.

조세형 씨를 이해하는 데는 동료 기자였던 진철수 씨의 글이 매우 참고가 될 줄 안다.

그가 세상을 떠났다는 소식을 듣고 생각나는 노래가 있다. 1955년 국무부 초청으로 우리 기자 일행이 미국 구경을 갔을 때 한참 유행하던 '식스틴 톤즈(Sixteen Tons)'라는 컨트리 송이다. 탄광 회사에 착취당하여 사는 광부의 고달픈 인생을 읊은 노래지만, 서글프면서도 힘찬 리듬이 매력적인 노래다.

귀국하여 관훈클럽 모임을 가지기 시작했을 때도 조세형이 굵은 바리톤 목소리로 이 노래를 즐겨 불렀고, 나도 따라 불렀던 생각이 난다. 그때 우리는 가사를 제대로 소화하지도 못하면서 불렀던 것으로 기억하지만 이런 대목이 후렴에 나온다. 'You load sixteen tons, an' what do you get? Another day older and deeper in debt.', '하루 16톤이나 캐내도 무슨 소용이냐, 몸은 늙어가고 빚만 는다.'는 한탄이다.

'식스틴 톤즈' 후렴에는 이런 말이 나온다. 'Saint Peter, don't you call me cause I can't go, I owe my soul to the company store.', '베드로 성자여, 나는 아직은 못 갑니다. 광산회사 매점에 빚이 너무 많아서 떠나려 해도 못 떠날 신세.'라는 것이다(진철수 씨 추모사. 「관훈저널」 2009년 여름호).

조세형 씨가 애창하던 우리 노래는 "동구 밖 과수원 길, 아카시아꽃이 활짝 폈네"였다(조세형 씨가 정치인이 된 후의 정견이나 논설은 논외로 한다).

## ■ 다음 박권상 씨와 천관우 씨 이야기

둘 다 동아일보의 상징적 존재들이다. 둘 다 편집국장을 지냈고 논설책임도 맡았다. 박 선배는 논설주간, 천 씨는 주필이란 호칭상 약간의 차이가 있다.

둘 다 한국의 대표적인 논객들인데 각각 강한 개성들을 갖고 있고 타입이 완전히 다르다. 박 선배는 서울대학 문리대의 영문과, 천 씨는 사학과(경성제국대학 예과에 입학하여 서울대학 졸업).

거기서부터 방향이 갈린다.

박권상 선배는 이미 말한 대로 미국과 영국에 유학이나 특파원으로 아주 장기 체류하여 미국적인 것이 체질화되다시피 하였다. 천관우 씨는 사학자로 한학에 조예가 깊고 한국 문제에 집착한다. 비록 미국유학을 갔었다고는 하나 그것도 단기간이고 표피적인 영향에 그친 듯하다. 천 씨에 관하여 나는 다음과 같은 글을 쓴 적이 있다.

천관우 선생과의 대화는 대개 언론자유, 민주주의 등에 관련된 것이었다. 그런데 나는 다른 사람들과는 얼마간 다르게 어떤 민주주의냐에 관심을 가졌다. 나는 그 점을 천 선생에게 여러 번 질문했다. 그러나 그는 '민주주의만 되면 족하다. 그러면 그 후는 잘 될 것'이라는 말만 되풀이했다. 틀린 말은 아니었지만 나는 어떤 방향을 알 수 없을까 하여 계속 아쉬워했다.

천관우 씨는 동아일보의 주필, 송건호 씨는 한겨레 창간 사장의 경력으로, 전자는 온건 보수적이고, 후자는 얼마간 진보적이란 차이가 있다. 나는 천관우 씨의 언론관을 '광장 수호론'으로, 송건호 씨의 것을 '소신 관철형'으로 그 리더십을 작명하여 구분했다(남재희 저『통 큰 사람들』천관우 편).

해방 후의 우익 학생운동에서 고려대에서는 이철승 씨, 연희대에서는 이동원 씨, 그리고 서울대(문리대)에서는 천관우 씨가 리더였다고 흔히 말하여진다. 천 씨의 정치견해를 이해하는데 그런 일도 참고될 것 같다.

## ■ 세 번째로 박권상 씨와 송건호 씨의 비교

서울대 법대 출신인 송건호 씨도 긴 기간은 아니지만 동아일보에 몸을 담았었다. 논설위원으로 있다가 편집국장이 되었는데 그때 권력의 언론탄압으로 회사에 의한 기자들 대거 해직사건이 있어, 송 씨도 거기에 항의하여 동아일보를 떠났다. 그 후 오랜 야인생활에 따른 고생 끝에 민주화 이후 한겨레신문을 창간하여 창간 사장이 되었다.

송건호 씨는 강한 민족주의에 바탕한 진보적 언론인이었다. 박권상 씨를 개혁적 자유주의자로 본 것과 크게 대비가 되는 언론인이었다.

그의 글을 소개하는 것이 도움이 될 것이다.

(인물)평가의 기준을 필자는 민족의 역사적 상황과 관련지어, 그가 역사의 길을 걸었는가, 아니면 현실의 길을 걸었는가에 두었다. 역사의 길이란 무엇인가? 역사의 길이란 인간 및 사회의 발전에 무엇인가 기여하는 삶을 걷는 것을 의미한다. 우리의 경우, 한 인물에 대한 평가 근거는 '민주주의'와 '민족'이 되어야 한다. 이 민족의 자주와 자유를 위해 그가 어떤 삶을 살았는가에 따라 평가해야 한다. 이것이 바로 역사의 길이다.

역사의 길이란 형극과 수난의 길이다. 사회의 온갖 세속적 가치로부터 소외되는 길이다. 그리하여 사람들은 역사의 길을 택하지 않고, 그것이 옳다는 것을 알면서도, 현실의 길을 걷는다. 현실의 길은 안락의 길이자 세속적 영화의 길이다. 현실의 길을 걸으면서도 그것을 택한 사람들은 갖가지 '명분'을 내세운다. 그 길이 민족을 위하는 길이고, 독립을 향하는 길이며, 또 통일을 위하는 길이라고 강변한다"(송건호 저『한국 현대 인물사론』서문에서).

저널리스틱한 현실 참여란, 문제의 본질적 인식에서 출발하는 것이 아니기 때문에 흔히 야당적(단순한 정권교체를 위한) 비판에 그치는 경우가 생긴다. 현실참여가 야당적 차원으로 떨어진다는 것은 동질적 차원의 저항으로 그치기 쉽다는 것을 의미한다. 여야 대립이란 특히 우리나라의 경우, 이것이 이질적 대립이 못되고 동일한 차원에서의 싸움의 되풀이로 그치기 쉬운데, 만약 지식인의 참여가 현상적 비판에 끝나 질적으로 동일한 차원에서 맴돌게 된다면 다람쥐가 쳇바퀴를 돌듯 전혀 발전이 없는 제자리걸음밖에 될 수 없을 것이다. 그러므로 지식인의 현실참여가 역사에 기여하는 참된 기여가 되기 위해서는 우선 학문적, 사회과학적 인식을 바탕으로 한 본질적 참여하지 않으면 안 된다(송건호 저『민족 지성의 탐구』에서).

자유민주주의 도입의 타율성과 그것의 국제적 연대성의 강조는 이 땅에 두 가지 바람직하지 않은 풍조를 일게 했다. 하나는 냉전의 과정에서 자유민주주의의 이데올로기성(반공)이 강조되는 나머지 지적 풍토에 '폴러라이제이션(Polarization 양극화)' 경향이 생겼다는 것이고, 둘째는 국제적 연대성의 강조로 말미암아 사상의 사대적 자세가 싹텄다는 사실이다(1967년 「정경연구」'한국지식인론').

박권상 씨의 생각, 거창하게는 사상, 자연스러운 표현으로는 견해들을 그의 논설을 대충 살펴서 정리해본다. 좀 무리하다 싶지만 1) 언론관 2) 미국관 3) 정치제도론 4) 통일논의 5) 사회정의론으로 나누어 보았다.

## 1) 언론관

……참된 저널리스트는 허위를 물리치고 진실을 찾아야 하고, 억압에 저항, 자유를 택하면서도, 그러나 늘 독립된 입장을 고수한다는 것, 어느 개인, 어느 집단, 어느 세력에도, 그들과 뜻을 같이하는 경우에조차, 거기에 스스로를 100% '코미트' 해서는 안 된다는 언론의 원칙이 있다. 나는 이 원론적 직업관을 소중히 생각하면서 지극히 어렵고 제한된 조건 속에서도 언론인은 언론매체를 통해 자기 뜻을 바로 펴는 것이 자유를 찾는 정도(正道)라고 믿어왔다(1987년 저서 『감투의 사회학』 서문).

"100% '코미트' 해서는 안 된다는 언론의 원칙"−이것이 언론인이 유념해야 할 지혜라고 할 것이다. 흑백논리가 아니고 약간 유보적인 공간을 남겨두는 상대주의적 태도. 절대주의적 광신에 빠지는 것을 막는 장치로 언론계 후배들에게 널리 깨우쳐줄 만하다.

특히 요즘처럼 주류 언론들이 편파적인 입장을 보이고 있는 상황에서 "100% 코미트 불가론"은 깊이 새겨 볼 만하다.

존 메릴은 언론과 정부의 관계는 ① 강요된 노예 ② 협조하는 머슴 ③ 대등한 경쟁자로 구분하였는데, 오늘날 우리 언론의 경우 '강요된 노예'라고까지 말할 수 없으나, 대부분의 방송 신문이 '협조하는 머슴'의 위상을 버리지 못하고 있다(미완성 원고 '한국 언론, 무엇이 문제인가'에서).

언론이라는 것이 돈을 벌고 생활은 좋고 하나의 기득권 세력이기 때문에 특별히 모험해가면서 새로운 것을 할 수 있는 그런 다양성을 추구하는 사고방식 자체가 안 되어 있는 것 같다(1991년 '변혁기 언론의 재정립과 발전방안' 좌담).

재벌이 직접 소유하는 신문이거나 재벌이 주는 광고수입에 의존해야만 존재할 수 있는 언론이 지배하는 사회를 상상해 볼 때 위험천만하다는 생각이 든다(미완성 원고 '한국 언론, 무엇이 문제인가'에서).

그런데 결국 재벌들이 장사하는데 돈 벌고 존경도 받고 권력도 행사하고 너무 욕심이 많다. 신문이 존경받아야 되는 것인데 그렇게 된 상황에서는 참 비관적이 아닌가. 그리고 거기에 가서 일하는 사람이 결국은 과거에 국가권력 통제하에서는 시녀 노릇을 하였지만 어떻게 하는가? 도리 없이 재력의 시녀 노릇을 해야 하는데 여기서 과연 진짜 좋은 신문이 나올 수 있느냐. 그래서 모두에 얘기했지만 언론의 자유라는 것이 좋을 수도 있지만 나쁠 수도 있다(1991년 '변혁기 언론의 재정립과 발전방향' 좌담).

## 2) 미국관

미국사람들이 한국을 일본이나 중국에 비해 훨씬 얕잡아보고 있는 것이 사실이다. 우리가 미국을 가리켜 '특수 관계', '형제적 혈맹' 운운하는 것은 어디까지나 이쪽의 일방통행적인 감정일 뿐이다.

그들로서는 당연히 추구해야 할 그들의 국가 이익이니까 공연히 한국 사람들이 조선조 시대의 중국과의 특수 관계를 지난 40년간 미국과의 특수 관계로 옮겨 착각한 것, 신판 사대주의적 심리가 자연스럽게 작용한 것이라고 보아야 하겠다.

이로 말미암아 미국과의 정상적인 우호 관계 성립에 불필요한 오해, 불건전한 잡음이 있었으며 특히 1980년 5월 사태를 계기로 야권에서 미국을 보는 눈이 싸늘하게 변했다. 필요 이상으로 강했던 기대가 산산조각 남으로써 강한 반감으로 역전한 것이다.

결국 우리는 싫든 좋든 숙명적으로 동반관계는 유지될 것이 분명한데, 그럴수록 불평등 예속적 관계에서 벗어나 좀 더 자주적인 관계 발전을 위해 노력해야 하겠는데, 40년간 몸에 밴 신판 사대주의 성향을 탈피하는 자각이 있어야 할 것이다. 쉬운 일은 아니다. 그러나 그것만이 자칫 급진적으로 치닫기 쉬운 젊은 세대에 바른 정신문화를 넘겨주는 일이 될 것이다(1987년 저서 『감투의 사회학』 가운데 '다시 미국을 생각한다—대미의존 근성은 일방적사대주의'에서).

이 글은 대단히 공들여 쓴 역작이기도 한데, 대체로 그의 의견에 공감할 것으로 본다.

북한은 결국 핵 카드를 최대한 동원, 공공연하게 전쟁 위협을 내비침으로써 전쟁을 싫어하는 미국과의 접근에 재미를 보고 있다고 볼 수 있다(1996년 저서 『오늘, 그리고 내일』 가운데 '평양의 대미 접근이 시사하는 것'에서).

국제문제에도 정통한 박권상 씨가 군사문제에 허점을 드러낸 글 같다. 특히 '전쟁을 싫어하는 미국'은 잘못 본 판단 같고 '북한⋯⋯ 전쟁 위협' 운운도 북한정권 전반기는 몰라도 후반기에는 오히려 방어적인 것 같은데 잘못 읽은 것 같다.

미국의 슐츠 국무장관이 방한하여 우리 외무장관을 방문하였을 때 방문에 앞서 미 측이 세퍼드를 끌고 와 장관실의 폭발물 유무를 탐지시키는 오만불손한 행태를 보였다. 거기에 다른 불쾌한 일도 겹쳐 박권상 씨는 다음과 같이 썼다.

슐츠 장관의 24시간 서울 방문은 민주주의에 앞서 민족주의라는 좀 더 원칙적인 명제를 다시 한 번 생각게 하는 계기를 제공하였다. 행여 외세를 업어 자기의 당파적인 이익을 추구하려 한다는 그 모멸적인 언사가 다시 미국 지도자들 입에서 나오는 일이 없을는지 심히 우려된다(1987년 저서『감투의 사회학』가운데 '사대주의와 대국주의'에서).

박권상 씨는 일부 언론인들 사이에 친미주의자로 비치기도 하였다. 그러나 이 글에서는 그의 민족주의적 의식이 강하게 내비친다. 건강하다고 하겠다.

## 3) 정치제도론

이제 헌법상의 모순과 모순의 극복을 국민적 토론에 부칠 때가 왔다. 쉽게 말해서 순수한 대통령제를 택하고 이를 보완하든지 순수한 내각책임제를 택하든지, 어느 한쪽을 선택하는데 진지한 토론을 벌였으면 한다. 전자의 경우 국회의 감독권을 강화하되 행정권을 미국식으로 대통령에게 위임하고, 정, 부통령제를 도입하여 정치세력 간 지역 간 협조와 후임자 양성의 기반을 닦고, 또한 과반수 득표자가 없는 경우 프랑스처럼 결선투표제를 채택함으로써 지역 간 또는 정치세력 간의 연합을 촉진하여 과반수 국민이 지지하는 대통령을 뽑고 4년 임기에 1차 중임할 수 있는 길을 열어놓을 수 있다. 이렇게 할 때 정치를 분열, 갈등보다 합작 연합의 방향으로 물꼬를 돌릴 수 있다.

아니면 내각제로 고쳐 대통령이 권력을 독점함으로써 생기는 지역갈등을 완화하고 다양한 이해관계의 흡수·조절 등 국민적 통합을 조정할 수 있다. 나라의 어른을 내 손으로 뽑겠다는 것이 소박한 정서라면, 내각제하에서도 대통령은 국민이 직접 뽑을 수 있다. 지난날 내각제가 야당과 국민의 조건반사적 저항을 받은 것은 집권세력이 집권연장의 수법으로 내밀었기 때문이다. 지금은 그런 조건이 존재치 않는다(1994년 저서 『예측이 가능한 세상이었으면』 가운데 '헌법문제, 논의하는 것이 좋다'에서).

같은 책 '명부식 비례대표제 도입을'의 글에서는 '명부식 비례대표'와 특히 '권역별 비례대표제'를 주장하였다. 다만 국회의원 전원을 그리하느냐, 일부 어느 정도를 그리하느냐에 관해서는 언급이 없어 의문을 남겼다.

프랑스에서 민주주의란 곧 자유방임이었고 소란스럽고 더디고 비능률적이고 때로는 파괴적인 병리를 내포하고 있다는 것을 느꼈다. 도가 지나쳐 나라를 멸망의 늪 속에 몰아넣을 수도 있다는 것을 알 수 있다. 이른바 '자꼬바니즘'으로 부르는 정치문화의 큰 흐름이다. 이에 반해 '보나파티즘'이라는 반대 흐름이 있다. 영웅적인 지도자의 등장으로 무정부 상태에서 질서를 바로잡고 프랑스의 영광을 되찾는 그런 움직임이 '자꼬바니즘'을 대체한다. 드골과 드골주의가 바로 그런 현상이다. 그러나 이 두 흐름 모두 인민주권이라는 대의명분을 떠받든다는 공통분모가 있다. 국민성으로 보아 우리나라는 국민합의가 쉬운 앵글로 색슨보다 사분오열하는 라틴족을 닮았다고 말할 수 있다. 그만큼 프랑스 민주주의 경험이 우리로서는 타산지석으로 보였다(1992년 저서 『대권이 없는 나라 I』 서문).

## 4) 통일논의

아무리 생각해도 우리 한국의 유일하고 합리적이고 장기적인 장래는 한반도의 지정학적인 위치를 고려할 때 오스트리아식 중립화 통일에 있다고 말할 수 있지 않을까.

그러나 문제는 남북이 서로 가까워져 신뢰를 바탕으로 통일정부를 수립하는데 합의에 도달할 수 있느냐에 있다. 44년간 지속된 공포의 대결이 대화와 신뢰 국면으로 발전할 수 있느냐에 있다. 1945년 오스트리아 지도자들이 이룩한 정치적인 합의와 국민적 단결, 그것을 한국의 지도자들과 국민은 놓치고 말았던 것이다. 모스크바 3상 회의에서 미·소가 합의한 통일정부 수립이 5년간의 신탁통치를 받아들이느냐 여부의 좌우 싸움으로 인해 좌절되고 끝내 나라는 남북으로 두 동강 나고 말았고 북의 김일성이 시작한 6·25전쟁으로 분단은 심화, 고착되고 말았다(1991년 『박권상의 시론』 가운데 '오스트리아식 중립화 통일론'에서).

우선 오스트리아는 우리나라보다 수준이 월등히 높았다는 점을 고려해야 한다. 그리고 우리나라는 당시의 소련에 육속(陸續)되어 있지만 오스트리아는 매우 떨어져 있다. 소련은 폴란드, 동독, 불가리아, 루마니아 등등 많은 위성국가를 만들었기에 더 욕심을 안 냈을 것이다.

4·19 후의 시대에 미국의 민주당 상원 원내총무인 맨스필드 의원은 한반도의 오스트리아식 중립화 통일론을 제창했다.

그때는 '진보세력'이 아니고 '혁신세력'이라고 했었는데 그 가운데서 통일사회당은 중립화 통일에 찬성하여 '중립화 통일연맹'을 구성했다. 나머지 혁신정당들은 '민족자주통일중앙협의회(민자통)'이라는 데로 뭉쳐 남북협상을 주장했다.

5·16군사 쿠데타 후 남북협상파들은 가혹하게 처벌을 받았고, 중립화 통일론자들은 비교적 가볍게 다루어졌다. 남북협상론은 북과 협상하자는 것으로 '다이나미즘'이 있고, 중립화론은 역학상 공허했기 때문이다.

그 오스트리아식 중립화 통일론을 비록 시대가 훨씬 지난 후이지만 박권상 씨가 지지했다는 것은 대단한 일이다. 요즘 같았으면 자칫 '용공', '좌빨'로 몰릴 수도 있겠다. 차마 박권상 씨와 같은 거물을 그렇게 사상공세의 제물로 삼을 수는 없었겠지만.

그러나 최근(2014년)에 영국의 「이코노미스트」 칼럼이 한반도가 통일되려면 주한 미군이 철수하고, 통일 한반도가 미국이나 중국에 위협이 되지 않아야 하지 않겠느냐고 썼는데 그것은 결국 이름이야 어떻든 중립화가 아니겠는가.

## 5) 사회정의론

문제는 대기업이 좀 더 정의로워져야 한다는 데 있다. 식수를 오염시키면서까지 돈 벌겠다는 위험천만한 사고방식을 버려야 한다. 좀 더 성실하고 근면하고 검약하는 가운데 개개인의 부가 축적되어야지, 은행 돈 꾸어 부동산 사들이고 부동산값 올려 기업이윤을 극대화하는 그런 수법, 그것은 곧 모든 근로자의 근로의욕을 꺾고, 선의의 기업가들의 기업의욕을 빼앗는 것이다(1993년 「시사저널」 시론 가운데 '우린 재벌공화국에 살고 있는가'에서).

결국 경제가 발전하면 할수록 사회가 안정되고 따라서 나라가 안정되는 것이 아니라 거꾸로 경제가 발전할수록 '부익부 빈익빈' 현상을 만들어 심한 계층 간 대립을 조장하고 따라서 비생산적인 노사분규를 유발하고, 그것이 국가의 안정을 뿌리째 흔드는 증후로 나타나고 있다. 그동안 조세제도에 있어 소득의 재분배 기능을 도외시한 까닭이다.

뒤늦게나마 정부가 이를 깨닫고 토지공개념 도입에 앞장선 것은 부의 불균형이 비등점에 이르렀다는 국가적 위기를 바로 인식한 처사라 할 수 있다. 구체적으로 택지상한제라든지 토지초과이득세, 그리고 토지개발분담규제 등을 명년부터 실시할 채비를 서두르고 있으며 91년부터는 고소득층을 겨냥한 금융실명제가 단행된다는 소식이다(1991년 『박권상의 시론』 가운데 '토지입법 왜 절실한가' 에서).

경제문제를 논함에 있어서 가장 손쉬운 '진보'와 '보수'를 구별하는 리트머스 시험지는 토지 과세를 놓고서인 것 같다. 토지 과세를 중시하는 측은 대개 진보이고, 소극적인 측은 대개 보수인 듯하기 때문이다.

일찍이 헨리 조지는 『진보와 빈곤』에서 토지 과세를 가장 중요한 일로 강조했다. 중국 현대사의 국부로 간주되는 손문도 그의 저서 『삼민주의』에서 토지 과세를 매우 강조했다.

박권상 씨가 토지 과세를 중시하는 것을 보면 그는 그런 기준에서 생각할 때 '진보'에 속한다. 최소한 그 흔한 땅 투기꾼은 아니다. 언론인 가운데도 땅 투기에 눈을 떠서 본업을 소홀히 한 채 돈벌이에 열중한 사람들이 적지 않게 있다.

그렇게 볼 때 박권상 선배는 그동안의 보기와는 달리 매우 앞선 사상을 가진 것 같다. '과격 진보'는 아니고 '온건 진보'로 분류될 수 있을 것 같다.

# '자유혼의 파랑새' 박권상의 언론사상

## -언론자유의 지적 탐험은 학계에서도 독보적-

김민환 (고려대 미디어학부 명예교수)

## 1. 영국 신사 박권상

귀골이다. 기품이 몸에 배어 있다. 언어가 절제되어 있다. 행실이 정도에서 벗어나는 경우를 볼 수 없다. 어떤 옷을 걸쳐도 멋있다. 이런 범주에 드는 이를 '영국 신사'라고 한다면, 박권상은 전형적인 '영국 신사'다.

우리 사회에 '영국 신사'라는 평을 듣는 이가 아주 많지는 않지만 아주 적지도 않다. 그러나 그런 '영국 신사' 가운데 영국을 알고 영국의 사상을 꿰뚫는 이는 흔치 않다. 박권상은 기품 있는 멋쟁이 신사라는 차원에서 말하는 '영국 신사'의 범주를 넘어, 지성적인 면에서 누구와 비교할 수 없을 만큼 영국의 정신을 알고 영국에서 교훈을 얻고자 하는, '영국 신사'의 전형이다.

박권상은 왜 영국을 좋아하는가? 영국은 가장 성공한 역사를 가졌기 때문이다(박권상, 『성공한 역사의 나라, 영국을 본다』, 원음사, 1990, 서문). 부연하자면 영국은 민주주의를 가장 신사적으로 정착시켰다. 도버해협 건너 프랑스에서 대혁명이 일어났을 때 영국 사람들은 루소나 볼테르가 선창한 계몽사상에 동조하고, 대혁명의 취지에 공명했다. 그러나 영국 사람들은 가볍게 부화뇌동하려 하지 않았다(위의 책 서문).

박권상에 따르면, 혁명은 아무리 미화해도 사람을 대량으로 죽이고, 재산을 마구 약탈하고, 쌓아올린 문화유산을 때려 부수는 야만성을 수반한다(위의 책 서문). 영국은 이런 길을 제쳐놓고 유혈혁명 없이 점진적으로 자유롭고 인간다운 사회를 건설해 갔다. 박권상은 그런 영국에서 길을 찾고자 했다. 그는 영국 같은 민주사회를 건설하는 것이야말로 우리 시대가 요구하는 시대적 사명이라고 단언했다(박권상, 『자유언론의 명제』, 전예원, 1983, 서문).

박권상에게 민주사회란 곧 자유가 보장되는 사회를 말한다. 제2차 세계대전 이후 세계는 공산 진영과 자유 진영으로 갈라졌다. 양 진영은 전쟁 가운데서 그래도 덜 나쁜 '냉전'을 통해 체제 경쟁에 돌입했다. 결과적으로 승리를 거머쥔 것은 자유 진영이었다. 그래서 박권상에게 냉전 시대의 독일 외상 겐셔의 말은 그냥 흘릴 수가 없었다.

"동서 체제 간의 어떤 경쟁에 있어서든 최대한의 자유를 누리는 것, 즉 최대의 자유를 국민에게 보장하는 것만이 우리 체제가 승리를 얻을 수 있다는 확신을 가지고 있습니다."(박권상, 『민주주의란 무엇인가』, 나남, 1987, p.42)

박권상은 자유 가운데서도 특히 언론의 자유가 중요하다고 강조했다. 그에 따르면, 사회 성원이 자신의 생각을 거리낌 없이 말할 수 있는 언론의 자유야말로 자유의 핵심이었다. 그래서 모든 민주주의 국가는 자유언론의 원칙을 채택하여 헌법에 규정했다. 바꾸어 말해서 자유언론을 보장하는 나라는 곧 민주주의 국가라 하겠으니 '국회는 언론출판의 자유를 제한하는 법을 만들

수 없다'는 미국 헌법은 민주주의 각국 헌법 중에서도 대표적인 것이었다(박권상, '언론출판의 자유; 선진국에서의 이론과 실제', 『신문연구』, 1959. 12. p.6).

박권상은 언론을 자유와 연결시키는 일(박권상, 『자유언론의 명제』, 전예원, 1983, 서문)이 그가 할 일이라고 믿었다.

그는 평생 언론의 자유에 대해 논하고, 정부에 언론의 자유를 보장할 것을 촉구하며, 언론인이 언론의 자유를 지키고 그 취지를 구현하기 위해 노력해야 한다고 강조했다.

박권상은 언론의 자유의 개념을 제대로 이해하는 일이 무엇보다 시급하다고 생각했다. 그래서 현장에서 뉴스를 취재하고 사회적 의제에 대해 평론하는 저널리스트이면서도 그는 자유언론의 철학을 이해하고 정리하며, 언론계에 알리는 작업에 집착했다. 언론출판의 자유란 도대체 무엇을 두고 하는 말인가? 어찌하여 그것이 필요한 것인가? 필요하다면 구체적으로 어떻게 운용되는 것인가? 언론의 자유와 국가안전보장의 관계는 어떻게 조화시킬 수 있으며, 다른 사회적 제 가치와 어떻게 타협할 것인가?(박권상, '언론출판의 자유; 선진국에서의 이론과 실제', 『신문연구』, 1959. 12. p.3) 지난 반세기 동안에 박권상은 이런 질문에 해답을 얻기 위해 꾸준하고도 깊이 있는 지적 탐험을 시도했다. 그런 작업에 관한 한 그는 언론계는 물론 언론학계에서도 가히 독보적이었다. 그럼 그의 자유언론 사상의 내용은 무엇이며, 어떤 특성을 띠는가? 바로 그것을 뜯어보는 것이 이 소고의 목적이다. 그가 쓴 논저에 들어있는 주요 대목을 짜깁기하면 자연스레 그의 사상의 실체가 여과 없이 드러날 것이다.

(주지를 훼손하지 않는 범위에서 박권상이 쓴 원문의 일부 용어나 문장은 손질하고 다듬었다)

## 2. 박권상 자유주의의 내용

### 1) 고전적 자유주의

박권상은 자유주의 언론사상의 연원을 17, 8세기에 제기된 유럽의 고전적 자유주의에서 찾았다. 박권상에 따르면, 자유주의 언론사상은 근대적 인간과 근대 사회의 산물이었다(박권상, '강좌; 매스커뮤니케이션 3-신문의 자유의 이론적 발전', 『신문연구』, 1964. 봄. p.97). 사상적 연원은 서유럽에서 발전한 자유주의였으며(박권상, '언론출판의 자유; 선진국에서의 이론과 실제', 『신문연구』, 1959. 12. p.2), 그 선구자는 밀턴이었다.

17세기의 영국 시인 존 밀턴은 "다른 어떤 자유에 앞서 양심에 따라 자유를 알고 말하고 토론할 수 있는 자유를 우리에게 다오"하고 부르짖었다. 그것은 곧 근대 인간의 권리를 찾으려는 선구자의 몸부림이었다(박권상, '강좌; 매스커뮤니케이션 3-신문의 자유의 이론적 발전', 『신문연구』, 1964. 봄. p.97).

박권상에 따르면, 자유언론의 이론적 근거는 이른바 사상의 자유시장의 효용성에 있었다. 이에 대해 밀턴은 이렇게 외쳤다. "진리와 허위를 대결시켜라. 자유롭고 공개된 승부에서 진리가 패배한 일을 누가 아느냐. 진리에 의한 논박이야말로 가장 좋은, 그리고 가장 확실한 금알(禁遏)이다". 밀턴의 사상은, 박권상에 따르면, 곧 중세의 봉건사회와 이에 뒤따르는 절대주의 철학에 정면으로 반기를 든 근대인의 자세를 규정하는 것이요, 근대인으로 성립되는 근대 민주사회의 기간을 이루는 것이었다(위의 글, p.98).

밀턴의 사상이 18, 9세기에 이르러 존 스튜어트 밀의 공리주의적인 자유론으로 발전하였고, 토머스 제퍼슨의 '최소의 정부가 최선의 정부'라는 민주정치 철학으로 뻗어 나갔다. 또한 18세기의 산물인 애덤 스미스의 자유방임주의 경제이론과 19세기의 산물인 적자생존의 사회이론 역시 밀의 정신세계의 공개시장이론과 호흡을 같이 하는 것이었다(박권상, '언론의 자유와 책임, 언론의 기능과 역기능', 『정경연구』, 1966. 10. p.151). 박권상은 자유주의 언론사상이 제퍼슨 이후로도 어스킨, 밀 등 정치철학자들에 의해 보완되었고, 20세기에 들어서는 미국의 저명한 법학도 홈스 판사로 계승되었다(박권상, '강좌; 매스커뮤니케이션 3-신문의 자유의 이론적 발전', 『신문연구』, 1964. 봄. p.98)고 전제하고, 이에 대해 여러 논고를 통해 서술했다.

박권상은 자유주의 언론사상이 우리 실정에는 맞지 않는다는 견해에 동의하지 않았다. 이는 박정희 시대 이후에 제기된 이른바 '한국적 민주주의론'에 대해 그가 부정적이었음을 의미한다. 이에 대해 그는 다음과 같이 말했다.

"흔히 많은 비판론자들은 본질적으로 서구사상인 자유언론이 이 땅에 뿌리내려 뻗어날 수 있느냐에 회의적이었다. 나는 그렇게 보지 않았고 보지 않는다. 자유하의 발전이 아무리 고통스러워도 반드시 우리가 나아가야 할 바른길이라고 확신하고, 그것이 때로는 반동의 소용돌이에 휘말려 절망의 늪에 빠져 헤매어도 그것은 반드시 극복되어야 할 민족의 과제라고 믿는다."(박권상, 『민주주의란 무엇인가』, 나남, 1987, 서문)

### 2) 수정주의의 능동적 수용

박권상은 자유주의 언론사상의 원형을 17, 8세기의 고전적 자유주의에서 찾고, '한국적 민주주의론'에 대해 부정적이었지만, 그러나 사회상황이 급변해 자유주의의 기본 가정이 위협받고 있는 현실을 결코 외면하지 않았다. 그는 자유주의에 대한 수정주의적 대응에 우호적이었다.

그에 따르면, 원래 언론 출판의 자유를 절대적으로, 또는 절대에 가까울 만큼 보장해야 한다는 데 충분한 근거가 있었다. 자유주의 언론사상은 인간이 이성적 동물이고 따라서 자기 자신의 힘으로 자기 환경을 인식, 이해, 적응할 수 있다는 주장을 발판으로 삼았다. 인간은 이성적인 동물인 까닭에 진실과 허위가 자유롭고 공개된 자유시장에서 대결하면 결국 선과 진실의 편이 이기고 허위와 악의 편이 소멸하기 마련이라는 자율조정이론에 뿌리박은 것이었다(박권상, '신문자유의 새로운 개념', 『신문연구』, 1961. 봄 . pp.51~52).

그러나 박권상에 따르면, 20세기 사회는 반드시 고전적 이론을 그대로 적용할 수 없는 여러 가지 현실적 문제점을 안게 되었다. 첫째 문제점은 언론의 자유의 한계가 좁혀져 가는 경향이었다. 시민의 기본 권리로서의 언론의 자유는 점차 확대되었지만, 분명한 제약 역시 확장되었다. 언론의 자유는 존중하되 명백히 타인의 이익을 해치는 특권이 아니라는 것, 언론의 자유는 명백하고도 현실적인 위험이 있는 경우 국가의 안전보장이라는 사회적 이익에 양보해야 한다는 것, 언론의 자유는 외설에 관한 법률과 같이 사회적 표준이나 법률적 규제에 복종해야 한다는 것 등이 새로운 원칙으로 자리 잡아갔다. 자유언론은 이런 새로운 한계 안에서 법적으로 보장되었다(박권상, '강좌; 매스커뮤니케이션 3-신문의 자유의 이론적 발전', 『신문연구』 , 1964. 봄. p.100).

두번째 문제점은 언론의 자유와 신문의 자유가 동렬로 취급될 수 있느냐 하는 것이었다. 이 문제에 관해서 하버드대학의 윌리엄 호킹은 이미 상당한 의문을 표시했다. 전통적으로 우리는 언론의 자유와 신문의 자유를 동질적인 것으로 사용했고, 표현의 자유는 이 두 가지를 포괄하는 것으로 이해했다. 언론의 자유라는 것이 단순히 개인과 개인 간의 퍼스널 커뮤니케이션에 그치지 않고 집회나 강단에서 각자의 견해를 밝히는 권리라고 할 때, 신문의 자유 역시 이를 확대한 것일 뿐, 양자 간에 본질적 차이는 있을 수 없고, 다만 규모의 차이가 있을 뿐이었다.

그러나 현대사회에서 신문의 자유를 누릴 수 있는 자의 수효는 사실상 극소수에 불과하다. 신문을 발행하려면 거대한 자본이 필요한 세상이 되었기 때문이다. 언론의 자유는 만민에 평등한 기본 권리가 아니라 이제 일부 특수층만이 누릴 수 있는 특권이 되고 말았다. 이렇듯 신문을 발행할 수 있는 자의 수가 줄어든 데 반하여 신문은 거대한 사회적 세력으로 등장하였다(위의 글, p.101). 신문의 자유를 향유할 수 있는 자의 수가 극도로 줄고, 그 반면에 신문의 사회적 기능과 효과는 극도로 커졌다. 이런 상황에서 과연 국민의 기본 권리로서의 언론의 자유와 신문 발행 능력이 있는 자의 신문의 자유가 동질적으로 동등하게 취급될 수 있는 것인가가 필연적으로 문제화되었다.

더구나 자본주의 사회의 발전에 따라 신문기업 역시 다른 일반기업의 메커니즘을 배제할 수 없게 되었다. 박권상에 따르면, 근대신문의 특징적 성격의 일면이 사회적 정치적 기능을 중심으로 하는 공기적 성격(public institution)이라면, 다른 일면은 영리추구를 위한 기업적 성격(profit making enterprise)이라고 볼 수 있다. 이 두 가지 얼굴은 한 체구에 있으면서도 전혀 성격을 달리하는 이질적인 요소다. 신문의 경영자나 발행자는 신문의 자유란 '내 재산으로 내가 하고 싶은 것을 하는 권리'라고 생각하기 쉽다. 흔히 '엄정중립'이니 '불편부당'이니 하는 것을 간판으로 내걸지만, 실제로는 정치적 선전목적이나 영리적 이윤 추구의 목적으로 뉴스를 묵살하거나 왜곡하고, 또는 기타의 선전방식으로 이용하려 한다(위의 글, p.102).

박권상은 이런 상황 변화를 주목하며, 자유주의 언론사상에 대한 새로운 해석을 능동적으로 수용하고자 하였다. 이미 미국의 언론자유위원회(The Commission on Freedom of the Press)는 매스커뮤니케이션 기관은 정보와 논평의 소통기관으로서의 책임을 수락해야 한다는 사회책임주의 이론을 제시한 바 있었다. 박권상은 이에 대해 적극적으로 공감하였다.

1947년, 미국의 신문의 자유와 책임을 조사한 언론자유위원회는 다음과 같은 다섯 가지의 책임을 제시했다. 첫째로, 매일 일어나는 일의 참뜻을 전하는 데 있어서 진실하고 포괄적이며 지성이 있는 보고를 해야 하고, 둘째로, 매스커뮤니케이션은 공공토론의 운송기관이 되어야 하며, 셋째로 사회를 구성하고 있는 여러 대표집단의 상을 반영하여야 하고, 넷째로, 사회의 목표와 가치를 밝혀주어야 하며, 다섯째로, 근대 산업사회의 시민이 필요로 하는 시사적인 정보를 충분히 공급해주어야 한다는 것이었다.

이상 다섯 가지의 필수 사항은 근대화한 사회에서 언론의 자유를 보장하면서 아울러 언론에 책임을 지우는 것이었다. 언론이 그러한 책임을 외면할 경우, 본래의 자유의 가치가 빛을 잃게 된다는 것이 위원회의 판단이었다(박권상, '언론의 자유와 책임; 언론의 기능과 역기능', 『정경연구』, 1966. 10. pp.153~154).

박권상은 신문의 자유가 타락하는 자유, 발행하는 자의 영리추구만의 자유여서는 안 된다고 강조했다. 언론의 자유는 실로 국민의 알 권리를 보장하기 위한 자유이며, 자유사회의 위대한 에너지를 촉진시키기 위한 자유여야 한다는 것이었다(박권상, '강좌; 매스커뮤니케이션 3-신문의 자유의 이론적 발전', 『신문연구』, 1964. 봄. p.105). 그는 언론의 자유가 파생하는 부작용을 주목하며, 자유를 누리되 아울러 책임을 져야 한다고 강조했다(박권상, '신문자유의 재발견', 『사상계』, 1961. 11. p.91). '~로부터의 자유(freedom from)'라는 소극적 자유가 아니라 '~를 위한 자유(freedom for)'라는 적극적 자유로 발전할 때, 자유주의는 여전한 생명력을 갖는다는 것이 그의 확신이었다(박권상, '신문의 자유의 새로운 개념', 『신문연구』, 1961. 봄. p.56).

### 3) 국가개발과 자율적 협업

인도네시아의 수카르노가 1959년 '교도민주주의'를 내걸고 개발독재체제를 구축했다. 이 무렵부터 아시아, 아프리카 등 제3세계에서 개발독재가 하나의 흐름을 형성했다. 국가개발을 지상과제로 설정하고 이를 위해 모든 수단을 동원하고자 한 것이 특징이었다.

우리나라에서도 1961년 박정희 군부가 쿠데타를 통해 정권을 잡고 강력한 개발독재체제를 구축했다. 박정희 정부는 초기에 시설기준령을 만들어 난립한 언론사를 정리한 뒤, 언론을 국가개발의 선전도구로 동원하고자 하였다.

박권상에 따르면, 후진국 또는 신생국의 사회는 몇 가지 특색을 가지고 있다. 첫째로 신생국가의 정부나 신문에 있어 한 가지 공통점이 있다면 그것은 대개 양자가 잘 훈련된 사람이 적고, 질적으로 미숙하고, 양자가 자기의 권력 확보에 민감하다는 점이다.

또한 신생국가는 전통사회에서 근대사회로 급속히 변천하는 이행사회의 성격을 띠고 있어 역사의 긴 눈으로 볼 때 혁명의 과정에 있다고 볼 수 있다. 이런 사회에서 미디어는 대중적 보급률이 낮다. 그러나 국민 여론을 좌우하는 지식층을 상대로 하기 때문에 그 영향력은 무시할 수 없다. 이런 상황에서 미디어가 근대화 촉진의 편에 선다면 근대화에 크게 기여할 수 있다(박권상, '신문이 근대화에 미치는 영향', 『세대』, 1964. 4. pp.127~128).

그러나 신생국가의 지도자나 정부는 능력이 미흡한 데다 개인적으로 장기간 가난했던 전력으로 보아 부정부패에 말려들기 쉽다. 신구 세력의 협공으로 정치적 불안정이 만성화할 개연성도 높다. 이런 상황에 이르면 정부는 사실상의 전체주의로 이행할 우려가 있다. 그럴 경우, 미디어는 혁명과업의 도구로 전락하기 쉬우며, 미디어와 정부의 관계가 자유사회에서 가정하는 이상적인 틀 안에서 작동하기를 기대할 수는 없다(박권상, '정부와 신문; 자유언론의 사명', 한국신문편집인협회 세미나 주제발표, 1965. 12).

박권상은 급속한 변천 과정에 있는 이행사회에서 언론이 사회적 안정을 도모하는 데 기본적 과제를 두어야 한다고 강조하였다(위의 글, p.24). 박권상에 따르면, 인민이 선거한 정부가 다스리는 사회라면 미디어는 헌정질서의 틀 안에서 근대화 과정을 지원해야 할 특수한 사명을 띠고 있다. 그에 따르면, 선진국가와는 달리 신생국가에는 근대사회로의 이행이라는 시대적 과제가 있기 때문에 언론도 이를 적극 성원해야 한다는 것이었다(박권상, '언론의 자유와 책임, 언론의 기능과 역기능', 위의 책, p.154).

박권상은 인도의 신문인 만케칼의 주장을 여러 차례 인용하였다. 그에 따르면, 만케칼은 신생국가에서 신문은 첫째, 안정된 국가를 건설한다는 지상과업에 정부와 공동으로 기여하여야 한다고 강조하였다. 둘째, 신문은 경제 개발과 사회 발전을 위한 정부의 노력에 협조하여야 한다고 하였다. 셋째, 신문은 생존이 자유나 민주주의보다 우선적이기 때문에 파괴적이며 분열적인 세력에 대항하여 국가유지를 위해 싸워야 한다고 주장하였다(박권상, '정부와 신문; 자유언론의 사명', 한국신문편집인협회 세미나 주제발표, 1965. 12).

박권상은 대체로 만케칼의 주장에 동의한다고 전제하고, 몇 가지 전제조건을 달았다. 박권상이 그의 여러 논저를 통해 제시한 전제조건은 크게 세 가지로 간추릴 수 있다. 첫째 조건은 정부가 민주주의에 대한 확고한 신념을 버리지 않은 상태라야 한다는 것이었다. 정부의 언론에 대한 기능을 규제기능, 조정기능, 조성기능, 참여기능 등으로 나눈 시버트(Fred S. Siebert)의 이론을 여러 차례 소개한 바 있는 박권상은 정부가 민주주의에 대한 신념을 굳게 갖고, 선의의 조정기관으로서의 기능, 또는 조성기관으로서의 기능을 다 해준다면 정부와 미디어는 국가의 독립 보존, 경제적 발전, 사회적 개혁에 있어 균형과 견제의 관계 및 협조적 관계를 발전시킬 수 있을 것이라고 강조하였다(위의 글, p.24).

박권상은 둘째 전제조건으로 미디어가 서구사회에서의 정통적 기능인 비판의 기능을 외면하지 않아야 한다고 강조하였다. 언론이 정부의 비위를 용서 없이 폭로하며, 탄압에 굴복하지 않고 반대하는 권리를 법적으로 또는 제도 면에서 쟁취했을 때만이 가능한 일이었다. 이런 조건을 전제하면서도, 박권상은 미디어가 반대심리에서 스스로를 해방시키지 못하고 또한 반대심리에 빠져든 대중에 영합해서 저항을 유일한 미덕으로 삼는다면 결코 안정 속의 발전은 기대할 수 없고, 결국은 사회를 혼란과 폭동, 쿠데타 혁명의 소용돌이에 밀어 넣는 결과를 초래할 것이라고 경고하였다(박권상, '언론의 자유와 책임, 언론의 기능과 역기능', 위의 책, p.156).

박권상은 셋째, 미디어의 역할을 정의하고 결정하는 것은 정부가 아니라 신문이라야 한다고 강조하였다(박권상, '정부와 신문; 자유언론의 사명', 한국신문편집인협회 세미나 주제발표, 1965. 12). 미디어의 자율적 결정이 존중되어야 하며, 정부가 미디어를 일방적으로 동원하려 해서는 안 된다는 것이었다. 어디까지나 언론의 개발 참여는 전적으로 자발적인 것이라야 한다고 그는 거듭 강조했다.

미디어가 정부에 대한 비판에 치중할 것인지, 아니면 정부의 개발 추진을 지원하는 데 주력할 것인지는 결코 쉬운 명제가 아니다. 박권상은 지원의 필요성을 강조했지만, 그러나 폭로와 비판이라는 미디어 본연의 자세를 훼손함이 없이 미디어의 자율성을 바탕으로 지원적 역할을 능동적으로 펴는 것이 바람직하다고 본 것이다. 이와 관련하여 박권상은 균형과 중용의 도를 권하기도 하였다. 그는 이 점에 관한 한 한국 언론은 자기비판의 여지를 가지고 있다고 지적하였다(박권상, '언론의 자유와 책임, 언론의 기능과 역기능', 위의 책, p.156).

## 3. 박권상 자유주의의 특성

### 1) 자유주의를 넘어서

앞서 말한 바 있지만, 시버트 등은 세계의 언론제도를 권위주의 언론, 자유주의 언론, 사회책임주의 언론 및 소비에트 공산주의 언론의 네 틀로 나누고, 각 제도를 뒷받침하는 사상을 권위주의 언론이론, 자유주의 언론이론, 사회책임주의 언론이론 및 공산주의 언론이론으로 나누어 서술한 바 있다. 박권상의 언론사상은 한마디로 말하자면 이 가운데 자유주의 언론이론에 깊이 뿌리박고 있다.

박권상의 자유주의 언론사상은 본질적으로 17, 8세기에 유럽에서 전개된 자유주의를 바탕으로 하고 있다. 그는 존 밀턴이 『아레오파지티카(Areopagitica)』를 통해 주창하고, 그를 이어 존 어스킨, 토머스 제퍼슨, 존 스튜어트밀 등이 발전시킨 정통 자유주의 언론사상을 소개하는 데 주력했다.

그러나 박권상은 1940년대 이후 활발하게 전개된 자유주의에 대한 수정이론을 능동적으로 수용하였다. 특히 박권상은 미국의 언론자유위원회(The Commission on Freedom of the Press)의 활동을 주목하며, 그 위원회가 제시한 사회책임주의 언론이론을 소개하는 데 적극적이었다.

두루 아는 바지만, 사회책임주의 이론하에서 언론의 기능은 기본적으로는 자유주의 이론의 그것과 다르지 않다. 전통적인 자유주의 이론이 강조하는 언론의 임무는 여섯 가지로 정리할 수 있다. 첫째, 언론은 공공정보에 관한 정보나 토론, 그리고 논쟁을 제공함으로써 정치제도에 봉사해야 한다. 둘째, 자기의 일을 자치적으로 결정하도록 공중을 계몽해야 한다. 셋째, 정부에 대한 파수꾼으로 활동함으로써 개인의 권리를 보호해야 한다. 넷째, 주로 광고 매체를 통하여 상품 및 서비스의 생산자와 소비자를 연결시킴으로써 경제제도에 봉사해야 한다. 다섯째, 오락을 제공해야 한다. 여섯째, 특수이익의 압력을 받지 않도록 스스로 재정적 자립을 유지해야 한다(Fred S. Siebert, Theodore Peterson & Wilbur Schramm, 『언론의 4이론』, 나남, 1999, p.102).

일반적으로 사회책임주의 이론은 이 여섯 가지 기능을 인정한다. 그러나 이 기능에 대해서 미디어 소유자나 경영자들이 취하고 있는 해석이나, 언론이 이들 기능을 수행하는 방법에 대해서는 불만을 숨기지 않았다.

사회책임주의 이론은 정치제도에 대한 봉사나 공중의 계몽 및 개인 자유의 옹호에 있어서의 언론의 역할은 인정한다. 그러나 언론이 그러한 임무를 수행하는 데 있어 불충분하였다는 여론을 적극 수용하고자 한다. 사회책임주의 언론이론은 경제제도에 봉사해야 한다는 언론의 역할은 인정하지만, 이 임무를 민주주의적 과정의 촉진이나 공중의 계몽과 같은 다른 기능보다 우위에 두려고 하지 않는다. 이 이론은 오락이 선량한 오락이라는 조건하에서만 언론의 오락 제공 역할을 평가한다(위의 책, p.103).

자유주의 언론이론은 사실상 무제한적인 자유를 인정하지만, 사회책임주의 언론이론은 자유 보장과 함께 언론에 대해 사회적 책임을 강조한다. 자유주의 언론이론이 외부적 제약으로부터의 자유(freedom from)를 강조하였다면, 사회책임주의 언론이론은 바람직한 목적을 달성하는 데 필요한 도구적 존재이기를 요구하는 적극적 자유(freedom for)를 강조한다(위의 책, p.128).

권리와 의무가 순환하고 있다는 점에서 사회책임주의 언론이론은 자유주의 이론보다는 오히려 소비에트 이론에 가깝다. 그러나 사회책임주의 이론과 소비에트 이론 사이에는 엄연한 차이가 있다. 소비에트 언론이론에서 언론의 의무가 프롤레타리아에 대한 의무라면, 책임주의 이론에서 언론의 의무는 인간 자신의 양심에 대한 의무이다(위의 책, p.135).

한편, 맥퀘일은 각국의 언론제도나 사상에 일관성이 없다고 할 정도로 여러 가지 철학적 원칙들이 혼재하여 나타난다고 전제하고, 네 가지 언론이론에 발전이론과 민주적 참여이론의 두 가지 이론을 추가하였다. 발전이론이란 개발도상국에서 선호하는 언론이론으로 언론이 정부 정책에 호응하여 국가 개발에 능동적으로 기여해야 한다고 강조한다. 또한 이 이론에서는 언론의 자유는 경제적 사회적 필요성에 의해 제한할 수 있어야 한다고 주장한다(위의 책, 서문, p.8).

민주적 참여이론에는 서구 자유주의 언론이론이나 사회책임주의 언론이론이 가지고 있는 문제점이나 한계를 극복하고자 하는 의도가 깔려 있다. 이 이론에 따르면 개인과 소수 집단에게는 언론에 접근할 수 있는 권리가 있다. 이 이론은 수용자들의 적극적인 참여 욕구를 능동적으로 수용할 것을 권한다. 소규모적이고 상호작용적이며 참여적인 언론 형태가 대규모적이고 일방적이며 전문화된 언론보다 낫기 때문에 보호받고 권장되어야 한다고 믿는다(위의 책, 서문, p.8).

박권상은 그의 논저를 통해 자유주의 언론이론의 한계를 수정하고자 하는 사회책임주의 언론을 긍정적으로 평가하고 수용하고자 하였다. 뿐만 아니라 그는 신생 개발도상국가에서 언론이론도 조건부로 수용하고자 하였다. 군데군데 민주적 참여이론과 맥이 닿아 있는 내용을 주장하기도 하였다. 결론적으로 말하자면 박권상의 자유주의 언론이론은 고전적 자유주의의 틀을 훌쩍 뛰어넘는 열린 자유주의라고 규정할 수 있다. 박권상은 틀을 인정하지만 결코 틀에 얽매이려 하지 않았다.

## 2) 통합을 향해

박권상의 자유주의 언론이론의 또 하나의 특성은 그의 자유주의가 철저히 통합을 지향한다는 점이다. 그에 따르면 통합이 없는 자유는 독선으로 흐를 우려가 크다. 통합을 지향하기 때문에 그는 중용을 강조하였다. 그는 유럽 여러 나라를 돌아보고 통합의 중요성을 재인식했음에 틀림이 없다.

오스트리아에서 그는 그 나라가 2차 대전 이후 독일과 마찬가지로 미소영불 등에 분할점령을 당했으나 국내 좌우세력의 합작으로 통일정부를 세우는 데 성공하였을 뿐만 아니라, 끈질긴 외교노력으로 외세를 몰아내고 중립화 통일의 대업을 이룬 것을 목격하였다(박권상, 『민주주의란 무엇인가』, 나남, 1987. p.11). 그는 오스트리아에서, 보수당과 사회당이 손잡고, 기업가와 노동자가 오순도순 이야기하여 전체주의 이상의 단합력을 보임으로써, 유럽에서 가장 튼튼한 정치안정의 터전을 닦고 가장 빠른 속도의 경제성장을 이룩했다고 평가하였다(위의 책, p.150).

그에 따르면, 서로 관용하고 타협함으로써 더불어 사는 기법이 몸에 밴 정치문화, 바로 거기에 민주주의의 맛이 있다(위의 책, p.147). 반대로, 뜻이 다른 사람들이 더불어 사는 기술을 익히고 그것을 습관화하지 않는 한, 평등의 가치를 발판으로 삼는 민주주의는 곧 혼란의 늪으로 빠져들 수밖에 없다고 보았다(위의 책, p.152).

독일 외상 겐셔를 인터뷰하고 그는 독일의 사회통합이 독일사회가 중시하는 자유와 평등이라는 두 가치를 적절히 통합한 데 따른 결과임을 주목했다. 박권상으로서는 "자유에 치우치면 격차가 생기고 균등에 기울면 능률에 지장이 온다. 좌·우파가 이 대립되는 철학간 균형을 맞추면서 공생하고 공영해야 한다. 여기에 컨센서스 정치의 비법이 있다."는 「디 프레세」의 주필 코헤어의 말을 깊이 음미할 수밖에 없었다(위의 책, p.163).

그는 스페인을 돌아보고도 유사한 결론을 얻었다. 그에 따르면, 프랑코 총통 사후에 스페인을 민주화하는 데 있어, 좌우가 합작해서 대화로 풀어가자는 데 공통분모를 가지고 있었다는 것은 그냥 넘겨버릴 일이 아니었다. 그것은 스페인 정치의 성숙성을 과시한 것이었다. 생각이 다르고 정치적 이해관계가 판이하지만, 당리당략을 접어두고 민주화라는 시대의 흐름에 차질 없이 따라야 한다는 데 공감하고 있었다는 사실에서 우리도 교훈을 얻어야 한다고 강조했다(위의 책, p.229).

## 4. 자유언론을 위한 과제

### 1) 정부의 과제

앞서 말한 바 있지만, 시버트는 커뮤니케이션과의 관계를 중심으로 정부의 성격을 네 가지로 분류한 바 있다. 구속기관(restrictive agency)으로서의 정부, 조정기관(regulating agency)로서의 정부, 조성기관(facilitating agency)으로서의 정부, 참여기관(participating agency)으로서의 정부 등이 그것이다(박권상, '정부와 신문; 자유언론의 사명', 한국신문편집인협회 세미나 주제발표, 1965. 12). 이를 정부의 구속기능, 조정기능, 조성기능 및 참여기능으로 규정할 수 있다.

구속기능은 커뮤니케이션 산업이 발생한 이래 어느 시대 어느 사회에서나 정도의 차이는 있을지언정 거의 피할 수 없었다. 박권상에 따르면, 결국 근대사회에서 정부 없는 사회도 상상할 수 없듯이 언론 없는 사회도 상상할 수 없다고 볼 진대, 통합기관인 정부가 혹종의 제약을 커뮤니케이션 기관에 가한다는 것은 어쩔 수 없는 일이며, 문제는 그러한 구속기능의 정도 여하에 있고, 또한 그것이 그 사회와 인민의 이익을 어느 정도까지 고려한 것이냐에 있었다. 자유사회의 일반적 원칙으로 언론의 자유는 명백히 타인의 권리를 침해하는 특권일 수 없다는 것, 명백하고 현존하는 위험이 있는 경우 국가의 안전보장이라는 공공의 이익에 양보한다는 것, 외설에 관한 법률과 같이 사회적 표준이나 규범을 다스리는 법적 규제에 복종해야 한다는 것 등 몇 가지 한계가 불가피하다는 것이었다(위의 글, p.22).

조정기능은 사회가 발달하면 할수록 확대될 가능성이 있다. 정부는 커뮤니케이션 기관의 자유를 침해함이 없이 신문 활동의 조건을 규정하여 공공이익에 보다 원만하게 봉사할 수 있다. 정부 관여의 목적은 커뮤니케이션 기관 간에 불필요한 낭비를 덜고 무질서한 경쟁을 저지하며 최대 다수의 대중에게 최선의 봉사를 촉구하기 위해서다. 미국에서 제정한 반독점법 등이 그 좋은 예다(위의 글, p.22).

조성기능이란 커뮤니케이션 기관의 원활한 운영을 위한 여건을 조성하는 기능을 말한다. IPI 보고에 따르면, 대부분의 나라에선 언론기관에 특수한 위치를 부여하여 감세, 면세, 신문용지 수입의 편의, 운수시설 이용의 특권, 전신 전화 요금의 저율, 통신사에 대한 보조 등 조성정책을 쓰고 있다. 그러나 박권상에 따르면, 기업적으로 취약한 후진국가에서는 신문에 대한 정부의 조성정책이 신문의 독립성을 위태롭게 할 충분한 가능성이 있다. 예를 들어 반정부계 신문에 대한 신문용지 배급의 차별 대우, 공고 게재의 차별대우 등 경제적 압력으로 악용될 소지도 있다(위의 글, p.22).

끝으로 참여기능은 정부가 신문 방송 텔레비전 등 매스미디어를 소유 경영해서 국민 대중과 직접 접촉하는 것을 말한다. 이러한 경향은 후진국에서는 물론 선진사회에서도 증대되고 있다. 미국의 언론자유위원회는 대정부 건의를 통해, 매스미디어를 통하여 정부가 정책과, 그 정책이 가지는 목적을 대중에게 알려야 하고, 민영 매스미디어가 이러한 통로를 정부에 제공치 않거나 못하는 경우 정부는 스스로의 매체를 동원해야 한다고 하였다. 급진적인 이론가 가운데는 매스미디어를 소유 경영하는 기업가들이 신문의 공공적인 기능을 자각하여 자기의 사상과 태도에 적대되는 의견과 보도를 차별 없이 취급해야 한다고 주장하고, 신문의 공공적인 기능을 다하기 위하여 민간인 경영의 사학재단과 같은 운영체가 되어야 한다고 주장하는 사람도 있다(위의 글, pp.22~23).

우리나라에서 정부가 규제기능을 편 예는 수도 없이 많다. 규제의 칼을 휘둘러 미디어의 목을 조인 사실은 예거하기가 벅차다.

정부가 조성기능을 발동한 사례도 있다. 박정희 정부가 군정 초기에 미디어의 기업화를 촉진하기 위해 이른바 사이비 언론기관을 일소한 것이 좋은 예이다. 박권상은 용지수입 관세의 인하, 신문회관의 건립, 서울대학교 신문연구소의 설치 등도 주목할 만한 가치가 있다고 평가했다(박권상, '군사통치하의 벙어리신문', 『자유언론의 명제』, 전예원, 1983, p.63).

정부가 편 조정기능으로는 단간제 실시를 들 수 있다. 쿠데타 이전에는 신문마다 조간과 석간을 발행했으나 정부는 조석간 가운데 하나를 택하도록 조정했다. 박권상은 정부의 그런 조치에 대해 두고두고 시비가 계속되겠지만 이론적으로 그리고 현실적으로 일보 전진이라고 평가했다(위의 글, p.63). 물론 박권상은 이런 일련의 조치가 미디어나 미디어 업계의 자율적 결단이 아니라 군사정부에 의해 타율적으로 이루어진 것은 불행한 일이며, 그런 방법론은 의문의 여지가 없이 언론기관에 대한 관권의 간여라고 지적하는 것도 잊지 않았다(위의 글, p.63).

결론적으로 박권상은 정부가 민주주의에 대한 신념을 굳게 갖고, 시버트가 주장한 선의의 조정기능, 또는 조성기능을 능동적으로 수행할 것을 촉구했다. 반대로 규제기능은 최소화해야 한다는 것이 그의 지론이었다. 그럴 경우 그는 언론도 정부와 국가의 독립 보존, 경제적 발전, 사회적 개혁에 있어 균형과 견제의 관계 및 협조적 관계를 유지하고 발전시킬 수 있을 것이라고 강조했다(위의 글, p.24).

## 2) 언론 경영인의 과제

민주주의 사회에서 언론기관은 영리적 성격을 배제할 수 없다. 언론을 사회적 공기라고 하지만 공기적 기능과 더불어 영리추구의 기업성 또한 미디어의 본질에 속한다. 경제적 자립이 없이는 외부의 유혹이나 압력에 무릎을 꿇을 수밖에 없다. 그렇게 될 때 미디어의 정확하고 공정한 보도적 기능은 기대할 수 없다(박권상, '근대화와 언론의 역할', 『자유언론의 명제』, 전예원, 1983, p.91). 따라서 미디어가 존립하기 위해서는 우선 수지 채산이 맞아야 한다.

그러나 언론기관이 기업성에 치우쳐서도 안 된다. 미디어가 이윤획득에 집착하면 결국 미디어는 자본주의 경제법칙의 지배를 받게 마련이다(위의 글, pp.91~92). 그렇게 될 경우 미디어의 공기적 기능이 축소되거나 왜곡될 수밖에 없다.

미디어의 기업성이 두드러지자, 이를 우려하는 이들이 다양하게 미디어의 공기적 성격을 유지하기 위한 대안을 냈다. 박권상에 따르면, 일부 급진적인 이론가들은 미디어를 소유 경영하는 기업가들이 신문의 공공적인 기능을 자각하여, 자기의 사상과 태도에 적대되는 처지에 있는 자에게도 균등한 기회를 주어 공중의 주의를 끌 만한 의견과 보도를 차별 없이 보도하게 해야 한다고 주장했다. 미디어의 공공적인 기능을 지키기 위해 미디어를 민간인 경영의 사학재단과 같은 체제로 운영하게 해야 한다는 주장도 제기된 바 있다.

박권상에 따르면, 이러한 착상을 좀 더 진전시킨 것이 공립신문제도

(public paper system)이다. 오늘날 초등교육은 민주정치의 성공을 위해서 사활적인 것이기 때문에 개인의 재력이나 독지에 맡겨 둘 수 없다. 그래서 국민의 납세를 통해 의무교육을 실시하고 있다. 박권상은, 이와 같은 사실에 착상하여 미디어가 민주적 사회의 원만한 발전에 기여하기 위해, 또한 모든 시민이 책임 있는 정보를 얻기 위해, 정부의 지배가 없고 진정한 신문인이 자율적으로 운영하는 공립신문이 필요하다는 데 공감했다. 공립신문을 통해 시민은 상업적 언사에 현혹됨이 없이 질이 높고 공정한 신문을 다 같이 볼 수 있어 상업지의 살인적 경쟁으로 말미암은 사회적 혼란을 막을 수 있다는 것이었다(박권상, '정부와 신문', 제1회 매스컴관계 세미나 주제논문, 『신문연구』, 1965. 가을. p.43). 박권상은 언론의 공공성을 높이는 구체적인 대안으로 신문사의 사단법인화, 국립신문의 설립, 기자의 등록제도 등을 검토할 것을 제의하기도 하였다(박권상, '신문의 자유의 새로운 개념', 『신문연구』, 1961. 봄. pp.56~58).

물론 여기서 우리가 잊지 말아야 할 것은 민영 미디어 역시 여전히 중요하다는 사실이다. 호킹도 공립신문 제도를 주장하면서, 이와 아울러 민영 미디어가 공공의 이익을 위하여 최대한 기여해야 하며, 정부가 무슨 일을 숨겨두는 일이 없도록 감시하는 역할 역시 꾸준히 담당해야 한다고 주장하였다(박권상, '정부와 신문', 제1회 매스컴관계 세미나 주제논문, 『신문연구』, 1965. 가을. p.43).

미국, 일본, 영국, 서독 또는 인도와 같은 나라에서는 언론 자체가 독자적인 기업으로 대성하고 언론이 다른 분야에서 독립해 진정한 제4부로 발전하고 있다. 그러나 이탈리아, 필리핀 또는 중남미의 여러 나라에서는 미디어가 정치세력이나 경제세력의 예속물이 되어 있다. 불행히도 우리나라는 후자의 유형을 뒤따르고 있다. 이는 분명 개탄할 현실이다(박권상, '영광과 좌절: 60

년대의 언론', 『자유언론의 명제』, 전예원, 1983, 81쪽).

박권상에 따르면, 우리나라에서 언론계를 지배하는 자는 저널리스트가 아니라 미디어를 소유한 기업주이다. 기업주들은 상당수의 경우 순수한 언론인도 아니요, 언론기업인도 아니다. 또한 상당수의 기업주는 언론기관을 공공의 제도(public institution)로 생각하기보다는 자기의 정치적 또는 기업적 사기(私器)로 생각하는 경향이 있다(위의 글, p.81). 대부분의 기업주들에 있어 제1차적인 관심은 미디어를 공공기관답게 언론의 사회적 기능을 확장해 나가도록 활용하는 데 있는 것이 아니다. 반면에 그들은 소유주의 정치적 경제적 이익을 추구하는 데 주력한다. 이런 상황에서 미디어는 금력 또는 권력에 예속되는 결과를 초래하기 마련이다(위의 글, p.81).

이런 일반론을 염두에 둘 때, 그리스의 보수계 일간지 「카티멜리니」의 사주 겸 편집인인 브라스코 여사는 한 마디로 비범하고 예외적이고 탁월한 언론 기업인이다. 그는 원칙을 양보하느니 차라리 붓을 꺾고 신문사 문을 닫았다(박권상, 『민주주의란 무엇인가』, 나남, 1987. pp.178~179). 그는 박권상에게 이렇게 말했다.

신문에 있어 양심적이라는 가치의 중요성, 최대한으로 진상을 전해야 한다는 양심, 공명정대해야 한다는 양심, 적에게도 공명하고 반대파에게도 공명해야 한다는 원칙, 이런 것을 통틀어 정의감이라고 보겠는데 이것이야말로 신문계에 제일 중요한 원칙이라고 할 수 있습니다(위의 책, p.180).

박권상은 한편으로 미디어 경영인들이 미디어의 기업적 이용을 자제할 것을 촉구하면서, 다른 한편으로는 정부의 미디어에 대한 부당한 간섭이나 탄압에 결연하게 대응할 것을 주문했다. 박권상은 박정희 정권하에서 정부가 미디어에 부당한 외압을 가한 사례가 있었음에도 불구하고 경영인들이 유약하고 지리멸렬한 태도를 보인 것을 개탄하였다.

그에 따르면, 예를 들어 1964년 이른바 언론 파동이 일어났을 때, 언론계는 악법 폐기에 단결된 투쟁을 보였다. 그러나 그 당시도 신문 경영자 단체인 신문발행인협회는 이 투쟁을 외면하였으며 전국 26개 일간지 가운데 오직 동아, 조선, 경향, 매일 등 4개사 발행인만이 이 악법 시행을 거부했다. 이런 상황에서 권력 또는 금력에의 예속 또는 밀착을 거부하는 선의의 신문기업가마저 대세에 눌려 신문의 공공기능에 대한 신념을 잃어 갔고, 그것이 편집 제작진에 연쇄적으로 영향을 미쳤다고 그는 지적했다(박권상, 영광과 좌절: 60년대의 언론, 『자유언론의 명제』, 전예원, 1983, p.81).

### 3) 언론인의 과제

현대인은 미디어를 통해 세상을 본다. 박권상에 따르면, 언론인은 미디어가 사회생활에서 차지하는 중요성을 재인식하고, 사회에 대한 의무와 책임을 자임해야 한다(박권상, '신문인의 자세를 위한 노트', 『신문과 방송』, 언론진흥재단, 1964. 5. p.23).

무엇보다 중요한 것은 저널리즘을 보는 자기 자세이다. 박권상은 저널리즘은 신사의 업이라고 인식했다(위의 글, p.23). 저널리스트로 사는 삶은 고결한 것이라고 강조했다. 박권상은 신사에 대한 여러 가지 정의가 있겠으나 그것은 한 마디로 높은 품격을 갖춘 사람이라고 규정했다. 그는 이렇게 썼다.

신사란, 정직과 관용 그리고 신의에 사는 사람, 사리에 앞서 공리를 생각하는 사람, 억강부약하는 사람, 사실은 신성하고 논평은 자유라고 생각하고 실천하는 사람이 아닌가 생각한다. 신문인이 어떻게 품격을 높일 수 있는가는 우리의 신문윤리강령 실천요강에 훌륭하게 지적되어 있다. 우리 모든 신문인이 높여야 할 것은 신사도요 품격이다. 불행히 기성 언론인은 이 점, 사회적으로 반드시 좋은 인상을 남기지 못하였고 따라서 신인 저널리스트의 책임이 무겁다고 본다(위의 글, p.23).

그에 따르면, 언론인에게 가장 필요한 덕목은 정직성이다. 정직하지 못한 인간이 언론인으로서 어떻게 진실성을 추구할 수 있느냐고 그는 반문했다(위의 글, pp.23~24).

그는 또한 언론인이 독립적이어야 한다고 강조했다. 언론이 다른 어떤 세력에도 예속될 수 없는 독립된 사회세력임을 스스로 인식해야 한다는 것이었다. 언론인이 독립된 사회적 세력으로서 자부심을 갖고 의연한 정자세를 취한다면 독립은 유지될 수 있다고 강조했다. 그는 언론인이 정치권력에 예속될 때, 언론의 자유는 숨을 거두고 만다고 경고했다(박권상, 「기자는 자존심을 먹고 산다」, 『기자협회보』, 1971. 4. 30. ).

정자세란 어떤 자세인가? 박권상은 정자세를 곧 반정부 자세로 해석해서는 안 된다고 지적했다. 그가 말하는 정자세란 독립적 자세를 말했다. 박권상은 언론인이 그러한 위치를 확립한 후에 독자적인 판단으로 정부의 특정 정책을 지지할 수 있고 반대할 수 있어야 한다고 지적했다(위의 글).

독립된 입장에서 언론인이 해야 할 제일 중요한 의무는 무엇인가? 박권상은, 진실을 보도하는 것이라고 단언했다. 그에 따르면, 영국의 「맨체스터 가디언」은 의견이 강한 신문으로 유명하다. 예컨대 1956년 영국이 수에즈를 침공했을 때, 이 신문은 자국의 이든 정부를 비난하였다. 그것이 정론이었다. 그러나 영국의회의 지배적인 감정은 힘으로 나세르를 누르는 데 찬성했다. 대중 역시 이에 동조했다. 결과적으로 「가디언」의 부수는 급감했다. 그러나 끝내 이든 정부는 「가디언」의 주장에 굴복했다.

이 신문의 창설자인 C. P. 스콧은 '사실은 신성하고 의견은 자유'라는 명구를 남겼다. 신문은 자유롭게 옳다고 생각하는 바를 당당하게 말해야 하며, 나타난 사실은 싫든 좋든 사실대로 알려야 한다는 것이었다. 박권상은 이에 대해 다음과 같이 썼다.

스콧은 사실(fact)이라고 말했지만 내 생각 같아서는 진실(truth)이라고 표현하고 싶다. 그리고 신문의 제1차적 충성은 진실에의 충성이라고 믿고 싶다(위의 글).

박권상은 또한 미디어가 대외적 압력, 특히 정부의 외압에 단호하게 대처해야 한다고 강조했다. 그는 우리나라에서 언론의 자유를 한마디로 있다 또는 없다고 단정하기보다는 위험선상에서 명멸하고 있다고 하는 것이 적절하다고 전제하고, 미디어가 외압에 유약한 이유로 세 가지를 들었다. 첫째로 국가권력의 억압이요, 둘째로 대부분의 소유주나 경영주의 그릇된 언론관 또는 신념의 결여요, 셋째로 언론계 스스로의 무기력 때문이라는 것이었다(박권상, '영광과 좌절: 60년대의 언론', 위의 책, p.79).

박권상은 특히, 미디어나 언론인에 대한 정부의 외압이 자행되었을 때, 자사에서 일어난 것이 아니면 침묵해온 관행 아닌 관행을 비판하였다. 1965년의 이른바 경향신문 사태가 그 좋은 예였다. 1965년 봄 경향신문사 이준구가 반공법 혐의로 조사를 받았다. 이듬해에 경향신문은 관권의 작용으로 강매되었다. 중앙의 유력지요, 반독재 투쟁에 혁혁한 공을 세운 경향신문이 관권의 압력으로 소유권이 넘어가고, 간부 이준구가 구속되었는데도 신문발행인 단체는 수수방관했다(위의 글, p.79). 1965년 봄과 여름에 걸쳐 언론인에 대한 테러 사건이 연발하였으나 피해자 측 신문만이 항의 논조를 전개했을 뿐이었다. 사건의 진상은 끝내 암장되고 말았다(위의 글, p.79).

1965년 말부터 1968년 여름까지에 걸쳐 대구의 매일신문, 대전일보 및 동양통신 등에 반공법 위반 필화사건이 있었다. 다행히 대전일보와 동양통신 사건은 언론인의 승리로 끝났고, 매일신문 사건도 대구지법 판결로 무죄가 확정되었다. 그러나 여기서 지적할 것은 이러한 부당한 관권의 억압에 대해 편협과 기협이 조사와 항의의 소리를 높일 때 극소수 신문만이 이에 동조했을 뿐, 사실상 모든 언론이 벙어리가 되었다는 사실이다. 박권상은 언론에 대한 외부침략을 가장 강력하게 막아야 할 신문경영자 단체도 일체 침묵을 지키고 경영자의 영향하에 있는 대부분의 저널리스트가 침묵을 강요당하는 경향이 1965년 이후에 명백해졌다는 것은 해방 이후 언론사(言論史)에 있어 가장 개탄할 일이라고 지적했다(위의 글, pp.79~80).

박권상은 가장 결정적인 패배로 1968년 12월의 '신동아 사건'을 들었다. 동아일보사가 발행하는 월간 「신동아」는 1968년 12월호에서 공화당 정권의 차관 도입을 해부하고, 그것이 정치자금 조달의 수단이 되고 있다고 지적했다. 이 사건으로 관련자들이 구속되자, 동아일보는 중앙정보부의 처사를 정면으로 비판하는 사설을 실었다. 그러나 발행인과 편집인이 연행되는 사태가 벌어지자 동아일보는 굴복하고 말았다. 사설 집필자와 신동아 편집 책임자들은 직장을 떠나야 했다. 가장 부수가 많고 정부 비판에 가장 강력했던 동아일보의 이 처절한 수난에 대해 다른 신문은 침묵을 지켰다(위의 글, p.80).

1969년에 들어 삼선개헌 논의가 불붙기 시작하였고, 1970년 10월 들어 이른바 개헌파동이 일어났다. 결과는 정부 여당의 일방적 승리로 막을 내렸다. 이 10개월간 중앙정보부는 언론규제의 전면에 나섰고 중정 파견원이 언론사에 상주하며, 개헌 관련 기사의 취사선택에 작용하였다. 그러나 동아, 조선을 제외한 언론은 이런 일련의 외압에 입을 다물었다(위의 글, p.80).

때로는 일선 기자들이 외압에 저항했지만, 간부진은 그런 저항을 외면하거

나 제어했다. 박권상은 제작진은 언론이 금력과 권력으로부터 완전히 독립해
야 한다는 대의명분을 상급자인 소유 경영자들에게 어느 정도까지 진언했는
지 반성해야 한다고 강조했다. 편집진들이 외부 압력에 처한 동료 언론인에
대해 공동보조를 통해 또는 지면 제작을 통해 어느 정도 적극적으로 성원했
느냐 하는 문제는 두고두고 곱씹어야 한다는 것이었다. 박권상은 언론계 자
체의 발등에 불이 떨어졌는데도 못 본 체한다는 것은 신문제작자로서 무기력
했다고 할 수밖에 없다고 지적했다(위의 글, p.82).

## 5. 결어 – 박권상 ; 자유혼의 파랑새

박권상은 1952년 4월 26일 부산에서 대학을 졸업한 다음 날 합동통신 기자
가 되어 1955년 8월까지 정신없이 뛰었다. 1955년 9월에 도미, 6개월 동안 학
습—실습—여행 등 3자를 섞은 저널리스트 훈련을 받았다(박권상,『기자협회보』
중 '10년 전의 나, 10년 후의 나',『자유언론의 명제』, 전예원, 1983, p.251).

그는 국내에 돌아와 그가 묵고 있던 관훈동에서 최병우 등과 어울려 관훈
클럽 조직운동을 벌였다. 클럽은 1957년 1월 발족했으나, 박권상은 다시 도
미 계획을 세워 그 해 6월에 김포공항을 떠났다. 1957년 여름학기에 시작,
1958년 다섯 학기 동안 학부과정의 신문학 관계 과목을 수강하고, 이어 석사
학위에 필요한 대학원 과목을 모두 이수했다. 1년 2개월의 수학 후 그는 드
디어 '마스터 오브 사이언스 인 저널리즘'이라는 학위증을 받았다. 그는
1964년 9월부터 1965년 6월까지 니만펠로우십을 얻어 하버드대학에서 정치
근대화를 연구했다(위의 글).

그는 대학을 마친 다음 날부터 기자, 부장, 논설위원, 특파원, 국장대리, 국
장을 거쳐 마침내는 신문사의 편집인 겸 논설주간까지 다채로운 언론 현직을

두루 편력했고, 한동안 타의로 현장을 떠났다가 KBS 사장으로 언론계에 컴백했다.

그는 그렇게 언론 일선을 내닫는 중에도 끊임없이 무엇인가 이상의 파랑새를 쫓아 헤매었다(박권상, 『자유언론의 명제』, 전예원, 1983, 서문, p.5). 그가 추구한 것은 무엇이었을까? 언론을 '자유, 명예, 그리고 의무'와 연결시키는 꿈이었다고 그는 자답했다(위의 책, 서문, p.5).

언론을 자유, 명예 그리고 의무와 연결시키기 위해 가장 필요한 것이 무엇인가? 그것은 박권상에 따르면 사실, 아니 진실이었다. 그는 사실에 충실하기 위해 언론은 독립적이어야 하고, 경영주는 미디어의 공기적 성격을 간과해서는 안 되며, 저널리스트는 외압에 결연히 맞서야 한다고 되풀이해 강조했다. 저널리스트는 그런 결연한 자세와 아울러 신사도까지 겸비해야 한다는 것이 박권상의 지론이었다.

사실, 아니 진실이란 무엇인가? 박권상은 영국의 「더 타임스」를 들어 답을 제시했다. 그에 따르면, 영국의 「더 타임스」에는 '더 타임스는 기록'이라는 전통이 있다. 이것이 「더 타임스」를 지키는 에토스였다. 사건을 가장 정확하게 기록한다는 것이 「더 타임스」의 혼이라는 것이다(박권상, '신문에는 혼이 있어야', 『자유언론의 명제』, 전예원, 1983, p.232).

박권상은 바로 그 혼을 쫓아 언론 현장을 누볐고, 언론단체를 만들었고, 한국신문학회의 창설에 참여했다(박권상은 한국신문학회를 창립할 때 초대 총무를 맡았다). 그는 그 혼을 바로 세우기 위해 자유주의에 관한 논저를 썼고, 언론 현안을 다루는 세미나에서 여러 차례 소신을 밝혔으며, 또한 대학 강단에서 후학을 가르쳤다. 박권상. 그는 한 마디로 지칠 줄 모르는 자유혼의 파랑새였다.

# 참고문헌

박권상, 『성공한 역사의 나라, 영국을 본다』, 원음사, 1990.

박권상, 『민주주의란 무엇인가』, 나남, 1987.

박권상, 『자유언론의 명제』, 전예원, 1983.

박권상, 신문에는 혼이 있어야. 『동우』, 1980. 1.

박권상, 기자는 자존심을 먹고 산다, 『기자협회보』, 1971. 4. 30.

박권상, 10년 전의 나, 10년 후의 나, 『기자협회보』, 1968. 5. 15.

박권상, 언론의 자유와 책임, 언론의 기능과 역기능, 『정경연구』, 1966. 10.

박권상, 정부와 신문 ; 자유언론의 사명, 한국신문편집인협회 세미나 주제발표, 1965. 12.

박권상, 「신문인의 자세를 위한 노트」, 『신문과 방송』, 언론진흥재단, 1964. 5.

박권상, 신문이 근대화에 미치는 영향, 『세대』, 1964. 4.

박권상, 강좌 ; 매스커뮤니케이션 3−신문의 자유의 이론적 발전, 『신문연구』, 1964. 봄.

박권상, 신문자유의 재발견, 『사상계』, 1961. 11.

박권상, 신문자유의 새로운 개념, 『신문연구』, 1961. 봄.

박권상, 언론출판의 자유: 선진국에서의 이론과 실제, 『신문연구』, 1959. 12.

Fred S. Siebert, Theodore Peterson & Wilbur Schramm, (강대인 역) 『언론의 4이론』,

　　　나남, 1999.

# 잡지 역사를 바꾼 정통 시사주간지 창간
## -'시사저널' 창간의 키를 잡다-

표완수 (시사IN 발행인, 전 YTN 사장, 전 시사저널 국제부장)

우리나라의 시사주간지 역사는 「시사저널」 이전과 이후로 나눌 수 있다. '이전'은 진정한 종합 '시사주간지'가 전무한 상태로 '주간지=옐로우페이퍼'라는 등식에서 거의 벗어나지 못하던 시기였다. '정통 시사'가 없이 화제성, 옐로우성 내용이 주간지 콘텐츠의 대종을 이루던 시기였던 만큼 연예부 기자가 주간잡지의 꽃이었다. 남녀를 불문하고 연예계 초년생이 연예인으로 성공하려면 연예부 기자의 뒷배가 있어야 한다는 말이 공공연하게 나돌 정도로 연예담당 기자의 힘은 막강했다. '이후'는 시사주간지다운 주간지가 나와 본격적으로 정치, 경제, 사회, 문화, 국제 등 전 분야의 뉴스를 본격적으로, 심층적으로 다루기 시작한 시기로, 현재와 바로 연결된다. '이후' 시기의 시발점이 바로 「시사저널」 창간이었다.

「시사저널」의 창간 준비는 박권상 주필을 정점으로 이루어졌다. 음악잡지 「객석」을 내고 있던 (주)예음의 최원영 사장은 당초 시사(時事) 문제를 다루는 영·한(英·韓) 대역 잡지 창간을 구상하고 있었다. 그 문제를 당시 「워싱턴

타임스(The Washington Times)」서울지국장으로 근무하고 있던 영국 출신 언론인 마이클 브린(Michael Breen)과 상의하기도 했다. 그러다가 박권상 주필이 잡지 창간의 총책임을 맡으면서 방향이 바뀌었다. 박 주필이 차제에 미국의 「타임」이나 「뉴스위크」 같은 정통 시사주간지를 우리나라에서도 하나 만들어보자는 의견을 냈던 것이다. 종합 시사주간지를 창간한다는 것은 영·한 대역 잡지보다 더 큰 투자가 소요되는 엄청난 사업이었다. 언론사 하나가 새로 탄생하는 일이었다. 당시 사업적 야망이 은근히 컸던 최 사장이 정통 시사주간지 창간에 동의했고, 이후 그는 풍부한 예산 지원을 하게 된다.

예산 지원을 약속받은 박 주필은 우선적으로 인적 라인업(lineup)에 착수했다. 누구보다도 먼저 자신의 절친이자 국제뉴스통인, 미국에 거주하고 있던 진철수를 불러들였다. 그런 뒤 편집국 주요 간부를 맡게 될 인사들과 경력기자들을 선발했다. 이를테면, 피라미드 인적구조에서 정점을 찍은 뒤 바탕을 점차 확대해 나아가는 방식이었다.

1989년 이른 봄 어느 날. 필자는 경향신문사 근처에서 박권상 주필과 마주쳤다. 선생은 '80년 해직언론인'의 대선배였다. 동아일보 퇴직 당시 그의 직책이 논설주간이었기에 동아자유언론수호투쟁위원회(동아투위) 선배들은 그를 '박 주간'이라고 호칭했다. 그러나 필자는 생전에 선생을 '박 주필'이라고 불렀다. 선생이 「시사저널」을 창간하고 길지 않은 기간 함께 일했을 때 그의 직책이 '편집인 겸 주필'이었기 때문이다. 필자뿐 아니라, 「시사저널」에서 함께 일했던 선후배 동료들 모두 선생을 '박 주필'이라고 불렀다. 선생은 후에 장지연기념회 이사장, KBS 사장 등도 역임하였으나, 사장이나 이사장보다도 주필이나 주간이 선생에게는 더 어울리는 호칭이라고 지금도 나는 생각한다.

필자가 박 주필과 마주친 것은 피어선 빌딩 앞이었다. 후에 경희궁으로 복원된 구(舊) 서울고등학교(당시는 현대그룹 인력개발원) 맞은편이었다. 경향신문의 초대 노조위원장에 출마했다가 고배를 마신 필자의 경향신문 입사 동기 고영재와, 선거 기간 내내 그를 위해 함께 고생한 후배들을 위로하기 위해 사우나장으로 향하던 길이었다. 고영재는 회사가 암암리에 밀었던 후보와 3차 투표까지 가는 접전 끝에 근소한 표차로 패했다. "해직기자가 노조위원장이 되면 우리가 받는 보너스는 물 건너간다!" 등등의 흑색선전이 난무했던 노조위원장 선거 결과가 참담하고 씁쓸하게 느껴지던 때였다. 고영재는 후에 한겨레 편집국장을 거쳐 경향신문의 사장을 역임하게 된다.

## 경희궁 앞에서 우연히 박 주필을 만나다

가볍게 인사를 드리고 지나가려 하자 박 주필께서 잠시 차 한 잔 마시자고 청했다. 공식적인 자리에서 가볍게 인사만 드리고 지나가던 관계였기 때문에 다소 의외로 여겨졌다. 동료들에게 먼저 가라고 말한 뒤 이층 찻집으로 따라 올라갔다. 차를 마시면서 옆에 함께 있던 분을 소개해 주셨는데, 그분이 바로 필자가 오래전부터 이름으로만 알고 있던 진철수 선생이었다.

진철수 선생 또한 후에 「시사저널」의 편집주간을 맡게 되는데, 그래서 그의 호칭은 잡지에서 함께 근무했던 선후배 동료들 사이에서 '주간'으로 굳어진다. 진 주간은 미국 AP통신 서울특파원과 지국장을 역임했고 동아일보에서 박 주필과 함께 일했다는 사실만 알고 있던 터였다. 두 분이 서울대학교 영문학과 동기이며 '절친'이라는 사실을 그때 처음 알았다. 그러니까 두 분은 나의 까마득한 영문과 선배가 되는 셈이었다.

박 주필은 1980년 전두환 국군보안사령관(육군소장)의 정권 장악 과정에서 동아일보에서 해직되었고, 진 주간은 유신 시절 언론인으로서 박해를 받아 대한민국을 떠나 미국에 정착한 분이니, 언론의 길을 제대로 걷다 보면 해직을 당하고 삶이 고달프게 되는구나 하는 점을 그때 다시금 느꼈다. 나 자신 80년 경향신문 해직기자로서 후에 서울대생 박종철 군 물고문 치사사건으로 악명을 남기게 된 이른바 '남영동(치안본부 대공분실)'과 '서대문형무소(공식적으로는 서울구치소)'를 거쳤던 터라 그런 느낌이 새삼 들었던 것인지도 모른다.

그 자리에서 박 주필로부터 들은 이야기가 미국의 「타임」이나 「뉴스위크」같은 정통 시사주간지를 우리나라에서도 하나 만들어 보자면서 필자더러 국제부장을 맡아달라는 제안이었다. 순간적으로 고영재의 얼굴이 떠올랐다. 노조위원장 선거에서 패배하여 경향신문에 대해 약간은 실망하고, 좌절을 느끼고 있을지도 모를 그가 사회부장을 맡을 수도 있겠다는 생각이 들었던 것이다. 그를 밀었던 몇몇 선후배들의 얼굴도 스쳐 갔다. 아무개는 문화부장을 맡고, 아무개는 사회부 차장을 맡고……. 이런저런 상상이 머릿속을 스쳤다. 박 주필께 4~5일 생각해보고 연락을 드리겠노라고 답했다.

그러고 나서 나는 이 문제를 역시 언론사 선배로 평소 가깝게 모시던 서동구 국장에게 상의 드렸다. 경향신문 워싱턴특파원과 편집국장을 역임한 서국장은 1980년 당시 '남영동'과 '서대문형무소'에 같이 끌려갔던 경향의 대선배였다. 당시 경향신문 소속 언론인들의 이른바 '북한 고려연방제 동조' 사건의 주범으로 몰렸던 분이다. 서 국장은 '북괴를 고무, 찬양했다'는, 이른바, '반공법 위반' 혐의로 반년 넘게 옥고를 치르고 나왔다. 당시 그는 BBC 연구원 대표를 맡고 있었는데, 그 역시 새로운 시사잡지 창간을 준비하고 있던 터였다.

"박 선배께서는 나에게도 같이 일하자는 제의를 해왔네. 그래서 완곡하게 사양하고 그간 내가 준비해온 해외 시사주간지 관련 자료를 모두 그분에게 넘겨드렸네. 필요할 경우 나는 외곽에서 도움을 드리겠노라고 했지. 언론계의 몇 안 되는 훌륭한 선배니까 같이 일하게 되면 배우는 게 많을 걸세. 표완수 씨가 조인(join)하는 것에 대해서 나는 대찬성이네."

이렇게 말하면서 서 국장은 적극 찬성을 표했다. 나는 적이 안심이 되고 의욕이 솟아오르는 것을 느꼈다.

## 창간작업에 동참하기로

그 뒤, 박 주필께 창간작업에 동참하여 열심히 해보겠노라고 말씀드렸다. 고영재를 비롯한 경향신문의 몇몇 선후배들도 동참할 수 있으리라는 의견도 덧붙였다. 박 주필께서 매우 반가워하셨다. 일간신문의 국제, 사회, 문화 등의 분야에서 제대로 훈련받은 기자들 여러 명이 처음부터 동참한다는 것은 새로운 매체를 창간하는 단계에서 천군만마(千軍萬馬)를 얻는 것이나 다름없는 일이라고 여겨졌을 것이다.

다만, 필자는 한 가지 조건을 말씀드렸다. 조건이라기보다 일종의 제안이었다. 당시, 박 주필을 거의 비서처럼 따라다니고 있던 K 아무개 선배를 편집국 밖으로 내보냈으면 좋겠다는 제의였다. 그 이야기를 듣고 박 주필은 난감한 표정을 지었다. 어떻든, 영입 1호 케이스처럼 굳어버린 그를, 더구나 자신을 비서처럼 따라다니면서 여기까지 온 그를 편집국 밖으로 내보내 달라는 것은 너무도 뜻밖의 제안이었다. 당신으로서는 참으로 실행에 옮기기 난처한 일이었을 것이다. 고심 끝에 박 주필이 답을 내어 놓았다. "그 말뜻은 십분 이해가 되는데, 내 입장에서는 참 어려운 일이네. 같이 일하면서 표 부장과 직접적 상하관계가 되지 않도록 내가 신경 쓰겠네. 그렇게 약속하면 되지 않겠나?" 그 이야기를 듣고 즉석에서 나는 "감사하다"는 말로 화답했다. 박 주필은 잡지 창간준비 작업에서부터 창간 뒤 같이 일하면서 그때의 약속을 그대로 지켜주었다.

그 뒤, 잡지 창간에 동참할 의향이 있던 경향의 선후배 동료 몇 명이 박 주필께 인사를 드렸다. 박 주필은 매우 기분 좋은 표정으로 그들을 사주이자 장차 발행인이 될 최원영 사장에게 인사시켰다. 최 사장도 매우 기뻐했음은 말할 나위가 없다. 그러나 안타깝게도 그들의 잡지 창간 동참은 무위로 끝나고 만다. 표완수, 고영재를 비롯한 경향의 복직기자 몇 명이 박권상 선생이 준비하는 새로운 시사주간지 창간에 동참하려고 한다는 이야기가 공공연히 나돌자 경향신문의 선배 한 명이 고영재를 커피숍으로 불러내어 역(逆) 설득 노력을 펼쳤고 고영재는 그 자리에서 '박권상 호(號)' 동참 의사를 접고 원위치로 돌아갔다. 고영재와 함께 움직이려고 했던 경향의 다른 선후배들도 그의 결정을 뒤따랐다. 결국 경향신문에서는 필자 혼자 당초 약속대로 회사를 옮겨 '박권상 선생의 시사주간지 창간작업'에 동참하게 됐다. 한겨레가 출범한 뒤 약 1년이 지난 1989년 봄이었다.

인적 구조가 확대되어 나아가는 과정 초반에서부터 박 주필은 각 팀의 예비 책임자들로부터 정기적으로 업무진행 계획을 서면으로 보고받았다. 그리고 그것을 바탕으로 '브레인스토밍'(brainstorming)이라는 이름 아래 전 임직원이 참여하는 창간 준비회의를 진행해 나갔다(박 주필과 진 주간은 잡지 창간 과정에서 영어로 된 용어를 많이 사용했다). 이어 경력기자 공채가 있었고, 마지막으로 수습기자 공채가 이루어졌다. 경영지원 업무는 「객석」의 기존 인력조직이 맡았고, 편집국에는 경리사원과 '카피 보이(copy boy 원고담당 사환)'가 따로 배치되었다. 박 주필이 근무하는 편집인실에는 2명의 비서가 배정되어 그의 수발을 들었다.

새 시사주간지의 제호는 「시사저널」로 정해졌다. 최원영 대표이사 사장이 발행인이 되었다. 박권상 주필이 편집인 겸 주필을 맡았고, 그의 '절친' 진철수가 편집주간에 임명되었다. 「시사저널」이라는 제호는 위 3인이 만든 것으로 알려져 있는데, 박 주필과 진 주간 두 사람의 생각이 주로 반영된 제호였다. 우리나라 언론인 중 대표적 해외파라고 할 수 있는 두 사람은 창간 준비 기간에 늘, 영어 표현으로 'current news(현재 진행 중인 뉴스)'를 다뤄야 한다는 점을 강조했다. 그러면서 'current news', 그것이 곧 '시사(時事)' 아니냐고 덧붙이고는 했다. 거기에 매일매일 사건과 이슈를 신문처럼 기록하되 정기적으로 발행한다는 취지에서 '저널'을 붙였다. 해외파 언론인들의 그런 꼼꼼한 생각이 고스란히 담긴 제호가 바로 「시사저널」이었다.

## '브레인스토밍'으로 창간준비에 박차

「시사저널」은 조직체계와 편집내용, 그리고 조직의 운영방식에서 모두 기존의 매체들과 차별화되었다. 1980년대 후반 당시 언론사 편집국의 조직은 대체로 편집국장 아래 부국장이 있고, 그 아래에 정치, 경제, 사회, 문화, 지방 등 각 부(部)를 담당하는 부장들이 기자들을 총괄하는 체계가 일반적이었다. 그러나 「시사저널」은 달랐다. 편집인 겸 주필(박권상) 아래 편집주간(진철수)을 두고, 그 아래에 편집부, 국내부, 경제부, 국제부, 문화부, 실용뉴스부, 사진부를 두었다. 색다른 것은 정치부 대신 국내부를 둔 것이고, '실용뉴스부'라는 새로운 부서가 생긴 것이다. 국내부는 정치뿐 아니라 사회분야까지 총괄하는 부서였다. 정치 분야에 오랜 경험과 특별한 관심이 있던 박 주필의 아이디어에서 나온 부서명이자 편집국 체제였다. 실용뉴스부는 창간 당시 협력관계를 맺고 있던 미국의 시사주간지 「유에스 뉴스 앤드 월드 리포트(U. S. News & World Report, 이하 유에스뉴스)」의 섹션 명칭 'News You Can

Use(실용 가능한 뉴스)' 에서 따온 것이었다.

각 부의 책임자를 부장이라고 부르지 않고 편집위원이라고 호칭한 것도 「시사저널」의 특징 중의 하나였다. 예컨대, 기존 매체의 '국제부장' 은 「시사저널」에서는 '국제부 편집위원' 으로 불렸다. 또 사진부장은 사진부 편집위원으로 불렸다. 이러한 호칭 또한 '해외파 언론인들' 의 머리에서 나온 것이 틀림없다. 영·미에서는 국제부장을 'Foreign News Editor' 혹은 'International News Editor' 라고 부르는 게 일반적이다. 우리말로 번역하자면, '외신편집자' 나 '국제뉴스편집자' 인 셈이다. 거기에 각 부의 책임자들이 전체 지면의 틀을 확정하는 데 공동으로 참여한다는 일종의 '민주적 마인드' 가 작용하여 '부장' 대신 '위원' 이라는 호칭을 쓰기로 한 것으로 보인다. 그런 '민주적 마인드' 를 조직의 밑바탕에 깔아놓은 사람이 박 주필이었음은 두말할 나위가 없다.

각 분야 편집위원을 총괄하는 책임자의 직책은 '편집위원장' 이나 '편집국장' 으로 부르는 게 마땅한 일이었으나, 「시사저널」에서는 편집주간으로 호칭했다. 편집제작 실무 총책임자였던 진철수 주간이 그렇게 불렸는데, 여기에는 자신의 '절친' 의 격(格)을 배려한 박 주필의 애틋한 마음이 담겨 있었다. 편집국장이나 편집위원장으로 불리고 대우받기에 "진철수는 너무 중량급"이라는 게 박 주필의 생각이었다.

이 밖에도 「시사저널」에서는 새로이 시도되는 것들이 많았다. 무엇보다도 시각적 요소가 강조되었다. 우선 잡지의 판형과 디자인을 당시 미국의 3대 시사주간지(「타임」, 「뉴스위크」, 「유에스뉴스」)와 매우 비슷하게 만들었다. 셋 중에서도 특히, 그 무렵 대규모 투자를 통해 환골탈태를 시도하고 있던 「유에스뉴스」를 많이 따랐다. 당시 「유에스뉴스」는, 하버드대학 및 예일대 교수를 역임한 부동산 재벌 모티머 주커만(Mortimer Zuckerman)이 인수하여 편집디자인과 콘텐츠 양면에서 대대적인 혁신을 진행하고 있었다. 콘텐츠 쪽은 주커만 자신이 개혁을 주도했고, 편집디자인 쪽은 인쇄매체 편집디자인의 대가 에드윈 테일러(Edwin Taylor)에게 맡겨 변화를 꾀했다(테일러는 후일 중앙일보가 국내 일간지로는 처음으로 가로쓰기 체제로 변혁을 시도했을 때 자문을 맡았던 것으로도 알려져 있다).

## 미국 시사주간지의 세련된 편집디자인 도입

최 사장의 예산 지원 아래 「시사저널」은 「유에스뉴스」와 공식 협력관계를 맺고, 창간 준비 기간에 진철수 주간을 단장으로 하는 4명의 견학단을 「유에스뉴스」에 파견했다. 표완수 국제부 편집위원, 조천용 사진부 편집위원, 양한모 미술기자가 진 주간과 함께 워싱턴으로 출장을 가서 일주일간 「유에스뉴스」에 출근했다. 국제부 기자, 사진부 기자와 미술부 기자로 견학단을 구성한 것은 그 후 창간될 새 주간잡지의 성격을 잘 드러내 주는 것이었다. 수준 높은 국제 분야 기사와 컬러사진, 그리고 화려하고 세련된 편집디자인이야말로 미국의 시사주간지가 우리나라의 그것과 대비되는 가장 큰 특징이었다. 「유에스뉴스」는 견학단에게 별도의 사무실을 제공했으며, 각종 회의 참석 등 잡지의 전체 제작과정에 참여할 수 있도록 특별히 배려해 주었다. 견학단은 「유에스뉴스」 제작 견학 외에도, 「타임」, 「뉴스위크」와 AP통신사도 방문, 제작 과정에 대해 설명을 들었다. 이때 이루어진 견학단의 경험은 그 후 「시사저널」의 창간 및 초기 제작과정에서 중요한 요소로 작용하게 된다.

당시 그들이 유에스뉴스에서 만난 금발의 미술기자 제니스 올슨(Janice Olson)은 그 뒤 「시사저널」의 초대 아트디렉터가 되어 잡지를 비주얼한 체제로 안정시키는 데 큰 역할을 하게 된다. 그녀는 에드윈 테일러의 수제자로 알려졌다. 이로써 우리나라에서도 시사주간지에 처음으로 아트디렉터가 등장하게 되며, 잡지 제작방식도 종래의 사진식자 조판방식에서 완전 전산시스템으로 바뀌게 된다. 또한 「시사저널」은 편집회의와는 별도로 각 섹션별 지면의 시각적 틀을 짜는 편집디자인 회의, 이른바 셰이핑 미팅(shaping meeting)이라는 것을 하게 되는데, 올슨이 한국말을 몰라 창간 초기에는 회의가 완전히 영어로 진행되기도 했다. 「유에스뉴스」에서 직접 도입한 이 '셰이핑 미팅'은 「시사저널」을 거쳐 그 잡지의 정신적 후신이라고 할 수 있는 「시사IN」에서도 지금까지 그대로 활용되고 있다. "정치팀 셰이핑 합시다!", "사회팀 30분 후에 셰이핑 있습니다!" 하는 외침소리를 20여 년이 지난 지금도 「시사IN」 편집국 사무실에서 쉽게 들을 수 있다.

　창간 준비 과정에서 박 주필은 특히 새로운 기사 문장 개발에 큰 관심을 가졌다. 잡지기사의 문장은 신문의 그것과 달라야 한다는 생각을 그는 가지고 있었다. 신문의 기사문장은 짧고 직설적이며, 내용의 중요도 순서에 따라 문장 배열이 이루어져야 하는 것이 기본원칙이다. 그래야 분, 초를 다투는 마감시간에 기사의 분량이 넘쳐 편집자가 기사를 자를 때 용이하고, 중요한 내용을 훼손하지 않게 된다. 그러나 잡지기사는 완전히 달라야 했다. 우선 문장 자체가 아름다워야 했다. 그러기 위해서는 어휘의 선택과 문장의 전개가 매우 중요했다. 그리하여 글이 물 흐르듯 매끄럽게 이어져야 한다. 그것이 박 주필이 말하는 새로운 잡지기사 문장의 기본원칙이었다. 그런 미문(美文)으로 사실 전달뿐 아니라 사건의 배경을 심층 분석하여 포괄적으로 진실을 드러내도록 해야 한다는 것이 박 주필이 말한 새로운 잡지기사 문장론의 핵심이었다. 신문기자나 방송기자 경력자들이 대부분이었던 「시사저널」 편집국 기자들에게 박 주필은 그런 점을 강조하면서 그들을 철저하게 교육시켰다.

　박 주필은 「타임」이나 「뉴스위크」의 기사문장을 자주 예로 들었다. 잡지기사의 문장은 그렇게 물 흐르듯 자연스러워야 하고 그 자체로서 명문이어야 한다는 것이었다. 그러나 정작 그가 가장 부러워했던 기사문장은 영국의 「디 이코노미스트(The Economist, 이하 이코노미스트)」였다. 그가 「이코노미스트」의 기사문장에 대해 감탄하는 것을 필자는 여러 번 목도한 일이 있다. 그 것과 비견할 수 있는 잡지기사 문장을 우리나라에서도 한번 개발해보자는 생각을 그는 강하게 가지고 있었다. 그래서 추진된 것들 중의 하나가 전문 윤문 사(潤文士)의 초빙이었다. 이는 우리나라 미디어 역사에서 전무후무한 일로 당시 언론계에서 적잖은 화젯거리가 되었다.

## 「이코노미스트」 기사 문장을 꿈꾸다

글을 윤색(潤色)하는 일을 윤문이라고 하는데, 소설가 김승옥, 박태순, 송 영 등이 기사 윤문을 위해 일주일에 2~3일 사무실에 출근했다. 기자가 기사 를 작성하면 데스크를 거친 뒤, 편집과 교열에 넘기기 전에 소설가들이 윤문 을 했다. 여기에서 기자들과 소설가들 사이에 약간의 갈등이 발생하는 일이 자주 생겼다. 기자들은 대체로 윤문을 해주는 소설가들을 '선생님'으로 높여 서 대우했으나, 윤문의 결과물에 대해서는 생각이 달랐다. 사실, 기사 내용을 조금도 건드리지 않고 윤문을 하기란 결코 쉬운 일이 아니었다. 윤문을 하다 보면 문장의 순서를 바꾸는 일도 있고, 경우에 따라서는 췌사(贅辭)나 사족 (蛇足)을 버려야 하는 일도 허다했다. 그렇게 윤문을 거쳐 기사가 최종 완성 되면, 해당 기사를 작성한 기자는 소설가가 자기 기사를 '리라이트(rewrite)' 해서 완전히 다른 기사로 만들어놓았다고 항의하는 일이 벌어졌던 것이다. 여러 가지 에피소드를 야기한 이 잡지기사 윤문 작업은 아름다운 문장, 독특 하고도 새로운 잡지기사 문장 개발을 위해 박 주필이 얼마나 고심했는지를 보여주는 대표적인 예라고 할 수 있다.

「시사저널」의 성공을 위해 박권상 주필이 심혈을 기울였던 일 중 빼놓을 수 없는 것이 또 하나 있었으니, 바로 인재를 모으는 일이었다. 그는 인재를 매우 중시했다. 능력 있는 사람은 반드시 영입하였으며, 합당한 대우를 했다. 「시사저널」의 경우 대표적인 예가 경제부 편집위원으로 영입된 박순철 선배다. 동아일보 출신인 그는 1967년 동아에 입사하여 기자생활을 하다가 '10·24 자유언론실천선언'의 여파로 1975년 해직되었다. 말하자면 동아투위 멤버였다. 서울대 전체 수석입학의 천재형 철학도인 그를 박 주필은 동아일보 편집국장 시절부터 남달리 총애했다. 신문사 해직 뒤 근무했던 모 연구원 해외연수 과정에서도 각국 인재들을 따돌리고 수석으로 이수하는 등 뛰어난 능력을 가진 그를 영입하기 위해 박 주필은 직간접으로 삼고초려를 한 것으로 알려졌다.

박 주필은 우선 박순철에게 편지를 썼다. 새로운 시사주간지 창간계획을 설명하고 같이 일하자는 제안을 한 것이다. 자신보다 5년 먼저 동아에서 해직당한 뒤 소식이 뜸했던 후배에게 해직 10여 년 만에 먼저 편지를 쓴다는 것은, 박 주필의 사근사근하지 않은 성격으로 보아 쉬운 일은 아니었을 것이다. 당시 박순철은 연구원 근무를 거쳐 '유엔캄보디아난민기구(UNBRO)'의 특수사업조정관(Special Programmes Officer)으로 태국에서 활발하게 활동하고 있던 때였다. 유엔 외교관으로서 인도주의적 업무수행에 보람을 느끼고 있던 그에게 박 주필의 권유는 참으로 부담되는 일이 아닐 수 없었다. 쌍둥이 딸들은 그곳 대학교에 입학하여 잘 적응하고 있고, 아내도 이국에서의 새로운 생활에 서서히 익숙해져 가고 있는 상황에서 다시 생활기반을 옮긴다는 것은 결코 쉬운 일이 아니었다. 더구나 앞날이 지극히 불투명한 새 잡지 창간에 동참한다는 것은 분명 쉽게 결단을 내릴 수 있는 일은 아니었다. 아내의 반대가 극심했다. 고민을 거듭하고 있던 그에게 어느 날 느닷없는 국제전화가 걸려왔다. 박 주필이 동부인해서 그곳으로 휴가를 갈 예정이니 적당한 곳에 숙소를 예약해달라는 것이었다. 매우 이례적인 일이었으나 아무튼, 박 주필이 '여름휴가'를 태국에서 보냄으로써 두 커플은 여러 날을 같이 지내게 되었고, 박순철은 박 주필의 권유에서 벗어날 수 없는 상황이 되고 말았다. 결국 박순철은 새로운 시사주간지 창간에 동참할 것을 약속하게 된다. 동아 일보 시절부터 자기가 모시고 일했고, 특히 누구보다도 자신을 알아주는 대 선배의 간곡한 요청을 거절할 수 없었던 것이다.

인력 충원이 속속 진행되고, 창간준비 회의가 거듭되면서 잡지 창간 분위 기도 무르익어 갔다. 구성원들이 내뿜는 긴장감의 열기로 인해 편집국 공기 가 팽팽하게 느껴졌다. 창간호 제작에 앞서 반드시 준비해야 할 것들이 몇 가 지 있었다. 가장 중요한 것이 커버스토리였다. 제호와 함께 잡지의 얼굴로 '표 1'에 나가는 커버스토리가 최소 3~4개는 동시에 준비가 진행되고 있어 야 했다. 커버로 다룰만한 시의성 있는 기사가 매 호 나와 주면 별문제가 없 겠으나, 그렇게 딱 떨어지는 커버감이 없는 경우가 반드시 생긴다는 것이 문 제였다. 그럴 경우에 대비해 기획특집 기사로 커버스토리 후보들을 몇 개 던 져놓고, 각각에 대해 준비가 진행되고 있어야 했다. 「유에스뉴스」가 바로 그 렇게 하고 있었다. 이와 비슷한 흔적을 필자가 현재 근무하고 있는 「시사IN」 에서 지금도 찾아볼 수가 있다. '2주짜리 취재', '3주짜리 취재'라고 불리며 중장기 취재가 이루어지는 경우가 있는데, 그것이 바로 '복수의 커버 후보 동시진행'의 다른 표현이라고 할 수 있다.

## 마침내 '더미 페이퍼'를 제작하다

견학단이 「유에스뉴스」에서 색다르게 느꼈던 것 중 하나가 '회의는 자주

하되 짧게 한다'는 것이었다. 그것이 「시사저널」 편집국에서도 그대로 실행에 옮겨졌다. 창간호 제작 날짜가 다가오면서 「시사저널」 편집국은 매우 분주해졌다. 각종 회의가 잦아졌다. 박 주필과 진 주간이 '더미 페이퍼(dummy paper)' 이야기를 자주 꺼내기 시작했다. 말하자면, 잡지의 견본제품을 실제로 미리 만들어보자는 것이었다. 그전까지는 커버스토리와 특집기사, 그리고 각 부서(섹션)별로 머리기사와 두 번째 기사, 기타 주요 기사들을 준비해서, 진철수 주간을 포함한 편집국 간부들이 '리뷰회의(review meeting)'에서 그것을 평가하는 시간을 주기적으로 가졌었다. 그런 과정을 여러 차례 반복해왔다. 이런 도상연습이, 실제상황에서도 그대로 차질 없이 진행될 수 있을지 여부는 별개의 문제였다. 그래서 제작 공정 전체를 '실제상황'으로 연출해보자는 것이었다. 그것이 바로 '더미 페이퍼' 제작이었다.

'더미'를 제작하는 「시사저널」 편집국은 마치 전쟁터를 방불케 했다. 여기저기서 고성이 오갔고, 부서 간의 책임 전가가 극심했다. 우리 부에서는 제대로 넘겼는데, 당신네 부서가 잘못했다는 식의 책임 떠넘기기 상황이 여기저기서 벌어졌다. 무엇보다도, 제작 단계별로 시간이 지체되는 것이 가장 큰 문제로 지적됐다. 출고와 편집 사이의 병목현상에서 비롯된 것이었다. 요일별, 시간대별로 순차적으로 기사가 출고되어야 하는데, 실제로는 그렇지 못했다. 마감 시간 무렵에 대부분의 기사들이 일시에 출고되는 것이 가장 큰 문제였다. 당연히 편집부서에 장시간 쌓여 있을 수밖에 없었다. 비슷한 종류의 사진들이 서로 뒤바뀌어 들어가는 경우도 발생했다.

'더미 페이퍼' 1호 제작 뒤 편집국 분위기는 매우 좋지 않았다. 그러나 이럴 때 분위기 전환에 능한 것이 진철수 주간이었다.

"아니, 실망할 필요 없어요. 이만하면 잘한 거예요. 잘못된 건 다음번에 고치면 되죠. 안 그래요?"

이런 말로 그는 편집국 분위기를 다독거렸다. 박 주필도 '더미 1호' 제작에 대해, 일부 문제는 있었으나 전체적으로는 잘됐다는 평가를 내렸다. 당초 3~4회를 계획했던 '더미 페이퍼' 제작은 두 번으로 끝났다. 세 번째 '더미 페이퍼'는 '더미'가 아닌 진짜 창간호였다. 1989년 10월 19일이었다. 잡지 발행 일자는 10월 29일로 나갔다.

창간호 표지는 한반도 위성사진 위에 커다란 물음표 하나가 디자인되어 있었다. 커버스토리 제목이 "누가 한국을 움직이는가"였다. 「시사저널」 제휴사였던 미국의 「유에스뉴스」가 매년 커버스토리로 게재하는 "Who Runs America(누가 미국을 움직이는가)?"의 한국버전인 셈이었다. 외부 여론조사 기관에 의뢰해 일반 국민과 전문가들의 의견을 듣고, 그것을 다양하게 분석한 기사였다. 그밖에 "박 정권 18년 재조명─박정희의 마지막 도박, 김지하 '용서할 수 없다'", "노(태우) 대통령 특별인터뷰", "원경 스님의 고백─'나는 박헌영의 아들'" 등이 주요기사 제목으로 표지에 뽑혀 나왔고, 「시사저널」이란 제호 우측상단에 동방정책의 주역 빌리 브란트 전 서독총리의 방한 계획이 소개되어 있었다.

## 창간사에서 밝힌 '참 언론의 길'

목차 페이지(2~3페이지) 다음 4페이지에는 '마스트헤드(masthead, 판권란)'와 창간축하 메시지가 실렸다. '마스트헤드'에는 '종합시사주간지 시사저널─weekly newsmagazine' 제호 아래 '발행인 최원영', '편집인·주필 박권상', '편집주간 진철수'를 포함, 각 부서명과 전체 제작진의 이름이 나와 있었다. 「타임」, 「뉴스위크」, 「유에스뉴스」 등과 비슷한 페이지, 비슷한 위치에 비슷한 모양으로 전체 기자들과 스태프들의 이름이 일일이 소개되었는데,

이것은 당시 우리나라에서는 처음 있는 일이었다.

「시사저널」에는 상근직원 외에도 다수의 비상근 기고자들이 있었다. 무엇보다도, 주간잡지로서는 처음으로 주미 특파원을 상주시켰으며, 런던, 도쿄, 워싱턴에 해외주재 객원편집위원을 두었다. 최일남(소설가), 한승주(고려대 교수, 나중에 외무장관), 한완상(서울대 교수, 나중에 통일부총리) 씨 등 3인이 고정 칼럼니스트로 활동했다. 강현두, 권영민, 김문환, 김승옥, 김우룡, 박태순, 송영, 유홍준, 이건용, 정용탁 씨 등이 편집자문위원으로, 때로 편집 관련 자문에 응했고, 때로는 기고를 했다. 이들 중 김승옥, 박태순, 송영이 주 2~3일 사무실에 나와서 윤문을 해주었다. 이 밖에도, 객원편집위원으로 김용운, 김진배, 김형국, 박완서, 안병영, 양건, 양성철, 이성락, 이재웅, 이종대, 장달중, 최정호, 한상진, 한승헌 씨 등이 마스트헤드에 이름을 올렸는데, 이들은 때로는 취재 및 편집 관련 조언을, 때로는 기고를 해주었다. 당시 각계의 가장 능력 있는 인사들이 다수 포진해 있었는데, 이들은 대부분 박권상 주필과 인연이 있는 분들이었다.

마스트헤드 옆에 창간 축하 메시지가 실렸다. 당시 각계의 주요 인사들이 거의 망라되었다. 강영훈(국무총리), 김관석(목사), 김대중(평화민주당 총재), 김상하(대한상공회의소 회장), 김수환(추기경), 김영삼(통일민주당 총재), 김재순(국회의장), 김종필(신민주공화당 총재), 김준엽(사회과학원 이사장), 김지하(시인), 박준규(민주정의당 대표), 송월주(스님), 이종찬(국회의원), 이태영(변호사), 헤롤드 에반스(전 선데이타임스 주필), 앙드레 퐁텐느(르 몽드 사장), 피터 갤리너(IPI 사무국장), 데오 좀마(디 차이트 주필), 찰스 윌슨(더 타임스 주필), 로저 로젠블라트(유에스뉴스 주필), 藏原惟堯(아사히신문·아사히뉴스 편집인), 로버트 스칼라피노(캘리포니아대학 교수)……. 메시지를 보낸 인사들의 면면에서 당시 박권상 주필의 정치적 비중과 인맥의 방대함이 느껴진다. 국내의 기업 총수들은 대체로 축전을 보내 창간을 축하했다.

창간호 맨 뒷페이지 '시론' 란에는 박 주필의 글이 실렸다. '시론' 란에 실린 글이었으나, 창간사에 해당하는 것이었다. '디오게네스 철학과 참 언론' 제하의 글에서 그는 기원전 3세기 그리스를 풍미했던 철인 디오게네스와 알렉산더 대왕의 일화를 소개하면서 평소 자신이 언론과 언론인에 대하여 갖고 있던 소신을 밝혔다.

언론과 언론인에게 있어서 가장 중요한 일은, 아니 가장 중요한 자질은 역사에 대한 지식도 인간의 지혜도 아니다. 구체적으로는 어떤 사실의 핵심을 포착하는 민첩한 통찰력도 아니다. 사실을 바로 객관적으로 균형 있게 표현하는 문장력도 아니다. 기사 내용에 적절한 제목을 뽑는 편집 재능도 아니다.

언론으로서, 언론인으로서 역사의 지식, 인간의 지혜, 통찰력, 표현력, 그리고 사물을 요약하는 지능 어느 한 가지도 소홀히 할 수 없다. 그러나 아마도 가장 소중한 것은 디오게네스가 대낮에 등불을 들고 다니면서 추구했다는 진실(眞實)에 대한 신앙이 아닐까. 그것은 어떤 단편적인 사실이 아니라 나타난 사실을 둘러싼 포괄적이고 완전한 진실이다. 그런 진실을 찾고 알리고 부추기고 가꾸고 꽃피우는 것, 그것이 곧 언론의 생명이요, 빛이요, 뜻이라고 말할 수 있다.

## 1년 만에 거둔 '10만 5천 부'의 승전보

시론의 끝 부분에서 박 주필은 아래와 같이 자신이 추구하는 참 언론의 방향과 목표를 분명하게 밝혔다.

언론의 자유가 무목적(無目的)한 것은 아니다. 적어도 인간다운 삶, 진실의 발견,

다양하고 가치 있는 의견의 전파 등으로 보다 평화롭고 보다 문명된 사회를 구축하고 의회민주주의를 구현한다는 목표 속에 자유언론의 가치가 비로소 빛나는 것이다. 바야흐로 언론의 정글 속으로 뛰어든 「시사저널」은 작은 첫걸음을 내디뎠지만, 참 언론이라는 원대한 이상주의를 향해 용기 있고 공정하고 자제하는 태도로 언론을 고귀한 직업으로 끌어올리는 데 디오게네스적인 철학으로 임할 것이다.

「시사저널」은 창간호부터 각계 전문가들뿐 아니라 일반 국민으로부터도 비상한 관심을 모았다. 정기구독을 비롯한 판매 부수가 폭발적으로 늘어났다. 국내에서 처음 시도된 서구식 종합 시사주간지인 「시사저널」이 성공할 수 있었던 것은 무엇보다도 박권상 주필 덕분이었다. 요약건대, '「시사저널」 성공 비결 = 박권상'이라고 해도 과언이 아니었다. 당시 국내 최고이자 최대를 자랑하던 동아일보에서 편집국장을 거쳐 논설주간을 역임하면서 쌓아온 그의 전문적 지식과 경험, 그리고 그가 평생 지켜온 양심적 언론인으로서의 소신이 잡지에 고스란히 반영되어 있었다.

동아에서 정치칼럼으로 필명을 날렸던 그의 명성이 거기에 가세하였다. 창간 초기부터 잡지 생존의 안전판이라고 할 수 있는 정기구독자가 기하급수적으로 증가했는데, 그 흐름을 이끌어간 것이 바로 정치인들과 관료들을 비롯한 우리 사회의 오피니언 리더들이었다. 그들은 '박권상이 만드는 잡지니까' 「시사저널」을 정기 구독했다. 그 여파가 가히 전국적으로 확산되어 나아갔다. 고급스런 편집디자인과 다양한 콘텐츠가 뒷받침되었음은 물론이다. 그러나 그런 흐름의 핵심에는 "박권상에 대한 고급독자들의 신뢰"가 자리하고 있었다.

후일 박 주필 자신이 창간 초기의 독자 반응에 대해 언급한 내용(「시사저널」 1000호 기념 특별기고)을 보면 당시 잡지의 대중적 인기가 어느 정도였는지 쉽게 짐작할 수 있다. "한낱 주간잡지였는데도 창간 때부터 올바른 생각을 가진 인재들이 모여들었다. 마음과 뜻을 같이하여 순수한 뉴스를 작성·보도하는 데 힘을 쏟았다. 출신 배경이 모두 상이함에도 불구하고 놀라울 정도로 화해·협력을 시범하였다. 독자의 반응은 가히 폭발적이었다. 1년 만에 10만 5천 부가 팔리는 승전보였다."

여담으로 한 가지 덧붙이자면, 창간 초기 「시사저널」 임직원이 잡지 정기 구독자 한 명을 유치하면 일정액의 실적급을 회사가 지급했는데, 그 덕분에 전 임직원이 저마다 얼마만큼씩의 가외 수입을 올린 일이 있었다. 그때 박 주필의 가외 수입은 액수가 대단했던 것으로 알려졌다. 이런저런 소문이 있었으나, 아무튼 그때 그 돈으로 박 주필은 「시사저널」 전 임직원을 부부 동반으로 광화문 한국프레스센터 기자클럽에 초청하여 성대한 만찬을 베풀었다. 와인이 귀하던 시절, 스테이크와 와인을 즐겼던 그때의 화려했던 분위기가 지금도 생생하게 기억에 남아 있다.

## '신' 보다 '양심'을 선택하다

전두환 신군부의 군사정권이 철권을 휘둘렀던, 악몽 같던 1980년대가 기울어가는 시기에 자신이 새로운 시사주간지 창간을 주도한 배경에 대해 박 주필은 다음과 같이 술회했다.

20년 전 가혹한 투쟁의 결과로 6·29를 쟁취했고 민주화의 길이 열렸다. 그보다 7년 전 1980년 8월 9일, 나는 전두환 정권의 폭거에 밀려 28년간 몸담았던 언론계를 떠났었다. 세상이 달라졌으니 당연히 쫓겨났던 옛 신문사, 옛 자리에 돌아가는 것이 너무나 당연한 일이었다. 그러나 세상일이란 그렇게 순탄하지 않았다. 7년이란 긴 세월이 사정을 바꿔놓고 몹시 일을 꼬이게 했다. 그래서 구차스럽게 옛 자리에 연연할 처지가 아님을 깨닫고 설사 복직이 된다 한들 내가 꿈꾸고, 믿었던 언론철학을 실천할 수 있을 것 같지도 않았다. 나는 얼마 남지 않은 나의 인생을 보다 보람 있게, 보다 가치 있게 살고 싶었다(「시사저널」 1000호 특별기고).

자신이 신문사 복직의 길 대신, 미지의 새로운 길을 개척해 나아가기로 결정한 이유를 박 주필은 그렇게 설명했다. 그에게 새로운 길이란 과연 무엇이었을까. 영국의 예를 들어서 그는 자신이 나아갈 길의 방향에 대해 다음과 같이 피력했다.

영국은 신사의 땅이지만 지저분한 선정·선동지가 수백만 부씩 팔린다. 그러나 영국의 민주주의를 지탱하는 것은 그런 지저분한 대중지가 아니다. 뚜렷한 두 개의 일간지가 있는데, 하나는 '신의 목소리'라고 불리는 「더 타임스」가 있고, 또 하나는 '양심의 소리'라고 불리는 「가디언」이 있다. 전자는 보수성향이고 후자는 진보적인 빛깔이라는 차이가 있다. 그러나 만인이 믿고 따르고 존경하는 진정한 언론이라는 데 있어서 빛깔 차이는 의미가 없다. 신이냐 양심이냐, 모두 소중했고 나는 어느 쪽이냐 하면 양심 쪽을 선호했다.

그리고 '양심의 길'의 구체적 모습에 대해 그는 이렇게 설명했다.

6·29 후 나는 생각하고 또 생각했다. 다시 기회가 눈앞에 어른거렸다. 가능한 대로 이 땅에 양심의 소리를 제도화하는 것이다. 그래서 택한 것이 「시사저널」의 창업이었다. 일간신문이나 방송에서도 가능한 일이었으나 나의 현실로서는 불가능했다. 엄청난 자본이 소요되기 때문이다. 어떠한 한 사실을 횡적으로, 종적으로, 포

괄적으로 초연한 입장에서 파악하려면 시간 단위, 날짜 단위로 접근한다는 것은 시간적인 제약으로 완성도가 떨어진다. 1988년 봄, 뜻을 같이하는 자본가 최원영 선생을 만나 2년 가까운 준비기간을 거쳐 1989년 10월 29일 「시사저널」 제1호가 발간되었다.

박권상 주필은 자신이 꿈꾸고 믿었던 언론철학을 구현할 수 있는 장(場)으로서 「시사저널」 창간을 주도했다. 자신이 전에 일했던 동아일보에 설령 복직이 된다 하더라도 그곳은 이미 자신의 언론철학을 펼칠 수 있는 곳이 아니었다. 전두환 군사정권 아래서 국내 언론환경은 완전히 바뀌고 황폐화되어 있었기 때문이다. 그보다는 오히려 새로운 매체를 하나 만들어서 "양심의 소리를 제도화하는 것"이 그에게는 더 의미 있는 일이라 여겨졌다. 그것이 얼마 남지 않은 자신의 인생을 보다 가치 있게, 보다 보람 있게 마무리하는 일이라고 그는 믿었다. 그 결과물이 바로 「시사저널」 창간이었다.

## 좌절된 '오너 시스템'의 회한

박권상 주필은 당시 극심했던 권언유착, 특히 언론인들의 부패상에 대해 누구보다도 비판적이었다. 언론인들이 취재원에게서 밥을 얻어먹고 용돈을 받는 것에 대해 크게 개탄했다. 그는 「시사저널」 기자들에게 영국의 예를 자주 언급했다. "영국이라면 그런 일은 스캔들에 속합니다. 있을 수 없는 일이지요." 예컨대, 우리나라에서는 국회의원과 기자, 혹은 고위 공직자와 기자가 같이 식사를 하면 백 퍼센트 국회의원이나 공직자가 식사비를 지불하지만, 영국에서는 십중팔구 기자가 돈을 낸다고 했다. 우리나라도 그런 풍토로 바뀌어야 한다고 그는 강조했다.

그래서 「시사저널」 초기에 시작된 것이, 기자들은 절대로 취재원에게서 밥이나 술을 얻어먹지 말자는 캠페인이었다. 취재원에게는 적극적으로 접근하되, 식사하거나 술을 먹게 될 경우 반드시 기자가 돈을 지불하라는 것이었다. 그런 뒤 영수증을 받아 나중에 회사에 제출하면 전액 '리펀드(refund 지급)' 해준다는 것이다. 박 주필은 이것을 '오너 시스템(honor system 자율시행 제도)'이라고 불렀다.

회사에서 그런 제도가 시행될 것이란 이야기를 듣고, 필자는 이루 말할 수 없이 기뻤다. 정말로 새로운 잡지, 선진적인 잡지가 우리나라에서도 시작되는가 보구나 하는 느낌이 들었다. 실제로, 취재차 서울대를 방문, 외교학과 하 모 교수를 만나 이야기를 나누다가 저녁때가 되었다. 나는 시간에 쫓기지 않고 느긋하게 함께 저녁 식사를 할 것을 청했고, 기분 좋게 식사하며 이야기를 이어나갔다. 식사 뒤 영수증을 받아 챙겨 나중에 회사에서 취재접대비 명목으로 돈을 지급받을 수 있었다. 그때 맛보았던 기쁨을 어떻게 말로 표현할 수 있으랴. 회사가 그 정도로 기자들을 지원해준다면 정말 당당한 마음으로 열심히 일할 수 있겠다는 생각이 자연스레 들었다.

그러나 안타깝게도 '오너 시스템'은 오래가지 못했다. 몇몇 선후배들이 '명예'가 핵심인 그 제도를 '명예롭지 못하게' 사용했기 때문이다. 한번은 박 주필이 필자를 편집인실로 불렀다. 그는 언짢은 표정을 감추지 못했다. "표 위원, 이거 한번 보시오. 어떻게 생각해요?" 그가 내민 것은 영수증이었는데, 내역에 '술값 7만 원, 봉사료 15만 원'이라고 적혀 있었다. 편집국 선배 중 한 분이 제출한 취재원 접대 영수증이었다.

"술값이 7만 원이면 봉사료는 2~3만 원이 적당할 것 같은데요."

"그렇지요? 표 위원도 그렇게 생각하지요? 저 위의 사람들이 기자들을 어떤 사람들로 보겠어요."

저 위란 바로 경리부를 뜻하는 말이었다. 최 사장의 '심복' 직원들이 근무하는 곳이었다. 박 주필의 속상해하는 표정은 쉽게 가시지 않았다.

그 후에도 이와 비슷한 일들이 여러 차례 반복되었다. 한 사람이 휴일 근무를 하고서 두 사람이 했다고 휴일근무수당을 신청하는 일도 생겼다. 이런 일들이 빈발하면서, 많은 양심적 기자들에게 자부심을 갖게 했던 '오너 시스템'은 흐지부지 사라지고 말았다. 잘 차려놓은 밥상을 일부 기자들이 발로 차 뒤엎어 모두가 낭패를 본 것 같은 씁쓸한 기분을 필자는 지울 수가 없었다. 박 주필은 우리나라 기자들이 취재원으로부터의 접대나 금전적 유혹에 취약했던 관행에 대해 누구보다도 안타깝고 부끄럽게 생각했다. 그런데 자신이 이끄는 조직에서, 더구나 자신이 직접 가려서 뽑은 기자들 사이에서 금전적으로 명예롭지 못한 일들이 발생하자 실망감이 이만저만이 아니었다.

## 브란트 방한, 우여곡절을 겪다

이와 같은 일부 내부적 문제에도 불구하고 「시사저널」은 대내외적으로 꾸준하게 호조를 보였다. 창간 기념행사의 일환으로 독일 통일의 기반이 된 '동방정책(Ostpolitik)'의 기수 빌리 브란트 전 서독 총리를 초청하여 정가의 관심뿐 아니라 세간의 이목을 끌었다. 브란트 외에도 영국의 천재 물리학자 스티븐 호킹 박사, 프랑스 대통령 후보 1순위로 꼽히고 있던 자크 시라크 파리 시장도 「시사저널」의 초청으로 한국을 찾았다. 특히 브란트 전 총리의 서울 방문은, 세계적 관심사였던 독일 통일 전야에 그가 분단 한국을 방문, 강연을 하고 정부 요인들과 면담했다는 점에서 각별한 관심을 모았다.

특히, 브란트의 방한은 박권상 주필이 그를 직접 만나 설득하여 이루어졌다. 그해 5월 베를린에서 열린 국제언론인협회(IPI) 연례총회에 참석한 박 주필이 직접 브란트를 만나 섭외했다. IPI 총회는 국제적 요인들을 만나기가 비교적 용이한 자리였다. 박 주필이 그를 만나 「시사저널」 창간 계획과 민주화 과정에 있던 당시 한국의 정치상황, 남북한 관계 등을 설명하면서 그의 방한을 간곡히 요청했던 것이다(박 주필은 브란트의 방한이 성사되기까지의 아슬아슬했던 순간에 대해 필자에게 자세하게 털어놓은 일이 있다). 베를린 현지에서 브란트의 방한계획 자체에는 원칙적 동의가 이루어졌으나, 구체적 방한 일정은 박 주필이 귀국한 뒤 보좌관을 통해 다시 전화 협의하여 최종 확정키로 했다. 박 주필은 보좌관의 전화번호와 통화예정 날짜, 시간을 메모하여 수첩에 보관하였다. 그 무렵, 브란트는 독일 전국 순회강연 일정이 잡혀 있었기 때문이었다.

그런데, 귀국길에 박 주필은 스위스에서 동아일보 김상만 회장을 만나게 된다. 자신을 믿고 인정하여 신문사에서 중요한 일을 맡겼었으나, 결국에는 정권의 강압에 의해 자신을 해고한 옛 사주를 만난 것이다. 그런 사연이 있었음에도 불구하고, 당시 두 사람의 인간적 관계는 예전의 그것에서 크게 벗어나 있었던 것 같지는 않았다. 김상만 회장은 자신이 독일을 방문하여 브란트 전 총리의 서울 방문을 타진해보려 한다는 사실을 털어놓았다. 박 주필의 가슴이 덜컥 내려앉았다. 난감하기 이를 데 없었다. 서울을 출발하기 전, 동아일보에서 그런 움직임이 있다는 이야기를 얼핏 들은 것 같기는 했다. 그러나 그 풍문이 사실인지는 알지 못했고, 김 회장이 노구를 이끌고 직접 섭외에 나서리라고는 전혀 예상하지 못했다. 더구나, 자신이 한발 앞서 브란트를 만나 방한 섭외를 성공적으로 끝낸 뒤, 스위스에서 김 회장을 만나게 되리라고는 꿈에도 생각하지 못했다.

사실을 말해야 하나, 어떡해야 하나. 박 주필은 순간적 고민 끝에 사실대로 말하는 것이 낫겠다는 판단을 내렸다. 난처한 표정으로 사실을 밝히자, 김상만 회장은 어이가 없다는 듯 한동안 말없이 멍하니 앉아 있었다. 그러다가 입을 열었다. "박 군의 계획대로 진행하게"라고 짤막하게 말했다. 60이 넘은 박 주필을 김 회장은 그렇게 호칭했다. 김 회장은 현실을 인정하고 브란트 방한 초청 건을 박 주필에게 양보했던 것이다.

정작 더 큰 문제는 서울로 돌아온 뒤 발생했다. 2~3일 후, 박 주필이 자신의 책상 위 다이어리에 브란트의 보좌관과 통화하기로 한 날짜를 미리 표시해두려고 메모해둔 쪽지를 찾았다. 그러나 보좌관의 전화번호와 통화예정 날짜, 시간이 적힌 쪽지가 사라졌다. 아무리 찾아도 그것은 나오지 않았다. 정말 귀신이 곡을 할 노릇이었다. 분명히 수첩에 끼워두었던 그 쪽지가 도대체 어디로 사라졌단 말인가. 가슴이 철렁했다. 2~3일 동안 사무실 책상과 주변을 이 잡듯이 뒤졌다. 그러나 그 쪽지는 어디에도 없었다. 아무 일도 손에 잡히지 않았다.

## 심모원려(深謀遠慮)가 몸에 밴 평등주의자

그렇게 긴장과 불안 속에 며칠이 지났다. 하루는 여비서 이 아무개가 종이한 장을 가지고 사무실 안으로 들어왔다. "주필님, 제가 전화로 여기저기 물어서 보좌관님과 통화했습니다. 약속한 날짜와 시간을 다시 불러달라고 해서여기 적어놓았습니다." 박 주필은 깜짝 놀랐다. 평소 이 비서가 똑똑하다고 생각하기는 했었으나, 그 정도일 줄은 몰랐다. 눈치가 빠른 이 비서는 박 주필이 문제의 쪽지 때문에 걱정이 매우 큰 것을 보고 허허실실 독일 대사관을 통해 브란트 사무실 전화번호를 알아냈던 것이다. 그런 다음 계속 역추적해나가는 방식으로 독일의 지방 호텔 몇 군데와 통화한 뒤 가까스로 보좌관과연결되어 통화예정 날짜와 시간을 다시 받아 적었던 것이다. 박 주필은 정해진 날짜에 보좌관과 통화하였고, 브란트의 서울 방문은 차질 없이 성공적으로 진행되었다.

박권상 주필은 자료 섭렵이 매우 방대했다. 그리고 자료 스크랩에 남다른 꼼꼼함을 보였다. 우리나라 신문, 잡지뿐 아니라, 일본의 신문, 잡지와 미국, 영국의 유명 일간지, 시사주간지 등을 꼼꼼하게 챙겨 읽었다. 그중에서도 그가 가장 정독하는 자료는 「인터내셔널 헤럴드 트리뷴(International Herald Tribune, 이하 IHT)」이었다. '반공일'이라는 것이 있던 당시, 그는 주로 토요일 오후 한가한 시간을 이용하여 직접 자료 스크랩을 했다. 어느 토요일 오후, 필자가 호출을 받고 편집인실에 들어간 일이 있다. 그때, 박 주필이 던진 물음에 나는 깜짝 놀랐다. 박 주필은 자신이 자료 스크랩을 주로 토요일 오후에 하고 있는데, 시간 소요가 너무 많다고 고충을 털어놓았다. 그러면서 이렇게 말했다.

"내가 신문, 잡지에 표시해놓은 것들을 미스 리가 대신 스크랩을 해주면 좋겠는데, 토요일 1시 반만 되면 칼같이 퇴근해버린단 말이야. 기자직이 아닌 사람한테 내가 뭐라고 말할 수도 없고……. 표 위원이 미스 리에게 토요일 오후에 남아서 자료 스크랩을 해줄 수 있는지 한번 알아봐 주면 어떻겠어요?"

그런 일로 박 주필이 고민하는 것이 언뜻 이해가 가지 않았다. 비서란 바로 그런 일을 도와주는 사람 아닌가. 그런데 왜 그런 문제를 가지고 고민을 하는 걸까. 그러나 박 주필은 바로 그런 사람이었다. 원칙을 중시했고, 규정에 따르기를 좋아하는 사람이었다. 그런 만큼 다른 사람들도 그렇게 해주기를 바랐다. 기자들의 경우 일이 많을 때는 출퇴근 시간이 따로 없다는 사실을 그는 인정했다. 그러나 관리직이나 비서직 직원들에 대해서는 달랐다. 그들은 회사의 일반 출퇴근 시간을 따라야 마땅하다고 여겼다. 미스 리가 비록 자신의 비서로 일하고 있기는 했지만, 그녀의 출퇴근 시간을, 회사의 규정을 제쳐놓고 편집인 자신이 마음대로 할 수는 없다는 생각을 그는 가지고 있었다. 청년 시절 영문학을 공부했고, 기자가 되어서는 영국과 미국 생활을 많이 한 그는 사고방식이 매우 서구적이었다. 위계질서를 내세우기보다 평등의식이 매우 강했다. 다른 사람이라면 별문제도 아니었을 일을 가지고 그는 몹시 마음을 쓰고 있었던 것이다.

그래도 이해가 안 가는 것이 한 가지 있었다. 왜 그런 일을 본인이 직접 당사자에게 이야기하지 않고 국제부 편집위원인 나에게 시키려고 하느냐 하는 점이었다. "주필님께서 미스 리를 불러서 직접 말씀하시지 왜 제가……"라고 머뭇거리자, "미스 리가 표 위원 얘기를 잘 듣는 것 같더구먼……" 박 주필이 한 마디 덧붙였다. "만약 내가 얘기했는데, 미스 리가 못하겠다고 하면 어떡하나? 그때는 정말 이상해지지 않겠는가? 내 입장이 뭐가 되겠어요?" "제가 보기에 미스 리는 매우 합리적인 아이라서 주필님 말씀을 잘 이해할 텐데요. 주필님이 오버타임(초과근무) 수당을 지급하겠다고 약속하시면, 틀림없이 남아서 스크랩을 할 겁니다. 주필님 일인데 어떻게 못 하겠다고 하겠습니까?" 박 주필은 고개를 끄덕였으나, 미심쩍은 눈빛은 여전했다. 그런 일이 있은 뒤, 언제부터인가 이 비서는 토요일 오후 늦게까지 편집인실 밖 자신의 책상에 앉아서 열심히 신문 스크랩하는 모습이 자주 눈에 띠었다. 이 일을 거치면서 필자가 다시 느낀 것은 박 주필이 심모원려(深謀遠慮)가 몸에 밴 사람이 아닌가 하는 점이었다.

## 북한 인공기 사진 내보낸 최초의 매체

우리나라 주요 언론매체로서 북한의 인공기(人共旗)를 공식적으로 컬러사진으로 내보낸 최초의 매체는 아마도 '박권상의 「시사저널」' 이 아니었나 싶다. 「시사저널」은 제7호(1989년 12월 10일 자)에서 '북한' 을 커버스토리로 다뤘다. '유일 체제 북한은 어디로' 제하에서 김일성 주석을 비롯한 북한 실세들의 면면, 권력승계 진행상황, 경제사정과 사회상, 대외관계, 남북관계의 전망 등을 종합적으로 다룬 기사였다. 표지에는 김일성 주석의 초대형 동상이 실렸다. 경천동지할 일이었다. 당시의 상식으로는, 관련 기자들이 반공법 등의 죄목으로 줄줄이 잡혀갈 만한 기사였다. 독자들은 놀랐으나, 정작 관계 당국인 중앙정보부는 조용했다.

박 주필의 심모원려 덕분이었다. 박 주필은 사전에 그쪽의 고위 당국자를 만나 기획의도를 상세하게 설명했다. 그런 뒤 취재 및 자료 협조를 요청하는 공문을 작성하여 공식채널로 발송했다. 그 덕분에 커버스토리 작성 담당 부서였던 국제부 편집위원을 맡고 있던 필자는 중앙정보부 북한 담당 부서를 공식 방문하여 취재 기회를 가졌음은 물론, 충분한 자료협조까지 받을 수 있었다. 사전에 박 주필의 인맥이 요로 이곳저곳에서 작용했음을 필자는 생생하게 느낄 수 있었다.

필자는 박권상 주필에게 개인적으로 크게 신세 진 일도 있다. 개인적이라면 개인적인 일이었으나, 다른 한편으로 보면 공식적인 일이기도 했다. 잡지의 발행 호수가 쌓여가면서 전쟁터 같던 편집국 분위기도 점차 안정을 찾기 시작하던 어느 날, 박 주필이 필자를 편집인실로 불러 조용하게 말했다. 미국 메릴랜드대학에 미국의 외교정책에 관한 좋은 프로그램이 하나 있는데, 외부에서 스칼라십을 받아줄 테니 갈 준비를 하라는 것이었다. 그러면서 대학 측에서 보내온 응모요강과 프로그램 소개 자료를 건네주었다. 그동안 기자생활을 하면서 해외연수 경험이 한 번도 없던 필자에게는 꿈같은 제안이었다.

자료를 살펴보니 메릴랜드대학 공공정책대학원(School of Public Affairs)

에서 운영하는 '미국 대외정책 입안과정(U.S. Foreign Policy Making Process)'으로 6개월짜리 프로그램이었다. 20명 정원이었고, 세계 각국에서 원칙적으로 1명씩 선발하는 것으로 되어 있었다. 응모자들의 직업분야는 외교관, 교수, 언론인으로 한정되었다. 프로그램은 그다음 해 1월 시작이었다. 필자는 자기소개서를 작성하는 등 준비에 들어갔다. 그때가 초여름이었고 서류마감이 가을 추석 무렵이었으니, 평소처럼 일하면서 느긋하게 준비를 해도 되겠다는 생각이 들었다. 토플시험은 좀 일찌감치 봐두는 게 좋겠다는 생각에 7월에 가서 미리 신청했다. 거기서 필자는 정말 깜짝 놀랐다. 그 해의 토플시험 신청이 12월 말까지 모두 마감되었다는 것이었다. 아니, 5~6개월 전에 모두 마감이 되었다니 이게 무슨 날벼락이란 말인가.

모처럼 찾아온 꿈만 같은 기회가 토플 문제 하나 때문에 허무하게 날아가 버리는 것 아닌가 해서 나는 전전긍긍했다. 다급한 마음에 평소 잘 알고 지내던 주한 미국대사관 최 아무개 공보관에게 전화를 걸어 도움을 요청했다. "요즘 토플이 그렇습니다. 사람들이 많이 몰립니다. 혹시 박권상 편집인께서 우리 대사님께 전화통화 한번 주실 수 있을까요?" 그는 별로 놀라는 기색도 없이 그렇게 말했다. "그거야 가능하겠지. 그런데, 박 주필께서 통화하면 가능성이 좀 있을까?" "방법을 찾아봐야지요." 그의 대답은 태연했다. 그러면서도 가능성의 여운을 진하게 남겼다.

## '절친' 진철수, "대한민국에선 박권상이 최고!"

박 주필에게 그간의 진행상황을 설명해 드렸다. 미 대사관 공보관의 이야기도 전했다. "내가 전화통화를 하면 가능하다고 그러던가?" 박 주필이 물었다. "공보관 말로는 될 것처럼 이야기하던데요." "아, 그래요? 알았어요.

그럼 내가 언제 전화 한번 해보지." 약 일주일이 지난 뒤, 토플시험을 주관하고 있던 한·미교육위원단에서 필자 앞으로 속달우편이 도착했다. 내용은 몇 월 며칠 몇 시, 어느 곳으로 토플시험을 보러 나오라는 것. 나는 놀라지 않을 수가 없었다. 박 주필의 힘이 정말 그 정도란 말인가! 그 소문이 금세 회사 안에 쫙 퍼졌다. 기자들 여럿이 모여서 수군거리는 가운데서 진철수 주간이 쾌활한 목소리로 말했다. "박권상 최고! 대한민국에서는 박권상이 최고야!"라며 그는 연신 엄지손가락을 치켜세웠다. 진 주간의 그 말에는 여러 가지 의미가 내포된 것으로 들렸다. '절친' 박권상에 대한 대견함과 그를 놀리고 싶은 짓궂음, 그리고 토플 문제가 잘 해결돼서 기쁘다는 뜻도 들어있는 것 같았다.

더욱 놀라운 일은 정작 토플시험 당일에 벌어졌다. 영어에 관한 한 어느 정도 자신감을 가지고 있던 필자는 별다른 사전준비 없이 시간에 맞춰 시험장에 도착했다. 그런데 이상한 광경이 펼쳐졌다. 수백 명은 족히 들어갈 수 있을 것 같은 시험장에 사람들이 별로 없었다. 진행요원인 미국인들 몇 명이 배치되어 있었을 뿐이었다. 진행요원 한 명이 나에게 자리를 안내해 주었다. 안내라고는 하지만, 사실은 앉고 싶은 자리에 앉으라는 것이었다. 아니, 나 혼자 앉혀놓고 토플시험을 진행한단 말인가? 정말 놀라지 않을 수 없었다.

두 가지였다. 박권상 주필의 엄청난 영향력과 미국인들의 원리원칙 고수였다. 아무리 박 주필의 전화통화가 있었고 대사의 지시가 있었다고는 해도 어떻게 수험생 단 한 명만을 앉혀놓고 진행요원 전원과 관련 시설이 풀가동되어 시험을 치르게 한다는 말인가? 우리의 상식으로는 이해가 안 갔다. 몇 월 며칠 차 시험 날짜에 책상을 하나 더 갖다놓고 수험생 한 명을 더 앉히면 되는 일이었다. 굳이 쉬는 날 관계자들을 출근시켜서 단 한 명의 수험생을 위해 따로 시험을 진행할 필요는 없었으리라. 그러나 그들은 달랐다. 끼워 넣기보다는 정식으로 절차를 밟아 시험을 치르게 하는 것이 그들의 방식이었다. 그 점이 놀랍고도 인상적이었다. 아무튼, 그때 나는 토플 점수를 간신히 턱걸이하여 6개월간의 미국연수를 성공적으로 다녀왔다. 당시 얻은 경험과 그때 만났던 외국 친구들은 그 후 나에게 소중한 자산이 되었다. 그 모든 게 박권상 주필 덕분이었다. 그에 대한 고마움을 나는 지금도 간직하고 있다.

「시사저널」 창간 당시 박 주필은 이순을 넘고 있었다. "10년만 젊었어도 중국어 공부를 시작할 텐데……" 필자와 다른 동료들 앞에서 여러 차례 중국어 공부에 대해 언급하며 안타까워했던 박권상 주필. 그는 지식욕이 매우 강렬한 사람이었다. 지식을 모아 활용하는 일 앞에서 세월의 빠름을 탄식했던 한 지식인의 모습이 눈에 선하다. 불현듯, 중국이 우리의 현실 앞에 크게 다가와 있는 지금, 사반세기 전에 중국어 공부를 강조했던 그의 목소리가 새삼 들리는 듯하다.

# 대통령의 방송독립 약속 받고 사장 취임

## - 신뢰와 영향력 1위 매체 이룩한 KBS 5년 -

류 균 (극동대 석좌교수, 전 KBS 보도국장)

 박권상은 KBS 사장이 되기 전까지 방송과는 인연이 거의 없는 토종 신문인이었다. 소설가 최일남 선생의 표현을 빌리면 '신문을 떠나서 살 수 없는 신문쟁이'였다. 그럼에도 불구하고 그는 언론인으로서, 최정상에 오를 시기에 신문이 아닌 KBS에 몸담아 방송인의 길을 걸었다. 23살에 기자가 되어 74살에 현역에서 물러날 때까지, 51년 동안 외길 언론인의 길을 걸은 그가 현역의 마지막 5년을 KBS에서 보낸 것은 아이러니하지만 운명적이라고밖에 말할 수 없다. 박권상이 1998년 KBS 사장으로 부임한 것은 조금 느닷없는 사건이었다.

 김대중 대통령이 15대 대통령으로 취임하고 한 달이 조금 지난, 1998년 4월 초쯤으로 기억된다. 김대중 대통령을 가까이에서 보좌하던 이강래 씨(3선 의원, 전 민주당 원내대표, 김대중 정부 인수위원회 간사)로부터 전화가 걸려왔다. "선배, 박권상 선생님을 사장으로 빨리 안 모셔가고 뭐 하는 거요"라고 했다. 순간 뒤통수를 한 대 얻어맞은 기분이었다. '아, 그분이 KBS에 오시는

구나' 이어 '아, 이제 KBS가 변하겠구나' 하는 생각이 전류처럼 흘렀다.

박권상은 오랫동안 친구처럼 가까운 사이였던 박준규 전 국회의장(9선 의원, 작고)이 KBS 사장을 해보라고 권유했지만 일소에 부쳤다고 한다. 그도 그럴 것이 저널리스트로서 그의 경력은 주로 동아일보에서 쌓은 것이었고 1980년 권력을 장악한 신군부에 의해 동아일보에서 강제 해직당한 이후 10년 넘게 낭인 저널리스트의 길을 걸으면서도 한눈 한번 팔지 않고 신문과 잡지에 글을 써온 논객이었다. 세월이 모든 것을 변하게 하는 법인가? 이강래 씨 등을 통해 김대중 대통령의 제의를 받은 시점에서 그의 생각도 달라지기 시작한다. 김대중 대통령과 언론인 박권상은 오랫동안 서로 존중해온 특별한 사이였다. 박권상은 DJ에게 조언자였고 때론 비판자이기도 했지만 DJ는 경청했고 대부분을 수용했다.

박권상은 고민했다. 며칠 동안 생각 끝에 메모랜덤을 만들었다. 그리고 육필로 쓴 그 메모를 DJ와의 연락을 맡은 이강래 씨에게 건넸다. KBS 사장으로 가는 조건을 담은 일종의 제안서 겸 각서였다. 이강래 씨는 당혹스러웠다고 술회한다. '세상에 피임명권자가 조건을 다는 경우도 있는가? 아무래도 꾸지람들을 것 같았다'고 당시의 기억을 떠올렸다. 어쨌든 이강래 씨는 그 메모를 DJ에게 전달했다. 'KBS 사장 수락을 위한 약속'이라고 제목이 붙어 있었다.

## "KBS 사장 수락을 위한 약속"

평생 나라의 녹을 먹지 않겠다고 실천하며 살아왔다. 현재 지방의 7~8개 신문이 함께 싣는 신디케이트 자유기고가 신분이 내게 딱 맞는다. 할 말 다하고 수입도 그만하면 먹고 사는 데 큰 어려움이 없다. KBS로 가는 순간 절필해야 한다. 언론사 책임자로서 내 이름으로 쓴 글이 언론에 나가는 것은 맞지 않다. 이 상황에서 나라를 위해 무엇인가 꼭 해야 한다면(평생 언론을 해온 사람으로서) 그래도 KBS가 (다른 자리보다는) 낫다고 생각한다. 내가 KBS로 가려면 뚜렷한 목표가 있어야 하고 (DJ 대통령의) 확고한 의지와 강한 지지가 있어야 한다.

표현은 정중했지만 뒤의 요구사항은 분명했다.

첫째, 우리 대한민국도 영국의 BBC와 같은 국가적 제도 또는 공적 기관이 꼭 필요하다고 생각한다. 영어로 Institute에 해당한다. KBS는 영국의 BBC와 같은, 나라를 대표하는 공적 기관이 되어야 한다.

둘째, KBS는 권력으로부터 독립해야 한다. 정치적으로 중립을 지키지 않으면 정치에 예속될 수밖에 없다. 뿐만 아니라 금력이나 그 어떤 불순한 목적을 추구하는 것으로부터도 독립해 자유로워야 한다.

셋째, 인사에 간섭이 일절 없어야 한다. (대통령이) 철저히 차단해 주셔야 한다.

넷째, 재정적으로 건전해야 한다. 필요하다면 법(KBS법, 방송법)을 고쳐야 한다.

다섯째, 운영(보도, 편성, 제작)에 절대로 개입해서는 안 된다.

여섯째, 진실하고 객관적인, 공정한 뉴스가 (멀리 보면) 국익에 도움이 된다. 때로 진실이 불편하더라도 참으셔야 한다.

일곱째, (이런 일들을 제대로 자리 잡게 하려면) 적어도 10년쯤 시간이 필요하겠지만 (대통령께서 임기가 있으니까) 최소한 5년은 함께 가야 한다.

(메모에는 박권상 사장이 나중에 적어 넣은 듯 "DJ, '함께 갑시다' 라고 확답"이라고 부기돼 있다.)

"여기 지금 말씀드린 내용을 확인하시고 약속하는 뜻에서 서명해 주십시오. 잘 간직 하겠습니다."

메모를 다 읽고 난 DJ는 웃으며 한마디 했다. "역시 박권상답구만." 그런 뒤 '김대중'이라고 서명했다. 박권상이 정식으로 KBS 사장에 취임하기 전 DJ는 조찬 모임에서 박권상을 만났다. 주위 사람을 물리고 말을 건넸다. 일 방적으로 사인해 준 것이 마음에 걸렸던지(?) "아무리 그래도 내가 어려울 때 는 도와주셔야 합니다!"라고 말했다. 박권상은 "그래야지요."라고 화답했다. 박권상 사장은 나중에, 그런 자리에서까지 "안 됩니다."라고 하기는 좀 그렇 더라고 술회했다. 박권상 사장은 재임 5년 내내 그의 KBS 업무용 다이어리 커버 안쪽의 투명 포켓에 이 비망록을 간직했고 지금은 고인의 서재 깊숙이 역사의 기록으로 안치돼 있다.

## 사원들의 박수를 받으며 취임

1998년 4월 20일, 박권상은 제13대 KBS 사장으로 취임했다. 69살, 9대 서영훈 사장(1988년 부임 시 70살) 다음으로 고령 사장이었다. 봄 햇볕이 제 법 따스했지만 대기는 아직 차가웠다. 박권상 사장은 사원들의 박수를 받으 며 취임식장인 KBS본관홀에 들어섰다. 오랜 기간 노사 갈등으로 어수선했 던 회사 분위기가 이날은 달랐다. 노동조합은 이례적으로 환영하는 성명을 냈다. KBS 사원들이 홀을 가득 메우고 전국 네트워크의 6천 사원이 TV 앞 에서 폐쇄회로를 통해 지켜보는 가운데 박권상 사장은 취임사를 읽었다. 유 려한 문장보다 감성에 호소하는 언어를 많이 구사해서 평소 그의 글이 아닌 것처럼 느껴졌다.

다가오는 21세기는 창의력이 어느 때보다 절실히 요구되는 대전환기입니다. 시 대적 전환기를 맞아 모든 패러다임이 근본적으로 바뀌고 있는 지금, KBS의 패러다임 또한 바뀌어야 합니다. 그것은 바로 KBS의 개혁으로 요약됩니다. (중략) 개혁이 곧 과거와의 단절이나 과거의 전면부정으로 출발하는 것은 아닙니다. 반작용에 의한 역사의 악순환을 되풀이하지 않기 위해 온고지신(溫故知新)이라는 선인의 지혜를 배워야 합니다. (중략)

1952년부터 시작된 46년간의 긴 언론생활을 마감한다는 각오로 사장인 저 스스로 여러분의 선두에서 뛰겠습니다. 저를 믿고 따라 주십시오. KBS가 명실상부한 세계 일류 공영방송으로 우뚝 설 때까지 안팎의 어떤 시련도 어떤 도전도 정면으로 대응할 것입니다.

박권상 사장은 평소에 잘 쓰지 않던 강건체 화법과 수사(修辭)를 동원해 KBS를 한국의 BBC로 만들겠다는 강한 의지를 보였다.

## KBS 개혁에 노동조합 동참을 호소

박권상 사장은 취임사에서 개혁이라는 대의에 노동조합이 동참할 것을 호소했다. 혁명은 내가 남을 베는 것이요, 개혁은 내가 나를 베는 것이라는 중국 문화혁명의 교훈이 있다. 박권상 사장은 에둘러 노동조합에 '조합도 스스로를 베는 개혁을 해야 한다' 고 주문했다. 노조는 올곧은 언론인 박권상을 박수로 맞았지만 그 박수는 오래가지 않았다. 박권상 사장과 노조는 공정방송 실현이라는 같은 목표를 놓고 입장과 견해가 갈렸다. 시각차, 방법론의 차 말고도 세대차까지 맞물려 갈등이 증폭되었다. 박권상 사장은 또 하나의 언론 권력으로서 노동조합을 경계했다. 노조는 박권상 사장을 자신들의 기본 노선투쟁의 걸림돌로 여겨 경원하기 시작했다. 박권상 사장과 노조 간의 허니문이 신혼여행도 다녀오기 전에 깨져버리는 형국이었다.

그 빌미는 노동조합의 요구로 새 정부 등장에 맞춰 제작 중이던 이른바 개혁프로그램 「이제는 말한다」가 제공했다. 「이제는 말한다」는 박권상 사장이 부임하기 전, 전임 사장 시절에 노사 합의로 3부작으로 기획되었다. 1편, '언론, 굴종과 오욕의 역사'. 2편, '조선일보를 해부한다'. 3편, '광주는 말한다'. 세 편이었다. 그런데 이 가운데 1편 '언론, 굴종과 오욕의 역사' 프로그램을 박권상 사장이 방영하지 못하게 한 것이었다. "아니, 개혁 사장이 개혁 프로그램을 방영 못 하게 한다는 것이 말이 되는가?" 노동조합은 펄쩍 뛰었다. 원래 이 프로그램은 노동조합 내 강경 성향의 일부 소장 PD 일부가 서둘러 만든 것이었다. 내용은 단순했다. 과거 정권에서 권력에 굴종해 만든 프로그램을 보여주면서 그 프로그램을 만든 기자나 PD를 인터뷰한 다큐멘터리였다. 이른바 부역(?)을 한 선배들은 KBS에서 물러나라는 것이 결론이었다. 제작진은 개혁 프로그램이라는 이유로 사전심의를 생략한 채 곧장 방영할 심산이었다. 'KBS의 부끄러운 과거를 반성하는 취지에서 한마디 해 달라'는 말만 듣고 인터뷰에 응했던 몇몇 선배들은 자신들이 정작 개혁 프로그램의 당사자로 등장한다는 사실을 몰랐다. PD가 사전에 내용을 알려주지 않았기 때문이다. 낌새를 알아차린 몇몇 선배 PD와 기자가 회사에 항의했다. 방송 예정일을 얼마 앞두고 부랴부랴 TV본부장실에서 시사회가 열렸다. '언론, 굴종과 오욕의 역사'를 만든 특별제작팀, 데스크 부장, 국장과 노동조합간부들이 참석했다. 프로그램을 본 사측은 말할 것도 없고 노동조합도 의견이 갈렸다. "우리가 당초 기대했던, KBS의 과거를 반성하는 프로그램이 아니다. 함량 미달이다."라는 시각과 "개혁 프로그램이니만큼 그대로 밀고 가야 한다."는 의견이 맞섰다.

박권상 사장은 '언론, 굴종과 오욕의 역사'에 대해 이렇게 말했다. "선배들이 권력에 굴종했다 치자. 그럼 그때 다른 사람들은, 후배들은 무얼 하고 있었나. 누구 한 사람이라도 나서서 그런 프로그램 만들어선 안 된다고 주장한 사람이 있었는가. 저항하다가 목이 잘렸거나 감옥에 간 사람이 있는가. 오늘의 KBS는 누구를 비난하고 욕하기보다 우리 모두 스스로를 고치려는 참 개혁정신으로 새 출발해야 한다." 박권상 사장은 혁명이 아닌 개혁을 원했다. 취임사에서 '반작용에 의한 역사의 악순환을 되풀이하지 말고 선인의 온고지신(溫故知新)을 배우자'고 호소한 이유다. 그렇다 하더라도 박 사장의 불방조치는 그의 평소 소신과 다른 것 아닌가? 노조는 박 사장한테서 바로 등을 돌렸고 파업 투쟁을 선언했다.

박권상 사장은 상황을 정리했다. '제대로 만들어진 개혁 프로그램을 만약 정부가 못 나가게 했다면 사장인 내가 맨 앞에 나서서 싸웠을 것이다. 그러나 이 프로그램은 내부에서조차 문제가 있다고 한다. 좀 더 보완해서 KBS 구성원 모두가 반성하고 수긍하는 진정한 개혁 프로그램을 만들어 보자.' 박권상 사장은 이어 경위를 '사고(社告)'로 국민에게 알리도록 했다. KBS 사상 처음으로 "사정에 의해 방송을 하지 못한 데 대해 사과합니다. 개혁 리포트는 반드시 방영하겠습니다."라는 사과문이 방영되었다. 박권상 사장은 사원 월례조회에서 "잘못을 솔직하게 시인하고 정직하게 표현하는 용기도 개혁"이라면서 "개혁은 멈출 수 없는 시대적 요청이고 과제다. KBS의 명예를 걸고 개혁 프로그램을 만들겠다."고 선언했다. 곧바로 TV 제작, 보도, 편성본부가 망라된 개혁 프로그램 운영협의회가 가동되었다. 개혁 프로그램 「이제는 말한다」는 두 달 후 방영되었다.

1999년, 짧은 봄이 지났다. 나라는 아직 IMF의 그늘이 드리워진 채였고 정권교체의 후유증은 해가 바뀌어도 좀처럼 가실 줄 몰랐다. 헌정 사상 처음으로 정권을 내준 과거 세력은 강력한 야당으로 변신해 DJP 연합정부를 파상 공격했다. 이른바 '옷 로비 사건'은 그 무렵 터졌다. 외화 밀반출 혐의를 받고 있던 신동아그룹 최순영 회장의 부인 이형자가 김태정 검찰총장의 부인 연정희에게 고급 옷을 선물했다는 기사가 신문에 터진 것이다. 그 기사를 언론에 제보한 사람이 바로 이형자라는 사실이 드러나면서 나라가 온통 옷 로비 사건의 수렁에 빠져들었다.

## 옷 로비 사건 터진 뒤 대통령 면담

옷 로비 사건이 터진 뒤 2주쯤 지난 6월 5일 박권상 사장은 김대중 대통령을 청와대에서 만났다. 이틀 전 박 사장은 청와대 박지원 홍보수석과 전화로 격한 언쟁을 벌였다. 박지원 수석이 옷 로비 사건을 연일 대서특필하고 있는 언론에 대해 불만을 터뜨리면서 '특히 방송, 그 가운데서도 KBS가 책임이 크다'고 했기 때문이다. "뭐라고 말했어? 그따위 현실인식이니까 대통령께서 오판하고 있는 것 아니오." 평소 같으면 덕담이 오갈 법했지만 그럴 수 없었다. 박권상 사장은 이날 박지원 수석을 상대로 15분이나 전화로 언성을 높였다.

박권상 사장은 대통령과의 면담을 요청했고 이틀 후인 6월 5일 저녁 8시 DJ 대통령과 박권상 사장의 이른바 독대가 이루어졌다. 엄밀히 말하면 박지원 수석이 입회한 3인 대화였다. 대통령의 일과가 과중해서 그랬는지, 6월의 저녁 식사를 겸한 회동치고는 꽤 늦은 시간이었다. 평생기자, 천생기자인 박권상 사장은 이날도 대화내용을 꼼꼼하게 메모했다. 잠깐 박권상 KBS 사장의 취재일지(?)를 들여다보자.

넓은 접견실. 한쪽에 식탁 3인분. 7시 50분경 박지원 수석 들어와 악수. 그는 방에 들어서면서 '엊그제 결례를 사과드린다'고 말한다. 8시 넘어 DJ 입장. 악수를 나눈 뒤 자리에 앉다. 이미 차려 놓은 식사. 메뉴는 죽과 김치와 나물 등 아주 검소하고 많지 않은 양. 무거운 분위기다.

두 사람은 잠시 남북문제 등에 관해 가볍게 의견을 나눴지만 바로 대통령이 본론을 꺼냈다. "하고 싶은 이야기를 하시지요." 박권상 사장은 뜸 들일 것 없이 준비해 간 메모내용을 얘기하기 시작했다. 메모 그대로 옮긴다.

–DJ정권은 상상 이상의 위기에 직면하고 있다. 정권의 Identity가 완전히 파괴되고 있다. DJ 하면 중산층, 서민층, 호남 등 살기 어려운 대중의 지지가 희망이다. 이 희망을 안고 출발했다. 그것이 옷 사건으로 산산조각 났고 개발독재, 군사독재 이래 권력이 재벌과 상류층과 유착돼 온갖 호강을 누리던 그 Identity를 이어받아 누가 정권을 잡아도 그놈이 그놈이라는 체념, 배신감이 급속도로 확산되고 있다 (DJ에 몹시 거슬리는 말. 그러나 그는 말없이 듣고 있다).
–법무장관 유임은 다수 국민을 분노케 하고 있다. 읍참마속(泣斬馬謖)의 결단이 시급하다.
–정치 결정 스타일 바꿔야 한다. 일종의 Presidium(정치 최고 회의)같은 걸 두고 DJ는 최종 결정만. 지금의 1인 통치스타일은 혼란과 갈등을 조장할 뿐만 아니라 잘못될 경우 대통령이 직격탄을 맞는다.
–언론에 관해서, 모든 것을 법대로 해야 한다. 최순영 리스트(당시 최순영이 정·관계, 언론계를 상대로 거액의 로비 자금을 뿌렸다는 소문과 함께 리스트가 증권가에 돌고 있었음)를 찾아내서 언론에서 축출하고 언론사에 일체의 특혜 금지하라. 증권가 리스트의 진위를 가려야 한다.

박권상 사장이 한두 가지 더 비판 섞인 조언을 하고 나자 대통령은 옷 로비

문제에 대해 처음엔 부드럽게 반박했다. 대통령은 언론이 경쟁적으로 여론을 악화시켰다고 믿고 있었다. 러시아 방문에서 거둔 외교성과에 내심 만족해서 막 귀국한 대통령은 언론이 중요한 국사(國事)에는 관심 없고 옷 사건을 기화로 정부에 대해 지나친 공세를 벌이고 있다고 생각했다. 야속한 마음이 들었고 화도 났다. 김대중 대통령은 "옐친은 '각하(DJ를 지칭)를 2년만 모시면 러시아도 경제회복을 할 수 있을 텐데요.'라고 조크를 할 정도인데 국내언론은 이런 외교성과를 제쳐놓고 옷 사건만 확대 보도하고 있다. 특히 박 사장이 이끄는 KBS, 노 사장(당시 MBC의 노성대 사장)의 MBC까지 그런 식으로 방송한 것은 의외였고 유감스럽다."고 말했다. 박 사장은 "대통령의 혁혁한 외교활동이 '옷 사건'으로 가려져 제대로 알려지지 않은 것을 유감스럽게 생각한다."고 말한 뒤 그러나 '옷 사건'에 대한 "대통령의 인식이 너무 안이하고 본질을 파악하지 못하고 있다."고 직설적으로 얘기했다. 대통령은 사안을 가볍게 생각하거나, 과소평가한 적이 없다면서 작심한 듯 자신의 생각을 다시 얘기했다.

## KBS가 여론몰이 합세해 유감

기득권 세력의 저항이 생각보다 강하다. 지금 나는 거센 역풍을 맞고 있다. 법무 장관 그만두게 하면 그다음엔 비서실장 바꾸라고 여론몰이할 것이다. 지금은 서민들이 박탈감 때문에 실망이 크겠지만 시간이 흐르면 국민들도 옳고 그름을 판별해 줄 것이다.

박 사장은 KBS가 여론몰이에 합세했다는 대통령의 유감 표명에 대해 "KBS는 결코 불을 지르지도, 부채질도 한 적 없다."고 정면으로 반박했다.

박 사장은 가지고 간 5월 26일~6월 2일까지의 KBS 9시뉴스 큐시트를 대통령에게 직접 보였다. "한겨레신문이 최초로 이 사건을 터트린 날로부터 3일 동안 KBS는 자체적으로 정확한 진상 파악을 위해 철저하게 보충취재를 했고 이 기간 동안 보도를 유보했다."는 사실도 상기시켰다. "정부는 어째서 그 3일 동안 아무런 대응도 못 했는가? 야당과 언론의 여론몰이라고 하지만 이 사건은 야당이 폭로한 것도 아니다. 개혁의 동반자라는 한겨레가 혼자, 그것도 1면에 터뜨린 것"이라고 박 사장은 반론했다. 대통령은 다소 어두운 표정이었지만 특유의 어조를 유지한 채 이렇게 얘기했다.

"한겨레가 개혁 안 한다고 그렇게 때린다더라. 한겨레에 말했다. 남북문제 얼마나 개혁적이고 노동문제 얼마나 개혁적인가? 민노총, 전교조 모두 합법화시켰다. 교육도 다소 말썽 있지만 대담하게 개혁하고 있다. 농업도 농민 뜯어 먹는 사람들 모두 정리했다(농협 이야기인 듯). 경제는 은행 다섯, 종금사 열여섯 개 정리되었고 30대 재벌 가운데 열한 개가 무너지고 있다. 5대 재벌개혁, 삼성과 SK, LG는 잘 되고 현대와 대우가 좀 부족하다. 전 세계가 경제 살렸다고 인정하고 있다. 모두 놀라고 있다. 그런데 개혁 안 했다고, 특히 언론개혁 안 했다고 하는데 언론이 스스로 해야지 어떻게 정부가 하느냐? 성공 못 한다."

대통령은 다시 방송으로 화살을 돌렸다.

"러시아 방문 마치고 돌아와 보니 방송이 한술 더 뜨더라. 이번에 러시아와 남북문제 얘기하면서 남쪽에 대한 전폭적인 지지 얻어냈고, 전 세계가 외교성과를 인정하고 있는데 방송은 아랑곳없이 상업주의 경쟁에나 열중하고……. KBS와 MBC는 시청률 경쟁 지양해 달라."

대통령은 (이 대목에서) 표정을 누그러뜨리면서 간곡한 어조로 말을 이었다.

"국민의 70%가 뉴스는 방송에 의존한다더라. BBC처럼 정확하고 침착하게 해 달라. 아무리 정부라 해도 용서할 수 없는 것은 얼마든지 비판해 달라. 박권상 사장 의 주장 충분히 이해한다. perception이 truth보다 앞선다고 한 것 동감이다. 그 렇지만 정말 어려운 이 시기에 도와 달라."

대통령은 박권상 사장이 부임 직전 대통령에게 보낸 메모에 적힌 BBC를 거꾸로 인용해 박 사장을 압박(?)했다. '어려울 때는 도와줘야 한다'고 했던 대통령의 구두 단서조항도 때마침 동원했다. 반면 박권상 사장은 대통령 앞 에서 모처럼 저널리스트 박권상의 사설과 칼럼을 썼다. 이날 면담은 대통령 이 한 번 더 "도와 달라"고 당부하는 것으로 끝났다.

### "임기까지 함께 가주셔야 합니다"

박권상 사장 재임 기간 중 DJ와의 마지막 면담은 2002년 2월 21일에 있었 다. KBS에 부임한 지 3년 10개월이 지난 시점이다. 이날 면담은 대통령의 저녁 일정 때문에 오후 5시에 이루어졌다. 이날도 시국과 관련한 고언과 이 에 대한 대통령의 결단을 건의하는 식으로 진행되었다. 당시는 남북 정상회 담 후속조치로 DJ정부의 햇볕정책이 한창 펼쳐지고 있었고 야당에서는 퍼주 기 공세와 함께 일부 여당인사들이 방북해 벌인 행장(行狀)을 두고 이를 추 태·굴욕외교로 몰아붙이고 있었다. 박 사장은 면담 끝 무렵, 얼마 전 병원에 서 수술(전립선)을 했는데 의사로부터 건강관리가 필요하다는 권고를 받았다 면서 갑자기 사의를 표명했다. 실제 본인이 직접 쓴 사직서가 박 사장의 안주머니에 들어 있었다. 박 사장의 사의는 표면상 건강상의 이유였지만 진짜 이유는 다른 데 있었다. 대통령 권력 주변의, 정치권의 박권상 사장에 대한 불만, 그에 따른 음해가 도를 넘고 있다는 판단이 박 사장으로 하여금 사퇴 결심을 촉발시켰다. 권력의 속성이랄까? 어떤 청탁이나 압력도 씨알이 먹히지 않는 박 사장의 완고함에 대한 권력의 대응이 박 사장에 대한 터무니없는 중상모략으로 나타났다.

박 사장은 그 무렵 필자를 가끔 사장실로 불렀다. 긴 설명을 생략한 채 "그 OOO, 형편없는 사람"에서 시작해서 "그 OOO 간신이야 간신"이라고 역정을 냈다. 필자는 딱히 대꾸할 말이 없었다. 이런 경우 맞장구는 불필요했다. 이렇게만 얘기했다. "제게만 그렇게 말씀하시고 다른 자리에서는 그 '간신'이란 표현은 안 하시는 게 좋겠습니다." 박 사장은 생각을 정리했다. "이쯤에서 그만두는 것이 좋을 것 같다……" 그리고 이날 대통령에게 사의를 표명한 것이었다. 사표는 받아들여지지 않았다. 대통령은 "배가 난파할 지경인데 혼자 뛰어내릴 생각이냐"고 펄쩍 뛰었다. 이날 면담은 대통령의 다음 일정 때문에 40분 만에 끝났다. 대통령은 자리에서 일어나면서 단호한 어조로 "임기까지 함께 가 주셔야 합니다."라고 못 박았다.

DJ 대통령이 물러나고 세월이 한참 흐른 뒤 어느 자리에서 박지원 씨가 이런 얘기를 들려주었다.

"면담 요청을 해오는 요인들 가운데 대통령께서 어떤 경우든지 만나시는 사람이 세 분 정도 있습니다. 김수환 추기경, 강원룡 목사, 그리고 박권상 선생입니다."

DJ 대통령 재임 중 청와대 홍보수석, 문화관광부 장관, 비서실장의 자리를 거치면서 이 세 사람의 대통령 면담에 직책상 빠지지 않는 배석자였던 박지원 씨는 세 분의 대통령 면담 스타일을 이렇게 압축해서 표현했다.

"김수환 추기경님은 대통령 면담 시간의 10%가 칭찬과 격려, 90%가 민원입니다. 물론 그 민원은 '이런 어려운 사람이 있으니 도와줘라. 저런 보살펴야 할 데가 있으니 각별하게 신경을 써 달라' 하는 그야말로 종교지도자의 민원이지요. 강원룡 목사는 조금 더 칭찬과 격려시간이 길고 나머지는 김수환 추기경과 마찬가지 민원인데 내용은 대동소이합니다. 마지막으로 박권상 사장은 10%가 칭찬과 격려인 것은 비슷하지만 나머지 90%가 비판입니다."

## 권력의 거센 파도 막아준 방파제

박권상 사장과 박지원 씨의 관계는 DJ정부 내내 썩 좋은 사이일 수 없었다. 우호적 관계이기 어려웠다. 박지원 씨는 KBS가 좀 더 적극적으로 DJ정부를 도와주어야 한다고 생각했다. 어찌 보면 무리도 아니었다. DJ정부가 출범한 이래 언론은 내내 DJ정부를 몰아세우기 바빴다. 지금까지의 관행상 KBS는 이런 때 정부의 편을 좀 들어줘야 한다고 생각하는 것은 대통령 주변의 공통된 심정이었을 것이다. 그럼에도 불구하고 박지원 씨는 필자에게 박권상 사장에 대한 존경심을 한 번도 내려놓은 적이 없다고 말한 적이 있다. 아무리 대통령 앞이라도 할 말을 다하는 언론인 박권상에 대한 존경이었다. 청와대와 박권상 사장의 생각은 서로 다를 수밖에 없었다. 아니, 생각은 같을지 몰라도 대응 방법이 달랐다. 박권상 사장이 KBS를 이끌어나가는 독도법이 청와대나 권력 주변의 독도법과 달랐다. KBS 독도법은 당연히 박권상 사장이 제일 잘 알았다. DJ 대통령은 박권상 사장의 KBS 운영이 '틀렸다'고 말하지 않고 '다르다'는 것을 인정했다. 나아가 박권상 사장의 KBS 독도법을 존중했다.

　결과적으로 KBS는 창사 이래 정부와 권력의 간섭을 가장 적게 받은 공영 방송으로 거듭났다. 박권상 사장이 권력으로부터 밀려오는 거센 파도를 막아 주는 방파제가 되어 준 5년 동안 KBS는 관영방송에서 공영방송으로, 다시 국민의 방송으로 KBS 르네상스 시대를 만들어갔다.

　박권상 사장 재임 5년은 역사적으로나 정치적으로 한 시대를 뒤흔든 큼직한 사태와 사건이 명멸한 격동의 시기였다. 이 숨 가쁜 시대를 조명하면서 KBS는 자연스럽게 공영방송이 추구해야 할 저널리즘의 제 모습을 갖추기 시작했다. 국민의 정부가 출범하기도 전에 몰아닥친 IMF 위기에 KBS는 금 모으기로 국민의 에너지를 한데 모았다. 이는 KBS가 국민의 방송으로 거듭나는 출발점이었다. 혹독한 구조조정으로 군살을 뺀 KBS는 잰걸음으로 앞으로 나아갔다. 그 무렵 방송 3사는 간판격인 9시 뉴스의 시청률 우위를 점유하기 위해 피나는 경쟁을 벌였다. 피나는 경쟁이라지만 국민이 보기에는 도토리 키 재기였다. 1분 20~30초짜리 기자 리포트가 엇비슷한 내용으로 순서만 바뀌어 20~30꼭지씩 방송되니 시청자에게는 그 뉴스가 그 뉴스, 그 나물에 그 밥이었다. 시청자를 붙잡아 놓기 위해 앞 시간대의 일일 연속극에 공력을 들이는가 하면 뉴스 아이템과 아이템 사이에 이른바 연성뉴스, 시청자의 호기심을 자극하는 흥미 위주의 뉴스를 끼워 넣는 재주(?)를 부리기도 했다. 공정한 뉴스, 사실보도를 하기 어려웠던 환경 속에서 벌어진 편법이었다.

　DJ정부가 들어서면서 이런 웃지 못할 사례들이 고쳐지기 시작했다. 맨 먼저 달라진 것이 5, 6공 시대에 관행처럼 답습되던 이른바 '땡전뉴스'가 없어졌다. 대통령 관련 기사가 9시 뉴스 앞머리에서 사라졌다. 청와대가 좀 언짢을 수 있겠지만 그건 잠시뿐이다. 박권상 사장이 부임 전 대통령에게 보낸 편지에 "진실하고 객관적인 공정한 뉴스가 멀리 보면 국익에 도움이 됩니다.

때로 불편하더라도 좀 참으셔야 합니다."라고 말한 대로다. 가령 대통령이 지방에 내려가서 재래시장을 둘러보았다는 기사는 안 내도 그만이고 낸다 하더라도 뉴스 말미, 17~8번째면 된다. 마침 그 앞이나 뒤에 나가는 기자 리포트가 '지방 재래시장이 어렵다' 는 아이템이라면 오히려 효과만점의 적절한 기사배치다. 콜럼버스의 달걀처럼 먼저 시범을 보이자 9시 뉴스 모습이 달라졌다.

## KBS의 변화 땡전뉴스 없어져

박권상 사장은 한 번도 뉴스에 대해 이래라저래라 말 한 적이 없다. 뉴스에 대해 코멘트한 건 딱 한마디 "논평하지 말라"였다. 1분 20초의 리포트에 기자가 논평과 해설까지 곁들일 시간이 없다. 팩트(사실)보도에 충실하자는 취지였다. 판단은 시청자의 몫으로 남겨둬야 한다는 명언은 미국 CBS의 앵커 월터 크론카이트의 지론이기도 했다.

박권상 사장은 취임사에서 '자유가 있으면 책임이 따른다. 무엇을 위한 자유인가를 심사숙고해야 한다' 고 강조했다. 뉴스보도를 비롯한 모든 프로그램 제작의 자유와 책임은 KBS를 지금까지 이끌어온 KBS인들에게 있었고 그들은 KBS 저널리즘을 구현할 능력이 있었다. 어느 해 김대중 대통령의 연두 기자회견을 KBS가 중계하자 야당에서 야당 총재에게도 똑같은 기회를 달라고 요구해 왔다. 박권상 사장의 응대는 간단했다. "해야지요." 어떻게 할지는 기자와 PD의 몫. 미국 등 선진국의 경우를 조사해보니 똑같은 분량은 아니지만 야당 총재에게 반론권을 부여하고 있어 KBS도 그렇게 했다.

박권상 사장 부임 초기 KBS는 「동강」이란 환경 프로그램을 만들었다. 이전 정부에서부터 강원도 동강을 막아 다목적댐을 건설하려는 계획을 추진하자 환경단체들이 강력히 반대하고 나섰다. KBS는 동강이 지닌 자연환경 가치, 생태계 변화 등을 팩트파인딩(사실보도)한 심층 다큐멘터리 프로를 제작했다. 수자원 확보를 명분으로 한 다목적댐 건설과 환경보전이라는 시대적 요청이 충돌하는 국가적 사안에 대해 KBS는 시청자가 직접 보고 판단할 수 있도록 균형보도라는 저널리즘의 원칙을 선보였다. 과거의 KBS라면 다목적댐 건설의 당위성을 앞세운 홍보 프로그램을 만들었을 것이다. 건설부가 청와대까지 동원해 KBS의 「동강」 프로그램을 막으려 했지만 프로그램은 전파를 탔다. 십수 년이 흐른 지금 강원도 동강은 비경으로, 살아 있는 강으로 남아 있다.

그런데 정치권에선 불만이 많았다. 여도 야도, 심지어 노동조합도 KBS의 균형보도를 마뜩잖게 생각했다. 여태 피해만 입어왔다고 생각하는 신정부 권력이나 노동조합은 KBS가 자기편이 아니라고 불만이었고 야당은 KBS가 공정방송 시늉만 한다고 비판했다. 하지만 일선 기자와 PD들은 정치권의 이런 공세로부터 점차 의연해졌다. 특히 정치와 관련한 뉴스와 시사프로그램에 대해 엄격하게 중립원칙을 지켰다. 여야는 기계적 중립이라고 불만이었지만 박권상 사장은 "KBS가 언제 기계적 중립이라도 해 본 적이 있는가? 그건 기계적 중립이 아니라 불편부당, 모든 관련 당사자의 입장을 반영하겠다는 공영방송 KBS의 의지"라고 반박했다.

KBS 뉴스를 비롯한 프로그램 시청률이 상승하기 시작했다. KBS의 시사교양 프로그램들도 탄력을 받았다. 주말 골든타임인 저녁 8시에 일요스페셜, 역사스페셜, 환경스페셜 등 정통 시사교양 프로그램이 신설, 편성된 것도 이 무렵이다. 시청률은 3~4%에 머물렀지만 KBS가 진정한 공영방송이 되기 위한 당연한 선택이었다. 이런 선택이 시청자들로 하여금 KBS를 점차 믿고 보는 방송으로 만들었다. 무엇보다 국가의 주요사태, 중대현안이 있을 때는

KBS에 채널을 고정한다는 국민들이 크게 늘어났다. KBS가 신문을 포함, 전체 언론사 가운데 신뢰도 1위, 영향력 1위의 언론기관으로 인정받게 된 것도 이때부터다. 박권상 사장은 해마다 KBS 예비사원을 상대로 특강을 했다. 신입사원에게 박권상 사장은 공영방송 KBS학교의 교장 선생님이었다.

"영국에 3대 인스티튜션-의회, 옥스퍼드·케임브리지, BBC가 있다면 일본사람들은 3대 홋코리(프라이드-자랑)로 아카몽(도쿄대), 후지산, 그리고 NHK를 꼽는다. 우리 KBS도 영국의 BBC, 일본의 NHK가 되어야 한다."고 역설했다.

이런 일화도 소개했다.

"일본 여성들은 미혼일 때는 민방(상업방송)을 보고 즐기다가 결혼해서 아이 엄마가 되면 TV 채널을 자동으로 NHK로 돌린다더라. 바른 자녀교육을 위해서라고 한다."

## 뉴스와 시사교양 프로 시청률 올라가

KBS는 영국의 BBC, 일본의 NHK라는 꿈에 한 걸음 다가서고 있었다. KBS는 국가기간방송(박권상 사장은 이것을 영어로 'National public service broadcasting'이라고 표현했다), 국민의 방송, 공영방송을 자임하는 한국의 중심매체로 자리 잡아갔다. 특히 2000년 6월 13일 김대중-김정일의 역사적 남북 정상회담은 KBS가 국민의 방송으로 확실하게 자리매김하는 중요한 전환점이었다. 방송협회장 자격으로 김대중 대통령의 평양방문에 동행한 박권상 사장과 KBS 취재팀은 평양의 순안공항에 내릴 때까지도 북한 당국으로부터 '오지 마라. 못 내린다.'라는, 페르소나 논 그라타(기피인물)이었다.

북한의 그런 태도는 박권상 사장 개인을 향한 것이기보다는 정상회담 전까지 KBS에 대해 그들이 보여 온 일관된 행태였다. "KBS를 폭파해 버리겠다, 사과하고 보상하라." 이런 언동을 서슴지 않았다. 박권상 사장은 북한 측의 김용순 아태평화위원장과 이 문제를 놓고 조용한 설전을 벌였다. 박권상 사장은 과거 KBS의 대북 적대태도를 문제 삼는 김용순 위원장에게 "북한 인민이 KBS를 얼마나 봤는지 모르겠다. 냉전 시대에는 양쪽이 서로 그랬다. 이제 상층부에서부터 인식을 바꾸면 다 바뀐다. 서로 생각을 바꿔 가자."고 설득했다. 북한 측이 KBS를 압박한 데는 다른 이유도 있었던 것 같다. 북경에서 벌어진 남북방송협력협상에서 북한이 황당한 요구를 해 협상이 번번이 깨지곤 했다. 국회에서는 야당이 'KBS가 퍼주기 협상을 한다.'고 공격했다. 박권상 사장은 정면으로 반박했다.

"KBS는 공기업이기 때문에 뒷거래를 할 수 없다. KBS는 공식적으로 텔레비전 2만 대를 북한에 기증하기로 했다. 다른 남북관계도 마찬가지이지만 KBS가 자존심을 잃으면 모두를 잃는 것이다. 적어도 돈은 줄 수 없다는 것이 KBS의 입장이다. 우리가 만든 텔레비전으로 북한 동포들이 프로그램을 보는 것이다. 그게 전부다."

남북 방송교류협력의 백미는 그 해 9월 추석을 앞두고 백두산 천지 정상에서 KBS 뉴스를 생방송으로 진행한 것이었다. 김종진 9시뉴스 앵커를 비롯한 KBS 기자와 PD, 아나운서와 중계진 등 22명이 현지에 특파되었다. 이들은 무거운 방송장비를 백두산 천지까지 옮기느라 죽을 고생을 했다. 고산지대라 산소도 부족하고 무엇보다 식사를 제대로 할 수 없었다. 그런데도 22명의 스탭들은 생방송 날까지 억척스럽게 뛰었다. 북한의 방송 요원들이 KBS를 돕겠다고 나와 있었지만 우리 스탭 한 사람은 북한 열 사람 몫의 일을 했다. 북한 측은 그런 KBS가 처음엔 신기하다는 눈치였다. '왜 그렇게 침식을 거르면서까지 일을 하느냐'는 것이 북측 요원들의 공통된 의문이었다. "방송을 잘 내보내야 하니까."라는 스탭들의 설명은 그들에겐 이해가 되지 않았다. 분단 반세기 만에 자본주의와 사회주의로 갈린, 체제의 다른 사고방식, 해결 방법의 차이가 확연하게 드러났다.

## 남북방송교류 백미 백두산 생방송

홍일점인 임성민 아나운서는 생방송 전날부터 식사를 거른 채 물만 마시면서 방송을 준비했다. 남쪽에서 온 미인 아나운서가 북측의 시선을 한몸에 받는 것은 당연했지만 밥도 굶은 채 방송을 하는 것을 지켜본 북한 요원들은 자기들끼리 수군거렸다. '도대체 남쪽 사람들은 왜 저렇게 일을 하는 거야. 누가 시키지도, 명령한 사람도 없는데⋯⋯' 사실 임성민 아나운서는 강행군에 몸이 안 좋기도 했지만 화장실이 형편없는 데다 혹 식사가 잘못돼 생방송을 망치기라도 할까 봐 "일부러 밥을 굶었다"고 일기에 썼다. 박권상 사장은 장도에 오르는 팀원들에게 반드시 일기를 쓰라고 당부했었다. 박권상 사장은 임무를 무사히 마치고 귀환한 팀원을 격려하는 자리에서 소회를 이렇게 표현했다.

"어떤 남북 회담에서도, 어떤 남북 교류에서도 보여 주지 못했던 자유민주주의의 소중한 가치인 자유와 책임, 그리고 사회주의를 이긴 자본주의의 참 정신, 근면 · 성실이라는 실용주의의 생생한 사례를 KBS가 북한사람들에게 실증해 보였다."

박권상 사장은 뒤에 한 국제 심포지엄에서 남북 방송교류에 대한 KBS의 철학을 이렇게 정리했다.

"남북 교류에서 가장 중요한 점은 우리가 북한에 대한 고자세나 저자세를 버리고 정자세를 취하는 것이다. 앞으로도 KBS는 북한에 대해 보다 많은 관심을 가지고 북한 주민 역시 남한의 시청자와 같은 수용자로 보고 그들에 관해 진실한 보도와 논평을 하도록 하겠다."

KBS는 1999년, '시청자에게 드리는 약속'을 선포했다. 모두 10개 항의 이 약속은 박권상 사장 재임 기간 내내 공영방송 KBS를 스스로 감시하는, 말 그대로 KBS의 십계명이 되었다.

△시청률에 구애받지 않겠다. △시청자 의견을 겸허하게 수용한다. △공정하고 신뢰받는 뉴스를 전달한다. △연예. 오락. 드라마의 수준을 높이고 △어린이. 청소년. 소외계층을 소홀히 다루지 않으며 △시대 이슈인 좋은 환경을 지키고 △문화의 정통성과 다양성을 추구한다. △방송언어를 갈고 다듬으며 △디지털방송을 착실히 준비하면서 △지속적인 경영혁신으로 조직운영을 효율화한다.

박권상 사장은 '시청자에게 드리는 약속'과 함께 '연차보고서'와 '경영평가보고서'를 새로 발간했다. KBS가 방송과 경영에 관한 모든 내용을 시청자에게 투명하게 알리고 시청자의 평가를 겸허하게 수렴해야 한다는 자성의 장치였다. 박권상 사장은 '공영성 지표'도 개발해 재임 기간 내내 이 네 개의 서약을 들고 KBS의 공영성을 구현하는 데 힘을 쏟았다. 2001년, 박권상 사장 재임 3년 차, KBS의 노력이 열매를 거두기 시작했다. 그 해 여론조사는

KBS에 대한 신뢰도 74.3%, 영향력 64.8%로 2위인 일간 유력지를 5%포인트에서 10%포인트 차로 멀찍이 밀어냈다.

세계적인 언론자유 평가기관인 미국의 '프리덤 하우스'는 2000년 연차보고서에서 "한국의 공영방송(KBS)은 독자적인 편집권을 행사한다."고 최초로 한국의 방송을 긍정적으로 평가했다. 2001년에는 "한국의 방송매체는 적극적이고 독립적인 보도와 논평을 한다." 2002년에는 "한국의 방송매체(KBS)는 사회의 다양한 견해를 방송한다."고 평가했다. 한국 언론 특히 방송에 대해 우려와 함께 노골적인 비판을 서슴지 않던 '프리덤 하우스'의 이 같은 평가는 곧 KBS에 대한 국제사회의 평가가 부정에서 긍정으로 바뀌었음을 의미했다.

## 공영방송 KBS 시대가 열리다

공영성 구현에 가려 프로그램 시청률이 자칫 낮아질 것이란 우려도 기우에 지나지 않았다. 명성황후, 태조 왕건, 겨울연가 등 드라마와 뮤직뱅크, 개그콘서트 등 KBS의 연예오락 프로그램이 시청률 상위 10개 프로 중 7개를 차지했다. KBS교향악단이 우물 안 개구리를 벗어나 세계무대로 발돋움한 것도 이때였다. 평양공연을 비롯해 중국과 일본, 유엔과 비엔나까지 공영방송 KBS의 도약과 함께 KBS교향악단도 세계무대로 비상했다.

2002년에는 KBS복지재단이 설립되었다. 이북에서 혈혈단신 월남해 온갖 고생 끝에 수백억 재산가가 된 고 강태원 옹이 죽음을 앞두고 "KBS 말고는 내 재산을 맡길 곳이 없다. 사회의 힘들고 어려운 곳에 이 돈을 바르게 쓸 곳도 KBS밖에 없다"며 200억 원을 기탁했다. 필자는 제주도에서 얼마 남지 않은 여생을 보내고 있는 강태원 옹을 여러 차례 방문했다. 강태원 옹으로부터 "나 말고 가족 어느 누구도 재단과는 관계없다"는 약속을 받고 KBS복지재단 앞에 강태원이란 이름을 헌정해 '강태원 · KBS복지재단'을 출범시켰다. 강태원 옹의 KBS에 대한 신뢰, 순수한 기탁의도가 있었기 때문에 가능한 일이었다. 2002년 월드컵, 2002년 대선 등 역사의 장대한 파노라마가 전개되는 와중에 공영방송 KBS 시대가 활짝 열리고 있었다.

필자는 90년대 초반, 일본이 아직 세계 제2의 경제 대국으로 잘 나가고 있을 때 주일 특파원으로 근무했다. 해마다 연말에 일본 대기업 회장을 특별 인터뷰 형식으로 취재했다. 일본경제가 부러워 대기업 수장의 노하우를 듣고 싶었다. 미쓰비시, 미쓰이, 이토추, 스미토모 등 일본의 대기업에 최소한 3개월 전에 편지를 보내 그쪽 홍보책임자와 이른바 우치아와세(사전협의)와 네마와시(사전 절충 · 공작)를 끈질기게 벌여야 했다. 인터뷰를 못 하겠다면 그 다음 해에 해달라고 귀찮게 붙들고 늘어져 다행히 한 사람씩, 1시간짜리 인터뷰 프로그램을 제작해 연초에 특집으로 방영했다.

일본 대기업 수장은 오너, 즉 기업소유주나 지배주주가 아니다. 앞에 든 대기업의 원 오너들은 사실은 일본 군부와 함께 태평양전쟁을 주도한 전범이었다. 태평양전쟁에서 이긴 뒤 도쿄에 진주한 미국의 맥아더 사령부는 이들 오너들의 기업 소유권을 빼앗아 버렸다. 지금으로 치면 재벌총수가 평민으로 강등된 것이다. 패전으로 껍데기만 남은, 오너도 없는 이들 대기업이 어떻게 해서 불과 반세기 만에 버젓이 세계 초일류기업의 자리에 복귀한 것일까?

이유는 간단했다. 오너는 사라졌지만 기업은 없어지지 않았다. 오너가 없는 자리에 옛날 같으면 장인(匠人), 지금 용어로 전문경영인이 대신 들어섰다. 그들은 22~3살에 공채시험을 치르고 입사해서 한 회사에서 최소 30년에서 40년 이상 내공을 쌓았다. 평사원 시절에는 아프리카의 오지, 중동의 사막을 누비는 세일즈맨이 되어 에스키모인들에게까지 냉장고와 선풍기를 판다는 일본만의 상술을 만들어냈다. 오죽했으면 미국 사람들이 이들에게 회사원이나 상사원 대신 필그림(Pilgrim 순례자)이란 별칭을 붙여주었을까?

필자가 인터뷰한 대기업 회장이 바로 그런 사람이었다. 그들의 머릿속에는 자기들이 순례(?)한 나라들의 경제사정과 시장동향이 컴퓨터처럼 저장되어 있었다. 한국에서도 한 차례 이상 근무해, 한국 사정도 꿰뚫고 있었다. 그들은 세계 경제의 전문가였고 박학다식한 지식인이었다. 60~70세에 조직의 정상인 회장 자리에 오르기까지, 젊어서는 장인(匠人)으로, 중년 이후에는 전문경영인으로 일했다. 회장이 되어서는 오너 같은 CEO였다. 얼핏 후덕해 보이는 얼굴엔 슬기를, 날카로운 형안(炯眼) 속에는 카리스마를 감춘 대표 일본인이었다. 이들은 미쓰이와 미쓰비시, 이토추와 스미토모의 회장이 아니라 '일본이 곧 기업'이고 '기업이 곧 일본'인 (주)일본의 CEO였다. 일본에서 왜 기업은 일류, 관료는 이류, 정치인은 삼류라고 회자되는지 그때 알았다.

## 최고의 전문경영인 박권상 사장

박권상 사장은 KBS에 와서 전문경영인의 길을 걸었다. 앞에 다소 장황하게 일본 대기업 회장 애기를 한 것은 박권상 사장이야말로 공영방송 KBS가 맞이했던 최고의 전문경영인이라는 생각 때문이다. 영광보다 고난이 많았던 저널리스트의 가시밭길을 곧은 신념으로 헤쳐 온 경륜이 박권상 사장에게 있었다. 박권상 사장은 과거의 KBS에 없던 신념과 철학으로 KBS를 이끌고 바꿔놓은 전문경영인이었다. KBS는 정부 수립 이후 줄곧 청와대가 오너였다. 앞서 지적했지만 청와대 권력, 여야 정치권 권력, 노동조합 권력까지, 높은 벽이 공영방송 KBS의 앞을 가로막고 있었다. 하지만 박권상 사장은 때로 결연하게, 때로 타협적으로, 때로 참고 기다리는 인내심을 발휘해 KBS의 면모를 일신해 갔다. 오너를 뛰어넘은 전문경영인이었다.

박권상 사장은 권력과 논쟁은 했지만 충돌하지 않았다. 국회에 가면 그가 평생 주창해 온 의회민주주의의 신봉자로서 여야 정치인에게 일관된 겸손함, 성실한 자세로 답변대에 섰다. 청와대 권력에 대해서는 당당하게 반박하고 주장을 꺾지 않았지만 노사회의에서 노동조합의 젊은 간부들이 때로 과격한 언사로 회사를 흔들어대도 얼굴 한번 붉히지 않고 끝까지 경청했다. 존중했지만 무조건 따라 하지 않았다. 전문경영인으로서 박권상 사장은 노동조합이 가장 싫어하는 구조조정과 임금 삭감 등 경영개혁에 박차를 가했다. 부임 초 7천 명이 넘는 인력, 장기근속 청소부와 운전기사, 연봉이 5천~8천만 원에 이르는 KBS의 방만한 경영을 1년 만에 바로 잡았다. 천5백 명 감축, 임금 동결 및 최대 25% 봉급 삭감 등 과감한 개혁을 실현했다.

컴퓨터 결재 시스템인 ERP가 도입되자 박권상 사장은 고령이어서 가장 늦게 익힐까 봐 걱정했지만 실제로는 맨 먼저 ERP시스템으로 결재한 선구자가 되었다. 방만함의 대명사였던 KBS 경영이 투명성의 대명사인 ERP 도입으로 크게 개선되었다. 다른 공기업과 대기업, 지방자치단체들까지 KBS를 벤치마킹하러 왔다.

박권상 사장은 외부로부터 끊임없이 지식을 수혈하고 변화를 받아들여 타성에 젖어 있는 KBS 사원들을 일깨웠다. 뉴미디어 본부를 설치해 위성방송과 디지털방송 등 첨단 방송 미디어를 KBS에 접목시키는 데 앞장섰다. 박권상 사장은 수시로 젊은 KBS인들과 만나 얘기하고 얘기를 들었다. 매주 토요일 오후면 소장 기자와 PD, 아나운서, 기술인, 행정 파트의 젊은 사원들이 사장실 옆 소회의실에 모였다. 박권상 사장이 굳이 밝히지는 않았지만 복심을 들여다보면 그건 KBS의 미래를 연구하고 기획하는 KBS의 작은 집현전이었다. 일요일에도 수시로 소집돼 도시락을 배달시켜 먹으면서 토론과 공부 모임을 이어갔다. 이 집현전 출신(?)의 엘리트들이 훗날 자연스럽게 KBS의 국장, 본부장, 사장 자리에 올랐다.

## 기회 있을 때마다 BBC 정신 강조

박권상 사장은 KBS인들을 상대로 재임 5년 동안 기회 있을 때마다 영국 BBC 같은 KBS가 되자고 역설했다. 언론인 박권상의 이상이자 목표였다. 박 권상 사장이 강조한 BBC의 핵심 키워드는 신사도, 젠틀맨십이다. 영국의 젠 틀맨십은 우리의 군자지도(君子之道), 선비 정신이다. 박권상 사장은 저널리 스트로서 일생 신사도와 선비 정신을 가슴에 품고 살았고 KBS의 아들딸뻘 인 후배들에게 물려주려고 했다. 박권상 사장은 기자들에게 평소 "기자는 신 사가 아닐지 몰라도 기사에는 신사도가 있어야 한다"는 반어적 경구를 인용 해 '신사가 되라'고 역설했다(2001, 3, 예비사원 특강에서).

첫째 자기절제-self control, 둘째 성실과 정직-integrity, 셋째 공정-fair play 다. 저널리스트가 되기 위해, 혹은 저널리즘의 세계에 몸담고 있으려면 반드시 갖 춰야 할 덕목이자 가치관이다. 첫째 self control이 있는 사회와 없는 사회, self control이 있는 지도자와 없는 지도자의 차이는 만인의 만인에 대한 투쟁이나 정 글의 법칙이 지배하게 되는, 요즈음으로 치면 all or nothing 즉, 너 죽고 나 살자 는 막가파 사회냐 상식과 합리가 통하는 사회냐를 구분 짓는다. 둘째 Integrity는 진실-truth의 문제다. 개항을 목전에 둔 영종도 신공항에 대해 다른 언론들이 부실공사를 이유로 개항을 연기하라고 법석을 떨었지만 KBS는 사전 정 밀 취재를 통해 아무런 문제가 없다고 판단, 부화뇌동하거나 편승하지 않았다. 나중에 드러난 진실은 일부 언론들이 부실공사 아닌 부실취재, 편파취재를 한 것이었다. 뉴스에서 진실을 가리는 의도적 거짓말은 종종 무서운 결과를 초래할 수 있다. 셋째 Fair play다. 말 그대로 공정, 균형 감각이다. 넷째 Tolerance, 관용이다. 상대를 인정해야 하고 적이지만 다른 한쪽으로 포용할 줄 알아야 한다. 북한에 대해 우리는 Tolerance를 가지고 있는가? 상대방이 없는데 우리만 있으면 뭐 하나의 문제가 아니라 우리라도 가지고 있어야 하는 것이 Tolerance의 정신이다.

마지막으로 도덕적 용기가 중요하다. 스스로 해서는 안 될 일을 하지 않는 것이야말로 진정한 용기이다. 비구니가 사는 절을 기웃거리지 않는 신사, 군자(君子)가 주인일 때 그 사회는 안정되고 능력을 발휘할 수 있다. 군자는 화이부동(和而不同) 즉 같지 않아도 화(和-調和)할 수 있어야 한다. 바꿔 말하면 화(和)하고 있더라도 같지 않을 수 있어야 한다. 반대로 소인은 쉽게 부화뇌동(附和雷同)하면서 정작 화(和)하려 들지 않는다. 조화하려고 하지 않는다. 소인(小人)은 동이불화(同而不和)한다.

박권상 사장은 그의 영국정신 때문에 종종 영국 신사로 불리기도 했지만 정작 박권상 저널리즘의 밑바탕은 『논어』의 '군자 화이부동·소인 동이불화'의 가르침이었다. '군자는 친하기는 쉬워도 쉽게 같아지지 않는다.' 이는 언론인 박권상을 일관해서 지켜준 좌우명이었다.

박권상 사장은 재임 시 스스로 '화이부동'의 신사도와 군자지도를 엄격히 지키려 했다. 좀 오래된 얘기지만 1966년 이른바 사카린 밀수 사건이 터졌을 때 박권상 동아일보 논설위원은 19번의 사설을 썼다. 삼성이라는, 당시에도 한국 넘버원의 대기업이 밀수를 했다는 사실을 통박하고, 최고 책임자의 엄벌을 촉구했다. 삼성의 오너인 이병철 회장은 구속되어 옥고를 치렀다. 세월이 한참 흘러 삼성은 세계 굴지의 대기업으로 성장했고 언론인 박권상은 여전히 언론인이었다. 어느 해인가, 삼성 이병철 회장의 아호를 따 만든 호암재단에서 그 해의 언론인으로 박권상을 지명, 상을 주려 했다. 호암상은 각계각층의 업적을 쌓은 한국인에게 주는 최고의 상이었다. 상금도 많았다. 박권상 사장은 수상 제의를 정중하게 사양했다.

시간이 흘러 KBS와 삼성이 공동주관하는 119구조대 시상식에서 박권상 사장은 당시 삼성생명의 이수빈 사장과 나란히 앉게 되었다. 공교롭게 9시 뉴스에서 삼성을 호되게 비판한 KBS 단독리포트가 나간 바로 다음 날이었다. 박권상 사장은 이수빈 사장에게 조금 미안하다는 뜻으로 위로의 말을 건넸다. 이수빈 사장은 "오늘 시상과 어제 뉴스는 별개의 문제 아니겠습니까?" 라고 응대했다. 며칠 후 삼성그룹은 마침 KBS가 벌이고 있던 가뭄 극복 캠페인에 거액의 성금을 기탁해 왔다. 서로 '화이부동'을 보여 준 사례다.

## 최초, 천여 사원 배웅받으며 퇴임

박권상 사장의 '화이부동'은 돈과 관련된 문제일 때 두드러지게 나타났다. 결벽에 가까우리만큼 깐깐했다. 공인으로서뿐만 아니라 개인으로도 금전문제에는 대단히 엄격했다. 그런데 필자는 얼마 전 사모님을 뵌 자리에서 박권상 사장의 돈 문제와 관련한 뜻밖의 얘기를 들었다. 박권상 사장은 부임 전 자신의 개인통장에 1억 원이 조금 넘는 예금을 가지고 있었다. 프리랜서 칼럼니스트로 십수 년 간 받은 원고료를 아껴서 모아 놓은 돈이었다. 박권상 사장이 KBS에서 퇴임했을 때 통장엔 잔고가 없었다. 봉급도 거의 도로 가져갔다. 아니 그 돈을 대체 어디다 쓰길래? 얼핏 이해가 안 되는 일이었다. 박권상 사장은 재임 5년 동안 사원들에게 꼭 주지 않으면 안 될 격려금, 예를 들면 북한에 가서 고생하고 돌아온 특별취재팀에게 주는 회식비와 격려금을 사

재로 충당했다. 사모님에게 한마디 묻지 않을 수 없었다. '그래도 되는 거냐'
고. 사모님의 답은 간단했다. "당신이 번 돈 당신이 쓸 곳에 쓴다는 데 못 하
게 할 이유가 없다." 그 지아비에 그 지어미였다.

　어떤 사람은 박권상 사장의 KBS 5년을 이렇게 얘기한다. '대과 없이 업적
도 남겼으니 그만하면 즐긴 것 아니냐'고. 필자는 크게 이의를 달 생각은 없
지만 분명히 말하고 싶은 게 있다. 그건 즐긴 것이 아니라 기쁘게 걸어간 것
이라고. 박권상 사장이 기쁘게 걸어간 길, 그건 바로 『논어』 '학이' 편의 첫
구절, '학이시습지(學而時習之)면 불역열호(不亦悅乎)야'의 길이다. 공자가
우리 삶에 제시한 기본 철학—배움으로 삶을 시작해서 평생 부단히 익혀 쓴다
면 이 어찌 기쁘지 않겠는가? 그 길이다. 학문을 배운 것으로 그치지 않고 이
를 익혀 쓰면 기쁨을 얻을 수 있다는 뜻이다. 선인들의 학(學), 습(習), 열(悅)
의 삶의 철학 3요소, 키워드를 박권상 사장은 언론인으로서, KBS 사장으로
서, 궁극적으로 이 시대를 사는 지식인으로서 구현하려 했다. 때론 고난의 길
이었고 때론 불편하고 손해 보는 길이었지만 박권상 사장은 그 길을 기쁘게
걸었다.

　박권상 사장은 2003년 3월 10일 퇴임했다. 노무현 정부가 출범한 지 보름
만이었다. 김대중 정부를 계승한다는 노무현 정부였지만 '온고지신(溫故知
新)'은 어디에도 보이지 않았다. 한국 정치사의 비극인가. 현대 한국 정치의
병폐인가. 새 정부의 핵심 그룹은 KBS와 박권상 사장을 마치 개혁대상인 양
치부했다. 그 증거로 임기만료가 70여 일밖에 남지 않은 박권상 사장의 조기
퇴진을 내외에 흘리고 있었다. 박권상 사장은 새 정부의 그런 낌새를 알아차
린 즉시 퇴임을 결정했다. 5년 전 모든 KBS인들의 환영을 받으며 취임했던
박권상 사장은 그때보다 훨씬 더 큰 박수 속에서, 모든 KBS인들이 아쉬워하
는 가운데 퇴임했다. 퇴임하는 날, KBS 정문 현관 계단에는 천여 명의 사원

들이 박권상 사장을 배웅하기 위해 모였다. KBS가 생긴 이래 처음 있는 일이었다. 정권이 바뀐 지 불과 보름밖에 되지 않은 시점이어서 그랬는지 박권상 사장은 틈틈이 정치 현안에 대해 언급했다.

## 다시, 저널리스트의 길로

가장 심혈을 기울인 것은 KBS의 독립성입니다. 독립된 입장에서 뉴스와 프로그램을 제작하면서 진실성, 공정성, 객관성을 확보하는 것이며 그렇게 함으로써 국민의 신뢰를 얻어내는 것이었습니다. (중략)

지난 대선은 KBS가 정치적 독립성과 편성의 자율성을 이룩한 역사적 이정표였다고 말하고 싶습니다. 2.3% 득표 차를 예측, 적중한 것을 결코 우연한 것이라고 평가절하할 수 없습니다. 누가 무어라 해도 KBS는 이제 국민이 신뢰하는, 그래서 가장 영향력 있는 매체가 된 것입니다. (중략)

한 가지 일화를 말씀드리죠. 지난해 10월 24일 KBS국악관현악단이 UN총회장에서 감동의 국악 선풍, 아니 코리아 선풍을 일으켰던 것, 여러분들 익히 알고 계십니다. 다음 날, 1975년 동아 사태 때 쫓겨난 옛 후배 한 사람이 넥타이 세 개를 들고 왔습니다. 와서 대뜸 "저는 어젯밤 울었습니다."라고 했습니다. "울기는 왜 울어. 우리 다 같이 코피 아난 총장까지 어울려 신 나게 북치고 춤추었잖아."라고 반문했습니다. 그는 말했습니다. "아닙니다. 이민 25년에 온갖 고생 다 하고 열등의식 속에 몸 낮추며 살았는데, 어젯밤 KBS가 우리들에게 움츠렸던 자존심을 살려주고 어깨를 활짝 펴게 해주었습니다."

그 순간 눈물이 핑 돌더군요. 그는 말을 이었습니다. "유신 시대, 5공 시대 우리가 KBS를 얼마나 미워했습니까. 군사독재의 앞잡이 아니었어요! 그래서 국장님(동아일보 편집국장이라는 뜻)이 KBS 간다고 신문 났을 때 두 번 세 번 장거리 전화해서 왜 그런데 가느냐고 말리지 않았어요? 어젯밤 KBS가 옛날 KBS가 아니라는 것을 똑똑히 보았어요. KBS로 가시기 잘했어요."

박권상 사장은 퇴임 후, 그가 평생 걸었던 길, 저널리스트로 다시 돌아왔다. 자유기고가의 신분으로 지방신문에 몇 차례 칼럼을 썼다. 무언가 준비하고 있는 것 같아 회고록이라도 쓰시는가 하고 물어보았더니 "기자가 무슨 회고록? 사람들이 모두 시퍼렇게 눈 뜨고 살아있는데, 거짓말 쓸 수는 없지……."라고 했다. 박권상 사장은 대신 세계의 석학, 대정치가 등을 인터뷰하거나, 혹은 자신이 그들과 함께 대화를 나눈 대화록을 책으로 펴낼 계획을 추진했다. 70이 훨씬 넘은 나이에 일본에 건너가 지방의 조그만 대학, 그야말로 손바닥만 한 료(寮-기숙사)에서 머물면서 사람들을 만나고 공부를 다시 시작했다. 놀라운 정력이었다. 너무 몸을 돌보지 않았던 탓일까? 일본에서 귀국하고 얼마 안 돼 중풍으로 쓰러졌다. 다행히 지팡이에 의존해 거동은 할 수 있었다. 지팡이에 의존한 채 박권상 사장은 여전히 사람을 만나 얘기를 듣고 취재를 했다. 두 번째 쓰러져서 의식을 잃을 때까지 그는 그렇게 기자의 길, 저널리스트의 길을 쉼 없이 걸어갔다.

이제야 알 것 같다. 저널리스트 박권상이 왜 숱한 감투의 권유를 마다하고 끝내 벼슬의 길로 가지 않았는지, 왜 그렇게 당당하게 권력과 맞설 수 있었고 금력 앞에서 초연했는지 이유를 알 것 같다. 감투가 필요 없는 언론인, 그가 바로 '무관의 제왕'이었다. 언론인 박권상이 왜 51년 동안 저널리스트의 한 길만을 걸었는지, 그 길에서 무엇을 찾으려 했는지도 알 것 같다. 우리 모두 어렸을 적 책에서 보았고, 찾았고 그리고 닮으려 했던 '큰 바위 얼굴', 바로 박권상 그 자신이었다.

제 2 부

# 박권상을 말한다

**신문**
167

"골프 치는 기자는 부패 기자" – 김대곤
자유주의 언론의 선도자 – 김영희
하늘이 낸 기자 – 김종심
이상주의자, 현실주의자, 지성적 언론인 – 김진현
생애 최고의 동아일보 시절 – 남시욱
우리 시대를 대표하는 지성인 – 심상기
한국 언론의 영원히 빛나는 별 – 이대훈
통일을 내다본 혜안 – 이석렬
신념 투철했던 직업언론인 – 이종석
박 씨 형제의 남다른 은혜 – 이치백
큰형님 같던 언론계 거목 – 임홍빈
89동우회 – 전만길
정언(正言)의 죽비 소리 – 전진우
칼 같은 공과 사 그리고 돈 – 조천용
지금 여기 박권상이 있었다면 – 진철수
자유인 문화인 평화인 – 천승준

**방송**
260

무지와 싸우는 것이 가장 힘들었다 – 강대영
뉴미디어 방송에 앞장서다 – 김인규
진실과 참된 용기의 승리 – 박인택
지금도 KBS 마이크 앞에 – 이금희
공영방송의 프로그램 개혁 – 이원군
공영방송 독립성을 지켜낸 거목 – 진홍순
남북 방송교류, 화해와 협력의 시대 – KBS 남북교류협력단

**학계**
308

박권상 형과의 즐거운 대화 – 김용운
사실과 진실, 자유와 책임 – 김정기
"외유에 만감이 교차"하던 박 주간 – 김형국
학처럼 매화처럼 – 박종렬
런던, 서울, 그리고 최병우 전기의 인연 – 정진석
사실은 신성하고 의견은 자유롭다 – 조용철
정치 저널리즘을 천직으로 살다 – 최정호

**정치 사회**
361

타고난 천품과 재골(才骨) – 김선홍
사람을 그렇게 좋아하셨던 분 – 김원기
겹겹이 쌓인 소중한 인연 – 박 실
DJ 재임 중 직언만 하신 박권상 선생 – 박지원
청아한 대 바람 소리 – 신 건
내가 본 박권상 선생과 DJ 선생 – 이강래
박권상이 본 블렌하임 성 – 이연택
박권상 선배를 그리워하며 – 이종찬
한눈팔지 않은 '권생이' 동생 – 이철승
3선 개헌 반대 사설을 쓴 용기 – 이희호
'사실과 진실'의 구도자 – 장성원
자랑스러운 글로벌 언론인의 귀감 – 한승헌

# "골프 치는 기자는 부패 기자"

김대곤 (동학농민혁명기념재단 이사장)

1977년 초여름으로 기억된다. 4년여의 「동아일보」 영국 특파원을 마치신 '박권상 주간(KBS 사장으로 가시기 전까지 「동아일보」 후배들에게 그분의 호칭은 '박 주간'이었다)'이 귀국하셨다. '박 주간'의 사무실이 「동아일보」 여의도 사옥에 마련됐다. 여의도 사옥에 위치한 월간 「신동아」 기자였던 내게 그 유명하신 박 주간을 지근거리에서 뵈올 수 있는 기회가 온 것이다.

어느 날 여의도에서 광화문 사옥까지 가시는 길에 편승할 기회가 있었다. 앞자리에 타고 가는데, 뒷자리의 어느 분이 박 주간에게 나를 '고등학교 후배'라고 다시 소개했다. 몇 회냐고 물으셨다.

"20년 후배입니다."

"그래? 흠, 20년이라……."

'20년'이란 단어에 꽤 신경 쓰시는 모습이었다. 당시 나는 입사 1년이 안 된 수습기자, 나이 서른이 채 안 된 내게 20년이란 상상해본 적도 없는 단어. '저분이 왜 20년이란 단어에 저런 반응을 보이실까' 이상하게 느껴질 뿐이었다. 내게 20년이란 단어가 피부에 와 닿은 것은 한참 뒤에 20년 후배를 만나고서였다. 청와대에 근무할 때인 1999년, 20년 후배를 만났다. 나도 순간 '20년?' 하고 놀랐다. 언제나 청년인 줄 알던 내가 20년 후배와 같이 논다는 사실을 확인했기 때문이다. 그때야 20여 년 전에 박 주간께서 그런 반응을 보이신 게 이해가 됐다. 만각이었다.

많은 사람들이 아는 것처럼, 그분은 사람들을 살갑게 대하거나, 곰살궂게 후배를 챙기시는 분이 아니다. 그 후에도 몇 번 뵈올 기회가 있었지만, 내가 느끼기엔 거의 공식적인 대면이었다. 자신을 존경하는 고등학교 후배에게 선배가 취해야 할 태도는 아니라고 투덜거렸다. 선배들은 그분은 그런 관계에 신경 쓰시는 분이 아니라고 웃으며 얘기해줬다. 한 가지 분명한 것은 나를 바라보시는 눈빛이 차게 느껴지지는 않았다는 점.

그 후 그분도 바쁘시고, 술을 즐기시지도 않아 그러저러한 술좌석에서 만나뵐 일도 없었다. 몇 차례 동문 모임도 있었지만, 그분은 그런 모임에 잘 나오시는 분이 아니었다. 부드러운 분위기에서 만나거나 개인적으로 접촉할 시간은 없었다. 그렇게 시간은 흘러갔다.

1980년, 박 주간은 전두환 정권에 의해 강제로 퇴사당하셨다. 한참 뒤 박 주간의 글을 「신동아」에 연재하게 됐다. 담당 기자가 나였다. 매달 마감 때가 되면 그분이 사시는 서초동 진흥아파트에 가서 원고를 받아왔다. 개인 사무실을 운영하지 않으시는 분이라, 댁이 거주지 겸 집필실 겸 사무실이었다. 후배들에게는 존경의 한 원인이었지만, 그런 점에서는 참 무능력하셨다. 사람을 만나실 땐 시내로 나가시거나, 집으로 손님을 부르셨다. 사모님이 고생하셨다.

첫 연재물 제목이 '영국을 생각한다' 였다. 영국의 정치와 사회가 어떤 식으로 운영되고 있는가가 주 내용이었다. 어려운 말도 없었고, 교훈은 이런 것이라는 식의 가르침도 없는 글이었다. 대부분의 내용이 내가 학창 시절에 배운 영국 민주주의에 대한 설명이었다. 교과서와 다른 점은 최근의 정치상황이 예로 설명된다는 정도. 그것도 신문을 꼼꼼히 읽는 내게는 새로운 얘기도 아니었다. 젊은 내가 보기에 힘이 있거나 교훈이 될만한 글이 아니었다. 이분이 왜 대기자, 명칼럼니스트로 평가되는지 쉽게 이해되지 않았다.

## 첫 연재물 '영국을 생각한다'

당시 몇몇 선배들은 박 주간의 글을 굉장히 칭찬했다. 민주주의에 대한 깊은 이해와 성찰, 그리고 신념이 돋보이는 '대가'의 글이라며 칭송했다. 나는 잘 이해가 안 됐다. 그런 정도의 글은 나도 쓸 수 있는, 그것도 어렵지 않게 쓸 수 있는 글이었다.

어느 날, 정확한 기억은 없지만, 우리 정계에서 벌어지는 지극히 후진적인 모습을 보았을 때 순간적으로 박 주간의 글이 생각났다. 민주주의는 이론이 아니라 실천의 문제이고, 오랜 시행착오 끝의 합리적 결론이란 내용이었다. 물론 박 주간이 명쾌하게 그렇게 쓰신 것도 아니었다. 글을 읽다 보면 자연스럽게 내려지는 독자의 결론이었다.

그때야 '아! 대가의 글이란 이런 것이구나' 라는 생각이 들었다. 박 주간의 글은 한마디로 지식과 경험과 그의 겸손한 자세가 어우러진 곰삭은 글이었다. 치기가 만개한, 무식해서 용감한 글을 힘 있는 글로 오해하고 있었던 스스로를 반성했다. 또 한 번의 만각이었다.

박 주간 글의 특징은 술술 읽힌다는 점이다. 박 주간에겐 현학 취미가 없다. 어려운 단어도 없고, 근사한 결론을 전세한 무리한 연결도 없다. 아주 쉽게 자신의 뜻을 전달한다. 무식을 면한 사람이면 누구나 해독할 수 있다. 문자 그대로 물 흐르듯이 써진 글이다. 우리끼리 하는 말로 어깨에 힘이 들어 있지 않다. 그런 글이 진짜로 힘 있는 글이라는 걸 그때야 알게 됐다.

원고와 관련되어 빠뜨릴 수 없는 에피소드가 '암호해독'이다. '암호해독'이란 박 주간의 원고를 정리할 때 하는 필수작업이다. 박 주간의 글씨는 달필이지만, 한 글자 한 글자가 읽기 쉽게 쓰인 글씨는 아니다. 읽기 어려운 글자가 나타나는 것은 당연한 일. 대부분은 앞뒤 문맥으로 해석이 가능하지만, 해독이 안 되는 글자도 나온다. 그럴 때면 동료들과 회의(?) 끝에 해독을 한다. 우리는 그것을 '암호해독'이라 불렀다.

박 주간 댁에 다니면서 비로소 박 주간과 개인적인 대화를 나눌 수 있었다. 처음 느낀 대로 그분은 살갑게 대하는 분은 아니었지만, 결코 차가운 분이 아니었다. 얘기를 하다 보면, 참 따뜻한 분이라는 걸 느낄 수 있었다. 그분은 사람과 세상을 따뜻한 눈으로 바라보셨다. 예리한 비판을 하시지만, 바탕은 사랑이었다. 그의 비판은 제대로 된 사람과 바로 서는 세상을 위한 고언이었다.

여러 얘기를 들었다. 자신의 과거 얘기도 많았는데, 후배에게는 재미있으면서도 귀감이 되는 내용들이었다. 특히 거물 정치인들에 대한 얘기에 귀가 쏠렸다. 현실문제도 대화의 주 내용이었다. 쉽지만 정곡을 찌르는 논평이었다. 당시 여러 움직임을 파악하는 데 큰 도움이 되었다.

언젠가 미국에 다녀오셨는데, 체류기간이 예정보다 길었다. 왜 오래 계셨느냐고 여쭤봤다. 골프장에서 운전 중 사고를 내서 치료 때문에 길어졌다는 대답이셨다. 다 아는 얘기지만, 박 주간은 골프는 안 쳐도 운전은 할 줄 아는데 아마 카트 운전은 처음이었던 모양이다. 그런데 운전 중에 교통사고? 그것도 골프장에서? 내가 놀란 눈으로 쳐다보자, 박 주간은 씩 웃으셨다. 골프장에 따라갔다가 카트를 운전해봤는데, 운전미숙으로 길옆으로 구르셨다는 것. 웃으면서 말씀하셨지만, 갈비뼈가 부러지는 큰 사고였다.

그분은 골프를 안 하셨다. 내가 골프를 안(못) 치는 데에는 박 주간의 '교양' 탓도 크다. 그분이 내게 골프를 치느냐고 물으셨는데, 안 친다고 대답하니 한마디 하셨다.

## 선배에게 잘못 배운 탓!

"골프 치는 기자는 부패기자다."

취재비가 아예 없거나 쥐꼬리만 한 우리 현실에서, 취재원과의 원활한 대화를 위해 그런 골프를 칠 수도 있지 않을까 하고 말씀드렸더니, "취재를 위해서라면 상대방을 초청해야지. 초청을 받았어도 자기 경비는 자기가 내는 게 기자의 제대로 된 모습"이라고 하셨다.

외국의 경우 기자들은 취재원에게 제공하는 커피 한 잔도 자기 돈으로 계산한다면서, 몇 언론사의 사례를 드셨다. 그런 곳은 기자에게 취재비를 실비로 지원해주지 않는가 하고 반론했더니, "남의 돈으로 골프를 치는 게 타당할 수는 없다."고 단호하게 말씀하셨다.

박 주간 외에도 좋아하고 존경하는 선배 중에 골프를 모르시는 분이 많았다. 김중배 선배가 그랬고, 김종심 선배가 그랬다. 이런 선배들 밑에서 자연스럽게 골프는 남이 됐다. 이후 나는 왜 골프를 치지 않느냐는 질문을 받을 때마다 "선배에게 잘못 배워 그렇게 됐다"고 웃으며 대답했다. '골프 치는 기자는 부패기자' 라는 박 주간의 말씀도 덧붙여서.

지금도 이해 못 하는 게 그분의 고스톱 사랑이다. 즐기시는 거야 문제가 없다. 다만 판돈의 액수가 내 기준으로 적지 않다는 데 있다. 내 생각이지만, '백수' 의 판돈치고는 만만치 않았다. 하기야 나는 지금도 백 원짜리는 즐겁게 끼지만, 5백 원만 넘어가도 못 끼는 좀생이다. 실력도 없는 '동네밥' 이기도 하다.

한번은 대모산 둘레길 '산책(등산이라고 표현하지 않는 건, 복장은 에베레스트 등반하시는 폼이었지만, 적당히 걷다 내려왔기 때문이다)'을 마치고 일원동 기자아파트 우리 집에서 박 주간을 비롯한 '선수'들이 판을 벌였다. 나는 끼고 싶지 않았지만, 내가 끼어야 4명이 됐으므로 '눈물을 머금고' 집주인의 도리를 다했다. 결과는 뻔했다. 내 기준으로 어마어마한 거금을 잃었다. '밥'이 한사람 끼었으니 판은 화기애애했지만, 집주인의 쓰린 속은 아무도 아는 척 안 했다.

1998년 김대중 후보가 대통령에 당선되자, 박권상 전언회 회장은 "모든 전언회 활동을 중지하라"고 말씀하셨다. 당시 동문회 성격의 전언회는 차별받는 호남, 특히 전북과 전북인을 위한 전위였다. 매월 명사 초청 특강 형식으로 열리는 모임과 야유회, 송년회가 친목단체 전언회의 주요 행사였다.

그런 행사를 중단하라는 지시. 회원들은 박 회장 말씀에 불만이 없지 않았지만, 수용했다. 당시 박 회장과 전언회의 위상으로 보아 정치적 영향력 행사의 오해가 있을 가능성도 있었지만, 무엇보다도 정치적 중립을 지키라는 언론과 언론인을 위한 지시였기 때문이다. 박 회장의 지시에 따라 전언회는 모든 행사를 접었다. 1년 내내 아무 행사도 없이 지냈다.

연말이 되자 송년회도 하지 말라는 말씀을 다시 하셨다. 그때 딱 한 번 박 회장에게 항의했다. 아무 모임도 하지 않고 1년을 지냈는데, 송년회도 열지 않는 것은 너무하다고 말씀드렸다. 박 회장이 허락하셔서 그 해 송년회는 열렸다. 회원들과 재경 전북인들의 교류의 장이었던 과거의 송년회는 아니고, 외부인사 초청 없는 회원들만의 행사였다.

박 주간은 부임 이전에도 KBS는 영국의 BBC와 같은 자세와 위상을 가져야 한다고 여러 번 말씀하셨다. 사장에 취임하실 때 KBS를 BBC 정도의 위상을 갖는 방송으로 세우겠다는 약속을 김대중 대통령과 했다고 말씀하셨다. 김 대통령도 흔쾌하게 동의했다고 한다.

## 전언회 활동 중지하라고

언론의 정치적 중립을 지키기 위해서는 우선 정권의 눈치를 보지 않는 태도가 필요하다. 박 사장은 항상 그 점을 강조하셨고, 직원들에게도 그런 자세를 가지도록 요구했다고 한다. 박 사장은 나라와 민족에 대한 김 대통령의 사랑과 비전에는 동의했지만, 대통령의 정책과 행태는 비판받아야 한다고 항상 말씀하셨다. 박 사장은 임기 내내 그 원칙을 지키려 했다.

문제는 정권에 대한 비판이 특히 '같은 편'이라고 여기는 사람들을 당혹하게 만들었다는 점이다. 대통령의 일부 측근들은 박 사장을 KBS 사장에 임명해주었다는, 시혜를 베풀었다는 생각도 가지고 있었다. 김 대통령과는 '올곧은 언론'에 대해 합의했다고 하지만, 일부 측근들의 생각은 달랐다.

그들에겐 박 사장 같은 언론의 본령에 대한 생각이 적었다. 정권의 성공을 최우선 목표로 생각하는 청와대 참모들의 경우 '믿고 있는' KBS의 비판은 더 아플 수밖에 없었다. 대체로 정권에 우호적이지 않던 언론상황도 참모들의 피해의식을 높여줬다. 내부의 충성경쟁도 없었다고 말하기 어렵다.

'박 사장의 KBS'가 이럴 수 있느냐는 소리가 나왔다. 대통령의 진심과 비전을 신봉하는 청와대 식구들로서는 대통령의 원활한 국정운영을 위해 작은 비판에도 신경이 곤두설 수밖에 없었다. 그런 사안이 생기면 나는 언론의 기본임무인 권력 비판은 용인돼야 하며, 방송이 '땡전뉴스'가 되면 신뢰도가 떨어져, 진짜 도움이 필요한 경우에 활용하지 못할 수 있다는 반론을 폈지만, 잘 안 먹혔다. 일부에서는 불충으로 보는 듯도 했다.

정권에 대한 비판은 수용돼야 한다는 내 자세에 문제가 있었다고는 지금도 생각하지 않는다. KBS가 정권의 나팔수에서 BBC 정도의 위상을 가진 제대로 된 언론으로 거듭나기 위해서는 꼭 필요한 과정이라 생각했다. 내 생각이 틀리지 않았다는 건 KBS에 대한 국민의 인식이 그 어느 때보다 좋아졌다는 당시의 여론이 증명해준다.

나는 박권상 사장을 '거목'이라 생각한다. 개인적인 얘기지만, 나는 지금까지 살아오면서 거목을 두 사람 만났다. 김대중 대통령과 박권상 사장이다. 다만 내가 그분들을 거목으로 인식하게 된 시기가 하필이면 그분들이 돌아가시고 난 뒤의 상청이라는 점에서, 스스로의 우둔함과 한계를 느낀다.

'인간 박권상'의 인생은, 누구나 동의하듯 '언론인' 그 자체다. 박권상 사장에 대한 총평 중 「전북일보」에 나온 부음 기사가 마음에 든다. 그 글을 인용하는 것으로 '거목' 박 사장에 대한 단상을 마친다.

"언론인은 고도의 책임감과 봉사감, 평화를 추구하는 경건한 태도가 바탕에 깔린 고결한 삶의 길이어야 한다는 게 언론인 박권상의 언론관이었으며, 그 스스로 이를 실천한 참 언론인으로 후배들은 기억한다."

# 자유주의 언론의 선도자

김영희 (중앙일보 대기자)

내가 닮고 싶은 언론계 선배는 최병우, 송건호, 박권상 3인이다. 그중 최병우 기자는 1958년 11월 내가 「한국일보」에 입사하기 3개월 전에 금문도 취재 중 소형 상륙정 전복으로 순직하여 직접 만날 기회는 없었다. 내가 입사했을 때 「한국일보」는 온통 초상집이었다. 김종규 부장(그때)이 10월 9일 대만에서 최병우 기자의 유품들인 손때묻은 영문 타자기와 여행용 가방 2개를 챙겨와 11일 경기고등학교 교정에서 위령제를 지낸 직후였기 때문이다.

그때 나는 「한국일보」 도서실 최병우 코너에서 그가 읽은 책들을 훑어보고 충격을 받았다. 중학생 때 읽은 책들 중에는 괴테의 『파우스트』와 호머의 『일리아드』와 『오디세이』를 비롯한 서양 고전들이 망라되어 있었다. 페이지마다 군데군데 밑줄이 그어진 걸로 보아 정독을 한 책들이었다. 서가에는 한국 근·현대사 서적들도 많았다.

그러나 더 큰 충격은 그로부터 한 달 정도 지났을 무렵 외신부 송건호 차장이 보여준 최병우 기자의 기사였다. 송건호 차장이 서랍에서 꺼내 읽어보라고 건넨 기사 스크랩에 1953년 7월 29일 자 「조선일보」에 실린 판문점 휴정 협정 조인식 현장 르포가 있었다. 기사의 첫 패러그래프는 지금도 잘 쓴 기사 의 모범으로 통한다.

백일몽과 같은 11분간의 휴전협정 조인식은 모든 것이 상징적이었다. 너무나 우리 에게는 비극적이며 상징적이었다. 학교 강당보다도 넓은 조인식장에 할당된 한국인 기자석은 둘 뿐이었다. 유엔 측 기자단만도 약 100명이 되고 참전하지 않은 일본인 기자석도 10명이 넘는데 휴전회담을 한국을 공적으로 대표하는 사람은 한 사람도 볼 수 없었다. 이리하여 한국의 운명은 또 한 번 한국인의 참여 없이 결정되었다.

여섯 패러그래프 길이의 기사 첫머리에 스물아홉 살의 젊은 한국 기자의 뛰어난 역사관, 휴전협정 조인식장에서 느낀 약소국가 국민의 고뇌와 비애가 고스란히 드러나는 기사였다. 20대 젊은 기자의 글로서는 그저 놀랍기만 했 다. 나는 그 기사를 읽고 '기자, 저렇게 하는 거구나' 하는 생각을 어렴풋이 했다.

송건호 차장도 치열하게 '공부하는 언론인'이었다. 그는 최병우 이야기를 입에 달고 살면서 기회 있을 때마다 내게 "기자 잘하려면 공부해야 되여"를 반복했다. 그는 틈만 나면 광화문 범문서적으로 가서 일어와 영어 원서들을 사다 읽었다. 신문에 칼럼을 쓸 때는 갓 들어온 수습기자들에게 원고를 읽히 고 평을 들었다. 그러다 그는 몇 달 뒤 「자유신문」으로 옮겨갔다. 그러나 그 의 "공부해야 되여"는 그 뒤 항상 내 뇌리를 떠나지 않았다.

닮고 싶은 3인의 선배 중 박권상 사장은 관훈클럽을 무대로 처음 만났다. 아마도 한국의 언론인 전체를 통틀어서 박권상 사장만큼 산학(産學)을 넓게 깊게 섭렵한 경우는 드물 것이다. KBS 사장 취임 전 그는 두 개의 통신사,

두 개의 신문사, 하나의 잡지사를 거쳤고, 대학 졸업 후 다닌 외국의 학교와 장기 연수는 노스웨스턴대학, 하버드의 니먼펠로우, 베를린 신문연구소, 노스웨스턴대학 석사과정 등 참으로 다양하다.

이것은 무엇을 의미하는가. 기자 박권상의 그런 화려무쌍한 경력과 학력은 그에게 통찰력 넘치는 기사를 생산하는 비옥한 풍토가 되어 주는 것이었다. 그래서 짧은 논설이든 긴 논문이든 그의 글들은 스타일상으로는 막힘이 없이 유려하고 내용상으로는 시대정신을 유감없이 표상하고 한국과 한국 언론이 나아갈 길을 제시하는 것일 수가 있었다. 권력과 타협하지 않은 그는 군사독재하에서 상상할 수 있는 모진 박해를 받았지만 결과적으로 그런 고난도 그의 언론활동의 좋은 밑거름이 되었다고 생각한다.

## 최병우기념회 주도

최병우를 좌장으로 하여 관훈클럽 창설에 앞장선 박권상 사장은 그 자신 최병우 팬이었다. 그가 관훈클럽 최병우기념사업회 이사장직을 맡은 것도 우연이 아니다. 최병우기념사업회 자체가 박권상 사장의 발의로 출범한 것이다. 1998년 9월 최병우 순직 40주년을 맞은 해에 내가 관훈클럽 신영기금 이사장이었던 것은 내게는 큰 축복이었다. 그때 나는 고학용 관훈클럽 총무, 김영성 사무국장과 함께 박권상 이사장을 모시고 금문도를 방문했다. 최병우 기자의 미망인 김남희 여사도 미국에서 와서 합류했다. 대만 정부가 금문도에 세운 8·23 박물관에서 박권상 사장은 최병우의 영정에 화환을 바치고 묵념을 하고도 한참을 꼼짝하지 않고 서서 최병우를 올려다봤다. 8·23은 1958년 9월 최병우 기자가 탄 상륙정이 전복된 날이다.

우리는 박물관을 나와서 금문도 모래사장을 걸었다. 박 사장은 자신이 최병우에게서 배우고 확인한 것은 기자는 역사적인 맥락에서 기사와 논설을 써야 한다는 것이라고 말했다. 바로 그가 전 기자생활을 통해서 실천한 역사의식이다. 그도 최병우라는 걸출한 선배한테서 감화를 받아 걸출한 기자가 되었다는 말로 들렸다. 그날 저녁 타이베이에서 그는 일행들에게 만찬을 베풀었다. 만찬 자리에서도 많은 이야기가 오고 갔다. 주로 박 사장이 한국 언론의 현상을 진단하고 나아갈 길을 처방하는 내용이었다. 그때 그가 나를 상대로 그런 말을 한 것은 그와 내가 관훈클럽 신영기금이 주도해서 만든 '한국언론 2000년위원회' 멤버였기 때문이기도 하다.

위원회는 한국 언론 이대로는 안된다는 반성으로 출발했다. 조·중·동 사주 CEO를 포함한 많은 관계인사들의 증언을 듣고 토론을 했다. 끝장토론으로 답을 얻자는 것이었다. 위원회 멤버는 정범모 전 한림대학 총장, 박권상, 최정호 교수 외에 권영성 서울법대 교수, 이세중 변호사, 작가 박경리(중도 사퇴), 방송인 최창봉, 김정기 언론학회장, 이상옥 전 외무장관, 그리고 신영기금 이사장인 필자로 구성되었는데 토론을 주도하는 것은 주로 박권상 사장과 최정호 교수일 수밖에 없었다. 1998년에 내기로 했던 보고서는 늦어져 2000년에야 나왔다. 그 덕에 IMF 사태를 맞아 지각변동이 일어난 언론계의 현황을 그대로 반영하여 자칫 현실과 동떨어질 뻔한 보고서를 살린 결과가 되었다.

1991년 「시사저널」 편집인·주필 자리에서 물러난 박권상 사장은 최일남, 김용구, 정운영 등과 함께 코리아 신디케이트를 만들어 주로 지방신문에 기고했다. 미국에서는 보편적인 것이지만 한국에서는 첫 시도였다. 나는 그때 코리아 신디케이트의 성공을 빌었다. 나도 언젠가 현직에서 물러나면 그런 일을 하게 될지도 모른다고 생각해서다. 그러나 박권상 사장 일행의 신디케이트는 성공하지 못했다. 재정사정이 좋은 중앙지들은 그들의 글을 실어주려고 하지 않았고 지방지들은 경영사정이 열악하여 그들의 주옥같은 글을 실으면서도 원고료를 제대로 지불할 수가 없었다. 박권상 사장은 내게 프리랜서 기고가들이 설 자리가 없는 한국 언론계의 현실을 한탄하는 말을 했다. 한국의 지식·정보 시장은 숙명적으로 너무 좁다면서 언론사를 나온 유능한 필자들의 지식과 통찰력이 사장되는 것이 안타깝다고 한 박권상 사장의 말이 지금도 귓전에 들리는 것 같다.

## 20~21세기 한국 언론의 선각자

박권상 사장은 무소속 언론인이 되고도 신문 제작에 관한 관심을 조금도 거두지 않았다. 1994년부터 한글 가로쓰기, 섹션신문, 전문기자제도 도입 등의 개혁을 잇달아 단행한 「중앙일보」가 2003년 1월 21일 사설과 오피니언을 신문의 맨 뒤에 배치하는 결단을 내렸다. 그로부터 일주일쯤 지나 박권상 사장을 만날 기회가 있었다. 그는 개구일성으로 사설·오피니언을 맨 뒤로 돌린 지면 혁신을 환영하는 말을 했다. 그는 1년 전에 다른 신문의 사주에게 그런 지면배치를 건의했다고 말했다. 그 사주는 그때 참으로 좋은 아이디어라면서 바로 실천에 옮기겠다고 말했는데 결국 「중앙일보」에 선수를 뺏긴 것이라는 일화를 소개했다. 그때 그는 말했다. "결국 사주, CEO의 안목이 문제야." 그때 나는 그에게 「중앙일보」가 그런 지면배치를 생각하고 검토한 것은 1995년 초부터였다고 설명하고 그 정도의 지면 개혁을 준비하는 데는 시간이 걸린다고 말했다.

내가 「중앙일보」의 국제문제 대기자 발령을 받은 것이 1995년 3월이다. 한국에서는 첫 시도였다. 많은 언론인들이 "대기자?" 하고 냉소했다. 나 자신도 일하면서 대기자가 무엇을 하는 것인가, 무엇을 해야 하고 할 수 있는가,

거듭 물으면서 스스로 대기자의 원형을 만들어 나가기로 마음을 먹었다. 그래서 언론계 동료들의 냉소에는 신경을 쓰지 않았다. 그때 박권상 사장이 나를 열성적으로 격려해 줬다. 그는 나를 만나면 "어, 대기자!"하고 불러세워 어떻게 하고 있느냐고 물었다.

그는 대기자 제도의 장점 두 가지를 말했다. 첫째 기사의 질을 획기적으로 높이는 방법으로 대기자 제도가 최상이라는 것. 백발이 성성한 기자가 젊은 후배들과 함께 취재하는 서양 언론인들의 모습이 부러웠다고 그는 말했다. 둘째 국제문제 대기자의 '국제문제' 부분이 좋다고 했다. 한국 언론은 너무 오래 좁은 한반도의 절반의 울타리 안에 갇혀 있었기 때문에 넓은 세상을 못 본다고 그는 말했다. 나는 그의 격려에 용기백배했다.

한국의 언론발전에 대한 박권상 사장의 기여는 아무리 강조해도 넘치지 않는다. 1955년 미 국무성 초청으로 노스웨스턴대학 연수 프로그램에 참가하여 6개월 동안 신문학 강의를 듣고 신문사에서 실습하면서 그는 리버럴 언론의 이론과 실제를 직접 체험하고 돌아왔다. 귀국 후에 그는 리버럴 언론의 사상을 이론과 실천으로 전파하는 전도사 역할을 해냈다. 대부분의 언론인에게도 자유언론이라는 개념이 생경하던 시절이었다. 기자 박권상은 국무성 프로그램에 함께 참가하고 관훈클럽을 함께 만든 동료들과 더불어 20, 21세기 한국 언론의 선각자였다고 해도 과장이 아닐 것이다.

# 하늘이 낸 기자

김종심 (전 동아일보 논설위원실장)


우리가 흔히 쓰는 구어체의 우리 말로 '천상 ~이다' 라는 말이 있다. '그 사람 천상 월급쟁이다' 또는 '그 사람 천상 대학교수다' 하는 식이다. 이때의 '천상' 이란 '태어날 때부터', '애초부터' 라는 뜻으로, 한자로 쓴다면 천생(天生)이라고 써야 한다. 우리말 사전에도 '천상' 을 찾으면 '천생' 으로 가라고 지시하고 있다. 그렇지만 명사 '천생' 과 부사 '천상' 은 품사뿐 아니라 말의 뉘앙스와 운율이 다르다. 한마디로 맛이 다르다. '처언상 월급쟁이' 와 '천생(天生) 월급쟁이' 의 맛이 어떻게 같을 수 있는가.

'언론인 박권상' 의 경우가 바로 그렇다고 나는 생각한다. 나는 그가 하늘이 낸 기자라고 본다. 하늘이 낸 기자란, 말뜻 그대로 쓰자면 '천생기자(天生記者)' 다. 그러나 그 천생기자라는 말로는 그가 '올 데 갈 데 없는 기자', '어찌할 도리 없는 기자', '기자 말고는 따로 할 일이 없는 기자', '기자를 운명으로 타고난 기자' 임을 핍진하게 표현하기에 뭔가 좀 허전하다는 느낌이 든다. 그보다는 '박권상, 그는 처언상 기자였다' 고 하는 편이 그의 실체에 훨씬 더 근접한 표현이 아닐까. 그래서 나는 그를 '천생기자' 아닌 '천상기자' = '처언상 기자'로 부르고 싶은 것이다.

기자(記者)란 문자 그대로 쓰는 사람, 적는 사람, 기록하는 사람이다. '천상기자 박권상'은 이 기자의 문자적 정의에 완벽하게 일치하는 생애를 살았다. 1952년 23세의 나이에 기자로 입신한 이래 쓰고 취재하고, 쓰고 읽고, 쓰고 연구하면서 한눈팔지 않는 언론 일생을 보냈다. 그의 생애에서 그가 언론과 관련 없는 일에 발 담았던 일은 거의 없다. 그에게 기자란 '에누리 없는 천직(天職)'이었다.

그런 기자 박권상을 통해서 내가 배우고 깨닫고 확인한 것들은 많다. 그중 가장 인상적으로 나에게 각인되어 있는 것은 그의 지칠 줄 모르는 호기심, 진실에 대한 갈증이었다. 그는 늘 호기심에 충만해 있었다. 현상과 사물과 지식에 대한 호기심을 한시도 늦추지 않았다. 왕성한 호기심을 충족하기 위해서 그는 상하좌우 가리지 않고 묻고, 묻기 위해서 사람들을 만나고, 사람들을 만나기 위해서 소규모 모임들을 만들고, 그런 모임들이 때로는 큰 조직으로 발전하기도 했다.

누구한테나 무엇이든 물을 수 있다는 것은 기자의 특권에 속한다. 그러나 그에게 있어서 물음은 단지 특권이 아니라 탐구의 시작에 불과했다. 그는 묻는 만큼, 아니 그보다 훨씬 더 많이 읽고 생각하고 공부했다. 그의 주변에는 항상 책과 스크랩 자료가 여기저기 널려 있었다. 그의 언론생활 경력 중 10여 차례에 걸친 다년간의 해외 체재 연구 활동도 그를 더욱 탐구적인 기자로 만들었다. 그는 우리나라에 현대 매스컴 이론을 선구적으로 소개하고 가르친 언론학자이기도 했다.

내가 박권상 선배를 처음 알게 된 것은 동아일보사에 입사한 1969년이었다. 당시 박권상 선배는 편집국장대리였고, 이후 71년 편집국장, 73년 런던 특파원, 77년 논설위원 겸 안보통일문제조사연구소장, 80년 논설주간 겸 편집인, 그해 9월 신군부의 강압에 의한 강제 해직이라는 격동의 시기를 보냈다. 그때까지만 해도 나는 박 선배를 가까운 자리에서 본 적이 별로 없었다. 나의 입사 당시 회사 안에서 그는 '높은 상사'였다가 금세 영국으로 떠났고, 5년 만에 귀국해서 회사를 떠날 때까지 3년 정도, 군사정부의 끊임없는 감시와 압력 때문에 그의 사내 위치는 늘 불안했다.

그런 그의 곁으로 내가 조금이나마 가깝게 다가간 것은 바로 이 '불안한 3년' 시기부터였다. 77년 8월 영국에서 돌아와 논설위원실에 자리 잡은 그는 특파원 시절 영국에서 직접 보고 겪은 '성숙한 사회의 자유와 민주주의의 실상'을 동아일보사 발행 월간 「신동아(新東亞)」에 매회 1백 장 내외씩 연재하기 시작했다. 78년 7월호부터 시작한 이 연재물은 그가 해직당한 뒤인 81년 4월호까지 총 31회 계속되었고, 뒤에 두 권의 단행본─『영국을 생각한다』, 『(속) 영국을 생각한다』로 출판되었다.

## 「신동아」를 통한 인연

이 연재물이 게재되는 동안 나는 「신동아」에서 이 글의 편집을 담당했다. 글이 연재되는 동안에도 나는 박 선배를 자주 만나지는 못했다. 글은 주로 기자나 인편을 통해 받았고, 편집에 관한 일도 거의 전화로 상의했다. 박 선배의 글씨는 난필로 이름났지만, 나로서는 그의 글씨를 읽는 데 별 어려움은 없었다.

영국 연재물이 끝나고 2년 반쯤 지난 뒤 박 선배는 「신동아」에 다시 '미국을 생각한다'는 글을 연재했다. 1983년 9월호부터 1985년 5월호까지 모두 15편으로 나눠 연재한 이 글도 이내 같은 제목의 단행본으로 출판되었다. 이 연재물은 동아일보 해직 이후 두 번에 걸친 그의 미국 체류(81~83년 우드로 윌슨 국제학술센터 연구원, 캘리포니아대 동아시아연구소 연구원) 직후에 쓰여졌다. 이때도 나는 이 글의 편집자였다.

「신동아」를 통한 나와 박 선배의 인연은 그의 세 번째 연재에서도 다시 이어졌다. 1986년 3월호부터 1987년 2월호까지 1년간, 그는 서독, 오스트리아, 그리스, 스페인, 포르투갈의 전후 40년에 걸친 정치발전 궤적을 추적한 '서구 민주주의 기행' 11편을 연재했다. 1987년 6월항쟁 직후에 『민주주의란 무엇인가』라는 제목으로 발간한 이 세 번째 연재물의 단행본 머리글에서 그는 "이 시대가 우리에게 요구하는 시대적 사명과 국가적 목표가 자유와 민주주의와 인권과 통일"임을 분명하게 선언했다.

「신동아」 연재로부터 시작해서 박 선배는 모두 20권이 넘는 책을 남겼다. 그중 대부분은 해직기자 시절 정력적으로 집필한 시사평론과 정치비평들을 한데 묶은 것들이다. 이들 정치·언론비평집에서도 그는 자신의 글쓰기의 목표를 선명하게 밝혔다.

자유를 사랑하고 사회정의를 부추기고 거짓을 규탄하고 진실을 밝히는 꿋꿋한 언론의 정신, 어떤 형태이든 전체주의를 배격하고 우리 사회를 좀 더 건강하고 민주적으로 개혁하려는 의지의 표명, 이것이 내가 글을 쓰는 동기요, 사명이었다(『박권상의 시론』, 책 머리에, 1991. 11.).

80년대의 엄혹한 해직기자 시절, 그는 어떤 압력과 회유에도 흔들리지 않는 비타협적 지사(志士) 언론인이었다. 그렇지만 해직 전후 초기 저작들인 『영국을 생각한다』와 『미국을 생각한다』, 그리고 그 두 단행본 사이에 출간한 『자유언론의 명제』(1983. 12.)에서 확인되는 서술 스타일은 후기 저작들과는 많이 달랐다. 이들 초기 저작에서는 자신의 언론사상과 정치적 신념을 좀 더 학구적으로 추구했다. 그의 언론 일생을 수미일관 꿰뚫고 있는 '언론의 자유와 책임'이라는 명제도 훨씬 포괄적 심층적으로 천착했다.

그가 언론의 자유와 책임을 얘기할 때 자주 인용하는 '금언(金言)'들이 있다. 「가디언」지 주필 C. P. 스콧의 "의견은 자유지만 사실은 신성하다", 「더 타임스」 주필 헤일리의 "더 타임스는 오늘의 독자에 대해서 뿐 아니라 1세기 후의 독자에 대해서 책임을 지는 기록이다", 월터 리프먼의 "신문의 제1차적 충성은 오직 진실의 발견과 보도에 있다"는 말이다. 언론의 자유가 모든 다른 자유에 앞서는 것은 분명하지만, 언론이 진실을 외면하고 뉴스를 왜곡하고 논평을 정치적 목적에 맞춰 분식한다면, 그것은 표현의 자유에 대한 도덕적 권리를 포기하는 것임을 그는 경계하고 있었던 것이다.

강조할 것은, 『영국을 생각한다』와 『미국을 생각한다』는 그의 자유언론과 민주주의와 사회정의에 대한 염원과 열망을 담은 책이면서 동시에 그가 진실로 하늘이 낸 기자임을 여실히 증명하는 책이기도 하다는 점이다. 신문 칼럼 형식의 단평이 아닌 에세이 형식의 호흡 긴 글에 나타난 그의 집요한 탐색, 박람강기, 넓은 시야, 평이한 문장, 탁월한 표현, 흥미진진한 이야기 솜씨들을 보고 있노라면 그가 왜 타고난 글쟁이인가를 누구나 알 수 있게 된다. 이 책들은 실로 후배 기자들을 위한 훌륭한 취재·문장교본이 될 만하다는 것이 나의 생각이다.

## 간명하고 당당하고 소탈하고

내가 인상적으로 기억하는 그의 기자로서의 특장(特長)은 또 있다. 그에게는 어떤 문제건 정면으로 도전하여 간단히 돌파해버리는 남다른 장기가 있다. 난제 앞에서 우회하거나 머뭇거리는 법이 없었다. 어려운 문제도 평범한 일상사 처리하듯 간명직절하게 풀었다. 정석으로 가되 형식이나 격식에 구애받지 않았다. 그의 글이 잘 감긴 실타래 풀리듯 막힘 없이 흐르는 것도 그런 그의 문제 해결방식과 무관하지 않을 것이라고 나는 추측한다.

대인 관계에서도 그러했다. 그에게는 도무지 권위의식이 없었다. 본인의 권위를 내세우지 않을 뿐 아니라 남의 권위를 대하는 태도에도 스스럼이 없었다. 마치 오랜 친구의 어깨를 툭툭 치듯, 권위 앞에서 무례하다고 오해받을 정도로 거침없고 당당했다. 꾸밈이 없고 소탈했다. 그것을 천의무봉(天衣無縫)이라고 해야 할 것인가. 내가 본 박권상 선배는 그런 기자, 그런 '천상 기자'였다.


《덧붙임-전언회》

나는 박권상 선배를 오랫동안 '박 주간'이라고 불렀었다. 그가 동아일보사에서 논설주간을 지냈기 때문이다. 그러다가 KBS 사장이 되면서부터는 '박 사장'으로 불렀는데, 이 호칭은 어쩐지 내 입맛에 잘 맞지 않아서 한동안 우왕좌왕하다가 그냥 '선배(님)'로 부르기로 나 혼자 작정을 했다. 열네 살 나이 차이에 선배라고 하면 좀 외람돼 보이기도 하겠지만, 그래도 나는 선배라는 호칭이 좋았다.

나는 그의 고향 후배이자 학교 후배이고 언론사 후배이다. 그런 연고로 1988년 그가 고향의 언론계 동료 후배들과 함께 '전언회(全言會)'를 만들어 군사독재정권에 짓밟혔던 이 땅의 언론을 다시 일으켜 세우고, 바른 언론, 곧은 언론을 실천하고 선도하는 모임으로 이끌고자 했을 때는 나도 미력이나마 보태려고 노력했다.

전언회를 지연 학연에 기반한 이권 단체쯤으로 곡해 폄훼하는 일부 편견은 상존한다. 전언회에 군사정권 이래의 망국적 지역 차별에 항의하는 '건강한 연고주의(강준만의 말)'의 편린이 전혀 없는 것은 아니다. 그러나 그것은 하나의 에피소드일 뿐, 전언회가 추구하는 것은 '하늘을 우러러 한 점 부끄러움 없는 참 언론(박 선배의 말)'이었다. 박 선배는 "전언회가 단순히 모교와 지역사회를 사랑하는 친목모임을 벗어나 공부하는 모임, 한국 언론의 바른 모습을 굳히는 초석이 되자"고 역설했다.

전주에서는 우리나라 전후 1세대 스타 언론인들이 다수 배출되었다. 박권상, 김인호, 정인량, 서규석, 임방현, 임홍빈, 조세형, 정경희(이상 전주고), 최일남, 최정호, 이규태(이상 전주사범)……. 오늘의 전언회는 이들 선배들이 가꾼 땅에서 자란 한 그루 나무다. 그들 선배들의 맨 앞자리에 박권상 선배가 있었다. 나는 이것이 내가 그를 그냥 선배라고 불러도 되는 이유 중 하나라고 생각한다.

# 이상주의자, 현실주의자, 지성적 언론인

김진현 (세계평화포럼 이사장, 전 동아일보 논설주간)

박권상 선배를 처음 만난 것은 1959년 봄쯤 관훈클럽 모임에서였다. 그때 모임은 월례회 형식이었던 것 같고 장소는 을지로입구 네거리 합동통신사 내의 진철수 AP통신 사무실이었다. 지금은 하나은행 본점 자리가 되어 흔적도 없이 사라졌다. 방도 좁았고 사람도 10명이 안 되었다. 나는 언론계 진출 2년차의 제일 어린 클럽 신입생이었다. 그때 토론의 내용은 기억이 안 나지만 박권상, 조세형, 진철수 선배와의 인연은 이렇게 토론장에서 시작되었다.

그 후 박 선배와는 1960년대 「동아일보」에서 만나 논설위원실의 막내와 선배로서 또 편집국장 대리와 경제부장으로서 다시 1980년 광주비극과 전두환 정권의 등장과 함께 「동아일보」에서 같이 해직되면서 많은 고락을 같이했다. 특히 해직된 사우들끼리 모인 33인의 '8·9동우회'는 박 선배의 리더십이 절대적이었다. 같이 산행하고 정기적으로 모여 고생과 외로움을 달래던 기억이 아련하다. 다만 박 선배가 단호히 '땡전뉴스'로 유명했던 당시 KBS 뉴스 절대로 안 본다 하기에 우리가 언론인인 한은 오히려 그런 뉴스를 봄으로써 역으로 그런 정치와 정권의 실체를 분석 해석할 수 있어야 하고 해야 한다는 내 주장을 교환한 기억이 난다. 그 박 선배가 후에 KBS 사장이 된 것도 인생의 아이러니다.

누구나 같은 공간에서 일하게 된 첫 인연이 선명한 추억이 되기 마련이다. 경제부 차장에서 1967년 31살의 막내 논설위원으로 발탁되었을 때의 「동아일보」 논설실은 그야말로 한국 언론의 스타군단이었다. 천관우 주필에다 홍승면, 박권상, 김성한 그리고 황산덕과 고대 오병헌 교수…… 명실공히 「동아일보」 상원(上院)이었다. 「동아일보」의 일대 체질개선기였다. 그리고 「동아일보」의 황금기였다. 그 스타군단에서도 주견이 확실하고 목소리도 제일 컸던 분은 박 선배였다. 별로 눈치 안 보고 자기주장이 뚜렷했고 국제 비교의 안목도 가장 넓었다. 무엇보다 당시 석간이었던 「동아일보」의 오전 작업이 끝나자마자 또는 논설실에서 지필(遲筆)이신 분이 아직 탈고가 끝나기도 전에 떠들썩하게 환담 분위기를 이끌거나 바둑판을 벌이는 것은 박 선배였다. 그만큼 소탈했다. 1967년 무렵의 그 스타군단 논설실 선배들 중 박 선배까지 갔으니 나만 홀로 남았다.

## 탱크같이 밀어붙여도 후배 사랑

나는 박 선배로부터 두 번의 큰 혜택을 입었다. 첫 번째는 박 선배가 밀어붙여 생각지 않게 1968년에 관훈클럽 총무가 된 것이다. 나는 겨우 10년 차 언론인이어서 스스로 아직 총무감이 못 된다 생각했는데 박 선배가 탱크같이 밀어붙여 총무가 되었다. 앞선 권오기 논설위원에 이어 「동아일보」 논설위원이 연이어 총무가 되었다. 그만큼 관훈클럽에서의 위치가 어떠했는지를 증명하는 것이기도 했다. 그러나 뜻하지 않게 회계를 맡은 분 때문에 관훈클럽 역사상 가장 어렵고 기이한 경험을 하게 된 쓴 기억도 있다.

두 번째는 1971년 니만펠로우 선정과정에 적극 도와준 일이다. 다 된 결정에 의외의 복병이 나타나 시비를 거는 바람에 니만 역사상 금년과 내년 후보를 동시에 결정하는 해프닝이 생겼다. 이 과정에서 또한 박 선배가 당사자인 나보다 더 발 벗고 나섰다. 너무나 고마운 일이었다.

그 소탈하고 주변에 사람을 모으는 천부적 자질은 특히 편집국으로 옮겨 오면서 더욱 발휘되어 그 무렵 추석, 연말연초에 가장 많이 언론계 선후배의 문안을 받은 인사는 천관우와 박권상 두 분이었을 것이다. 천 선생은 술이 고 래니까 그렇다 쳐도 박 선배 같이 술을 못하면서도 늘 집안에 손님들이 끊는 것은 박 선배의 소탈한 성품에다 현실주의자로서의 권력의지도 함께 한 것일 것이다. 박 선배, 홍승면, 천관우 모두 내면이 꽉 찬 걸출한 지성적 언론인이 다. 그리고 모두 자유주의자요, 이상주의자다. 그중에서도 박, 천 두 분은 행 동주의자, 현실주의자의 면모까지 겸했다. 천관우 선생의 행동적 현실주의 는 비극으로 끝이 났다. 박권상 선배는 자유, 특히 언론자유와 정치 민주주의 에 대해서는 가장 철저한 신념의 소유자였다. 그만큼 그 시대의 대의, 정의에 철저했다. 박 선배가 편집국장에서 쫓겨나다시피 영국 특파원으로 있을 때 해를 달리하며 런던에서 두 번 그리고 「동아일보」에서 쫓겨난 이후 미국 윌 슨센터에 있을 때 워싱턴에서 한 번 단둘이서 많은 이야기를 나누었는데 그 외로운 유배생활에서도 강렬한 대의의 주장과 이를 위한 강력한 권력의지를 발견하곤 다소 놀랐던 기억이 새롭다.

아마도 그런 자유, 민주주의에 대한 강렬한 대의가 민주화라는 현실 정치 와 부당한 차별을 받는 피압제자 피해자에 대한 공감과 일체화를 겹치게 만 들었을 것이다. 또 이 대목이 박 선배의 출중한 능력으로 해서 언론인의 차원 을 넘는 전략가다운 공간을 늘 간직하게 했다. 박 선배가 「동아일보」(특히 김상만 회장)와 주한 미국대사와 김대중, 김영삼, 김종필, 정일권을 엮는 작업을 꾸준히 지속한 것은 이미 다 알려져 있다. 왜 그런 작업을 하느냐고 물은 적이 있다. 이런 환경 아니면 「동아일보」와 김대중 씨의 활동공간이 어려울 것이라는 말을 숨기지 않았다. 참 대단한 전략이고 책략이라 감탄을 금치 못했다. 어떻게 보면 「동아일보」도 김대중 씨도 '박권상'이라는 출중한 현실주의적 이상주의자의 신념과 뜻을 소화하지 못했다 할 수 있고 달리 보면 「동아일보」와 김대중 씨가 '박권상'에게 큰 신세를 지고 그 빚을 갚지 못했다 할 것이다.

## 유배 중에도 강력한 大義 · 反共

이 짧은 지면에 박 선배와 나눈 인연을 다 할 수는 없다. 마지막으로 박 선배의 대의 중엔 '반공'이라는 두 글자가 선명했다는 것을 꼭 기록하고 싶다. 언론 자유를 위한 처절한 저항 속에서도 그는 반공이라는 사상적 신념은 그 누구보다 강직했다. 이 점이 자유주의자 박권상의 진면목을 더욱 확인케 한다. 평소에도 그랬지만 북한에 가서도 그랬다. 2000년 8월 한국 신문방송통신사 사장단 방북 당시의 일화 하나.

평양 「로동신문」은 편집방침의 하나로 매일같이 남한 어느 지역 누가 어떻게 북한을 찬양했다는 기사를 싣는다. 물론 가공인물의 가공기사였다. 예를 들면 남조선 대구시 어느 구, 어느 동에 사는 김 아무개가 김정일 위원장의 무슨 말씀을 찬양하는 이런 행사를 했다는 식이다. 이런 꼭지가 둘 또는 세 개가 매일 실린다. 하루는 박 선배가 우리를 안내하는 최고위 간부를 불러 놓고(김○○인데 이름이 기억 안 난다. 나중에 대남 장관급대화 수석이었다.) 한국의 신문방송사장들이 너희 위원장 초청으로 여기 와 있는데 이런 엉터리 거짓기사 계속 실을 거냐, 최소한 우리가 있는 동안만이라도 자제해야 되는 것 아니냐며 벼락같은 호령을 쳤다. 나도 읽고는 워낙 엉터리 기사라 지나쳤는데 역시 박권상다운 이상주의와 현실주의의 호령이었다(어떻든 이틀은 안 실었다).

그는 통찰력, 지성, 사람을 모으는 흡인력, 현실주의적 행동력과 높고 곧은 대의에다 고도의 전략까지 겸비한 한국 현대사에 우뚝 선 특출한 언론인이었다.

# 생애 최고의 동아일보 시절

남시욱 (세종대 석좌교수, 전 문화일보 사장)

내가 박권상 선생을 알게 된 것이 1960년대 초였으므로 그가 2014년 2월에 작고하기까지 나는 50여 년간 그를 언론계 선배로 모시고 가르침을 받은 셈이다. 그는 내가 처음 만났을 때 이미 「한국일보」 논설위원으로 필명을 날릴 때였고, 나는 언론계에 갓 입문한 '초짜' 기자였다. 박 선생은 1962년에 내가 일하던 동아일보사의 논설위원으로 옮겨온 다음 1980년 신군부에 의해 강제해직될 때까지 18년간을 근속했으므로 「동아일보」는 그의 가장 오래 근무한 직장이었다. 박 선생은 「동아일보」를 떠난 다음에도 나와 만날 기회가 많았다. 그가 「동아일보」 퇴직 9년 후에 「시사저널」이라는 고급 시사주간지를 창간했을 때 조그만 탁상시계를 기념품으로 돌렸는데, 신기하게도 이 시계는 25년이 지난 지금도 고장이 나지 않고 우리 집 내 책상 위에서 정확히 가고 있다. 나는 이 시계를 볼 때마다 박 선생이 「동아일보」에서 강제해직 당하고 고생하던 모습이 눈에 선하다.

박권상 선생과 내가 개인적으로 친숙하게 된 데는 특이한 사정이 있었다.

내가 동경 특파원을 마치고 귀국했더니 신문사에서는 중요부서의 간부들을 지역별로 나누어 회사 승용차로 함께 출근을 시켰다. 「동아일보」는 당시 석간이어서 편집국 간부회의를 아침 8시 반에 했기 때문에 회의 참석자의 지각을 방지하기 위해 회사가 그룹별 출근 차를 제공한 것이다. 그때 나는 그와 함께 서대문·마포 방면 승용차를 매일 아침 이용했다. 이런 사정으로 나는 개인적으로 그와 가까워질 수밖에 없었다. 또한 박 선생은 직장 부하에게 권위를 내세우지 않는 워낙 소탈한 성품이어서 우리 두 사람은 자연스럽게 서로 허물없이 대화를 나누는 선후배 언론인 사이가 되었다. 나는 그가 타계하기 전까지 몇 년간 입원해 있던 분당의 병원으로 겨우 두 번 위문 차 갔으나 마음 한구석에는 좀 더 자주 찾아뵙지 못한 것이 늘 죄송스러웠다.

박 선생이 「동아일보」에서 일하는 기간에 나는 그를 직속상사인 편집국장과 논설주간으로 모셨다. 당시 「동아일보」에는 우승규, 김성한, 천관우, 홍승면 등 기라성 같은 논객들이 대거 포진하고 있었다. 그때 30대 초반의 박력이 넘친 박 선생은 이들 가운데 가장 젊은 명논객 중 한 사람이었다. 그때 「동아일보」는 자타가 공인한 한국 최고의 신문이었다. 발행 부수가 2위와 3위를 합친 부수보다 더 많은 '절대 1위'여서 그 영향력은 실로 막강했다. 이 무렵은 박 선생이나 나나 언론인으로서 생애 최고의 한 시절이 아니었나 생각된다.

유창한 영어회화 실력을 가진 박 선생은 당시 서울에 와있는 많은 외국 외교관들과 친숙한 관계를 가졌다. 지금까지 알려지지 않은 일화도 있다. 박 선생이 편집국장이던 1970년대 초로 기억되는데 그때 미국 대사였던 윌리엄 J. 포터 씨가 어느 날 밤에서 저녁 식사를 함께 하고는 동교동 그의 자택을 방문해 이야기를 계속한 적이 있었다. 당시 박 선생의 동교동 집은 조그마한 단층 국민주택이었다. 어떻게 그 좁은 집에서 외국 대사를 맞이했는지 지금도 궁금하지만 이 일화는 그와 그가 속한 신문이 당시 막강한 영향력을 가진 언론인이요 언론매체였음을 말해준다.

## 그의 자택 찾은 주한 미국 대사

박 선생의 주한 외국 외교관들과의 잦은 접촉은 그에게 화를 부르기도 했다. 박정희 대통령이 김재규 중앙정보부장의 총에 맞아 서거해 이른바 '서울의 봄'이 만개하던 당시의 일이다. 1980년 2월 25일 「동아일보」 김상만 회장이 서울 종로구 계동에 있는 인촌기념관에 김종필, 김영삼, 김대중 3김씨와 정일권 공화당 상임고문, 이태영 변호사, 모윤숙 시인과 함께 글라이스틴 주한 미국 대사, 스노베 일본 대사, 버니 캐나다 대사를 초청해서 만찬을 베푼 일이 있다. 「동아일보」 측에서는 김 회장 이외에 김상기 부회장, 이동욱 사장, 박권상 논설주간, 이웅희 편집국장이 참석했다. 이 만찬회는 이튿날 「동아일보」를 비롯한 언론매체에 대서특필되어 장안의 화제를 뿌렸다.

당연히 이 모임을 조직한 박권상 선생은 주목을 받기 시작했다. 당시 정계에서는 전두환 장군을 비롯한 신군부의 등장 여부가 세인의 관심사였는데 「동아일보」 측이 민간정치지도자인 3김씨를 부각시킴으로써 신군부를 견제하는 듯한 인상을 주었다. 특히 나중에 문제가 된 것은 박권상 선생이 이 기회에 김대중 씨를 전면에 내세우기 위해 이런 만찬회를 계획했다는 의심을 신군부가 품은 일이다. 아니나 다를까, 그해 8월 신군부는 정권을 잡자마자 언론인숙청을 단행하면서 박권상 선생을 강제해직시켰다. 그 이유 중에는 이 모임을 통해 그가 내란음모로 투옥되었던 김대중 씨를 등장시켜 그의 정계복귀를 간접 지원했다는 항목도 들어 있었다.

박 선생은 언론인으로서뿐만 아니라 언론학자로서도 유명했다. 그가 합동통신에 근무할 때로 기억되는데 그는 1955년 미국무성 초청 1차 연수생으로 미국에 건너가 단기간의 언론인연수를 받고 1958년에는 노스웨스턴대 대학원에서 석사학위를 받았다. 박 선생은 말하자면 6·25전쟁 후 미국에서 기자훈련과 언론학을 공부하고 돌아온 신세대기자에 속한다. 그는 언론인으로서 활동하면서 서울대 문리과대학과 대학원에서 언론학 강의도 했다. 박 선생은 비슷한 시기에 미국에서 언론학 학위를 따고 귀국해 한양대 교수가 된 장용 교수와 함께 미국 유학파 언론학자에 속한다. 그는 근 70세가 된 1997년에도 1년간 고려대 관훈석좌교수로 후진을 가르치는 등 한평생 기회가 있는 대로 강단에 섰다. 박 선생은 자신이 학구파였던 만큼 후배들에게도 언론학 공부를 시키는 데 적극적이어서 1973년 나에게 독일 베를린에 소재한 국제신문연구소(IIJ)에 연수 갈 기회를 마련해 주었다.

## 국회의원 자리 사양한 평생 언론인

박 선생과 나는 언론관계 일로도 인연이 많았지만 그중 기억에 남는 대표적인 예는 내가 한국신문방송편집인협회 회장 일을 맡고 있던 1995년에 박 선생에게 부탁해서 한국신문윤리강령과 그 실천요강을 새로 만든 일이다. 한국 최초의 신문윤리강령은 원래 1957년에 제정되었으나 시대가 흐름에 따라 그 내용이 뒤떨어진 것으로 판단되어 내가 편협 간부들의 동의를 받은 다음 전면에 나서서 다른 두 언론직능단체인 한국신문협회 회장과 한국기자협회 회장의 찬성을 얻어 이를 추진했다. 박 선생은 1950년대에 최초의 한국신문윤리강령을 제정할 때 관훈클럽 대표로 이에 참여한 분이어서 내가 추진한 개정작업을 책임 맡을 최적임자였다.

박 선생은 젊은 언론학자들의 도움을 받아 만족스러운 새 윤리강령을 기초

하는 데 성공했다. 그때 박 선생이 수고해준 덕택에 이듬해인 1996년 신문의 날인 4월 7일 자로 공포된 지금의 새 윤리강령은 외국에 내놓아도 별로 손색이 없는 내용이다. 나는 지금도 그때의 일을 보람 있게 생각하고 있다.

박 선생은 평생을 언론인으로 일관한 분이다. 그는 김대중 정부 당시 KBS 사장을 끝으로 언론 현역에서 깨끗이 물러났다. 지금이나 그때나 언론인, 특히 약간의 명성이라도 있으면 정계로부터의 유혹이 끊이지 않았다. 박 선생에게도 수없이 많은 유혹이 있었고 개인적으로도 정계진출 여부를 놓고 고민도 했겠지만 그는 여러 번의 정계진출 권유를 끝내 거절한 것으로 전해졌다.

1992년 3월에 실시된 제14대 국회의원 총선 때의 일이다. 이 선거에서 여당인 민자당과 야당인 통합민주당은 기성정당에 대한 국민들의 불신을 반영해서 다 같이 고전을 면치 못했으나 급조된 모 신당이 돌풍을 일으켜 30여 석의 의석을 얻었다. 이때 그 신당에서는 박 선생을 비례대표 후보로 영입하려고 노력했다. 그러나 박 선생의 대답은 물론 노였다.

박 선생의 거절은 난데없이 내게로 그 불똥이 튀었다. 그 신당의 총재께서 후보등록 바로 전날 저녁에 내게 전화를 직접 걸어왔다. "박권상 선생을 우리 당의 비례대표 2번으로 모시려 했더니 거절했으므로 남 선생이 같은 「동아일보」이니 대신 맡아 주시오."라는 제의였다. 나 역시 이 제의를 정중하게 사양하면서 "대신 정치에 소질이 있는 좋은 언론인들을 소개해 드리겠습니다."고 답변했더니 "그게 아무나 되나요. 그만두세요!"하고 퉁명스럽게 전화를 끊고 말았다. 박 선생과 전화를 걸어온 그 총재, 두 분 다 이제 고인이 되었으므로 박 선생의 참모습을 이해하는 데 도움이 될까 해서 참고로 이 일화를 활자화하는 바이다.

# 우리 시대를 대표하는 지성인

심상기 (서울문화사 회장)

언론인 박권상 씨는 우리 시대의 진정한 '저널리스트'이자 오늘을 대표하는 지성인이다.

그가 「시사저널」을 창간하면서 내세웠던 사시(社是)를 보면 그의 신문에 대한 애정, 이념과 철학을 확연히 알 수 있다.

첫째로 의회 민주주의를 신봉한다.

둘째로 시장경제원칙을 지지한다.

셋째로 휴머니즘을 바탕으로 한 문화 창달에 기여한다.

넷째로 관용과 평화의 정신을 존중한다.

다섯째로 언론의 자유와 책임을 실천한다.

이런 이념 안에서 그의 언론인으로서의 성장과 투쟁, 우여곡절은 한국 현대사와 맥을 같이 하는 언론사이자 빛과 그림자이기도 하다.

박 선배는 미국 언론에서 한 시대를 호령했던 「뉴욕 타임스」 저명 칼럼니스트였던 제임스 레스턴이나 칼럼 '오늘과 내일'로 세계적인 명성을 떨쳤고

'냉전(cold war)'이란 용어를 만들어낸 월터 리프먼 같은 존재임이 분명하다.

내가 박권상 선배를 처음으로 만난 것은 1965년 무렵이다. 「중앙일보」에서 중앙청과 외무부를 출입하던 시절이다. 외무부를 함께 출입하던 「동아일보」 조규하 기자(후에 전남지사 역임)가 영어회화 공부를 하자고 제의해 신문회관 안의 방 한 칸을 빌려 1주일에 한두 차례 회화 강의를 받았다. 멤버는 5, 6명. 박권상 씨가 자리를 함께한 것이다. 강사는 미 문화원에 근무하던 미국인 여성이었다. 자유롭게 대화하고 토론하는 자리였다. 한 반년쯤 지나서였을까? 문화원 직원의 본국 발령으로 영어 회화 학습은 끝났다.

## IPI 총회에서의 재회

그 후 박 선배와 나와의 만남은 이어지지 않았다. 그런데 1977년 노르웨이에서 열린 IPI 총회에서 그를 다시 만났다. 「동아일보」 편집국장을 역임한 뒤 주영 특파원으로 있던 그가 김상만 사장과 함께 IPI 총회에 참석했다.

편집부 국장 겸 정치부장이었던 나는 이건희 「중앙일보」, 「동양방송」 이사를 수행했다. 이 IPI 총회에는 「합동통신」 박용곤 사장을 비롯해 한국대표단 10여 명이 참석했다.

3일간의 일정에서 한국대표단 전체가 두세 차례 만찬을 함께하며 친목을 다졌다.

내가 박 선배와 가까워진 것은 이런 인연이 계기가 되어 「일요신문」을 재창간한 1992년 전후해서다.

「경향신문」 사장으로 재직했던 이 무렵, 노태우 정권의 언론통제는 전두환 정권과 비교해 강압적이고 폭력적이라고 보기는 어려웠으나 사주 쪽을 압박하는 간접통제를 자행하는 행태를 드러내고 있었다. 사장 취임 1년도 채 안

돼 편집국장과 주필을 함께 경질하라는 압력이 사주를 통해 가해졌다. 내 입장에서는 거부할 수밖에 다른 '카드'가 없었다. 그러나 이 사태가 수그러들 기미가 완전히 끝나지 않은 상태였다.

장고 끝에 내가 「경향신문」을 떠나는 것이 정답이라는 판단이 섰다. 마침 내가 만들어 놓았던 서울문화사에서 「일요신문」을 인수하자는 의견이 싹틀 때였다. 이 일 때문에 「경향신문」 사장을 그만두겠다고 했다. 이 명분은 확실하고 충분했다.

1991년 말 「경향신문」 사장을 그만두고 서울문화사로 복귀해 본격적인 「일요신문」(주간) 재창간 작업을 시작했다.

4년 동안 주영 특파원을 역임한 박 선배와의 재회가 자연스럽게 이루어졌다. 「시사저널」 편집인 겸 주필을 그만둔 뒤였다.

주지하는바처럼 영국의 주간지 시장은 일간지를 압도할 정도로 활발하다. 일간지, 주간지를 통틀어 '타블로이드 판' 신문이 시장 점유율 70%를 차지하는 나라이기도 하다.

우리는 영국 정부 초청형식을 빌려 1992년 4월 영국을 방문했다. 영국 외무성에서 짜놓은 '스케줄'에 따라 「선데이 타임스」, 「뉴스 오브 더 월드」, 「파이낸셜 타임스」, 「옵서버」 등을 찾아가 편집국 간부들을 면담, 토론했다. 일간지로는 「인디펜던트」와 「데일리 미러」를 방문했다. 이때 그의 저널리스트로서의 진면목이 나타났다. 가는 곳마다 소형 녹음기를 테이블 위에 올려놓는 일부터 착수한다. 그리고 취재 수첩을 꺼내서 중요한 대목은 메모를 하는 것이 아닌가? 남을 도우러 간 처지인데 나는 작은 수첩 하나만 들고 오갔을 뿐이니 완전히 주객이 바뀐 형태였다.

그는 주간 신문에서도 '디자인'은 매우 중요하다며 「시사저널」 창간 때 한국에 불러들여 디자인 틀을 잡았던 「더 타임스」 디자인 담당 부국장인 에드윈 테일러 씨 면담을 주선했다.

런던 시내 어느 음식점에서 점심을 하며 거의 4시간 동안 「더 타임스」 등 몇 개의 신문을 놓고 강의를 받았다. 그는 신문 디자인 분야에서 영국 최고의 전문가였다.

## 저널리스트로서의 진면목

박 선배의 기자 정신은 노동당, 보수당 당사를 방문하고 선거일선을 취재하는 과정에서도 확실하게 드러났다.

1992년 4월 9일이 5년마다 치러지는 하원의 총선거일. 1주일 이상 런던에 머무르면서 박 주필과 나는 의원 후보자를 따라 그들 선거구의 가가호호 방문을 수행해 취재했다. 후보자의 개별 선거운동 사무실도 들러 자원 봉사자들의 활동 상황을 지켜보았다. 자원봉사자들은 대부분 근무 시간 후 남는 시간을 이용해 선거 팸플릿을 만들거나 전화대응을 했다. 후보자들은 호별 방문에서 커피 한잔도 얻어 마시지 못하는 것이 전부였다. 명함을 주고 인사를 하는 이상의 활동은 금지되어 있었다. 정말 돈을 안 쓰는 선거였다.

박 선배가 그 후에 쓴 기록을 보자.

"과연 선거를 하고 있는 것인가를 거의 못 느낄 정도로 조용하고 차분한 분위기였다. (중략) 그래도 보수당이 쓴 선거비용은 2천만 파운드. 노동당이 쓴 것은 8백만 파운드였고 군소 정파들이 쓴 것까지 합해 약 3천만 파운드로 추정된다. 우리 돈으로 3백 60억 원 정도다. 개인 후보는 우리 돈으로 5백만 원에서 6백만 원밖에 쓸 수 없다."

그가 취재수첩에 담았던 기록들이 한국에 돌아온 후 신문에 연재한 칼럼 등에 그대로 활용이 된 것이다.

보수당 당수 회견장에서 만난 미국 케네디 대통령 공보비서관 샐린저 씨와 반갑게 인사를 한 것도 박 선배가 미국 체류 중의 인연이 계기가 되었던 것 같다. 나이 70세가 넘은 저널리스트로는 샐린저 씨 외에도 파리 주재 20년 이 넘었다는 로이터통신 기자가 현역으로 활동하고 있어 박 선배와는 반가운 인사를 나누었다.

우리는 마침 케임브리지대학에 1년간 연수로 와 있던 김대중 대통령의 '페어웰' 파티에도 참석했다.

박 선배와 나는 귀국 후에도 자주 만나고 접촉했다.

「일요신문」에 칼럼을 수년간 연재한 것도, 「일요신문」사에서 '오늘, 그리고 내일'이라는 칼럼을 단행본으로 두 권이나 낸 것도 자연스럽게 진행됐다.

"내가 미국에 가니까 한국 식당에 들러도 내 얼굴을 알아보는 사람이 많아. 「일요신문」에 연재되는 칼럼과 사진을 보고 나를 알게 됐다는 거야." 나한테 듣기 좋은 이야기로 한 말인지는 잘 모르겠으나 당시 미국판 「일요신문」이 미국판 「한국일보」에 끼워져 판매, 배달되고 있던 시절이라 전혀 틀린 말은 아닌 것 같았다. 당시 박 선배는 「일요신문」을 비롯한 8개 정도의 지방 신문과 신디케이트 계약을 맺어 칼럼을 연재하고 있었다.

YS 정권 초기인 1993년 8월에는 박 선배와 함께 연변 나들이를 함께 한 일이 있다. 연길에 신축한 '작가의 집' 개관식 참석과 백두산 관광, 길림성 조선족 생활실태 취재 등이 목적이었다.

연길 '작가의 집'은 이종찬(전 국회의원, 한중문화협회장) 씨가 주동이 돼서 일부 기업체 등 각계의 성금을 받아 세워졌다. 박 선배가 권유해 따라 나섰는데 일행 중에는 이종찬 의원은 물론 김윤식(서울대 국문과 교수), 이호철(작가), 이문구(작가) 씨 등이 포함돼 20여 명이나 됐다.

연길에 머무는 3일간 박선배와 나는 숙소인 장백산호텔에서 작가 겸 항일

운동가로 '20세기의 거인'이라 불리던 김학철(金學鐵 본명 洪性杰) 옹을 만나 특별인터뷰를 했다. 박 선배와 함께한 2시간여의 인터뷰는 귀국해서 「일요신문」에 크게 썼다.

## 박 선배와 함께 한 연변 나들이

김 옹의 삶은 한마디로 표현해 한국 현대사의 아픈 잔영이다.

1916년 원산생, 30년대 서울 보성고보를 거쳐 상해망명, 황포군관학교 졸업, 조선의용군으로 중국 팔로군에서 항일전투참전, 왼쪽 다리 관통상으로 일본군 포로가 돼 나가사키 형무소에서 4년간 복역했다. 해방 후 서울에서 작가 활동을 시작했으나 미군정청의 체포명령을 피해 월북, 로동신문 기자, 인민군신문사 주필을 지냈으며, 1951년 6·25전쟁 중 김일성집단과 결별해 중국으로 건너가 연변, 북경 등에서 작품 활동. 1957년 중국의 반우파 투쟁 소용돌이 속에서 강제노역을 했으며 60년대 중반 문화대혁명 때에는 10년 징역형을 선고받아 감옥살이를 했다.

수난의 연속 속에서 80년 초에야 복권된 김 옹은 우리와 만났을 때 나이 77세였다. 그는 시종 사려 깊고 슬기가 넘치는 눈과 카랑카랑한 목소리로 김일성 정권을 비판했다.

"주사파라고 떠들어 대는 사람들을 보면 어처구니가 없어요. 평양에 반년만 국비를 주어 보내 눈으로 보게 하면 사회주의에 대한 환상을 싹 버릴 것입니다."

2001년 박 선배가 창간한 「시사저널」을 내가 인수한 후에도 박 선배는 여러 면에서 나에게 조언을 해주고 정신적으로 지원해 주었다. 2007년 10월에는「시사저널」창간 18주년을 맞아 나와 특별 대담을 했다.

그때 그의 나이 78세. 한쪽 팔과 다리를 제대로 쓰지 못해 지팡이를 짚고 다닐 때였다. 병원에 다니며 물리치료를 받았다.

간단한 일문일답.

"「시사저널」과 어떻게 인연을 맺게 됐나?"

─「시사저널」이 창간된 1989년에 나는 전두환 정권으로부터 쫓겨난「동아일보」해직기자였다. 복직을 기대할 수 있는 상황이 아니었다. 그때 어떤 사람이 소개해 당시 발행인이던 최원영 씨를 만났다. 문화에 관심도 많고……느낌이 괜찮았다. 1989년 1월 9일 처음으로 출근하며 인연을 맺었다.

"주간지가 낯설지 않았나?"

─내가 갖고 있는 언론 철학은 '진실'이 모든 것에 앞서는 가치라는 것이다. 진실이 모든 것의 전제가 되어야 한다. 하지만 언론은 진실을 추구하는 것과 상반된 측면도 있다. 바로 시간적 제약이다. 일간신문과 라디오는 객관적이고 공정한 언론이라고 해도 시간적인 제약이 있다.

이 때문에 언론이 역사적이고 사회적인 문맥, 실 만한 가치가 있다는 사상성을 갖추려면 시간이 긴 것이 좋다는 생각을 하고 있었다. 월간지는 시사성과 직결이 안 되니 1주일 단위로 발행한다면 시사적이면서도 포괄적이고 종합적으로 진실을 추구할 수 있다고 보았다. 그런 의미에서 주간지에 생명이 있다고 판단했다.

그가「시사저널」창간호에서 던진 메시지는 '자유롭게 그러나 책임 있는 보도를 근간으로 하는 디오게네스철학과 참 언론'이었다.

"언론인으로서 역사의 지식, 인간의 지혜, 통찰력, 표현력, 그리고 사물을 요약하는 지능, 어느 한 가지도 소홀히 할 수 없다. 그러나 아마도 가장 소중한 것은 진실에 대한 신앙이다. 그것은 어떤 단편적인 사실이 아니라 나타난 사실을 둘러싼 포괄적이고 완전한 진실이다. 그런 진실을 찾고 알리고, 부추기고 가꾸고 꽃피우는 것, 그것이 곧 언론의 생명이오, 빛이요, 뜻이라고 할 수 있다."

## 재산이라고는 아파트 한 채

그는 KBS 사장으로서 마지막 공직생활을 끝냈다.

KBS 사장 시절에도 드물게 그를 만났다.

김대중 대통령을 만나 사장 권유를 받은 일과 노무현 대통령이 당선되면서 임기가 끝나기도 전에 퇴임 압박을 받은 사실도 얘기해서 알았다.

당시 나는 "3, 4개월밖에 안 남았는데 임기를 채우고 나오시죠."라고 조언했다. 그러나 그는 "미련 없다."는 한마디로 자리를 물러났다.

그는 KBS 사장을 그만둔 뒤에도 존경받는 언론인으로서 언론인 맏형 역할을 했다. 돈과는 거리가 먼 위치에서 오랜 세월 글을 써서 생계를 유지한 것도 사실이다. 칼럼을 써 들어오는 한 달 수입이 200만 원이 채 안 된다는 얘기도 흘린 적이 있다. 재산이라고는 서초동 아파트 한 채뿐이었다.

그러면서도 남을 배려하고 도와주고 밀어주는 일을 마다하지 않았다.

몸을 제대로 가누지도 못했다. 지팡이에 의지하지 않으면 일어서기도 어려웠다. 불편한 그 몸으로 후배, 동료들을 만나고 격려하는 어른이 과연 몇이나 될까? 그는 힘들게 움직이는 몸을 남에게 보이기 싫어했다. 서초동 집 근처 한정식 식당이 단골집이었다. 그곳이 아마 박 선배의 아지트였던 것 같다.

실업자인 그가 자기 호주머니를 털어가며 후배 언론인들을 감싸 안고 식사를 함께하는 모습을 볼 때마다 나는 인간 박권상의 진면목을 가슴으로 보았다. 그리고 그 모습은 늘 저리고 아픈 기억을 만들어냈다.

두고두고 박 선배를 따르며 사모하는 사람들은 진정으로 그의 따뜻한 우정과 사랑을 간직하며 살아갈 것이다.

나는 박 선배의 생전 부탁을 한 가지 실천 못 하고 살아가고 있다. 그 부탁이 실현되는 날이 오기를 꿈꾼다.

# 한국 언론의 영원히 빛나는 별

이대훈 (전 동아일보 이사)

　매산 박권상 선생은 이 나라 언론의 영원히 빛나는 큰 별이다. 질곡과 암흑의 그 엄혹했던 가시밭길에서도 자유언론의 정체성을 끝까지 지켜낸 민주주의 전위였다. 불의와 굴종, 교언영색, 곡필아부가 판을 치는 어지러운 언론 풍토 속에서 어디 한번 좌고우면, 부화뇌동한 적 없는 신념의 의인이었다.

　변천무쌍, 복잡다기한 오늘의 현상을 예리한 형안으로 풀이해내는 비범한 능력은 문명비평가의 당당한 모습 그것이었다. 숭문배용, 관후적덕, 질박포용, 유유자적의 그 젠틀맨십은 덕고망중의 선비 상을 그대로 투영해 주는 것이었다. 억눌린 사람을 언제나 지켜주고, 헐벗은 사람에게는 따뜻한 손길을 보내고, 욕하는 사람도 한사코 감싸 안는 그 따뜻함은 진실한 휴머니스트의 표상이었다.

　자유자재의 유창한 외국어, 가없이 해박한 높은 식견, 별빛처럼 반짝이던 그 예지는 당대 프로페셔널 저널리스트의 자존이었다. 식민지배와 전화의 상처가 채 다 아물지도 않았던 50년대에 이미 신문윤리위원회의 발원과 관훈클럽 창도의 원대한 구상을 실천에 옮긴 것이야말로 언론 선진화의 파이어니어가 아니고 무엇이었겠는가.

일찍이 1962년 그분과의 운명적인 만남 이후 끊임없이 배우고, 항시 뒤따르며, 흉금을 털어놓고 대화하고 때로는 쓴소리마저 마다하지 않았던 그 끈끈했던 '반세기의 인연'을 뿌듯한 감동으로 되새기고 있다. 서울 종로구 연건동 옛 서울대학교 법과대학 캠퍼스, 재기발랄한 젊은 교수의 '매스커뮤니케이션' 강의에 경도되었던 것은 1962년 봄철이었다.

언론의 뿌리 깊은 적폐와 후진성에 대한 비판의 목소리가 끊임없던 때 기자교육과 자질향상을 표방한 서울대학교가 신문연구소를 개설, 막 강의를 시작한 때였다. 신문대학원을 장기목표로 1년 과정의 신입생을 뽑아 의욕에 찬 출발을 한 이 연구소는 서울대학교의 이름에 걸맞게 기라성 같은 교수진을 초빙했었다. 연구소를 주도한 이는 김규환 소장(신문비평)을 비롯하여 김증한(서울대 법대학장, 사법대학원장, 언론법제론), 이만갑(서울대 문리대 사회학과장, 조사방법론), 김진동(UP통신 옛 상하이 특파원, 임시정부 부주석 김규식 박사 장남, 신문영어), 최준(중앙대 신문대 학장, 한국신문사), 박권상(「동아일보」 논설위원, 매스커뮤니케이션론), 장룡(한양대 신문학과장, 언론사론), 김정옥(홍익대 영상학과 교수, 영화론) 등이다. 가히 당대 학계의 슈퍼스타들이었다. 가장 관심을 끌었던 '매스커뮤니케이션' 강의에 박권상 선생이 초빙된 것은 우리나라 이 분야 최초의 MA(석사학위) 취득(미국 노스웨스턴대학)에 일찍부터 기자(1952년) 논설위원 등을 두루 거치면서 그 명성을 누구나 인정하고 있었던 데 따른 것이 아닌가 보였다. 명불허전이라 했던가, 이론에 능하고 실제에 정통한 그의 강의는 물 흐르듯 명쾌하고 아카데미즘의 편린을 읽게 하는 것이었다.

## 신문연구 편집 맡겨

어느 날 박권상 선생은 조세형, 송건호, 이규현 씨와 다동의 부민옥에서 점심을 함께하고 다실에서 차를 마시면서 느닷없이 나에게 관훈클럽에 들어와 「신문연구」(관훈클럽의 연구 계간지-「관훈저널」의 전신) 간행을 맡아보라고 추천하는 것이 아닌가. 이규현 (당시 「코리아 타임스」 편집국장, 문공부 장관 역임) 씨가 책임지고 있던 「신문연구」를 맡게 되면서 한두 해를 빼고는 거의 10년이 가깝도록 그 엄청난 짐을 떨쳐버릴 수가 없었다.

1963년 강화도 전등사에서 찍은 관훈클럽 야유회 기념사진을 고이 간직하고 있던 조세형(한국, 경향 편집국장, 주일대사, 국회의원, 새정치국민회의 총재대행 역임) 씨가 80년대 후반 추억의 앨범으로 「신동아」 지에 소개한 적이 있다. 박 선생을 비롯해 조세형, 김인호, 정인량, 남재희, 최서영, 김진배, 장덕상 등 한국 언론의 기라성 같은 얼굴로 초창기 관훈클럽의 열성 맴버들의 반가운 모습들을 바로 볼 수가 있었다.

1964년 초창기 니먼펠로우 하버드대학 수학 차 떠난 후에도 간단없이 친서를 보내주는 따뜻한 배려에 언제나 감사했다. 1965년 말 당시 「동아일보」 편집국 김성열 부국장이 이춘구 경제부장과 나를 불러 식사를 하다 거나하게 취기가 오르자 느닷없이 "야, 이대훈 너 박권상 꼬붕이지…… 넌 안 돼……." 하는 것이 아닌가. 전남 순천이 고향인 김성열 부국장은 "너 순천고교 나왔지"하는 얘기까지 덧붙였다. 말하자면 같은 동향이면서 왜 자기를 따르지 않고 박권상을 따르느냐는 경고였던 셈이다. 천관우, 박권상 그분들은 어디까지나 학구적이고 배울 점이 많아 따르는 것인데 그것이 잘못된 것이냐, 오야붕 꼬붕이 어디 있느냐고 항변했지만 들은 척도 안 하는 것 같았다. 수구 재래파의 뿌리 깊은 파벌과 패거리 행태에 깜짝 놀랐고 그 악습이 대를 이어 줄

곧 족쇄로 작용하고 있었음을 어찌 알 수 있었겠는가.

1968년 박정희 정권의 3선 개헌을 고비로 몰아친 회오리바람은 「동아일보」를 벼랑 끝으로 내몰았다. 신문의 대들보였던 천관우 주필이 물러나야 하는 큰 상처를 안기고 말았다. 신문의 위기의식은 검은 먹구름처럼 모두의 가슴을 어둡게 했다. 고재욱 사장과 김상만 발행인은 '편집국장 홍승면 · 국장 대리 박권상'의 비장의 카드로 이를 타개하려 했다. 홍승면 박권상의 쌍두마차는 조용히 편집국에 들어왔다. 두 분의 높은 신망에 기자들은 크게 고무되었다. 홍승면 국장은 이미 「한국일보」 편집국장을 거쳐 칼럼니스트로 그 부드러운 문체는 정평이 나 있고, 박권상 국장 대리는 해박한 이론과 프로페셔널 저널리스트로 명망이 있었기 때문이다. 3선 개헌과 야당의 40대 기수론이 당면한 큰 이슈였고 미국의 우주개발과 암스트롱의 달 착륙이 빅뉴스였다. 야당의 김영삼, 김대중, 이철승이라는 이른바 40대 기수론자들은 신선한 충격을 넘어 사생결단의 과열 양상마저 띠며 경쟁했다.

선두주자 김영삼의 대통령 후보 선임은 어찌 보면 당연한 것으로 받아들여지는 분위기였다. 신민당 취재엔 타의 추종을 불허하는 「동아일보」 정치부 박경석 차장대우는 낮 12시 석간 시쇄에 맞춰 황급하게 출고했다. 마침 최영철 부장이 해외출장 중이라 박경석 차장대우와 이진희 수석기자가 함께 데스크를 보고 마감했다. 대의원들의 후보선임 투표가 오후 1시에 이루어지는데 당시 석간발행인 「동아일보」로서는 그 한 시간 전인 12시에는 신문을 인쇄해야 한다. 유진산 당수의 전폭적인 지지로 1차 투표에서 대의원 과반수 이상의 지지는 무난하다는 판단에 따라 기사는 '신민당 대통령에 김영삼 씨 당선'으로 써졌다. 마감 시간마저 늦춰 분초를 다투는 화급한 상황에서 기사를 고쳐 쓰거나 첨삭은 거의 불가능했다. 한국을 대표하고 있는 「동아일보」가 김영삼 신민당 대통령 후보 당선을 만천하에 배포하게 되는 셈이었다.

대의원 투표도 시작하지 않았는데 그런 중대한 문제를 속단할 수 없다는 신중론이 없지 않았다. 신문제작의 책임을 도맡고 있던 나는 결단을 내려야만 했다. 홍승면, 박권상 두 국장은 나만 바라보고 있는 것이 아닌가. 기사의 내용은 다르다 해도 나무보다 숲을 보는 원칙을 고수했다. '신민당 대통령 후보 김영삼 김대중 대결'의 표제로 신문을 찍어냈던 것이다. 모두가 안도의 한숨을 내쉬고 있던 오후 2시쯤 김대중 후보가 당선되는 청천벽력 같은 이변이 벌어지고 말았다. '김영삼 후보 당선'으로 인쇄가 되어나갔더라면 두 국장의 체면은 어찌 되며 「동아일보」의 신뢰와 권위는 어떻게 되었겠는가. 간신히 표면상으로 큰 상처는 입지 않도록 신문을 꾸며냈지만 그 후폭풍은 크나큰 쓰나미를 몰고 왔다.

## 천관우 주필 퇴진 이후 – 박권상 체제

1968년 천관우 주필의 뼈아픈 퇴진 이후 박 정권의 3선 개헌과 다음 대통령 선거를 앞두고 「동아일보」는 다시 한 번 대오를 재정비했다. 1969년 말 '주필 이동욱 · 편집국장 박권상'이라는 대 개편을 단행한 것이다. 위기의식을 극복하고 신문의 새로운 개혁을 간절히 바라는 고재욱 김상만 두 수뇌부의 결단에 따른 것이다.

박권상 편집국장이 먼저 추구했던 것은 올바른 저널리즘의 복원이었다. 권력의 압력과 횡포가 아무리 거세다 하더라도 제대로 쓰고 결코 굴하지 않는 기개, 신속 정확, 깊이 있는 보도로 고품질의 지면을 꾸려나가야 한다는 일관된 신념에 불타있었다. 박정희 · 김대중 대결의 대통령 선거를 앞두고 우선 대오를 가다듬었다. 김대중 대통령 후보 선출이라는 이변에 따른 안팎의 '사쿠라 논쟁'은 어떤 형태로든 마무리 지어야만 했다.

정치부장 윤양중, 사회부장 김중배, 외신부장 최영철의 이례적 인사이동이 단행됐다. 박경석 차장대우는 경제부 차장으로, 이진희 수석기자는 지방부 차장대우로 발령이 나면서 정치부는 소용돌이에 휘말리게 되었다. 최영철 부장은 외신부장으로 옮기지도 않고 「동아일보」를 그만두고 말았고 이진희 차장대우는 「서울신문」 정치부장으로 가버렸다. 윤양중 부장이 지방부장에서 정치부로 발탁되자 그 파격적인 인사에 뒷말이 무성했다. 4·19 전후 「경향신문」 재직 시 이승만 대통령의 '하와이 망명'을 특종 보도한 천하의 민완 기자로 「동아일보」에 발탁된 경력은 누구나 높이 사는 바 있지만 「동아일보」 정치부장이라는 중책을 두고 벌어진 일이었으니 이러쿵저러쿵 입방아를 찧었다. 그러나 그의 용의주도하고 깐깐한 관리능력은 그런 물의를 잠재우고도 남음이 있었다. 1970년 중반을 넘기면서 박권상 체제가 공전의 실적을 올리게 되자 모두들 크게 고무되었다.

1971년 4월 10일 김대중 후보 부산 유세와 박정희 후보 대전 유세는 7대 대통령 선거의 분수령이 되는 건곤의 일척이었다. 김대중 후보의 부산 서면 로터리 유세장은 몰려든 인파로 일찍부터 술렁거렸다. 박정희 후보의 대전역 유세 또한 동원 인파로 북적였다. 「동아일보」는 이날의 빅 이벤트를 최정예 취재진으로 용의주도하게 대처했다. 부산 서면 유세장은 진철수 부국장이 진두지휘하는 팀워크에 김진배 기획부장 등이 나섰다. 민주주의와 인권, 자유신장, 중앙정보부 정치관여 금지, 대중 경제를 역설하는 DJ의 연설에 대중의 환호는 대단했다. 몰려든 22만 인파는 김대중 붐에 불을 지핀 것이다. 전화 도청으로 기사 내용을 훤히 다 알고 있는 중앙정보부가 그 사실 보도를 차단 축소하기 위해 「동아일보」에 들이닥친 것은 오후 5시쯤이었다. 제작의 책임을 맡고 있던 나를 3층 주필실로 호출했다. 영·호남에 배포할 신문 제작을 막 마무리 짓고 대장(인쇄 이전의 초벌단계)을 보고 있던 때였다.

## 부산 서면의 김대중 유세장

"진철수 그 자식 바로 잡아넣을 거야. 뭣이? 22만 명이 부산 유세에 모였다고? 무슨 근거로 그런 숫자가 나온 것이야! 당장 고치지 않으면 가만두지 않을 거야." 상기될대로 상기된 강창성 정보부 보안담당 차장보가 고래고래 고함을 질렀다. "무엇이라고? 잡아갈 테면 잡아가! 안 되는 것은 목에 칼이 들어와도 안 돼!" 박권상 국장은 한 발짝도 물러서지 않고 분연히 맞섰다. "22만 명, 우리는 철저한 과학적 검증으로 그런 숫자를 추출해 낸 것이야! 누구 맘대로 고쳐! 절대 못 고치는 거야." 박 국장은 입증에도 자신이 있다는 확고한 자세였다.

이동욱 주필은 아무 말 없이 지그시 눈만 감고 있었다. 육사 8기 출신으로 톱클래스에 올랐던 강창성은 박 대통령의 두터운 신임에 중앙정보부를 사실상 움직이는 현역 장군이었다. 이런 강창성의 칼날 같던 공갈에 한 치도 물러서지 않았던 박권상 국장의 그 당당한 몸가짐은 바로 언론 독립 불패의 우뚝한 기상이 아니고 무엇이겠는가. 1963년 초 당연시하던 중앙정보부 요원의 언론사 출입에 맞서 천관우 편집국장이 "여기 우리 사무실에 불필요한 사람이 왜 들어와 있는가? 당장 나가라."고 호통을 치며 수위를 불러 편집국 출입문 전면에 '외부인사 출입 절대 금지'라는 커다란 팻말을 당장 써 붙이게 했던 놀라운 기개를 영원히 기억하듯 이날 박권상 국장이 보여준 가상스런 용기와 불굴의 투지는 참 언론의 표상으로 우리 언론사에 영원히 새겨져야 한다. 이는 바로 그 현장을 목격한 생생한 증언이다.

10·26사태 이후 일민 김상만 회장은 박권상 국장에게 중책을 맡기는 비장의 카드를 꺼냈다. 반짝 햇살이 비추는 정세 속에서 일민 선생은 '편집인 박권상 논설주간 임명'의 개혁조치를 단행하고 김영삼, 김대중, 김종필, 정

일권, 주한 미국 대사를 인촌기념관으로 초치, 서울의 봄과 더불어 대권 잠정 후보자들의 페어플레이를 다짐하는 큰 이벤트도 가졌다. 그 기발한 아이디어는 많은 사람들에게 신선한 감동을 안겨주었고 박권상 주간의 그런 발상과 추진력에 일민 선생은 대단히 흡족하셨던 것 같았다. 운명의 유희일까. 광주 민주화운동과 신군부의 권력 장악은 「동아일보」 르네상스의 꿈을 산산이 조각내고 말았다. 박권상 주간이 영영 「동아일보」에 돌아올 수 없는 비운이 빚어지고 만 것이다.

신문에 큰일이 생길 때마다 직접 불러 직언도 흔쾌히 경청하시던 김상만 회장, "필요한 일이 있으면 어느 때고 나의 방에 들러라." 하시던 일민 선생이 영영 돌아올 수 없는 길로 가셔버렸다. 좀 더 오래 계셨다면 어느 때고 "박권상 주간이 돌아오는 것만이 「동아일보」를 살리는 길입니다."라고 기어코 말씀드리려 했던 소망도 그만 물거품이 되어버렸다.

## 'KBS 사장'에 거부 반응

DJ 시대가 개막되면서 박권상 주간이 'KBS 사장이 된다'는 얘기가 들려왔다. 만나는 기회가 있어 "그 무엇 같은 사람들이 하던 자리를 왜 가시렵니까."라는 고언을 쏟아냈다. 그저 웃기만 하셨다. 박권상 'KBS 사장'에 거부 반응을 일으키던 나는 사장이라는 호칭을 언제나 주저했다. 'DJ에의 유착 전북 마피아'라는 항간의 유쾌하지 못한 얘기가 들려오는데 형언하기조차 힘든 쓰라림을 느꼈다. 가까이 모시고 있었더라면 백번이고 직언을 드리고 제발 그 고고한 저널리스트 상을 손상시키는 일은 없도록 간청했을 텐데……. 혼자서 독백처럼 안타까움을 달랬다. 영원한 저널리스트 박권상 주간이 꼭 계셔야 할 자리는 따로 있었는데…… 하는 비원을 안으면서 그렇게 비하되는 것은 있을 수가 없는 일이라고 외쳐보고 싶었다.

경기도 안성의 일죽, 한 공원묘지 조그마한 소나무 아래 아무런 비명도 없이 쓸쓸하게 한 줌의 흙으로 잠들어 계시는 박권상 주간, 일민 김상만 회장과 함께 살아있는 「동아일보」, 진실한 「동아일보」의 찬란하게 빛나는 별로 우리들 가슴속에 영원히 반짝이리라.

"의견은 자유롭고 사실은 신성하다."는 C. P. 스콧의 세기적 '에피그램'을 그토록 희구하던 생전의 모습 그대로 '정직 · 청렴 · 용기 · 공평 · 국가 · 사회에 대한 무한한 책임이 살아 숨 쉬는 신문'의 이상이 어디선가 면면히 이어지기를 간절히 기원하고 있다.

# 통일을 내다본 혜안

이석렬 (전 동아일보 문화부장)

내가 동아일보사를 그만두고 미국으로 이민 온 지가 벌써 39년이 됐다. 박정희 정권의 「동아일보」에 대한 광고탄압이라는 위법한 공권력 행사가 계속되고 또 언론자유와 유신체제 반대를 부르짖은 「동아일보」 기자들이 무더기로 회사에서 쫓겨난 뒤 나는 미국으로 도망칠 생각을 했다.

편집국 문화부장으로 있던 내가 광고국 제1 부장으로 자리를 옮기자마자 난데없이 불어닥친 광고탄압으로 신문은 매일 광고 없이 발행됐다. 궁리 끝에 '격려광고'가 실리긴 했어도 광고 수입은 있으나 마나였다. 이런 상태로 반년 이상 끌다가 「동아일보」 사주가 마침내 권력 앞에 무릎을 꿇고 말았다.

「동아일보」와 「동아방송」에서 언론자유와 유신철폐를 외치던 기자와 프로듀서, 아나운서 등 1백20여 명의 목이 잘렸다. 직접 투쟁에 나서진 않았어도 투쟁에 동조한 관리직 사원들에 대한 보복 인사도 있었다. 고참 부장인데도 나는 차장급이 맡고 있는 안보통일문제조사연구소 간사라는 한직으로 강등 발령을 받았다. 그럴 만한 이유가 없는 것도 아니었다.

한때 나는 도쿄 특파원으로 있었기 때문에 영어와 일본 말을 할 줄 안다. 외국인 기자들은 도쿄 특파원 클럽에서 안면이 있는 사람들이 많았다. 그중에 「워싱턴 포스트」의 돈 오버도퍼 기자가 나를 만나 쓴 기사가 말썽이 났다. '유령의 적과 싸우는 「동아일보」'라는 긴 글이 「워싱턴 포스트」 한 면을 다 채웠다.

물론 「동아일보」는 이 기사를 모두 번역해서 신문에 실었다. 그러자 중앙정보부는 나를 잡겠다고 나섰다. 나는 평소에 잘 아는 예수회 신부 시노트에게 숨을 곳을 마련해 달라고 했더니 인천 영종도에 있는 신부들의 휴양소에 가 있으라고 해서 거기서 며칠을 지냈다(시노트 신부는 반유신 체제 운동을 하다가 강제 출국을 당한 분으로 2014년 12월 사망했다).

## 기자를 천직으로 믿은 사람

「동아일보」 안보통일문제조사연구소에 있으면서 나는 책 두 권을 편집해서 출판했다. 『북한 대외정책 기본자료집』 상·하권이다. 이 책은 1948년 중국과 소련의 국경분쟁 시점에서 1976년까지 북한 노동당 기관지 「로동신문」에 난 사설과 논평, 각종 성명서를 분야별로 나눠 정리한 것으로 북한을 연구하는 사람들에게는 꼭 필요한 책이다.

이런 일을 하면서 나는 좀 더 실감 나게 통일 문제를 생각하게 됐다. 우선 통일에 대비해서 철저한 준비를 하는 것이 중요하다고 느꼈다. 무엇보다도 우리가 할 일은 따뜻한 동포애를 바탕으로 꾸준히 남북한 간의 동질성 회복을 위해 노력하는 것이다.

이 점에 대해서는 박권상 선배도 나와 같은 생각을 하고 있었다. 그는 런던 특파원 시절 독일을 방문, 많은 독일 통일전문가들을 만나 취재했다. 관심의 초점은 서독과 동독의 평화공존 관계와 남북한 간의 대치관계로, 독일의 평화공존 관계가 왜 우리 경우에는 불가능한지를 밝혔다.

평화공존 관계가 우리의 경우는 불가능하지만 우선 체제와 이념을 초월하여 긴장을 풀고 무력충돌을 피하고 서로 사이좋게 다방면에 걸쳐 관계를 심화시켜 분단의 벽을 당장 허물지는 못할 망정 분단으로 생긴 민족의 아픔만은 어지간히 이겨 낸 경험과 지혜만큼은 우리가 배워야 한다는 게 박 선배의 결론이다.

민족의 화해라는 과제는 나로 하여금 북한에 직접 가보고 싶은 생각을 현실화하는 데 작용했다. 1995년 4월 북한에 갔다. 9일 동안 북한에 머물면서 체험한 모든 것을 기록한 책이 『가고 싶은 고향 만나고 싶은 사람들』이다. 분단 70년의 아픔은 현실을 직시하는 우리 능력을 소진시켰을 뿐만 아니라 비극을 비극으로 실감하는 자각증상마저도 마비시킨 것을 고백한 글이다. 솔직히 나는 나 자신의 인간성 상실을 통감한 자기비판을 하기 위해 북한을 방문했던 것이다.

박권상 선배도 KBS 사장으로 재직하고 있으면서 북한을 두 번 방문했다. 두 번씩 가 본 북한에서 그가 무엇을 체험하고 왔는지 나는 짐작할 수 있다. 통일의 날을 어떻게 하면 앞당길 수 있을까 그 답을 찾아 헤맸을 것이다.

박 선배가 낭인 시절 잠시 미국을 방문한 일이 있다. 귀국 길에 로스앤젤레스에 있는 우리 집에서 하룻밤을 묵고 갔다. 우린 거의 뜬 눈으로 밤새워 가며 얘기했다. 동아투위의 현황부터 장차 어떤 일이 있을지가 관심의 대상이었다.

그런데 기자라는 직업이 천직이라고 믿고 죽을 때까지 이 직업을 놓지 않겠다는 굳은 각오가 박 선배의 몸에 배어 있었다. 한국 신군부의 언론통폐합으로 언론계가 또 한 번 몸살을 앓고 있었고 그나마 남아있던 신문과 방송은 전두환, 노태우 '어천가'만 불러 세상이 어수선해졌으며 떨려난 기자들은 복직이 불가능해진 냉혹한 현실에서 언론에 대한 미련을 버리지 못한 그가 어처구니없이 보였다. 졸병들은 다 죽고 장수만 남은 싸움터에서 장수 혼자 버티기만 하면 되는 것일까. 나는 박 선배에게 다른 길을 찾아보면 되지 않겠냐고 권했지만 그는 단연코 "이제 시간과 싸우는 일만 남았다"고 낙관했다.

## 어떤 경우에도 원리원칙을

내가 맨 처음 박 선배를 만난 것은 50년대 말 김포공항에서였다. 나는 그때 신출내기 기자로 지금은 없어진 「연합신문」에서 '공항 소식'이라는 난에 매일 공항을 출입하는 저명인사들의 소식을 적는 일을 하고 있었다.

여름철 햇빛이 쨍쨍하던 날 양복을 단정하게 차려입고 가죽 손가방을 든 젊은 신사 한 분이 땀을 뻘뻘 흘리면서 여객기에 오르려고 하는 순간 나는 "잠깐만…… 뭘 하러 어디로 가십니까?"하고 물었다. 그는 "예, 저는 신문기잔데 미국 시카고에 있는 노스웨스턴대학에서 언론학을 공부하러 가는 박권상입니다."고 대답했다.

보아하니 키도 훤칠하고 머리는 반듯이 빗어넘긴 미남 젠틀맨인데 눈초리가 샛별처럼 빛난 것이 그의 첫인상이었다. '아, 이 사람은 장차 언론계에 큰 별이 되겠구나' 하는 생각이 번개처럼 머리를 스치고 지나갔다.

「동아일보」사에서 창간 50주년 기념일에 회사 기업광고를 영국 「더 타임스」에 크게 낸 일이 있다. 김상만 사장이 광고 문안 작성을 나더러 하라고 했다. 알고 보니 박 선배가 나를 추천한 것이다. 「동아일보」 사시를 영어로 적고 이것을 풀이하여 한국 민족을 대변하는 민족의 신문이라고 썼는데 글자 하나도 고치질 않고 「더 타임스」에 실린 데 대해 나는 만족했다.

그가 편집국장으로 있었을 때의 일이다. 기자들이 맨 처음 언론자유 투쟁 선언을 한 역사적인 날이었다. 그날 선언문에 중앙정보부원의 편집국 출입을 금지하자는 항목이 들어 있었다. 박 선배는 당장 중앙정보부에 전화를 걸고 중정 요원의 편집국 출입을 하지 말라고 요구했다. 이 전화 한 통으로 다음날 부터 중정 요원의 편집국 출입이 없었다.

박 선배는 동아투위 맴버들에 대한 각별한 관심과 애정을 갖고 있었다. 그래서 그는 동아투위 맴버에 대한 재판이 있을 때 언제나 자진해서 증인으로 출두하곤 했다.

많은 사람들이 박권상 선배를 김대중 사람이라고 말한다. 국가권력과 민주주의에 대한 것이나 남북한의 상호화해협력에 관해서 서로 생각이 엇비슷하기 때문이라고 나는 생각한다. 논설위원 시절 김대중 납치사건 등에 관해 쓴 글이 말썽이 된 일도 있었다.

박권상 선배는 어떤 경우에도 원리원칙을 지키려고 노력한 분이었다. 무슨 일에도 우물쭈물하거나 적당히 처신하는 일이 없는 완벽주의자였다. 마음에 든 부하에 대한 세심한 보살핌 때문에 누구를 편애한다는 오해를 사기도 했다.

나는 박 선배 덕분에 언론 현장을 떠난 지 13년 만에 제자리로 돌아온 사람이다. 1989년 한국에서 새로 생긴 시사주간지 「시사저널」 워싱턴 특파원으로 일할 수 있는 기회를 그 회사 주필인 박 선배가 마련해 주었다. 특파원 임명장을 주면서 그가 "지금 몇 살인가?"하고 묻기에 "쉰다섯인데요……."라고 했더니 "몇 살만 덜 먹었더라면 좋았을 걸……."하고 아쉬워했다.

# 신념 투철했던 직업언론인

이종석 (장지연기념회 회장)

박권상 선생의 일반적인 호칭이 '박권상 사장' 일 테지만 우리 「동아일보」 출신들은 항용 '박권상 주간', 혹은 '박 주간' 이라 한다. '박권상 사장' 은 그가 1998년부터 5년간 KBS 사장을 지냈고 그가 지낸 몇 가지 직함 중에서 가장 많이 알려진 상위직이기에 붙여진 이름이지만 '박 주간' 은 그의 평생직업인 신문기자 중 마지막 직함이요 본인 스스로도 가장 자랑스러워하던 직함이기 때문이다. 많은 언론인들이 혹은 타협하고 혹은 굴복하여 전선을 이탈하기도 했지만 선생은 추호의 타협이나 굴절 혹은 회의 없이 바른 언론만이 자기의 갈 길임을 확신하고 평생을 살았다. 만년에 국영방송인 KBS 사장에 취임해서도 정부와 권력의 중압 속에서 의연히 공영방송의 위상을 새롭게 세워보고자 노력을 기울여 왔다고 생각한다.

내가 처음 박 선생을 대면한 것은 1963년 여름 「동아일보」사에 입사해서 사장실에 근무하면서였다. 그때 박 선생은 전 해에 「한국일보」에서 막 옮겨온 30대 중반의 새파랗게 젊은 논설위원실 말석이었다. 당시 논설위원들은 우승규(禹昇圭), 이동욱(李東旭), 황산덕(黃山德) 위원 등 노장들에다 홍승면 (洪承勉), 서석순(徐碩淳), 오병헌(吳炳憲) 위원 등 언론계에 명망이 높은 분들이었다. 일석 이희승(李熙昇) 사장이 취임하면서 아침 논설회의를 사장실에서 열었는데 거물 언론인으로 부사장 겸 주필인 고재욱 선생과 함께 논설위원 모두가 사장실에 모였다. 첫인상에 박 선생은 젊기도 하지만 외모가 날렵한 귀공자 타입이어서 특히 눈길을 끌었는데 말석답지 않게 행동거지가 활달하고 거침이 없었다. 특히 기억에 새로운 점은 고재욱 주필과는 접촉이 잦은 편이어서 아침 회의시간 이외에도 자주 주필실을 출입했다. 지면제작과 관련한 의견을 주로 주고받는 것이겠지만, 다른 사원들과는 달리 고 주필 앞에서도 박 선생은 주저하거나 거침이 없었다. 고 주필의 신뢰가 각별하다는 생각을 했다. 이 무렵의 정국은 민정이양을 앞둔 가을 대통령선거에 대비하여 군부세력이 민주공화당을 창당하고 박정희 최고회의 의장이 대통령 후보로 나섰으며 이에 맞선 야당의 윤보선 후보가 격돌을 벌이고 있었다. 그때의 「동아일보」는 군사정권을 끝내고 제대로 된 민간정부를 세워서 민주주의를 구현해야 한다는 입장이어서 권력과의 충돌과 그 압력이 불가피했다.

후에 박 선생은 편집국장 대리를 거쳐 1971년 편집국장에 올라 이른바 유신 시대의 폭압적 권력의 압력과 마찰을 빚어 결국 저들의 기피인물이 되기도 했다. 이후 4년여의 영국 특파원 생활도 이 같은 정치적인 이유와 무관치 않았다. 그러나 박 선생은 늦깎이 영국 특파원 생활을 통해 영국의 선진적인 언론과 정치를 접하며 40대 장년기의 언론인으로서 높은 안목과 신념을 가다듬을 수 있었을 것이다.

귀국 이후 박 선생은 「동아일보」 논설주간 겸 편집인이 되었는데 이 시기가 선생의 언론인으로서의 최대 시련기이기도 하고 또 평소의 언론인으로서의 포부를 실현할 수 있는 가장 영광스러운 시기이기도 했다. 10 · 26사태 이후 이어지는 신군부의 폭압적인 언론정책에 맞서 「동아일보」의 지면제작을 총지휘하며 온갖 압력과 협박에 맞서야 했다. 1980년 2월 「동아일보」 김상만 회장이 마련한 김영삼, 김대중, 김종필 총재 등 당시 정계 3거두를 초청한 인촌기념관회관 회동은 박 선생의 계획에 의한 것으로 이른바 서울의 봄의 군정 해빙기를 재촉하고 이를 민정이양으로 이어 보려 한 박 선생의 간절한 소망이 배어 있는 자리였다. 이것이 당시 군정 당국자들을 거슬리게 해 이 해 8월 단행된 언론계 대숙청에서 선생이 평생의 업(業)인 언론을 떠나게 된 직접계기가 됐던 것이다.

## 장지연기념회 창립회장으로

내가 박 선생을 모시고 장지연기념회를 창립한 것은 1989년 가을 선생이 「동아일보」사를 떠나 낭인 생활을 한 지 10년이 가까워져 오던 때였다. 이 해 11월 1일 『장지연 전집』 10권이 단국대 동양학연구소에 의해 완간되어 출판기념회가 열렸는데 이 자리에서 장지연기념회가 창립되어 박 선생이 초대 회장으로 추대되었다.

그러나 박권상 선생을 창립회장으로 추대키로 하고 내가 교섭에 나섰을 때에 박 선생은 선뜻 이에 응하지 않았다. 내가 장지연에 대해 처음 가졌던 선입견과 마찬가지로 박 선생 역시 장지연에 대한 확신이 없었던 듯싶다. 나는 그래도 신문사에서 30년 가까이 일하며 신동아부 문화부 주변에서 학술기자로 일한 경력도 있어서 내가 박 선생을 설득하는 입장이었다. 주지하다시피 박 선생은 영미에서 교육받을 기회가 있었고 특파원을 지내기도 해서 그쪽의 선진언론에 많이 경도되어 있었다. 나는 장지연이 1905년 을사늑약 당시 「황성신문」 사장으로 있으며 '시일야방성대곡(是日也放聲大哭)'이라는 명논설을 직접 써서 일본의 만행과 우리 정부의 무능을 통박하는 역사적 성가를 보여주었다는 것, 1910년 일제강점 직후 진주의 「경남일보」 주필로 있으며 매천 황현의 절명시를 신문에 게재하여 두 신문 모두 정간되는 사태의 바로 당사자로 후에 일제강점하 우리 언론의 저항의 전통을 세웠다는 사실을 들어 박 선생에게 적극 권유했다.

그리고 박은식, 신채호, 양기탁 등 선열들이 언론을 민지의 계발이나 독립운동의 방편으로 삼았던 반면 장지연은 끝까지 언론을 통한 저항과 자강운동에 헌신한, 이를테면 직업언론인의 면모를 보여주었다고 강조했다. 박 선생이 내 얘기에 귀 기울인 것은 아마도 장지연의 직업언론인론에 있었을 것이라 나는 생각한다. 박 선생 자신이 신군부에 의해 「동아일보」에서 강제해직된 후 글 쓸 지면도 잃고 자기 한 몸을 의탁할 조직이나 기구도 없이 낭인의 신세가 되었을 때 언론인으로서의 자존심이나 신념을 지킬 수 있었던 것은 직업언론인으로서의 긍지였을 것이다. 장지연이 박은식이나 신채호처럼 해외망명의 길을 가지 않고 국내에 남아 글도 쓰고 책도 출판하며 민중들과 함께한 것에서 우리나라 직업언론인의 원형을 찾을 수 있었던 게 아닌가 생각했다. 더구나 「황성신문」은 창간 무렵부터 고금제란 일종의 합자회사의 운영체제를 갖추어 개인 중심이 아닌 합동적 현대적인 회사체제를 갖추려 했다.

결국 박 선생이 회장에 취임하여 기념회가 사무실을 열게 되니 선생은 10여 년 만에 시내 중심가에 자기 사무실에 안정된 공간을 갖게 되었다. 내가 상임이사를 맡아 회계나 운영 등 잡무를 맡고 여직원이 선생의 뒷바라지를 해 주니 선생은 사무실에 상근하며 글도 쓰고 손님도 맞으며 각종 연락도 수월하게 할 수 있게 되었다. 다음 해 가을부터 기념회는 한국 언론의 여명기를 조명하거나 같은 시기인 구한말 일제강점 초기의 우리 근세사에 관련한 학술회의도 열고 '위암 장지연상'을 제정하여 1년에 한 번씩 언론부문·방송부문·한국학 부문의 수상자를 뽑아 선생의 명의로 수상하게 되었다. 해가 지날수록 기념회는 세상에 많이 알려지게 되고 특히 '위암 장지연상' 의 성가도 높아져서 중요 신문의 이름 있는 제작간부들이나 방송사 고위제작진들, 그리고 한국학 관련 비중 있는 학자들이 이 상을 받는 것을 명예로 알게 되었다. 자연히 선생도 기념회의 일에 관심과 열의가 높아져서 재정이나 운영에 적극적으로 나서게 되니 출납전표 하나하나를 허투루 하지 않고 세심하게 살피게 되었다.

## 불치하문(不恥下問)의 겸양으로

1990년 가을이 장지연의 70주기여서 지금은 헐리고 없어진 한국일보사의 백상기념관에서 '장지연선생 70주기 추념 전시회' 를 열었다. 위암의 유고와 생활유품 등을 모아 전시회를 열게 되었는데 이 자리에다 원로화가 서예가들의 작품을 함께 전시하여 그 판매대금으로 기념회의 기금에 보태기로 했다. 다행히 40여 명의 저명화가 서예가들이 이 같은 취지에 찬동하여 작품을 출품해 주긴 했지만 문제는 판매였다. 값비싼 작품을 정치인 공직자들이 큰돈 내고 사주는 일은 일종의 미술품 판매 행위로서 우리 임원들은 걱정에 싸이게 되었다. 이때 나는 박 선생의 사회적 영향력이랄까, 막강한 힘을 처음 보게 되었다. 초청장을 보내고 박 선생은 며칠간 이곳저곳 전화를 하는가 했더니 개막식이 열리자 화환이 꼬리를 물고 국회와 정당대표 등 거물정치인들과 많은 고위직 공직자들이 참석했다.

그리고 박 선생은 체면 무릅쓰고 직접 내빈들을 상대로 작품판매에 나서니 전시작품 상당량이 팔리는 것이었다. 애당초 시장에서 높은 가격을 받는 거물 작가들의 작품 기증부터가 어려운 일이었지만 더욱이 유력인사들에게 작품을 파는 일은 이름 있는 화상이 아니면 엄두도 못 낼 일이었다. 자기 명의의 초청장을 보내고 그들을 상대로 작품을 파는 일은 영락없는 상행위이며 아마도 박 선생 평생에서 이런 상행위는 처음이었을 것이다.

1998년 KBS 사장으로 갈 때까지 선생은 주로 기념회 사무실에 머물며 「동아일보」를 비롯한 몇몇 신문에 칼럼을 쓰고 중요 잡지에 런던 특파원 시절 몸소 보고 겪은 일들을 연재하는 등 폭넓은 언론 활동을 벌였다. 20년 가까이 곁에서 지켜본 선생의 인간적인 면모는 귀공자풍의 겉모습과는 달리 소탈하고 선이 굵은 편이며 유난히 직업언론인으로서의 신념과 열정이 투철했다. 언론 이외에는 아무 일에나 관심을 두지 않았으며 언론인으로서의 자부심도 남달랐다. 권력의 유혹이랄까, 정치권의 제안을 주저 없이 뿌리치는 것을 나는 몇 차례 곁에서 지켜본 일이 있다. 선생은 일찍부터 미국유학이나 연수의 기회가 많았던 편이어서 주로 서구 선진언론의 자유 평등 인권사상을 통한 민주주의 실현이란 직업언론인으로서의 포부에 충실했다. 이런 점이 선생이 50년의 장구한 시간, 권력과 금권의 유혹을 거들떠보지 않고 언론에만 정진해온 힘이요 방편이었다고 생각한다. 곁에서 지켜본 선생은 글을 쓰거나 대화할 때 필요하다 싶으면 서슴없이 주위 사람들에게 물었다. 불치하문(不恥下問)이랄까, 손아랫사람에게도, 친숙지 않은 사람에게도 물었다. 또 아무에게나 권위를 내세우거나 체면을 따지지 않았다. 선생의 주변에 언론인들을 중심으로 정계나 학계 심지어 관료사회의 고위 인사 등이 많이 모였던 것도 선생의 이 같은 소탈하고 담백한 품성에서 기인했을 것이다.

# 박 씨 형제의 남다른 은혜

이치백 (한국 향토사연구전국연합회 이사장)

언론계에서만 줄곧 살아온 내게 존경하는 선배 언론인이 몇 분 계시지만 그 중에서도 우초 박용상(愚超 朴龍相) 사장은 진정으로 잊을 수 없는 내 인생의 스승이셨다. 박 사장은 「전북일보」를 창간한 분으로 한때 호남지방에서는 '북에 「전북일보」 박용상, 남에는 「전남일보」 김남중(金南中)' 이라는 말이 있을 만큼 이름이 높았었다. 뿐만 아니라 국내 언론계에서도 유명한 분이셨다.

박용상 사장에게는 그에 못지 않았던 훌륭한 언론인 동생이 있었으니 그가 바로 박권상(朴權相) 전 KBS 사장이다. 형제는 아버지가 일찍 작고하셔서 맏형인 용상 씨가 동생들의 뒷바라지를 해야만 했다. 특히 그는 권상 동생에게는 언론인으로서 올바르게 성장할 수 있도록 항상 배려와 격려를, 그리고 모든 정성을 다하여 뒷바라지를 해주었다. 어떻게 생각하면 동생 권상은 뒤에서 항상 보살펴 주었던 형이 있었기에 언론인으로서 더욱 빠르고 크게 성장했는지도 모른다.

내가 권상 형을 처음 알게 된 것은 「전북일보」로 옮긴 후였다. 나는 서울의

「연합신문」(후 「서울일일신문」)과 동화통신사의 편집부에서 근무하던 중 1960년대 초 우연한 기회에 박용상 사장을 알게 되었고, 또 그 인연으로 「전북일보」로 옮기게 됐다.

나는 권상 형을 만날 때마다 「전북일보」 지면의 구성 및 편집·기획에 이르기까지 상의하여 많은 도움을 받았고 또 많은 것을 배우기도 했다. 그리하여 「전북일보」 사원으로서 나보다 더 권상 형과 가까운 사람은 없었던 것으로 안다. 권상 형은 전주에 내려오는 기회가 있으면 나에게는 꼭 전화연락이라도 했었다.

이러한 사이가 되어 나는 서울에서 권상 형에게 무슨 일이 있으면 꼭 올라갔다. 5공 때 독재정권에 의해 해직언론인이 되어 미국을 비롯, 여러 나라를 돌아다니다가 마침내 돌아와 저서 『자유언론의 명제』 출판기념회를 서울의 교보생명 대회의실에서 가졌을 때 나는 얼마나 반가웠는지 몰랐다. 모든 일을 물리치고 상경하여 축하하고 책 한 권도 얻어왔다. 지금도 내 책장에 꽂혀 있다. 서울 롯데호텔에서 '인촌상(仁村賞)'을 받을 때도 상경하여 축하했다. 또 고려대학교에서 명예박사 학위를 받을 때도 역시 올라갔다.

이보다 앞서 1990년 가을 원광대학교에서 명예박사 학위를 받을 때는 나 혼자만이 아니고 편집국장 이하 40여 명의 기자들을 버스로 대절해서 참석하게 하여 축하를 했고, 아울러 '박권상 선생의 언론 특강'도 들을 수 있게 했다. 그때 서울에서도 수많은 하객들이 내려와 장내는 대만원을 이뤘다. 당시 나는 전주에서 발행하는 J일보의 사장직에 있었다.

내가 평소 권상 형을 좋아하고 고맙게 여기는 것 중의 또 한 가지는 내가 경영하는 J일보에 1주에 1회씩 칼럼을 집필해 주었기 때문이다. 웬만한 중앙의 언론인이나 필객들은 지방지에 글쓰기를 기피한다. 그러나 권상 형은 처음에는 단독으로 집필하다가 얼마 후에는 최일남(崔一男), 김용구(金容九)님께도 집필토록 주선하여 주었다. 우리 신문은 무게를 한층 더했으며 독자들의 반응도 매우 좋았다.

## 전주에서 한영협회 총회

1987년 8월 나는 관훈클럽 신영연구기금으로부터 보조를 받아 『지역사회와 지방언론』이란 단행본을 출간한 일이 있다. 그때 권상 형은 바쁜 중에도 전화 연락을 받고는 '서문'을 써 보내주었다. 이 책은 국내 학자, 일본인 학자 및 지방신문인, 방송인들 9명이 공동 집필한 나의 편저로 출판한 것인데 그 서문 내용을 조금만 인용해 보면 다음과 같다.

……바야흐로 지역사회가 당면하고 있는 문제를 파헤치고 다양한 의견을 반영하여 지역사회에 '바른 정치'를 창출하고 경제를 발전시킬 수 있는 때가 다가오고 있다. 이러한 때에 지역 커뮤니케이션을 천착하여 종합적이고도 체계 있게 집대성한 『지역사회와 지방언론』이란 책을 펴내게 된다. 이는 각별한 의의가 있는 것으로 「전북일보」 이치백 형의 노고가 한층 돋보인다.

이 책은 지방언론에 진출하고자 하는 학도, 매스컴에 관심을 두고 있는 많은 이들에게 소중한 지침서가 되고 '사회의 소금'으로서 언론의 역할을 다시 음미할 수 있는 것이다.

좀처럼 이러한 일은 잘 안 하는 권상 형의 성품을 생각할 때 나는 고마움을 잊을 수가 없다.

이렇듯 나는 권상 형으로부터 그의 생전에 많은 신세를 진 셈이다. 그런데 이같이 지내는 사이지만 나에게 부탁한 것은 딱 한 번 있었다. 그것은 1988

년이던가, 내가 J일보 사장으로 재직할 때의 일이었다.

한번은 전화가 걸려왔다. 내용인즉슨, "내가 한영협회(韓英協會, 당시 회장 김상만)에 관여하고 있는데 올 11월에 있을 총회를 전주에서 개최했으면 좋겠는데 귀 신문사에서 도와주었으면 한다."는 내용이었다. 참석할 회원은 많아서 약 30명쯤 될 것이라고 했다. 이 행사에는 주한 영국 대사도 참석한다고 하고 1박 2일의 행사라고 했다. 나는 바로 최선을 다하겠다고 즉석에서 약속했다. 그리고 행사계획이 결정되는 대로 이른 시일 안에 그 내용을 알려 달라고 했다. 이때 나로서는 평생에 단 한 번 권상 형의 부탁에 도움이 되는 일을 한 셈이다. 이제 생각해 보니 이름은 기억이 나지 않지만 주한 영국 대사가 전주에 와서 자고 또 비빔밥을 먹은 일은 아마 그때가 처음일 것이라고 생각한다. 호텔에 바로 예약을 했고, 경찰에서 호텔 측에 영국 대사가 사용할 방은 일주일 전부터 손님을 못 받게 한 것을 알았다.

나는 '신문의 날'에 몇몇 옛 동료들과 함께 박용상 사장의 묘를 찾아 추도 행사를 한 일이 있었다. 25주기인 2006년 4월 7일에는 '영원한 신문인 박용상 선생', '전북언론의 참스승 박용상 선생'이라고 하면서 추도 행사를 크게 개최했다. 그때 권상 형께서는 집안사람으로부터 이 소식을 전해 들었는지 나에게 전화로 고맙다고 하면서 행사비에 보태 쓰라고 금일봉을 보내주기도 했다. 이때 서울에서 전 언론인이며 국회의원(재선)을 지낸 김진배(金珍培) 형도 참석해 주었다. 특히 권상 형과 진배 형은 동향인으로 선대 어른 때부터 집안 간에 두터운 사이인 것으로 알고 있다. 주최 측으로서는 김 의원이 일부러 서울에서 내려와 준 것이 크게 고마웠다.

# 큰형님 같던 언론계 거목

임홍빈 (월간 문학사상 발행인)

박권상 선배를 5년제 중학교 시절, 먼발치에서 보기는 했지만 감히 말 한번 걸어보지 못하다가 그 후 10여 년이 지난 1958년 여름에 처음으로 얼굴을 가깝게 대하게 되었다. 박 선배가 「합동통신」 정치부 기자로 활동하고 있을 때다.

나는 1956년에 대학을 졸업하고, 가까스로 환도 후 새로 탄생한 「세계일보」 정치부에서 병아리 기자생활을 막 시작했을 때였다. 중학교 동기동창으로 아주 친하게 지냈던 조세형 군에게 부탁해서 박 선배와 점심 자리에서 첫 상면을 하게 된 것이다.

그 이후 박 선배는 나를 자주 불러 식사도 같이하고 항상 지도와 격려를 아끼지 않았다. 당시 내 집이 박 선배 댁과 가까운 동교동 근처에 있어 일요일이나 휴일이면 자주 박 선배에게 놀러 가기도 했다. 나는 박 선배를 형님이라 불렀고, 박 선배는 나를 동생처럼 대해 주었다. 나는 장남이어서 늘 형님이 한 분 있었으면 했고, 박 선배는 위로 형님만 계시고 동생이 없었는데, 새로 아우가 생겼다며 흐뭇해했다. 「합동통신」 재직 당시, 박권상 선배는 월요일

마다 주간 정계동향을 썼는데, 그 예상 기사가 어긋나게 전개되는 경우가 거의 없었다. 기사를 보는 타고난 감각에다 끊임없이 공부하고 앞을 내다보는 탁견이 남달랐다. 다른 기자들이 생각 못 한 특종을 터뜨리거나, 예리한 정치분석 기사로 정가의 의표를 찌르는 대기자의 면모가 일찍부터 있었다. 박 선배는 그냥 기자가 아니라 누구보다 정의롭고 바른 저널리즘을 구현하려는 저널리스트였다.

박 선배가 한국신문편집인협회 핵심기구인 보도자유위원장을 맡고 있을 때 일이다. 중앙정보부에서 「경향신문」의 이준구 사장을 구속하고 어떤 특정인에게 신문사의 소유권을 넘겨주도록 압력을 가했을 때, 박 선배가 집요한 위협과 압력을 물리치고 자유언론을 지키기 위해 투쟁한 일은, 언론사에 남겨야 할 기록이다. 그때 이준구 사장 부인이 끌려가서 정보기관의 고위간부가 "당신 남편이 빨갱이가 아니라는 증거를 5분 안에 글로 써서 내시오."하고 윽박지른 데 대하여 조사를 받던 이사장 부인이 "당신이 먼저 내 남편이 빨갱이라는 증거를 5분 안에 제시하시오."라고 반격을 가한 것을 조사받을 때 핸드백 안에 감춰두었던 녹음기에 담았다가 기자회견장에서 폭로, 조야에 일대 파문을 자아내게 한 사건이었다.

박 선배의 임기가 끝나 그 자리를 내가 물려받아, 2기 4년을 뛰어다녔던 일도 잊을 수 없다. 박 선배가 이루어 놓은 언론자유의 공든 탑이 무너지지 않도록 김해에서 군인들이 신문기자들에게 집단 폭행을 한 사건을 세밀히 조사해 관할부대 사령관이 기자회견을 통해 정중히 사과하고, 관련자를 엄하게 처벌하도록 한 것도 기억에 새롭다. 또 노태우 대통령이 신군부와 민간 사이의 오랜 불화와 갈등을 해소한다는 명분으로 각계 50인의 대표를 결성하여 민족화합위원회를 구성하는 일을 벌였던 것도 생각난다. 그때 언론계에서는 이관구 선생과 박 선배 그리고 나, 세 사람을 선정해, 노태우 측에서 수락해

달라고 요청해 왔지만 박 선배는 단호히 일축했다. 오얏나무 밑에서 갓끈도 고치지 말라는 교훈을 철저히 지키는 것임을 잘 알았으나, 내 경우에는 소속사 입장도 있고 해서 박 선배에게 상의했더니, 나가서 바른말만 하면 되지 걱정할 것 없지 않으냐고 뒤를 밀어주었다.

## 번갈아 편협 보도자유위원장

그 후 정권이 바뀌어 당시 대통령이 직접 박 선배를 만나 장관 자리를 맡으라고 강권하다시피 했지만, 끝까지 사양한 사실도 내게 귀띔해주었다. 또 한참이 지나 김대중 대통령이 입각을 권유했을 때, 평생언론인으로서의 일관된 삶을 지키겠다는 뜻이 훼손되지 않는 KBS 사장직이라면 받아들이겠다고 해서 KBS로 가게 되었노라는 얘기도 훗날 들을 수 있었다. 김 대통령은 평소 박 선배와 교분이 두터웠고 관영이라고 해도 KBS가 영국의 BBC나 일본의 NHK처럼 정치적 중립을 확고하게 지키며, 국가사회의 공기로서 거듭나야 한다는 것을 몇 번인가 편집인협회 같은 공식적인 자리에서 공언하던 일이 있어 그 뜻을 잘 헤아리고 있었다. 그러나 막상 박 선배가 KBS 사장으로 가게 되었다는 소식을 박 선배한테서 직접 들었을 때, 더구나 나를 KBS 9인 이사 가운데 한 사람으로 추천할 생각인데 괜찮겠냐고 했을 때는 순간 어리둥절할 수밖에 없었다.

"아니 형님 그래도 괜찮겠어요?"

마치 며칠 전 프랑스의 소설가 파트릭 모디아노가 노벨문학상 수상자로 발표되었다는 소식을 들은 순간 "내가 왜 노벨문학상을 받아, 뭔가 잘못된 게 아니오?"하고 놀란 표정을 지었다는 경우와, 내가 생각하지도 않은 자리에 가게 되었다는 말을 들었을 때의 어리둥절했던 심정이 비슷하지 않았을까 하

는 생각이 들었다. 모디아노가 문인으로서 최고의 영예이고 한평생 만져볼
수 없는 10억 원이 넘는 상금도 받게 되었는데 "내가 왜 노벨문학상을 받
아?"라고 했듯이 박 선배의 전화를 받고 "아니 형님, 그게 사실이오. 그래도
괜찮겠어요?"하고 반문했던 것으로 기억된다.

## "아니 형님, 그래도 괜찮겠어요?"

조금 당혹스러울 밖에 없었던 것은 바로 내 신상 문제가 결부되어있기 때
문이기도 했다. 그도 그럴 것이 9인의 KBS 이사는 법조계, 학계, 교육계 등
에서 대표 1인씩을 선정하는 형식이었는데 한편으로 걱정이 앞섰다. 그래서
박 선배에게 이렇게 반문했다.

"내가 과연 언론계를 대표할 자격이 있어요? 가뜩이나 말이 많은 언론계에
서 박 선배와 내가 같은 지역, 동문 선후배라고 해서 쏟아질 야유와 비난을
어떻게 감당하실 건가요."

내가 이사가 되는 문제보다는 박 선배가 더 걱정이 되어 그렇게 말했다. 박
선배는 이렇게 대답하며 나를 안심시켜주었다.

"내가 비난과 야유가 쏟아질 수도 있다는 걸 왜 모르겠어. 그렇지만 내가
자네와 개인적으로 가깝다는 건 비난거리가 될 수 있겠지만, 이모저모로 따
져보아도 자네가 언론계를 대표한다고 흠 잡힐 일은 없지 않은가. 내가 KBS
를 근본적으로 뜯어고치려면 이 눈치 저 눈치 안 보고, 늘 바른말 해주는 자
네의 잘 도는 머리가 필요해"라고 그 욕 먹을 수도 있는 인사를 말해주었다.
박 선배의 KBS 사장 임명은 당연히 잘한 인사로 평가받았지만 다행히 내
이사 선정도 발표 뒤 별다른 비난의 소리를 듣지 않게 되어 가슴을 쓸어내렸
던 기억이 새롭다.

KBS는 5년 동안 박 사장의 리더십으로 개혁을 이루었다. 정부나 여당이 잘못한 일을 먼저 보도하기 일쑤였고, 권력층이 싫어할 뉴스나 프로도 확고한 중립의 자세로 방송하게 된 KBS가 가능했던 것은 박권상 저널리즘의 확고한 실현 의지에 힘입은 것이었다고 해도 지나침이 없을 것이다.

중학교 시절 가장 다정했고, 20여 년간 언론계에서 고락을 같이했던 벗 조세형을 잃은 데 이어 친 형님처럼 가깝게 의지하고 따랐던 박권상 선배가 계시지 않은 빈자리가 나에겐 너무 큰 공간으로 남아 있다.

# 89동우회

전만길 (전 서울신문 사장)

내가 박권상 선생과 인연의 끈을 맺게 된 것은 고등학교 교사를 그만두고 「동아일보」 기자로 입사하면서 비롯됐다.

1967년 11월 「동아일보」(10기) 기자로 입사했을 때 박 선생은 논설위원으로 계셨고 국장대리를 거쳐 1971년 국장이 되셨다. 나는 졸때기 기자로 새벽같이 사건 현장이나 경찰서로 출근, 온종일 뛰다가, 내근 기자들이 퇴근할 저녁 무렵에야 파김치가 되어 회사에 들어가는 처지였다. 당시 사회부장은 김중배 선배셨다. 개인적으로는 한국 언론의 두 거목을 국장과 부장으로 동시에 모시는 행운을 누린 것 같다. 사건기자이다 보니 직접 편집국장 얼굴을 뵐 기회는 흔치 않았다. 먼발치에서 뵌 것이 고작이었다. 우리 젊은 기자들은 솔직히 국장이 어느 분이신지 관심을 둘 형편이 못됐다. 새로 오신 국장은 날카로운 필력을 가지신 논객, 외국물을 많이 먹은 선비같은 분 정도로 알고 있을 뿐이었다. 사건기자로 야간 근무 중 몇 번인가 국장 댁에서 술꾼 선배들을 택배하러 들렀던 기억도 떠오른다.

내가 박 선생을 가까이서 뵙게 된 것은 1980년 8월 9일 신군부에 의해 「동아일보」에서 강제 해직되면서부터다.

박 선생은 「동아일보」 편집인 겸 논설주간으로서 신군부 세력에 대한 비판적 자세, 그리고 선후배 동료 32명은 광주민주항쟁 기사에 대한 검열 거부 등 자유언론 실천 활동에 대한 보복으로 강제 해직당했다.

## 해직기자들의 정신적 지주

박 선생은 52세로 강제 해직기자 33명 중 가장 연장자이시자 가장 직위가 높으신 분이었다. 30, 40대가 가장 많고 20대 후반에서 50대 초까지의 연부역강한 해직기자들은 부모와 처자식의 삶을 책임지는 생때 같은 가장들이었다. 당시의 처참한 실상과 울분을 떠올리면 지금도 가슴이 저며 온다.

끓어오르는 분노를 삭이며 참담하게 하루하루를 보내면서 우리 해직기자들이 정신적으로 의지하며 기댈 수 있는, 기대고 싶은 분이 박 주간(우리는 이렇게 호칭했다)이셨다. 박 주간과 최일남 부국장 같은 대선배들과의 만남과 대화, 산행 등은 해직 기자들에겐 큰 위로와 충전의 기회가 됐다.

잦은 만남과 대화를 통해 서로를 격려하며 생계를 위해 흩어져 어디에서 무슨 일을 하든 반드시 복직하여 언론자유를 실천하자는 결의를 다지곤 했다.

이를 위해 강제 해직일인 8월 9일을 잊지 말자는 뜻에서 해직기자의 모임인 '89동우회'를 결성, 내일을 기약했다. 그 중심에는 박 주간이 계셨다. 박 주간은 최 국장과 함께 이 모임의 정신적 지주로 어려운 문제에 대해 상담해 주시고 조언과 격려를 아끼시지 않았다. 외국에 계신 경우를 제외하고 이 모임에 참석하지 않는 경우는 한 번도 없으셨던 같다. 밥값도 자주 내셨다. 단골집일 경우 그분의 거의 유일한 도락이라 할 수 있는 고스톱도 치면서 새까만 후배들과도 격의 없이 어울리셨다. '89동우회'는 복직 후에도 계속돼 34년이 지난 현재까지 이어오고 있다. 나는 해직 무렵 박 주간 댁과 아주 가까운 거리에서 살았다. 그렇지만 혼자 찾아뵙는 경우는 드물었던 같다.

1984년 5월 중순 경 자동차보험(주) 홍보실로 한 통의 전화가 걸려왔다. 「동아일보」에서 복직 의사를 묻는 전화였다. 편집국장이 아닌 출판국장의 전화였다. 전원 복직 여부를 물었더니 사회부 해직기자 3명뿐이라는 얘기였다. 이는 보통 문제가 아니었다. 나는 즉답을 피하고 생각할 시간을 달라며 전화를 끊었다.

나는 두 후배에게 연락, 개별적으로 복직 여부를 결정하지 말고 신중히 대처하자는 데 의견을 같이했다.

기자들은 한날한시에 강제로 쫓겨났으니 한날한시에 전원 복직해야 한다는 게 해직기자 모두의 한결 같은 생각이었다. 그래서 이 사실을 맨 먼저 박 주간께 알리고 해직 동료 선후배들의 의견을 물었다. 다른 언론사의 경우도 수소문해 봤다. 다른 언론사에는 복직에 관한 아무런 움직임도 없었다.

89동우회 회원들의 의견은 분분했다. 반대하는 쪽은 펄쩍 뛰며 우리 해직기자들을 분열시키려는 또 하나의 음흉한 책동이라며 받아들여서는 안 된다는 것이었다. 격정적이었고 목소리도 컸다.

회사의 부분복직 결정을 악의적으로만 생각해서는 안 되니 신중히 지혜를 모아야 한다는 의견도 만만치는 않았다. 후속으로 계속 복직시키겠다는 약속을 누구로부터도 받아낼 수 없으니 그 목소리는 작을 수밖에 없었다. 모두가 맞는 말이고 어느 의견도 귀담아듣지 않을 수 없었다.

박 주간께서는 말씀을 아끼셨다.

그리고 나를 불러 조용히 말씀하셨다.

"부분 복직 결정은 아쉽기는 하지만 회사 차원에서도 쉽지 않은 결정일 수 있다. 복직 절대 불가란 둑에 작은 구멍이 뚫린 것으로 보인다. 전 기자가 스스로 판단해서 결정해라."고 말씀하셨다.

## 정계 등 각계 인사들과 폭넓은 교류

이 말씀의 의미를 깨닫고 고민 끝에 복직하기로 결심하고 이 사실을 주위에 알리고 회사에 통보했다. 해직 3년 10개월 만인 1984년 6월 1일 사회부두 후배(최맹호 「동아일보」 대표이사 부사장, 배인준 주필)와 함께 광화문 본사 편집국이 아닌 여의도에 있는 출판국으로 출근했다. 해직 기자들은 그 후 몇 번으로 나뉘어 순차적으로 대부분 복직이 됐다.

그러나 박 선생의 경우 안팎으로 얽힌 여러 사정으로 복직이 무산되고 말았다. 스스로 복직 의사를 접으신 것이다. 그러나 칼럼 집필, 일민문화재단 이사장으로 활동하시며 「동아일보」와의 인연의 끈을 이어가셨다.

우리나라의 대표적 언론인 박권상 선생을 「동아일보」라는 한 언론사에 국한시켜 조명하려는 것은 결코 아니다. 「동아일보」라는 한 언론 매체가 우리나라에서 차지하고 있는 역할의 막중함을 늘 강조하셨고 그분이 즐겨 사용하신 말씀인 우리나라의 대표적인 인스티튜트였기 때문이다.

맨 먼저 복직했던 관계로 회사와 '89동우회' 사이의 메신저 역할은 당연한 나의 책무였다. 박 선생과 회사와의 소통에 작은 도우미 역할을 하게 됐다. 이로 인해 후배로서 알지 않았으면 좋았을 신문사 내 간부들 사이 역학관계의 한 단면을 엿볼 수 있어 씁쓸했다.

외압이 아닌 내부의 갈등과 최고위층의 조정 실패로 「동아일보」 복직 의사를 접고 계실 무렵으로 기억된다. 최대 매체에서 파격적인 고료로 월 1회 칼럼을 집필해달라는 청탁을 받으셨다. 생활이 어려우셨던 상황에서 반가운,

거절하기 어려운 의뢰였을 것이다. 그러나 고민 끝에 예의를 갖춰 정중하게 거절하셨다는 말씀을 직접 들었다. 「동아일보」에서 편집국장 편집인 논설주간을 한 해직 언론인이 최대 경쟁지에 고정칼럼을 쓰는 게 도리가 아니라고 생각하신 것이다. 나는 이 사실을 회사에 알리지 않을 수 없었다. 아마도 회사에서도 박 선생의 이 같은 결정에 감사하게 생각했을 것으로 확신한다.

박 선생을 뵈면서 감탄해 마지않는 일이 한둘이 아니다.

첫째, 원칙에 충실하고 보편적 가치를 추구하신 점이다.

잘 알려진 바와 같이 "언론과 언론인에게 가장 중요한 일은 진실이 모든 것에 앞서는 가치라는, 진실에 대한 신앙이다"는 글귀를 좌우명으로 삼으시고 언론인으로서 올곧게 글을 쓰고 처신하셨다. 매사에 대충대충 적당히 넘기시는 일을 보지 못했다. 박 선생이 쓰신 사설과 칼럼, 각종 저서를 통해서 이를 확인할 수 있다. 정관계의 숱한 손짓을 거절한 사실도 널리 알려져 있다.

둘째, 폭넓은 인간관계다. 박 선생은 언론 외길 60년을 걸어오시면서도 각계각층의 다양한 인사들과 넓고 깊은 인간관계를 맺어 오신 점이다. 박 선생 주변에는 항상 사람들이 모여들었다.

언론계, 정계, 문화계 등 각계각층의 인사들과 연령대와 관계없이 교류하셨다. 만나는 어느 누구와도 따뜻하고 관심 있는 대화를 나누셨다.

다 알다시피 박 선생 댁은 특히 명절 때는 사랑방이자 일류 레스토랑이었다. 또 카지노였다. 아침부터 저녁 늦게까지 각계 인사들로 붐볐다.

사모님 최규엽 여사가 정성을 다해 마련한 갖가지 맛깔스러운 음식은 방문객에겐 큰 즐거움이었다. 서재와 거실 식탁에서는 끼리끼리 무리 지어 고스톱과 포커판이 벌어지곤 했다. 수시로 드나드는 그 많은 방문객들을 싫은 내색 한번 안 하시고 상을 차려 대접하는 사모님이 감사하고 존경스러웠다.

셋째, 항상 열린 마음으로 새로움을 추구하신 점이다. 상대를 존중, 어느 누구와도 어떤 주제에 대해 얘기할 수 있는 분이셨다. 상대방의 말을 경청하시되 옳음과 다름, 틀림에 대한 입장은 분명히 하셨다.

영어 등 외국어에 능하서 외국신문과 방송, 서적, 외국인과의 교류를 통해 새로운 정보와 흐름을 파악하시고 맨 먼저 소개하는 전도사 역할을 하셨다.

박 선생의 서재는 후배로서 부족함을 일깨워 주는 채찍의 장소였다.

## 존경스러운 최규엽 여사의 내조

마지막으로 사모님 최규엽 여사를 빼놓을 수 없다.

부부를 반려자라고 하지만 정다운 벗이자 평생 동지, 하늘이 맺어준 천생연분이란 박 선생과 최 여사 이 두 분을 두고 하는 말이 아닐까? 이는 나 혼자만의 생각은 아닐 것이다.

50대 초반 가장의 해직으로 어려운 생활을 꾸려가면서 유학 중인 대학생에서 초등학교에 다니는 네 자녀의 뒷바라지를 해야 했던 사모님이 아니신가? 연약한 여자의 몸으로 그 무거운 짐을 혼자 짊어지셨으니 그 고달픔이 오죽하셨겠는가. 자녀들 모두 훌륭하게 성장해 세계 유수의 대학에서 학위를 받고 국제적으로 활동하고 있어 너무 자랑스럽다.

박 선생께서 오랜 기간 병상에 누워 계실 때 건강을 해치시면서까지 지극정성으로 간병하신, 그리고 끝까지 희망의 끈을 놓지 않으시는 모습을 보고 너무 안타까웠다.

우리의 자랑스러운 박권상 선생의 언론인으로서의 위상은 최규엽 여사의 내조에 힘입은 바가 크다는 사실에 모두가 생각을 같이할 것이다.

# 정언(正言)의 죽비 소리

전진우 (전 동아일보 대기자)

1979년 10월 27일 오전 4시 30분경. 서울 종로구 세종로 139번지 「동아일보」사 건물 3층에 있던 「동아방송」 보도국 야근 데스크의 전화벨이 요란하게 울렸습니다. 전화를 받은 보도제작부 야근 담당자가 책상 위에 매트리스를 깔고 새우잠을 자고 있던 저를 깨웠습니다. 문공부에서 중대 발표가 있으니 기자를 보내달라고 한다고 했습니다. 야근 데스크는 전날 밤 자정께 아침 5시 뉴스를 올려놓고 귀가했다고 했습니다. 그러고 보니 보내달라는 기자는 저밖에 없었습니다. 그때 저는 입사한 지 만 3년이 안 된 '사쓰마와리(경찰기자)'였습니다. 전날 밤 야근이 걸려 서울 시내 주요 경찰서를 돌고 회사로 돌아와 짧은 잠을 자고 있던 중이었지요.

어둑한 새벽이었습니다. 통금이 풀린 시간이었지만 세종로 네거리에는 가로등 불빛만 어룽거릴 뿐 지나는 차량조차 없었습니다. 늦가을의 스산한 바람이 텅 빈 거리 위를 쓸고 지나갔습니다.

지금은 없어진 중앙청 왼편에 있던 문공부 건물로 갔습니다. 발표장은 길게 놓인 장의자 대신 책상 걸상을 들여놓으면 제법 큰 교실이라 할 만했습니다. 태극기와 대통령 사진이 걸린 앞면 벽에 긴 칠판이 걸려 있었으니까요. 거대한 칠판은 천장에 매달린 차가운 형광 불빛을 받아 검푸른 빛을 띠고 있었습니다. 그 칠판을 마주한 장의자 군데군데에 긴급 연락을 받고 달려온 신문 방송 기자들이 어깨를 움츠리고 앉아 있었습니다. 아무도 중대 발표의 내용을 눈치채지는 못했으나 그것이 예상을 뛰어넘는 중대사항일 거라는 무언의 예감에 사로잡혀 있었던 것 같습니다. 마침내 허우대가 멀쑥한 문공부 장관이 칠판 위에 백묵으로 이렇게 썼습니다.

## 해직 이후 대선배 만난 자부심으로 견뎌

'朴正熙 大統領 有故'

검푸른 칠판 위에 백묵으로 쓰인 글자들은 돋을새김으로 불거졌습니다. 숨이 막힌 듯한 침묵이 강당 안을 짓누르는 가운데 누군가 신음처럼 물었습니다. "유고의 의미가 무엇입니까?" 장관이 어깨를 돌리며 답했습니다. "지금으로써는 어떤 답변도 드릴 수 없습니다. 발표한 내용 그대로입니다."

저는 회사로 전화를 걸었습니다. 그 사이에 회사에 나왔는지 야간 데스크가 다급하게 말했습니다. "생방송 물릴 테니 읽어. 두 번, 아니 세 번 읽으라구." 저는 야간 데스크가 하라는 대로 세 번 읽었습니다. "오늘 아침 정부 대변인인 김성진 문공부 장관은 박정희 대통령 유고라고 발표했습니다. 유고의 자세한 내용은 아직 밝혀지지 않았습니다.", "오늘 아침⋯⋯" 단 두 줄의 문장을 세 번 반복하는 동안 저는 유고의 의미를 알아챘습니다.

박정희가 죽었다!

쩌릿한 전율이 목덜미에서 어깨로 훑어 내렸습니다. 달려온 중앙청 출입기자와 교대하고 회사로 돌아오는데 어느새 새벽 뉴스를 들은 사람들이 중앙청 앞과 세종로 거리에 모여들고 있었습니다. 주로 노인들이었습니다. 저의 눈에는 그들의 모습이 임금의 승하 소식에 황망하고 슬퍼하는 조선 백성들 같아 보였습니다. 문득 무언지 모를 불길한 예감이 뇌리를 스쳐 지나갔습니다.

이듬해인 1980년 5월, 저는 3년 반의 경찰기자를 끝내고 정경부로 배속되어 한국은행에 출입했습니다. 경찰서에서 먹고 자는 '사쓰마와리' 생활에서 벗어나 와이셔츠 입고 양복 입고 한국은행에 출입하면서 착실히 경제공부를 할 생각이었습니다. 그러나 10·26사태 이후 등장한 신군부의 권력 야욕이 빚어낸 정국의 소용돌이는 좀처럼 착실한 경제공부를 허락하지 않았습니다. 1979년 11월 22일 「동아방송」 기자들은 '자유언론 실천을 위한 결의'를 발표했습니다. 10·26 이후 언론계에서 발표된 최초의 자유언론 선언이었습니다. 해가 바뀌어 1980년 4월 17일에는 「동아일보」 기자들의 '자유언론을 위한 선언문'이 공표되었지요. 그러나 12·12군사반란(1979년)으로 권력찬탈의 마각을 드러낸 신군부의 폭거는 마침내 '광주 학살'로 이어졌고, 모든 언론은 계엄사의 검열로 한 줄의 보도도 제대로 할 수 없었습니다. 각 언론사에서 중견·젊은 기자들을 중심으로 일어났던 검열철폐·제작거부 운동도 권력의 폭압으로 그 성과를 이뤄낼 수 없었습니다. 몇몇 언론인에 대한 연행과 구속에 이어 찾아온 것이 대량 강제해직이었습니다.

1980년 8월 9일 오후, 「동아일보」 세종로 사옥 1층 벽에 33명의 해직자 명단이 붙었습니다.

지난해 늦가을 새벽에 느꼈던 불길한 예감의 실체가 마침내 그 모습을 드러낸 것이었지요. 저는 그날 제 이름과 함께 해직자 명단의 맨 윗줄 첫 번째 이름을 보았습니다. 박권상 논설주간. 저는 그때 처음 선생을 만났습니다. 실제 만남은 얼마가 더 지나서였지만 저는 그때가 선생과의 첫 만남이었다고 생각합니다. 선생과 저는 20년의 나이 차가 납니다. 선생이 23살(1952년)에 기자를 시작했으니 언론계 경력으로는 24년의 차가 나고요. 말 그대로 올려다 보기에 새카만 선배였지요. 그러니 이제 막 병아리 신세를 벗어난 젊은 기자가 '당대의 언론인'이었던 선생을 만나 뵐 기회가 어디 있었겠습니까. 저는 선생이 그해 5월 '광주 사태'가 벌어지자 논설주간으로서 10여 회나 사설 게재를 거부했으며, 또 그달 말 국보위 전두환 상임위원장 취임에 대한 사설 집필을 거부했다는 소식을 들어 알고 있었습니다. 그것은 「동아일보」의 자존심이자 언론인의 기개였습니다. 그런데 그 대선배의 이름이 해직자 명단의 맨 꼭대기에 올라있는 것입니다. 그것을 보는 순간 저는 이제 선생을 만났다고 생각했습니다. 그 지독했던 여름날 오후 선생의 이름이 저를 지탱하게 해주는 힘이 되었습니다. 존경하는 대선배와 함께한다는 자부심이 저의 머리를 꼿꼿이 세울 수 있게 해주었습니다.

## 선비의 고결한 기풍 온몸에 풍겨

그해 9월 「동아일보」, 「동아방송」 기자들은 '89동우회(東友會)'를 결성했습니다. 8월 9일 해직 일자에 맞춰 암울한 시대를 연대하며 견뎌내자는 친목 모임을 만든 것이지요. 좌장인 박권상 주간을 비롯하여 최일남 부국장 등 해직기자 중 지방 주재기자들을 제외하고는 거의 전원이 모였습니다. 저는 그날 박 주간에게 처음 인사를 드렸습니다. 영국 신사풍의 온화하면서도 격조 높은 인상이었습니다. 섣불리 분노하지도, 언성을 높이지도 않았지만 선비의 고결한 기풍이 당신의 온몸에서 풍겼습니다. 그것은 정의와 진실의 가치를 조용히 지켜내는 언론인의 참모습이었습니다.

해직되면서 받은 퇴직금으로 기금을 만들었습니다. 얼마인지는 정확히 기억할 수 없지만 좌장인 박 주간이 가장 많은 돈을 내놓았습니다. 정치부 기자에서 해직된 강성재 선배(2002년 작고)가 회장을 맡아 기금을 관리하다가 8년쯤 지나 제게 인계했습니다. 그 기금은 주로 회원들의 경조사에 쓰여왔고 지금까지 이어지고 있습니다. 30여 년 세월이 흐르면서 모임에 참석하는 회원은 절반으로 줄었지만.

제가 선생을 뵐 수 있는 기회는 그리 많지 않았습니다. 그저 정초에 세배를 가거나 1년에 한두 차례 식사 모임 자리에서였지요. 그러나 선생이 함께하신다는 생각은 늘 보이지 않는 격려가 되었습니다. 정초 세배를 가면 '어른'들이 모여 고스톱을 치기도 했는데 특히 선생이 해맑은 소년처럼 웃으며 즐거워하던 모습을 잊을 수 없습니다. 그만큼 맑은 분이었지요. 제가 선생을 마지막으로 뵌 것은 보바스 요양병원의 침대에서였습니다. 입으로는 말을 못하시고 눈으로 말씀하셨지요. "왔는가." 저는 그 말 없는 말씀을 영원히 잊지 못할 겁니다. 때 낀 세월 속에서 소스라쳐 떠올릴 것입니다. 언론인으로서 자존을 잃지 말라는 죽비소리로. 정의와 진실의 힘을 믿으라는 정언(正言)으로서.

# 칼 같은 공과 사 그리고 돈

조천용 (전 시사저널 사진부장)

1989년 1월 초 나는 전화를 받았다.

"나, 「동아일보」 있던 박권상인데 아시겠어요?"

"네? 누구신지요?"

"나, 전에 「동아일보」에서 논설위원도 하고 편집국장도 한 박, 권, 상,이요. 아시겠어요?"

"알고 말구요. 그런데 웬일로 이렇게 전화를 친히 주시고…… 무슨 하실 말씀이라도 있으신지……."

"다른 게 아니라 조천용 씨 만나 식사라도 하며 몇 가지 이야기할까 해서……."

말이 같은 신문사지 편집국장과 평기자와는 하늘과 땅 차이인데다 더구나 나 같은 사진기자를 국장이 알 까닭이 없을 텐데 무슨 상의를 하자는 것인지 궁금했다. 1965년부터 한 10년 동안 「동아일보」 사진기자로 있었지만 윗분들에 대해서는 별 관심이 없었다. 그런데도 박 선생은 나를 잘 아는 듯한 그런 인상이었다. 그분은 단도직입으로 지금 어디 있는가, 월급은 얼마인가, 가족은 몇인가 묻고서는 자기의 복안을 아주 사무적으로 이야기했다.

동아건설의 오너 최원석 회장의 동생 최원영 씨가 고급 주간지를 구상하고 있다. 자기가 부사장 및 주필의 책임을 맡고 있다. 돈은 충분히 대주겠다고 한다. 편집권은 주필에게 일임한다고 했으며 사진기자의 채용이나 사진기자재의 선택 등은 전적으로 내게 맡겼다. 몇 번 만났는데 자금이나 경영에 대한 자세가 믿을 만하다. 그러니 같이 일하면 어떻겠는가, 이런 요지였다.

그 무렵 나는 「동아일보」에서 나와 대한항공 선전실에서 해외취항지의 풍물과 인물을 취재하여 기내지인 「모닝 캄」에 게재하고 해외선전 포스터 등을 제작하는 일을 맡고 있었다. 신문사처럼 긴장하지 않는 것이 장점이고 해외 출장이 1년의 거의 반은 되어 나에게는 꿈의 직장이 아닌가 하는 생각이 들었다. 그동안 나는 30여개국에 100여 도시를 방문하고 호텔은 특급호텔에서 항상 지냈다. 박 주필은 사진기자의 연봉을 급수별로 자세하게 알려주며 좋다면 부장으로 모셔 올 생각이라고 말했다. 아주 사무적이었고 공개적이었다. 하지만 나는 신설 회사이니 몇 년 잘 나가다가 쓰러지는 경우 어떻게 될 것인가 하는 불안과 고급지를 만들려면 얼마나 많은 돈이 드는지를 과연 물주나 박 주필 같은 분이 알까 싶어 걱정스러웠다. 「동아일보」 사진부가 가지고 있는 시설이나 장비에 비해 대한항공의 그것은 단위가 다름을 실감했기 때문이다.

나는 박 주필에게 누가 추천했느냐고 물었다. 그는 「동아일보」 박용윤 부장에게 부탁했다면서 맨 먼저 사진부장부터 정하고 그다음 디자인, 편집, 취재 부분으로 순차적으로 나갈 생각이라고 말했다. 그는 몇 사람 팀을 이루어 4월경 미국 현지에 출장, 「유에스 뉴스 앤드 월드 리포트」와 「타임」 「뉴스위크」 등 주요 주간지를 방문 실습시킬 계획도 설명했다. 그것도 두 달 동안이나! 나는 깜짝 놀랐다. 혹 박 주필이 뻥을 치거나 아니면 물주의 뻥을 순진한 박 주필이 그저 믿는 게 아닌가 의심이 들기도 했다. 마침 최원영 씨의 계열사에 내 보성고 동창이 사장으로 있어 '고급 주간지' 발간 계획이 있는지 어느 정도로 지원할 계획인지 물었다. 그는 오라고 할 때 빨리 가라며 좋은 기회라고 격려해주었다. 그 얼마 뒤 2월 중순경 나는 사진부장 발령을 받았다.

나는 양한모 미술부장, 표완수 국제부장 등과 함께 미국 현지로 떠났다. 현지 공장과 스튜디오에서 하나에서 열까지 철저하게 도제교육을 받았다. 기술이라는 것은 확실하게 알아야 할 뿐만 아니라 몸에 익히지 않으면 안 되기 때문이다. 박 주필은 이렇듯이 처음부터 당신이 직접 일할 사람을 모으고 훈련시켰으며 팀을 이루어 협동하는 방법을 자연스럽게 알도록 만들었다. 똑똑하고 훌륭한 언론인으로만 알던 내 생각은 크게 바뀌었고 보통 사람이 흉내 낼 수 없는 큰 능력을 가진 분으로 알게 되었다.

## 회의 시간 늦었다고 친구 국장 타박

그뿐만이 아니었다. 시간을 지키는 일이나 공과 사를 엄격하게 구분하여 공은 어디까지나 공적으로 처리하는 데는 어떤 무서움까지 느꼈다. 「시사저널」은 일주일에 한 번씩 발행하는 주간지인데도 아침 편집회의는 날마다 했다. 아침 8시 반에 회의를 시작해서 9시면 끝낸다. KTX 시간이 저리 가라 할 정도로 엄격하다. 마치 승객이 미리 열차 자리에 앉아 있어야 하듯이 적어도 2~3분 전에는 모두 제자리에 앉아 회의 시작을 기다린다. 8시 반 정각에 주필이 자기 자리에 좌정한다. "안녕하세요!" 인사하고 나면 바로 본론으로 들어간다. 회의할 내용은 미리 정갈하게 타이핑해서 각자 책상 위에 놓는다. 이러한 회의 요령까지도 며칠 전에 참석자들이 충분히 알도록 설명했다. 이렇게 하면 어떻겠는가, 저렇게 하면 어떻겠는가 하는 회의 절차나 방법은 전적으로 회의를 주재하는 박 주필이 정한다.

　어느 날이던가 진철수 편집국장이 조금 늦었다. 한 사람이라도 빈자리가 있으면 회의는 시작되지 못한다. 진 국장은 "늦어서 죄송합니다." 하며 자기 자리에 앉았다. "진 국장, 지금 몇 시요? 왜 늦었소?" 느닷없이 박 주필의 큰 소리가 나왔다.

　"마침 중요한 전화를 받다 끊을 수 없어서……."

　"우리 회의보다 중요한 일이 어디 있소? 미안하다며 끊고 시간 나는 대로 다시 전화해야지요."

　우리는 깜짝 놀랐다. 진 국장이 뭘 그리 잘못해서 부하들 앞에서 그렇게 야단을 맞아야 한단 말인가. 박 주필 같으면 사장이나 외부의 아주 중요한 고객의 전화를 받다 말고 회의시간을 챙길 것인가. 어느 편인가 하면 당시 우리는 진 국장 편이었다. 아니 진 국장이 시간이 늦은 것은 부득이한 것이 아닌가 하는 생각이었다. 더구나 박 주필과 진 국장은 나이도 같고 서울대학 영문과 동기 아닌가. 지금 어쩌다 상하 관계가 되어 있지만 미국에 있는 진 국장을 사정사정해서 서울로 모셔와 미국식 주간지를 만드는 멘토처럼 모시지 않았던가. 우리는 어안이 벙벙했다. 진 국장을 저렇듯 호되게 닦달할 때 우리 같은 쫄따구(?)는 죽었다 싶었다. 그 뒤 몇 년 동안 박 주필은 물론 진 국장도 단 한 번도, 단 1분도 회의시간에 늦는 것을 보지 못했다. 박 주필이나 진 국장은 일에 관한 한 상사일 뿐만 아니라 전문가였고 솔선수범하는 그런 분이었다. 그러한 기질이 몸에 배었다. 미국에서 10여 년 살아온 진 국장은 그렇다 치더라도 연수를 하고 학위를 하느라 2~3년, 또는 1~2년 미국에서 지낸 박 주필까지 저토록 미국식 기율, 미국식 시간 지키기에 엄격한데 우리는 놀랐다. 두 분은 매사에 우리의 모범이었다. 어느 직장, 여느 신문사에서 보지 못하던 원칙에 충실한 사람들을 우리는 보았다.

그뿐만이 아니다. 박 주필은 돈에 대해서도 엄격했다. 인터뷰를 하거나 취재를 할 때 상대로부터 단돈 1천 원도, 커피값이나 택시비를 내게 해서도 안 된다고 회의 때마다 주의를 주었다. 우리가 회사를 위해, 취재를 위해 쓸 만한 돈이 있다, 최원영 사장과도 약속했다고 하며, 그분은 단호히 말했다. 우리 사회 어디에나 퍼져 있는 신문사 또는 신문기자의 돈에 얽힌 악습을 우리부터 뽑아야 하고 우리 몸을 깨끗이 간수해야 하지 않겠느냐는 그런 말이었다.

## "내 평생 돈 안 받는 기자 처음 봤소"

특종을 하면 두둑하게 상을 줄 것이지만 어쩌다 낙종을 했다고 징계를 하지는 않을 것이다. 하지만 돈을 먹었다는 소문만 나도 철저히 추궁하여 엄하게 다스릴 것이다. 박 주필의 지론이었다. 이런 박 주필의 말씀이 있던 어느 날 나는 취재 기자와 함께 정주영 현대건설 회장의 인터뷰를 했다. 한 시간 남짓의 인터뷰가 끝나고 악수를 하고 나오려는데 정 회장은 "잠깐" 하며 비서실장에게, 홍보실장과 점심이라도 하라며 홍보실에 들러 가도록 넌지시 말했다. 우리가 홍보실에 들르자 홍보실장은 우리 두 사람에게 회사 이름이 찍힌 두꺼운 봉투 한 개씩을 주었다. 어림잡아보니 100만 원쯤 되었으리라.

"이거 회장님께서 주시는 겁니다. 얼마 안 되는 것이지만 집에 사모님 갖다 드리라고 당부하셨습니다." 우리는 약속이나 한 듯이 정중하게 사양하며 "얼마가 됐든 저희는 받을 수가 없으며 오히려 저희가 바쁘신 중에도 인터뷰에 응해 주셔서 감사할 뿐입니다." 하고 아예 받지 않았다. "아니, 이거 여러분들께만 특별히 드리는 돈도 아니고 인터뷰의 기회를 주신 여러분들에 대한 사례도 아닙니다. 회장님과 만난 누구든 우리는 그저 고마운 인사로 드리는 겁니다. 무슨 특별한 뜻이 있는 건 아니라는 걸 이해하시고 저희 회장님의 성의를 받아 주세요.”

우리는 돈과의 인연을 끊고 점심마저 사양했다. 마음의 자세가 정해지니 돈이라는 게 별거 아닌 듯이 느껴졌다. 100만 원이 어디 뉘 집 애 이름인가. 거절하는 기쁨, 통쾌하기도 했다. 나중에 안 일이지만 현대건설 임원으로 있는 후배한테 자초지종을 얘기하고 한 장의 수표도 아니고 현금으로 주다니? 하고 의아해했더니 후배 왈 “수표는 뒷탈이 생길 수 있어 우리 회사는 항상 현금으로 처리한다.”고 했다.

한 사흘 뒤엔가 박 주필이 부른다는 연락이 왔다. 나는 무슨 꾸중을 들을까 조마조마했다. 주필은 지면의 백 가지 일을 다 직접 챙겼다. 특히 사진 관계에는 더 신경을 쓰고 계셨다. 꾸중을 듣고 주의를 주기로 하면 수두룩했다. 주필실에 들어서자 벌떡 일어나서 내 손을 덥석 잡으면서 말했다.

“어제 정주영 씨한테서 전화 받았소. 박 주필이 어떻게 그렇게 훌륭한 기자를 두었느냐며 내 평생 돈 안 받는 기자를 처음 본다고 좋아했어. 무슨 광고 할 게 없는가, 협찬할 게 없는가 물으면서 말이지.”

그러고선 지갑에서 30만 원을 꺼내 주셨다. “이거, 부원들 데리고 저녁에 대포나 하시오! 조천용 씨가 우리 회사 모범이야, 자네가 박권상이와 「시사저널」의 값을 올려주었어!” 박 주필의 손바닥이 크고 쥐는 힘이 센 것을 새삼 느꼈다.

# 지금 여기 박권상이 있었다면

진철수 (전 동아일보 워싱턴 특파원)

박권상과 나는 관훈클럽 창립 동지이며 유신 폭풍으로 '야당지'「동아일보」가 시달리던 시절인 1970년대 전반에 편집국 간부로 같이 일한 동료로서 매우, 친한 사이였다. 박 형네 집에 자주 드나들다 보니 나는 박 형의 어린 자녀들에게서 "큰 가방 아저씨"라는 별명까지 얻었다. 내 몸집에 비해 유난히 큰 가죽 가방은 내가 덜 읽은 신문 잡지 등을 담고 항상 들고 다니는 이동 창고였기 때문이다.

우리는 손발이 잘 맞는 팀이었고, 서로 말없이 존중하는 사이였다. 그러나 우리의 라이프 스타일은 많이 달랐다. 나는 테니스 치기를 좋아하고 기자 친구들과 어울려 술을 마시러 다니는 일이 흔했었다. 박 형은 독서와 집필에 시간을 많이 쏟는, 학구적 스타일이었다.

내가 가까이서 본 박권상이란 인물의 특징은 무엇일까. 눈빛이 밝고, 쉽게 미소하는 쾌활하고 정결한 얼굴을 가졌다.

관훈클럽운동이 태동한 미국 시카고 근교 에번스턴(Evanston)에서 있었던 일이 생각난다. 미국 국무부 초청으로 언론 연수를 위해 방미 중이던 우리 청년 기자 일행이 하루는 전세 버스를 타고 시카고 시내로 구경을 가게 되었다. 집합 시간이 조금 지났을 때 천천히 걸어오는 박 형 모습이 보였다. 확실히 몇 분 늦었는데도 태연하게 유유히 걸어오는 것이 내 눈에는 거슬렸다. 하지만 우리 일행을 돌봐주던 미국인 지도교수의 반응이 걸작이었다. "동양 신사의 기풍이 잘 나타난 장면이었다"며 "큰 감명을 받았다"고 다음 날 말하는 것이 아닌가. 농담이 아니라 진지한 찬사였다. 차분하게 동요 없는 '항심(恒心)'을 지키는 동양 선비의 기풍이 몸에 배어 있다는 높은 평가이며, 바쁜 일과 때문에 허겁지겁 서둘러야 하는 미국인들의 모습과는 너무 다르고 대조적이라 부럽다는 소리였다.

## 단련과 양식 갖춘 프로페셔널

돌이켜보면, 부자나라 미국의 문물을 현장에서 접하니 충격적인 것이 한두 가지가 아니었다. 또 우리 일행이 흩어져서 중소도시의 신문사들을 방문하며 제작 현장을 목격했을 때 신문 제작에 참여하려면 우리가 앞으로 배워야 할 일이 많다는 느낌이 왔다. 8·15 해방 후의 혼란기를 거쳐 6·25 전란을 겪은 직후인 1955년의 이야기니까, 우리 청년 기자 일행이 귀국 후에 "잘 해보자, 배우자, 공부하자"는 뜻을 다 함께 품게 된 것은 당연한 반응이다. 신문이 질적으로 상당히 높은 수준을 지켜야 하며, 그러자면 단련과 양식을 갖춘 '프로페셔널'이 필요하다는 것이 관훈클럽을 태동시킨 기본적인 생각이다. 최병우, 박권상, 조세형, 그 밖의 여러 관훈 동지들의 비전과 추진력 덕분에 세미나, 토론회 등 다양한 활동을 하며 사회의 존경을 받고 있는 오늘날의 관훈클럽이 이루어졌다.

그러나 오늘의 언론 상황은 준엄하다. 세월호 참사 보도에서 오보가 많았기 때문에 독자들에게 사과한다는 전면 성명을 실은 신문도 있었다. KBS도 미확인 정보를 보도하여 혼란을 가중시켰다는 비난의 대상이 되었다. 독자들의 신용과 신뢰를 얻어야 영향력을 제대로 발휘할 수 있다는 것을 누구나 다 알면서 실수와 무성의 때문에 믿기 어려운 존재로 추락한 상태다. 그 밖에도 미국 소고기 문제에 관한 MBC의 과장 보도로 촛불 시위 소동이 일어났었으며, KBS의 부실한 보도 때문에 문창극 총리 후보가 친일파로 몰린 사태가 일어나기도 했다.

언론이 위기에 처한 이러한 상황에서, 만약 고인 박권상이 관훈 동지들에게 부탁하는 말을 남겼다면, 뭐라 했을 것인가. 윤리 강령도 있고 취재와 기사 작성을 제대로 하라는, 여러 가지 지침들이 있는데 그런 것들이 훈련과 감독을 통해 지켜지도록 하는 실천방안을 재확인하고 경영과 제작 책임자들을 격려하여 문제를 해결토록 하는 운동을 벌여 달라고 했을 것 같다. 어느 나라에서나 독자들은 믿을 수 있는 신문을 갈망한다. 문제를 해결하는 방도가 있다는 것은 널리 알려졌지만, 차제에 고양이 목에 방울을 다는 작업은 관훈클럽의 몫이 아닐까.

# 자유인 문화인 평화인

천승준 (문학평론가)

1980년 8월 9일 「동아일보」사에서 해직된 우리들은 박권상 선배를 '주간 님'이라고 부른다. 해직 당시의 직책이 그러하지만 그 호칭에는 좌절과 고난을 이겨낸 존경과 신뢰 그리고 못다 한 자유언론의 염원이 함께 담겨있어 더욱 소중하다.

"자유인 문화인 평화인", 고등학교 모교의 교훈이다. 언제부터인가 이 말을 되새기면 박 주간이 떠오르고 박 주간을 대하면 교훈이 생각나게 됐다. 35년에 가까운 세월을 곁을 지키면서 얻어낸 답이다. 당신의 생애가 "나는 자유와 민주주의와 사회정의의 가치를 확신하는 사람"이라고 스스로 내세웠듯 무애의 경지에서 신념대로 살아왔으며, 세계를 넘나드는 문명비평의 혜안을 저서의 곳곳에 담아냈고, 타협과 균형과 화이부동을 아우르는 중용의 미덕을 일관해서 존중해왔다고 믿기 때문이다.

주간님을 처음 가까이 뵙게 된 것은 해직 이후였다. 같은 일터인데도 방송 쪽에서 일한 탓으로 명저 『영국을 생각한다』의 애독자로서 먼발치에서 선망의 눈으로 한두 번 스쳤을 뿐이었다. 암담한 상황 속에서 해직의 충격이 채 가시지 않았던 8월 하순에 첫 모임을 갖고 '8·9동우회'라는 공동체의 새 생활을 시작했는데, 그때 비로소 주간님의 진면목을 대하게 된 것이다.

## 관악산에 올라 '씹고' '때리기' 열중

우리는 먼저 등산을 시작했다. 관악산이 주 무대였다. 초기에는 가히 '관악산정회합'이라고 부를 만큼 성황을 이루었는데 KBS, MBC, 「한국일보」 등 타매체의 해직자들도 함께 모였고 간혹 유수한 재야인사와 주한 미공보원장 같은 의외의 인물이 찾아오기도 했다. 주간님은 항상 밝고 맑은 품격에서 우러나는 낙천주의, 시퍼렇게 솟구치는 예지, 바람을 일게 하는 활력으로 모임을 주도했고, 우리는 그런 분위기 속에서 좌절과 실의를 털어내며 심기일전할 수 있었다. 기가 한껏 올라 한참 파행으로 치닫는 정치와 언론을 성토하면서 마음껏 '씹고', '때리기'에 열중한 것도 그 무렵의 일이다.

그해 겨울 주간님의 두 번째 저서 『(속) 영국을 생각한다』의 출간은 우리에게 큰 기쁨과 보람을 안겨줬다. 필자에겐 어려움 속에서도 집필에 정진했던 성취의 보답이면서 남은 이들에게는 격려와 함께 각성과 분발을 촉구하는 뜻으로 받아들여졌다. 재야의 자유기고가로 활동했던 그 시기, 6년 동안 6권의 저서를 펴내 해외체류 2년 반을 빼면 1년에 2권씩 책을 엮어낸 셈이다. 언론현장에 있을 때보다 오히려 더 왕성하게 정론직필에 매진한 것이 아닐까. 이 기간을 언론과 경세의 진실추구를 위한 학습의 과정으로 삼아 만학의 자세로 『(속) 영국을 생각한다』, 『자유언론의 명제』, 『미국을 생각한다』, 『웃물이 맑은 사회를』, 『영국을 다시 본다』, 『감투의 사회학』을 차례로 밑줄을 그어가며 통독했던 기억이 새롭다.

해직기간에『동아방송사』를 탈고했던 필자는 1989년 복직하면서『동아일보사사 권5』의 집필을 맡게 되었다. 바로 앞『동아일보사사 권4』는 다름 아닌 주간님의 작품이어서 반가웠고, 그 뒤를 잇는다는 데에 설렘이 있었다.

『동아일보사사 권5』는 1980년 5월부터 1990년 4월 1일 창간 70주년까지의「동아일보」발자취를 담도록 되어있어 이른바 '서울의 봄'에서 '안개 정국' 그리고 5·17 계엄확대와 광주민주항쟁에 이르는 격동의 과정을 점검하게 되었고, 그 엄혹한 언론현장에서 민주화와 언론자유를 위해 처연하게 맞섰던 역사 속의 박권상 주간의 생생한 모습을 다시 뵙게 되었다. 특히 5·17 계엄확대 이후 언론인 해직까지의 상황을 정리하는 데는 자료수집과 사실 확인에 보다 힘을 쏟을 수밖에 없었는데, 그것은 필자가 계엄확대 조치와 동시에 합수부에 연행돼 7월 중순까지 구금상태로 현장 체험과 파악을 전혀 할 수 없었던 때문이었다.

## 횡설수설 폭군 통치 감수하면 노예

1969년 8월 25일 박정희 정권의 3선 개헌을 반대한 사설을 쓴 이래 유신 지지 거부, 1980년 5월 국가보위비상대책위원회 발족에 대한 침묵 대응 등 반민주적 조치에 결연히 맞서왔던 박 주간은 신군부의 지면검열에 대항해 사설을 게재하지 않는 '무사설의 저항'으로 언론사상 획기적인 족적을 남기는 데 기여했다. 당시 박 주간의 추상같은 결기가 어떠했는지는 '안개 정국'이 잠행하던 무렵 4월 19일 자 '힘으로 국민을 다스릴 수 없다' 제하의 사설과 함께 게재된 '횡설수설'의 다음과 같은 내용만 봐도 그 혁혁함을 짐작할 수 있다.

언제나 어디서나 압박은 혁명의 씨앗이 된다. 그러나 씨앗이 뿌려졌다고 해서 반드시 혁명이 난다고 단정할 수는 없다. 권력 만능으로 국민을 지배하는 자는 틀림없이 폭군이고 독재자이지만, 이에 복종만 하는 '백성'의 시대가 있다. 폭군의 통치를 감수하는 경우 '백성'은 곧 '노예'다. 폭군이 있는 곳에 노예가 있고, 노예되기를 거부하는 상황에서 폭군이 설 땅이 없다. (중략) 잔인한 4월의 광풍 앞에 사라져간 의로운 젊은이여, 감미로운 자유의 이름이여. '자유의 나무는 폭군의 피를 마셔야만 자란다'고 했고 '자유의 나무는 때때로 폭군의 피로 원기를 회복하며, 폭군의 피는 자연의 비료'라고 했다……

더욱 삼엄해지는 검열외압과 기자들의 검열·제작거부가 맞부딪치는 격랑 속에서 박 주간은 7월 '김대중내란음모사건'에 대해 '진실이 소상히 밝혀지고 공정한 법의 심판을 기대한다'는 내용의 사설을 썼다. 7월 7일 자 사설란 대장에 오른 '자유와 안전과 단결' 제하의 이 글은 검열 당국에 의해 전면 삭제돼 끝내 햇빛을 보지 못한 채 사장되고 말았다. 필자는 창고 구석구석을 뒤져 누렇게 바랜 원고를 기어이 찾아내 『동아일보사사 권5』에 게재하면서 이렇게 짤막한 지문을 달았다.

"「동아일보」는 정권탈취를 위해 질주하는 신군부의 강압 속에서도 특히 논설 부분을 통해 언론의 정도를 지키기 위해 고군분투했다." 이는 당시 「동아일보」 편집인 겸 논설주간이었던 우리의 박권상 선배를 향한 헌사이기도 하다.

# 무지와 싸우는 것이 가장 힘들었다

강대영 (전 KBS 부사장)

박권상 사장의 KBS 5년을 회고하면 취임 후 첫 3년까지가 가장 힘들었던 고난의 시기였다. IMF로 인한 고통분담과 구조조정에 KBS 또한 예외가 될 수 없었고 통합방송법 개정 입법과정에서 공영방송 KBS의 위상을 지키는 일이 중차대한 과제였다.

고통분담과 구조조정은 노조가 얼마나 협조하느냐에 그 성패가 달렸고 방송법은 좀 복잡했다. KBS에 대한 외부의 시각이 싸늘했고, 내부적으로도 '편성권'과 '고통분담' 등에 대한 노사 간의 첨예한 대립으로 갈등을 겪고 있었다.

난파 지경에 처한 KBS호의 조타수로 격랑을 헤치던 그 시절, 박 사장의 육성과 다름없는 녹취록이 당시 상황을 생생히 증언하고 있다. KBS의 지향점에 대한 확신, 굽히지 않는 원칙, 반면에 인간에 대한 실망과 분노, 배신감, 때로는 고립무원의 좌절감과 비애까지도 감지된다.

1998년 12월 8일, 정부에서 더 개혁적인 방송법 초안을 마련하기 위해 방송개혁위원회(방개위)를 발족시켰다. 강원룡 목사가 위원장, 강대인 교수가 부위원장 겸 실행위원장으로 사실상의 실무를 총괄했다. 강대인 교수는 9월, 크리스천 아카데미를 통해 'KBS 2TV 분리와 교육방송의 KBS 통합', 'MBC 민영화', '송출공사 설립' 등 강제적인 구조조정 방안을 제시한 바 있다.

## 개혁하지 않으면 개혁 당한다

KBS의 앞날이 통합방송법의 향방에 따라 운명이 좌우될 분위기였다. 방개위의 KBS에 대한 인식도 좋은 것이 아니었다. 개혁을 하지 않고서는 개혁을 당할 처지가 되었다.

밖에서 비판하는 사람들은 "KBS가 정말 월급 못 받는 상태가 되어야 정신 차릴 것"이라고 한다. 많은 언론사가 문을 닫기 직전이다. KBS가 고임금이라고 국민들의 시선이 따갑다. 개혁은 곧 고통을 말한다. 고통을 이겨내지 못하면 망한다. 우리가 주인이다. 우리 스스로가 구조조정하고 살 길 찾아야 한다. (98. 12. 1. 임원회의 노트-박 사장)

방송법 개혁 논의가 본격화되었다. 1월 26일, 방개위 1차 공청회는 쟁점이 되고 있는 제도나 정책보다 경영구조를 다루면서 KBS 성토장이 되었다.

지금 저의 심정은 비참하달까, 비장하달까 그런 느낌입니다. 우리의 삶터 KBS가 방만하고 비대할뿐더러 '불량식품'과 같은 유해한 존재로서 대폭 손봐야 할 부정적인 집단으로 이 사회에서 매도되고 있다는 서글픈 현실 때문입니다. 이처럼 왜곡된 여론을 이용하여 KBS의 기능과 역할을 축소시키고 보수 기득권 세력의 유지를 도모하고자 하는 방송장악의 음모까지도 숨겨져 있는 것으로 판단되기 때문입니다. (99. 2. 6. 노보-현상윤 노조위원장)

강 목사 얘기가 다 옳은 것은 아니지만 부분적으로 인정하지 않을 수 없다. 회사에 돌아와 보니 노조는 회의실 점거하고 있고 임원들은 부사장실에서 대책회의 하고 있더라. 자회사 합병 서명하려는 판에 구정 떡값이나 달라 하고, 이게 뭐냐! 그러니까 강 목사가 'KBS는 컨트롤이 안되는 집단'이라고 그런다.

지난 1월부터 비상특위 가동해 아무리 노력해도 진전이 없었다. 걱정스러운 것은 노조가 협상 테이블에 나오지 않고 소극적이라는 것이다. 개혁이 어려울까 걱정이다. 낙관도 비관도 안 한다. 최선을 다해 협상이 깨지지 않도록, 우리 조직 내부, 노사, 상하 간에 균열이 있어서는 안 된다. (99. 2. 20~22. 박 사장)

2월 말, 방개위 활동이 끝나고 보고서가 국회로 건너갔다. 4월 처리 예정이던 방송법이 늦춰졌다. 공동여당인 국민회의와 자민련, 그리고 주무 부처인 문광부 간에 혼선이 빚어졌기 때문이다.

4월 19일 지하철 노조가 총파업에 돌입했다. 이 파업을 전폭 지지하던 노조가 파업을 비판한 해설위원 2인의 징계를 요구하면서 노사가 격돌했다.

"우리 KBS가 취한 것에 잘못된 것이 없다. 잘못이 없는데 잘못을 시인하고, 사과하고 관련자를 처벌한다는 것은 그럴 수 없는 일이다." (99. 4. 30. 박 사장)

조합은, 양심적인 언론인 자세를 저버린 박 사장을 더 이상 믿을 수 없다는 결론을 내렸다. 이제는 더 이상 참아줄 수 없노라고 단호하게 경고한다. 냉수 먹고 속 차리라고, 정신 못 차리고 계속 헤매면 용서하지 않겠노라고, 노동조합의 힘을 보여주겠노라고 협박 아닌 협박을 던진다……. 이제부터는 무능력, 무소신, 반민주, 반개혁에 대해 전면전을 선포하며 행동으로 보여줄 것이다. (99. 5. 6. 노보 '박 사장의 대오각성을 촉구한다')

## "49년 언론생활에 처음 굴욕과 모욕감"

다음은 주보에 보도된 당시 상황.

4월 28일부터 노조원들 사장실 앞 농성, 대자보 부착, 고성방송(70db) 시작. 구호는 "차량직원, 아웃소싱 좌시하지 않겠다!", "편파방송, 박 사장은 각성하라!"

5월 6일, 월례조회장 진입 시도. 노동가 부르며 구호 "박 사장은 물러나라!" 12시 20분경, 위원장이 사장실 입구 상단 유리창에 음료수 깡통 던져 파손. 12시 25분경 박 사장, 엘리베이터로 이동 중 옆에서 밀치며 팔과 양복 잡고 늘어져, "당신, KBS에서 끝장이야!"라고 폭언.

49년째 언론계에 들어선 나로선 처음이다. 청경에 포위돼서 조회에 들어가고 나간 것은. 굴욕감, 모욕감을 느꼈다. 내가 무엇을 잘못했는가? KBS 사원들이 무서워서 그렇게 됐다는 얘기밖에 더 되느냐? 나 스스로에 대해서 굴욕감, 모욕감을 느낀다. 이 방에서 몸으로 저지한 사람 누가 있는가?

"박 사장! 당신 끝난 줄 알아!"라고 해도 아무 말이 없다. (99. 5. 8. 박 사장)

이틀 후 노조위원장이 박 사장에게 직접 사과하고 재발방지를 다짐했다. 박 사장은 이번 사태는 분명 불법이었으며 특히 사람 이름을 복도 바닥에 부착해놓고 사원들이 밟고 지나가도록 하는 모욕적인 방법은 비신사적이라고 지적했다.

노조는 7월 13일~7월 27일까지 보름간 방송법 파업을 강행했다. 지금 상정하고자 하는 법안은 악법이다. 노조의 개혁을 반영한 법안이라야 한다. 그것도 반드시 회기 내에 통과시켜야 한다는 주문이었다. 그런데 투쟁의 대상이 묘했다. 분명, 법은 국회에서 정하는데 엉뚱하게도 KBS를 상대로 파업하겠다는 것이다. 불이 국회에서 났는데 소방수가 물을 KBS에다 끼얹은 격이다. 파업 보름 동안 KBS는 그야말로 난장판에 무법천지를 방불케 하는 공황 상태가 되었다.

대단히 실망스럽다. 9시뉴스 앵커 출입을 규찰대가 힘으로 봉쇄, 저지했다는 것은 명백한 불법이다. 앵커가 자기 의사로 방송하겠다는 의지를 표명했는데 힘으로 저지했다. 규찰댄가 뭔가 하는 사원들이 마스크를 쓰고 누구인지 파악 못 하게 하는 참으로 비겁한 일을 하고 있는데 20~30여 명 규찰대가 몰려다니면 꼼짝 못 하는 현실이 개탄스럽다. 어느 신문의 말처럼 'KBS는 죽어야 산다'고 했는데, 그래야 하겠는가? (99. 7. 14. 박 사장)

그동안 참여에 소극적이라는 비판을 받아온 보도본부 조합원들이 자발적인 투쟁으로 앵커 교체를 관철시킴으로써 조합의 투쟁역량에 큰 힘을 보탰다. KBS 9시뉴스는 사흘째 남자 앵커를 잇달아 교체하는 파행을 빚음으로써 이번 파업투쟁을 안팎에 알리는 커다란 성과를 이뤄냈다. (99. 7. 16. 노보)

젊은 규찰대들이 종횡무진 날뛰고 무법천지다. 법은 날아가 버리고 힘이 지배하는 정글의 법칙 같은 것이 KBS에 횡행하고 있다. KBS가, 법도 질서도, 상하, 선후배 할 것 없이 완전히 아노미 현상에 빠져 허우적대고 있다.

간곡히 부탁한다. 여러분이 살고 우리가 살고 KBS가 살아야 한다. 모두하나하나 붙들고 설득해야 한다. 이 무법천지를 그대로 두고 볼 수 없다. (99. 7. 17. 박 사장)

## 파업으로 떼쓰는 관행 묵과할 수 없어

어제 사태 보고 밤새 고민했다. 사장이 택할 길은 극히 제한돼 있다. 나의 리더십 부재, 무능을 인지하고 즉각 사퇴하는 길. 어제는 위원장이 진두지휘하고 "9시뉴스 안 나가면 어떠냐", "끝장내자" 하고 폭력을 쓰며 보도국에 난입했다. 이건 폭도다. 국민의 방송, 막중한 기관을 폭력적 수단으로 유린했다.

어제 시청자위원회에서 안상운 변호사가 "이거 노사가 짜고 치는 것 아니냐" 했다. 보도국장에게 이 얘기를 보도하라 그랬다. 그런데 노조 자극한다고 사장 지시는 안 듣고. 최문순(언노련) 위원장, MBC 위원장 얘기 다 보도하고 난 뒤에 여기에 대해 박 사장은 이렇게 말한다면서, 덧붙이더라. 사장을 이렇게 능멸하고 있다. 내가 임명한 본부장은 어디 있나? 그 기사 쓴 기자가 누구냐? 참고 또 참았다. 어디까지나 자율적으로 해야 한다고……. 본부장! 어디 얘기해봐라. 앵커를 노사 합의하에 세우는 거냐?

내가 여기서 명성이나 얻고 돈 벌려고 하는 것 아니다. 내가 지금 성명서 내고 그만두어야 할지 하룻밤 내내 고민했다. 그러나 이 자리가 탐나서가 아니라 공인으로서 그다음 사태를 생각 안 할 수 없다.

어제 사태로 완전히 무력감 느꼈다. 여러분! 정신이 똑바로 박혔다면 멱살잡고 혼내야지, 어떻게 "9시뉴스 안 나가도 좋다", "리본을 달아라 말아라"

해도 보고만 있나? 그놈들이 통치자냐?

그러니까 노조가 경영진을 우습게 안다. 사표 써라! 도저히 안 되겠다. 물러가라면 물러가겠다. 청경들은 얻어맞고, 본부장은 뭐냐? 법적 대응도 못하고…… 전쟁이다. 적과 동지를 분명히 해야 한다. 어제 같은 사태, 다시는 용납할 수 없다.

노사문제도 정확히 보도해라. 자기 일에 관해서 공정 보도 못 하면서 어떻게 남을 보도하느냐? 자유를 세우려면 용기가 있어야 한다. 욕먹을 용기, 때로는 생명의 위협을 느끼는 용기……. 이 무거운 짐을 후임자에게 떠넘기기 싫다. (99. 7. 23. 박 사장)

7월 26일 출구전략을 모색하던 파업 지도부가 국민회의 측과 '민주적 방송법 제정을 위한 합의문'에 공동 서명하고 파업을 접었다. 이른바 '노정합의'다.

파업은 사실상 끝났다. (오늘이 화요일인데) 저들은 토·일요일 파업을 거두기 위한 명분 쌓기에 분주히 움직였다. 하루만 더 유예해 달라고 했다. 1분 1초도 안 된다, 굴복·타협은 있을 수 없다고 했다. 그러자 갑작스럽게 편성위 철회하고 부랴부랴 코미디 같이 최재승 의원과 노 측이 합의문 만들었다. 명분을 위해, 파업의 정당성을 포장하는 데 급급했다. 그런 협상이 이뤄지고 있는 것을 몰랐다. 심한 배신감을 느꼈다. 편성위를 철회하자 감지덕지해서 받아들이고 불법파업을 용인했다는 데 분노했다. 충분히 항의했다. 국민회의 대행, 자민련 총재 등, 그들이 사과했다.

방송의 독립은 하루 이틀에 되는 것이 아니다. 국민회의가, 노조가 우리 운명을 결정하지 못한다. 불법하고 부당한 주장을 합의해준 것이다. 파업으로 떼쓰는데 적당히 처리하면 되는 것인가? 애초부터 저들의 주장은 파업의 이유가 안 된다. KBS가 KBS를 상대로 폭력을 썼다. 노 측이 공개적으로 잘못을 시인하고 사과하지 않으면 상종할 수 없다. 이러한 관행을 두고 21세기를 맞을 수 없다. (99. 7. 27. 박 사장)

근 2년의 진통 끝에 12월 말에 가서야 방송법 개정안이 국회를 통과했다. 당초 1, 2TV 분리, 국책방송 분리 등의 문제는 없던 일이 되었다. 박 사장이 강력히 주장했던 '경영위원회'는 받아들여지지 않았다. 대신 독립적인 이사회가 부각되었다. 노조가 주장했던 '편성위원회' 대신 '편성규약'이 들어갔다.
노조의 논평이 나왔다.

방송법 개정안을 둘러싼 논의과정 속에서 몇 가지 교훈을 얻었다. 정치권력은 KBS의 자존(自存)을 원하지 않는다는 것이었다. 막후의 과정에서 방송법을 둘러싼 뒷얘기는 다음 기회로 미루자. 명분과 현실적 이익 사이에서 우리 스스로도 혼란스러웠다. 그리고 그 혼돈 속에서 헤매는 KBS를 어느 누구도 지지하거나 도와주지 않는다는 사실을 알게 됐다. (99. 12. 23. 노보)

박 사장은 KBS가 '공중분해'의 위기에서 벗어났다며 그럴수록 더 무거운 책임의식을 지고 가야 한다고 했다. 그리고 20세기의 마지막 송년회의에서 소회를 밝혔다.

"어느 것 하나 힘들지 않은 것이 없었지만 '무지와의 전쟁'이 가장 힘들었다⋯⋯."

# 뉴미디어 방송에 앞장서다

김인규 (한국전쟁기념재단 이사장, 전 KBS 사장)

1999년 12월 정기국회 막바지에 새로운 '방송법'이 국회 본회의에서 통과됐다. 당시 방송법 관련 책임자였던 KBS 정책기획국장으로서 필자는 방송법 통과 사실을 즉각 박 사장님께 보고했다. 박 사장은 오랜만에 훤한 얼굴로 그동안의 노고를 치하한 뒤, 뜻밖의 인사명령을 제의했다.

"김 국장! 그동안 통합방송법 처리하느라 정말 수고 많았어. 이제 방송법 문제가 해결됐으니 이번에 새로 생기는 뉴미디어센터를 맡아 주어야겠어."

갑작스러운 제의에 당황할 수밖에 없었다. 왜냐면 방송기자 출신으로 보도국장까지 마치고 부산방송 총국장으로 내려가 있던 중, 1년도 채 안 된 지난 3월 다시 본사 정책기획국장으로 발령을 받은 지 9개월 만에 또 새 보직을 맡으라니 말이다. 더구나 뉴미디어 분야에는 전혀 경험이 없는 터라 더 그랬다.

"사장님! 새로 생기는 뉴미디어센터는 아무래도 인터넷과 관련이 깊은 것 같은데, 저는 'www.'가 무슨 뜻인지도 모르는 컴맹입니다. 재고해 주시죠."

이에 사장님은 전문지식보다 강한 추진력이 필요하기 때문이니 회사 발전을 위해 수고해 달라며 표현은 완곡했지만 확실하게 구두 발령을 내렸다. 그래서 곧바로 1999년 12월 11일 KBS 최초로 발족한 뉴미디어센터의 센터장을 맡았다. 이때부터 칠순이 넘은 신문인 출신 사장님과 수십 년간 지상파방송의 틀에 갇힌 KBS에 뉴미디어의 바람을 불어넣기 위한 3년여의 대장정이 시작됐다. 이 과정에서 잊지 못할 에피소드 몇 가지를 공개한다.

## 사례1 : 뉴미디어본부의 발족

KBS 조직은 임원급인 본부장, 직원급 센터장, 그 밑에 국장, 부장, 차장으로 이어진다. 사장님은 뉴미디어의 적극 추진을 위해서는 임원급 본부장이 필요하다는 판단 아래 뉴미디어본부를 신설하는 조직개편을 단행하고자 했다. 이사회의 상정을 앞둔 어느 날 사장실로부터 호출을 받았다. 언제나 느긋하던 평소와는 달리 의자에 앉자마자 다소 상기된 얼굴로 의외의 질문을 던지셨다. 이번에 새로 생기는 뉴미디어본부를 KBS 조직표상 제일 선임본부로 하려는데 뉴미디어본부장을 맡을 입장에서 어떠냐는 것이다. 당시 KBS 조직상 본부장 순서는 편성, 보도, TV 제작, 기술, 경영본부로 되어 있었는데, 뉴미디어본부를 제일 앞세우자는 것이다. 그래야 대내외적으로 뉴미디어본부가 힘을 쓸 수 있지 않느냐는 파격적인 제의였다. 이 말을 듣는 순간 해당 본부장으로서 가슴이 뭉클할 정도로 감동을 받았다.

이처럼 뉴미디어의 중요성을 한마디로 피력할 수 있단 말인가?

"사장님 뜻은 잘 알았습니다만, 너무 충격적이라 아무래도 반발이 심할 것 같으니 뉴미디어본부를 제일 마지막으로 하시죠."

"아니야! 그렇게 하면 기존 조직에서 움직이지를 않을 거야. 선임본부로 해야지 정신을 차리지."

"그렇게 되면 제가 일을 못 합니다. 정 그러시면 편성본부, 보도본부, 제작본부장 다음으로라도 하시죠."

몇 차례에 걸친 사장님과의 협상 끝에 드디어 KBS 최초이자 우리나라 방송사 최초의 뉴미디어본부가 2001년 4월 7일 편성본부, 보도본부, TV 제작본부 다음인 4번째 본부로 정식 발족하였다.

## 사례2 : 전자결재 전격 시행

당시 지상파 3사 가운데 유독 KBS에서만 결재판을 들고 다니며 수결재를 하고 있었다. 그러다 보니 사장실이나 본부장실 앞에는 늘 결재를 받으려는 직원들이 서너 명씩 마냥 기다리는 일이 다반사였다. 뉴미디어센터장을 맡으면서 하루라도 빨리 수결재를 없애고 전자결재로 전환해야겠다고 굳게 마음먹었다. 그러나 전자결재를 위해서는 전 부서 간 네트워크와 피드백이 가능한 전자결재 서식 완성 등 철저한 사전 준비가 필요했다.

1년에 걸친 준비 끝에 전자결재를 단행하고자 했으나 일부 부서에서 여러 가지 문제점을 제기하며 노골적으로 반대하고 나섰다. 대표적으로 감사실이나 인사부서, 노무 관련 부서 등에서 보안상의 이유 등으로 구두 보고와 결재가 불가피하다는 주장이었다. 물론 일리 있는 부분도 있었지만 이미 외국 방송사는 물론이고 경쟁사인 MBC와 SBS도 시행하고 있는 전자결재를 모든 하드웨어를 갖춰놓고 더 이상 미룰 수는 없었다. 그래서 2001년 초 새해 업무보고에서 사장님께 도움을 청했다. 사내 일부 반대세력과 전쟁하는 각오로 한국전쟁 발발일인 6월 25일을 기해 전자결재를 단행하겠다는 취지였다.

사장님은 이러한 보고에 적극 찬성하며 지원하겠다고 밝혔다. 그런데 그날 오후 사장님은 커피나 한잔 하자며 부르시더니 말 못할 애로사항이 하나 있다는 것이다. 다름 아니라 오랫동안 영문 타자는 익숙하지만 한글 타자를 사용하지 않아 한타 치기가 어려운데 괜찮냐는 것이다. 그래서 당분간 사장님 책상 위에 설치된 컴퓨터에서 전자결재 요청사항을 보시다가 필요하시면 비서를 불러 결재하시고 그러다 보면 곧 익숙해질 것이라고 설명하자 사장님 표정이 순식간에 밝아졌다. 사장님은 자신이 전자결재에 걸림돌이 되지 않을까 남몰래 걱정했던 것 같다.

D-50일부터 카운트다운에 들어간 결과 2001년 6월 25일 우리나라를 대표하는 공영방송에서 전자결재가 시행되었다. 걱정도 많았지만 그해 말 전자결재율이 무려 90%를 훌쩍 넘었다.

## 사례3 : 인터넷 방송 crezio.com 출범

20세기를 마감하고 새로운 21세기를 맞자 사장님은 인터넷방송을 서둘러야 한다고 나섰다. 후에 들은 바로는 당시 뉴미디어에 밝은 인명진 목사의 "1997년 우리나라 최초로 시작한 기독교 인터넷방송 C3TV.com을 성공사례로 삼아 KBS에서도 인터넷방송을 속히 해야 한다"는 조언에 크게 자극받았다고 한다.

하지만 당시 KBS 내에서는 인터넷방송을 혼자 힘으로 시작할 만한 인력과 재원, 그리고 자신이 없었다. 때마침 KBS와 위성방송 공동추진으로 유대가 강화된 KT가 인터넷방송을 한창 추진 중이어서 인터넷방송도 같이 하기로 하고, 2000년 4월 초 KT와 인터넷방송 출범을 위한 조인식을 했다. 대부분의 시설은 KT가 제공하고 콘텐츠는 KBS가 제공하는 원원전략으로 방송사로서는 최초로 2000년 5월 1일 크레지오닷컴(www.crezio.com) 인터넷방송이 출범해 방송계는 물론 IT업계의 비상한 관심을 끌었다.

온라인 위주의 crezio.com은 그 후 KBS가 KT 보유주식을 매입해 독자적인 인터넷방송으로 독립한 뒤, 기존의 오프라인 위주의 KBS미디어와 합병하여 현재 연 매출 2,500억 원이 넘는 명실공히 KBS콘텐츠의 글로벌 판매회사이자 최대 자회사로 성장했다.

## 사례4 : 위성방송(SKYLIFE) 2대 주주로 참여

21세기를 맞아 김대중 정부는 방송위원회의 의견수렴을 거쳐 우리나라에서도 위성방송을 본격 시행하기로 결정하고, 그 사업권은 One Grand Consortium에 주기로 했다. 이미 수년 전부터 위성방송 참여를 준비해 온 LG 계열 데이콤이 단연 선두에 나선 가운데 KT가 뒤늦게 위성방송 참여에 뛰어든 형국이었다.

힘이 달린 KT는 박 사장님에게 한반도에 유일한 위성방송을 민영(民營)에 맡겨서는 안 된다며, 공기업 성격인 KBS와 KT가 협력하여 사업권을 따내자고 제의했다. 이에 사장님은 유일한 위성방송에 마땅히 공영방송 KBS가 참여해야 한다는 확고한 신념을 피력하면서, 무슨 일이 있더라도 위성방송 사업권을 따내라는 엄명을 뉴미디어 책임자인 필자에게 내렸다.

이때부터 근 1년간 KT 관계자와 매일 머리를 맞대고 데이콤과 힘겨운 경합을 벌인 끝에, KT와 KBS 주도의 컨소시엄이 근소한 차이로 데이콤을 꺾고 위성방송 사업권을 획득했다. 그 결과 2001년 11월 8일, 30% 지분의 KT가 1대 주주로, 10% 지분의 KBS가 2대 주주로 참여한 SKYLIFE가 우리나라 최초의 위성방송을 송출하기 시작했다.

이 역사적 송출식에서 송출버튼을 누른 뒤 "한반도를 커버할 유일한 위성방송이 상업방송에 넘어가지 않고 공영방송 KBS가 2대 주주로 참여하게 되어 다행"이라며 안도하던 박 사장님의 모습이 아직도 눈에 선하다.

## 사례5 : 다채널 KBS SKY 설립

21세기 다매체 다채널 시대를 맞으면서 지상파방송에만 몰두하던 KBS에
도 변화의 물결이 몰려왔다. 케이블TV의 확산, 위성방송시대의 개막 등 다
매체 방송에 따라 급증하는 다채널을 수요하기 위해서는 기존 1, 2TV 채널
만으로는 역부족이었다. 그래서 수십 년간 고수하던 지상파채널 이외에 케이
블과 위성방송에도 적합한 채널을 만들어야 한다는 뉴미디어본부의 보고에
사장님은 주저하지 않았다. 우선 케이블TV에서 절실하게 요구하는 드라마
와 스포츠 채널을 먼저 론칭한 뒤, 뉴스와 역사 다큐멘터리 전문채널을 론칭
하기로 방침을 세웠다.

그러나 BBC처럼 다채널의 필요성에 공감한 사장님의 적극적인 지원에도
불구하고 뉴스채널과 역사 다큐채널은 기존 관념에 사로잡힌 관련 부서 책임
자들의 미온적인 태도 또는 반대로 무산된 채, 2002년 2월 2일 'KBS SKY'
라는 이름의 다채널 출자회사가 설립되어 드라마와 스포츠 채널을 서비스하
기 시작했다. 이 출자회사는 현재 KBSN이라는 이름으로 드라마, 스포츠 외
에도 KBS 프라임(다큐, 교양), KBS W(여성), KBS JOY(드라마, 예능),
KBS KIDS(어린이) 등 모두 6개 채널을 서비스하는 연 매출 1,600억 원의
거대 방송채널사업자(Multi Program Provider)로 자리매김하고 있다.

## 사례6 : KBS WORLD 준비완료

뉴미디어 본부장으로서 사장님과 함께 추진하던 마지막 사업이 바로 해외

교민들을 위한 위성방송 KBS WORLD였다. BBC는 물론 일본 NHK에서도 세계적 공영방송답게 이미 오래전부터 해외교민은 물론 현지 외국인들을 위한 위성방송을 서비스하고 있는 데 자극받아 뒤늦게나마 KBS WORLD의 필요성을 느꼈기 때문이다. 대부분의 임원들이 수입은 없이 비싼 비용을 들여 외국의 위성채널 2개의 사용료를 지불해야 한다는 이유로 반대하는 목소리가 제법 컸다. 이 문제를 놓고 임원회의에서의 열띤 논쟁을 지켜보던 박 사장님은 뉴미디어본부장의 손을 들어주었다. 그래서 우리나라 방송으로는 처음으로 해외서비스 전문채널을 전 세계에 서비스하기 위한 준비작업에 박차를 가했다. KBS1과 2 채널 프로그램 중 해외교민들이 즐겨 보는 프로그램은 물론, 「한국, 한국인」과 같은 자체 프로그램도 개발해 2003년 초부터 시험방송에 들어갔다.

해외 네트워크 방송과의 MOU도 마무리 짓고, 공식 개국일을 5월쯤으로 잡았다. 왜냐면 박 사장님의 임기가 6월로 끝나기 때문에 임기 말 마지막 사업으로 유종의 미를 거두고 싶었기 때문이었다. 그런데 뜻밖에 박 사장님이 노무현 대통령의 취임 직후 조기 사임의사를 밝히고, 그해 3월 10일 KBS를 떠나는 바람에 필자를 포함한 임원들도 퇴사하면서 KBS WORLD 개국은 결국 정연주 후임 사장 취임 이후인 7월 1일로 늦춰졌다.

현재 KBS WORLD는 세계 100여 개 국가에서 유료가입자만 5천7백만 가구, 즉 2억 5천여만 명의 해외교민은 물론 현지 외국인들이 즐겨 시청하는 한류 세계화의 주요한 파이프라인으로 큰 역할을 담당하고 있다. 필자도 KBS 사장으로서 해외출장을 갈 때마다 그곳이 어디든 KBS WORLD를 통해 우리나라 뉴스를 실시간으로 접하면서, 만약 고인이 살아서 외국에서 이를 지켜보았다면 얼마나 좋아하셨을지를 상상해 보곤 했다.

1999년 12월 11일 뉴미디어센터장에서부터 2003년 4월 뉴미디어본부장으로 KBS를 떠날 때까지, 앞서 언급한 전자결재 전격 시행을 필두로, 그동안 지상파방송의 틀에 묶여 시도하지 못했던 인터넷방송, SKYLIFE 위성방송, 케이블 다채널방송, KBS WORLD 해외방송 등 여러 가지 뉴미디어를 통한 공적 서비스를 수행하게 되었다는 점에서 방송인으로서 큰 보람과 자부심을 느끼고 있다. 그리고 이 같은 KBS의 숨 가쁜 대변혁 뒤에는 칠순의 신문출신 언론인이지만 뉴미디어에 앞장섰던 박권상 사장이라는 거목의 뒷받침이 있었기 때문에 가능했다는 사실도 분명히 남기고 싶다.

또 하나 1973년 KBS 공사(公社) 1기 방송기자로 입사해 줄곧 보도업무에만 몰입했던 필자가 2009년 11월 제19대 KBS 사장으로 취임하면서, 꼭 10년 전에 생소한 뉴미디어센터장으로 임명하면서 세계적 공영방송의 수장이 되려면 반드시 뉴미디어에 대한 지식과 경륜을 겸비해야 할 것이라고 격려해 주시던 고인의 혜안 덕분이라는 감사한 마음을 전하고 싶었다.

# 진실과 참된 용기의 승리

박인택 (드라마 제작사 (주)TOUCHSKY 대표)

IMF의 어려운 시기에 미국 연수를 마치고 돌아온 1998년 초. 귀국하여 KBS 지역국에서 본사로의 인사발령을 기다리던 나는 서울 본사의 한 선배로부터 연락을 받았다. 이 험난한 시기에 KBS에 사장으로 오실 분이 계신다면, 그분이 KBS에서 해야 할 숙제와 KBS의 나아갈 방향에 대해서 참신한 시각으로 정리해보라는 말씀이셨다. 막 해외연수에서 돌아와서 별로 바쁠 일이 없던 나로서는 사뭇 즐거운 일일 수도 있었다. 괜한 사명감까지도 느껴지는. 꽤나 진지하게 작업을 마치고 만년필로 직접 쓴 상당 분량의 자료를 보냈다. 그것이 누구에게 가는지를 알 필요까진 없었다.

그렇게 조금 관심을 가지게 된 후임 KBS 사장에 대한 보도가 나왔다. 박권상. 내가 1997년 미국 연수 중에 1주에 한 번 정도 열독한 「일요신문」 시론 필자의 사진과 똑같은 그분 박권상 선생이셨다. 당시 미주 한국일보에서 주 1회 「일요신문」을 보너스로 끼워 미국 신문처럼 두툼한 신문을 팔았는데 한인들 사이에 아주 인기가 좋았다. 나라가 풍전등화의 매우 어려운 시기에 타국에서 읽는 한국 저명 칼럼니스트의 글이어서인지 더욱 공감이 되고 믿음이 가는 내용이 많았다. 바로 그분이 사장으로 오신다니 직장인으로서 적이 안심이 되었다. KBS는 안정을 찾겠구나, 앞으로 KBS는 균형 잡힌 방송사가 되겠다는 기대가 되었다.

신문 보도대로 박권상 선생께서 KBS 사장으로 부임하시고 일주일이 지나기 전에 인사부서로부터 연락을 받았다. 서울 본사에 와서 인사 상담을 해야 한다는 것이다. 그러면 그렇지, 회사에서 유학까지 보내놓고 더 이상 놀라고 내버려둘 리가 없지. 인사부에 도착하자마자 부서 책임자는 곧바로 나를 데리고 본관 6층으로 가야 한다며 앞장서신다. 그를 따라간 곳은 본관 6층 사장 비서실. 그리고 곧바로 나는 그 인자하신 사장님과 독대를 하게 되었다. 분명 첫 대면이었지만 낯익은 분이라고 생각되었다. 눈빛이 매우 맑은 분이었다.

"학교는?"

"네. 서울 ○○대학교입니다."

"고등학교는?"

"아, 네. 서울 ○○고등학교 나왔습니다."

"됐구만. 북중이나 전주고가 아니라 다행이네."

그 외에 질문을 받고 대답한 것은 거의 기억이 나지 않는 일상적인 내용들이었다.

## 아무 학연 없는 사람을 비서로

이렇게 그분과 학연이 없다는 확인을 거쳐 나는 그분과 일하게 되었다. 박권상 KBS 사장님은 재임 기간 내내 특정고, 특정지역 출신 인사에 관한 비판의 소리를 들었고, 그럴 때마다 매우 억울해하셨다. 그도 그럴 것이 인사명령 때마다 지역 균형을 위해 최종 인쇄에 들어가기 전에 인사부서에서 신규 인사발령자들의 지역 분포까지도 다 분석해서 보고하는 데도 매번 인사 비판이 특정고, 특정지역이었으니. 나 역시 그분의 출생지와 인접 시군에 고향을 두고 있던 이유로 내 인사기록카드로만 보자면 박 사장님의 기준으로는 당신의 비서로는 제격이 아닌 게 분명하다. 그나마 KBS 공채 기수에 당신과 출신 학교가 한 군데도 겹치지 않는다는 사실이 무척 다행이셨던가 보다.

마음으로 호감을 가지고 흠모하던 어른이 내 직장의 수장으로 오시고, 무슨 인연인지 그분을 지근거리에서 살펴드리는 역할이 내게 주어진 것이다. 그렇게 그분을 가까이서 모시게 된 이후 박권상 사장님은 한 번도 나를 비서라고 하지 않으셨다. 당신의 가방을 드는 일도 허락하지 않으셨다. 그분께서 외부의 다른 지인들에게 소개하시는 표현에 따르면 나는 당신의 assistant 였다. 물론 사장님의 지인들께서 '박 비서'라고들 부르셔도 그건 사장님의 뜻과는 전혀 상관없는 일이었다. 아마도 내게 자존을 가지고 소신 있게 일하라는 존중의 뜻이었을 거라고 생각해본다.

## ABU 총회에서의 박 사장

사장님은 1998년 늦가을 중국 상하이에서 개최된 ABU 총회에 참석하셨다. 그 출장에서 기억에 남는 일은 일본 NHK 에비자와 회장과의 만남이었다. 길지 않은 출장 기간에 유독 그와 몇 차례의 회동이 있었다. ABU 총회 회의장에서의 공식적인 만남을 제외한 별도의 회합이었다. 기자 출신의 에비자와 회장은 매우 깍듯하게 예의를 갖춰 박 사장님을 '선생'이라는 호칭으로 불렀다. 상하이 샹그릴라 호텔 에비자와 회장이 머물던 근사한 룸에서 있었던 미팅의 분위기는 정통 일본 사무라이의 귀빈 접대를 상상케 하는 매우 희한한 광경이었다. 호텔 복도 양옆으로 사무라이처럼 도열한 방송사 간부들의 90도 배꼽 인사를 받으며 박 사장님은 에비자와 회장과의 독대 장소로 안내되었다. 에비자와 회장은 한사코 사양하는 박 사장님을 상석에 앉으시도록 배려하며 예를 갖췄다. 지극한 환대였다. 사실, 그도 그럴 것이 1998년 ABU 총회는 일본이 벼르고 나온 총회였다. 그동안 말레이시아에서 회장국을 해왔는데, 일본 NHK에서 회장에 입후보하여 한국, 중국 등의 지지가 절실하던 차였다. 회의 참석 전 KBS 국제협력실에서 분석 보고한 그대로였다.

그 이튿날 거행된 ABU 총회에서 박권상 사장님은 ABU 회장에 입후보한 에비자와 NHK 회장의 선출을 지지하였다. 결국 NHK 에비자와 회장은 ABU 아시아방송연맹 회장으로 선출됐다. 총회에서 회장 선출이 있고 나서 한 번 더 박 사장님과 에비자와 회장이 공식으로 KBS 사장과 NHK 회장으로서 면담을 가졌다. 만남은 상하이의 명물 요리 상하이크랩 전문 식당에서 이루어졌다. 일본 측의 열과 성을 다한 만남이었다.

이렇게 길게 ABU 회장 선출과 관련한 KBS 사장과 NHK 회장의 일화를 이야기하는 것은 그 후 일본 NHK에서 드라마 「겨울연가」를 방송하면서 시작된 한류열풍의 기저에 대해 설명을 하려는 까닭이다. NHK 회장은 KBS 사장에게 한국의 좋은 프로그램을 일본에 소개하고 싶다는 의사를 강하게 피력하였다. 이에 박 사장님은 우리 KBS에 좋은 프로그램이 아주 많다고 응답하셨다. 에비자와 회장은 한·일 간에 함께 제작하면 좋을 만한 공동제작 프로젝트도 양측에서 적극 검토하자고 제안하였다. 그것은 단순한 립서비스가 아니었다. 실제로 그 후 2002년 NHK는 한국 드라마 「겨울연가」를 사서 위성에서 반응을 본 뒤 전격적으로 본방송에 편성하여 방송하였다. 주로 미국 프로그램을 편성하던 NHK 문화다양성 차원의 외국 프로그램 소개 시간에 편성한 것이다. 그 당시만 해도 일본 방송, 그것도 NHK가 한국 드라마를 지상파 본방송에 편성할 거라고 예상한 사람은 거의 없었다. 그 첫 시도는 공전의 빅히트를 기록하였다.

## 타고난 오거나이저

KBS 사장직을 마치고 칠십 중반의 박 사장님은 일본 세이케이대학(成蹊大學)에서 1년간 일본의 국가전략이라는 주제의 공부를 하셨다. KBS를 퇴사하고 드라마제작사를 운영하던 나에게 사장님께서 일본으로부터 연락을 주셨다. 내가 몸담고 있는 제작사의 겨울연가 연출자와 함께 일본 중의원에 와서 일본의 국회의원들을 상대로 강연을 해보라는 말씀이셨다. 이미 사장님께서 한일의원연맹의 일본 측 의원들과 구체적인 일정까지도 거의 조율을 마치신 뒤였다. 주일 한국대사관과 문화원, 그리고 재일한국인 사업가 이성용 사장 등이 세부적인 일을 맡도록 이미 역할 분담이 다 된 상황이었다. 박 사장님은 정말 타고난 오거나이저(organizer), 코디네이터 (coordinator)셨다. 결국 「겨울연가」의 연출자 윤석호 선배를 도와서 모리 의원 등 다수의 일본 중의원 의원들과 그곳에 근무하는 수많은 여성 직원들이 빼곡히 참관하는 가운데 우리 한국 제작팀은 '한·일간 새로운 교류의 시대를 열어가는 한류' 라는 주제로 자유로운 질의응답이 오가는 소중한 대화의 시간을 가졌다. 매우 뜻깊은 자리였다. 사장님께서는 이미 일본 연수기간이 끝나 한국으로 귀국하신 후였다. 사장님께서 함께 하셨더라면 더욱 빛이 났을 자리였다.

얼마간 시간이 흐른 후 나는 사장님께 여쭈었다. "사람들은 일본에서 「겨울연가」의 성공을 '한국문화의 우수성을 인정받은 쾌거, 한국 문화의 승리' 이런 말들을 하는데, 어떻게 생각하세요?"라고 여쭈었다. 너무 유치한 질문이었지만, 잠시 생각하시던 사장님께서 말씀하셨다.

"진실의 승리, 참된 용기의 승리 정도라고 말해두지."

"굳이 승자를 말하자면, 진실의 승리가 아닐까? 그동안 일본의 우익 세력들 특히 남자들이 한국에 대해서 안 좋은 얘기들을 많이 했지만, 드라마를 통해서 일본의 국민들, 특히 여성들이 진실을 바로 보게 된 거지. 한국 남자들이 멋있고, 한국이 그렇게 위험한 나라가 아니라는 진실을 알게 된 거지. 그러니까 한쪽에서는 아무리 떠들어도 일본 여성들이 한국 드라마를 즐겨보고, 또 계속해서 한국을 찾는 거 아니겠어?"

## "Tell me how to do"

"내가 에비자와 회장이라면 그렇게 용기 있는 결단을 할 수 있었을까? 아마도 쉽지 않은 결정이었을 거야. 이런 게 바로 참된 용기지. 그러니까 참된 용기의 승리라고나 할까."

이런 것을 두고 우문현답이라고 하는 것일 게다.

큰 스님과도 같은 사장님과 함께하는 동안 나는 마치 개구쟁이 동자승 같은 질문을 참 많이 했다. 하지만 오히려 그때마다 사장님은 크게 웃으시며 기꺼이 대답을 해주셨다. 때론 어려운 현안에 대해서 대화를 나누다가 갑자기 이런 말씀을 하시곤 했다.

"I know what to do. Tell me how to do."

그 말씀에 담긴 참뜻을 내 짧은 소견으로 다는 이해하지 못했지만 내 나름대로 받아들인 뜻은 "그래. 내가 뭘 해야 할지는 알고 있으니, 자네들 젊은 사람들이 하는 방식에 대해서 편히 얘기해봐"가 아니었을까. 그러면서 항상 온화한 미소로 말문을 열어주시던 분이다.

깊어가는 5월의 어느 늦은 밤이었다. 그날도 밤늦도록 사장님의 서재에서 비몽사몽 간에 선문답 같은 당신의 말씀에 대답을 하고 세상사 대화를 나누던 때였던가 보다. 불현듯 사장님께서 드라마 이야기를 하셨다.

"박정희를 해봐."

"네?"

"드라마. 인간 박정희 드라마를 만들어보라고. 아주 빅히트 칠 거야."

"아, 박정희 대통령 드라마요?"

"그래. 인간적인 면, 그의 고뇌 같은 것을 강조해야 할 거야. 이제는 그의 공과를 균형 있게 다루는 얘기도 나올 때가 됐어."

"아이구 어쩐데. 빨리 보내요."

"너무 늦었어. 내일도 일해야 할 텐데."

사모님께서 서재로 들어오시며 이제 그만들 얘기하라고 말리신다. 아마도 TV의 볼만한 프로그램들이 거의 끝나갈 때가 된 게다.


"늦었네. 어서 가봐."

# 지금도 KBS 마이크 앞에

이금희 (방송인, 전 KBS 아나운서)

한 세기가 저물고 새로운 세기가 시작된다며 우리나라는 물론 세계가 들썩이던 때였습니다. 세기말이면 언제나 그랬듯 지구 멸망 또는 휴거가 일어날지도 모른다며 걱정하는 사람들도 있었죠. 2000년이 되면 컴퓨터가 00을 제대로 인식하지 못해 모든 자료가 날아가 버리는 컴퓨터 대란, 이른바 Y2K에 대한 공포가 사람들 마음을 흉흉하게 하던 때이기도 했습니다. 그런 와중에도 우리는 하루하루 제 몫을 다하며 일상을 살아내고 있었습니다.

그해 여름에는 엘리자베스 2세 영국 여왕이 처음으로 우리나라를 방문해 서울, 안동 등지에서 많은 분들의 환영을 받기도 했지요. 그때 KBS 수장이 바로 박권상 사장이셨습니다. 영국으로 유학을 다녀오셨던 친영파 인사였던 박 사장님은 여왕 일행을 KBS로 초대해 「열린 음악회」를 열어 엘가의 위풍당당 행진곡과 사랑의 인사 등을 KBS 교향악단의 연주로 들려주기도 하셨습니다. 여왕께 우리의 따뜻한 정을 조금이라도 더 전해드리고 싶으셨던 거죠.

여름이 지나고 여왕 방한의 열기가 식어갈 때쯤, 뜻밖의 소식이 들려왔습니다. 한국방송협회장을 맡고 계시기도 했던 박권상 사장님이 영국문화원과 협의하여 우리나라 방송 관계자 10명에게 1주일간 영국 연수의 기회를 마련했다는 것이었습니다. 당신께서는 영국 BBC를 KBS의 롤 모델로 삼고 계셨던 터라 KBS를 비롯한 여러 방송인들에게 견학과 연수의 기회를 주고 싶으셨던 것이지요. 그래서 그 연수에는 방송현장에서 가장 활발히 활동하고 있는 사람이 참여하도록 한다는 것이었습니다.

당시 저는 KBS 아나운서실 막내 차장이면서 「아침 마당」을 비롯한 여러 프로그램을 진행하고 있던 터라 1주일간의 영국 연수란 그야말로 언감생심, 남의 일이고 그림의 떡이었습니다. 그런데 이게 웬일입니까. 당시 9시뉴스를 맡고 있던 김종진 앵커와 제가 대상자로 선발된 것입니다. 김종진 앵커야 당연히 가야 할 분이었겠지만, 저에게 기회가 오다니…… 부러운 일, 남의 일이라고만 생각했던 일이 현실이 되어 제 앞에 벌어지게 된 것이었습니다. 그 소식 듣고 철도 없이 얼마나 기뻤던지 지금도 생생합니다.

오직 회사와 집밖에 모르던 제가 입사 10년 만에 처음으로 가게 되는 해외 연수, 가슴이 두근거렸습니다. 가을이 깊어가고 겨울이 시작될 무렵 도착한 런던에서는 새천년을 앞두고 런던의 새로운 랜드마크로 만들겠다던 관람차 런던아이가 한창 건설 중이었습니다. 짧다면 짧은 1주일 동안 역사와 전통을 자랑하는 영국의 문화와 분위기를 전부 다 느꼈다고는 할 수 없겠지만, 하루 종일 BBC를 견학했던 일정만큼은 지금도 또렷이 기억하고 있습니다.

우리나라와는 달리 'TV 프리젠터'라고 불리던 TV 프로그램 진행자 중에는 몇십 년 동안 하나의 프로그램을 진행하면서 국민적 신뢰를 얻고 있는 분도 계셨습니다. 지금도 그렇지만 장수 프로그램 진행자가 별로 없는 우리 방송 실정에 비추어보면 부럽기만 했고, 다른 한편으로 시청자들에게 사랑받고

민음을 드릴 수 있는 진행자가 되고 싶다는 꿈도 갖게 되었습니다. 연수 일정 중에는 카디프대학 견학도 있어서 그때 그곳에서 자비로 유학 중이던 아나운서 후배를 깜짝 방문하기도 했지요. 집안 형편도 그렇고 주변 분위기도 그렇고, 외국 유학에 대해 단 한 번도 생각해본 적 없는 제가 처음이자 마지막으로 저널리즘을 공부하러 영국에 오고 싶다는 막연한 희망을 품어보기도 했습니다. 저의 이런 소망들은 모두 박권상 사장님이 계셨기에 품을 수 있게 된 것들이었습니다.

## 박 사장님 때문에 품을 수 있었던 소망들

박권상 사장님은 우리나라 방송사에서 보면 KBS를 정권으로부터 독립시켜 공정하고도 신뢰감 있는 매체로 거듭나게 하는 데 초석을 놓으신 분입니다. KBS가 시청자들께 관심과 신뢰를 받게 하려고 굵직굵직한 설계도는 물론, 세세한 부분까지 참 많이 신경 쓰시던 분이었지요. 방송이 잘 되기 위해서는 방송 프로그램에 직접 참여하는 사람이 자극을 받고 깨달음을 얻어 스스로 목표를 정하고 자세부터 달라지게 만들어야 한다는 것을 아셨던 분이기도 했습니다. 뿐만 아니라 IMF 구제금융 체제하에서 국민들이 공포를 느끼며 큰 시름에 잠겨 있었을 때 사장님은 방송을 통해 금 모으기 운동을 전개했습니다. 그 결과, 우리는 스스로 다시 설 수 있다는 자부심을 갖게 되기도 했습니다. 사장님은 이런 긍정적 마인드를 통해 새로운 것을 향한 도전과 희망을 품도록 국가 분위기를 크게 바꿔놓으셨던 셈입니다. 결국 가장 중요한 것은 언제 어떤 상황에서도 '사람'이라는 것을 잊지 않으셨던 분이었습니다.

그래서인지 몰라도 생전에 사장님의 표정 중에 가장 기억에 남는 것은 웃는 모습입니다. 공식적인 자리에서 더러 사회자와 내빈으로 만나곤 할 때면,

언제든 어디에서든 특유의 인자한 표정으로 부드러운 눈웃음을 보여주셨던 모습이 제게는 제일 먼저 떠오릅니다.

이제 와서 조심스럽게 꺼내는 이야기입니다만, 당시 외람되게도 사장님 댁으로 딱 한 번 찾아뵌 적이 있었습니다. 2000년 가을, 회사를 퇴직하고 프리랜서로 방향을 정하던 시기였습니다.

그때 저는 단 하루도 쉬지 못하고 월화수목금토일 모두 생방송 혹은 녹화방송을 하게 되면서 저혈압으로 2번이나 주저앉았습니다. 그것도 생방송 도중에 말입니다. 쓰러진 저야 그렇다 쳐도, 저를 아는 많은 분들이 하나같이 건강에 대해 몹시 걱정하시던 때였어요. 그렇지만 여러 프로그램을 진행한다고 해서 아나운서실의 일상적 고유 업무와 주말이나 휴일 당직 근무, 연휴 방송 등에서 제외될 수도 없는 처지였지요. 결국 일주일 모두 하루도 빠짐없이 5년 반 동안 연속 출근을 해야만 했습니다. 휴가는커녕 단 하루의 휴일조차도 허락되지 않았던 고되고 힘든 시기였습니다. 저는 몸과 마음이 지칠 대로 지쳐있었고, 현실과 건강에 대한 고민도 덩달아 깊어만 갔습니다.

## "당신이 이만큼 성장한 것도 KBS 덕"

결국 제가 좋아하는 방송을 즐겁고 기쁘게 하려면 방송사를 퇴직하는 방법 밖에 없다는 결론을 내렸습니다. 그러나 당시 아나운서실을 맡고 계셨던 관리 담당자께서는 "내가 이 자리에 있는 동안에는 절대 퇴직할 수 없다."고 말씀하시며 금방이라도 또 쓰러질 것만 같던 저를 자꾸만 낙담시키셨습니다.

그 암담하고도 절박하던 현실 속에서 고민에 고민을 거듭한 끝에 한 가지 방법을 생각해냈습니다.

처음이자 마지막으로 사장님을 직접 찾아뵙기로 한 것입니다. 회사 사장실로 올라가면 업무 절차를 도외시하는 무례한 일이 되겠기에, 죄송함을 무릅쓰고 주말 오후 사장님 댁으로 찾아갔습니다. 사장님은 무척 당황하셨지만 곧 자그마한 꽃바구니 하나 들고 문밖에 서 있던 저를 들어오게 하셨습니다. 그리고 차 한 잔 내주시며 제 얘기에 귀 기울여 주셨습니다.

처음엔 방송사 전체를 책임지고 계신 분으로서 반대 의사를 분명히 밝히셨지만, 제 마음을 헤아려 이렇게 말씀하셨습니다. "이금희 씨, 당신이 이만큼 성장한 것은 모두 KBS 덕분입니다. 그 점을 절대 잊어서는 안 됩니다. 회사 전체로 보면 당신을 그 자리에 그냥 있게 해야 할 것이지만, 당신 같은 딸을 둔 아버지로서 인간적인 고민은 충분히 이해할 수 있습니다. 오늘은 이만 일어나시고, 자세한 얘기는 월요일에 아나운서실과 나눠보겠습니다."

듣는 저로서는 부드럽고 자애로운 말씀에 눈물이 다 날 지경이었습니다. 그러면서 사장님은 만에 하나 프리랜서가 되더라도 친정이면서 당신을 키워준 KBS와 시청자들에게 등을 돌리면 안 되니 다른 방송사로 옮겨가지 말라고도 하셨지요.

사장님, 그때 하셨던 그 말씀 잊지 않고 저는 지금도 여기 KBS 마이크 앞에 있습니다. 좋은 방송, 고품격 방송, 국민의 신뢰를 받는 방송을 만들기를 꿈꾸셨던 사장님, 지금도 저 먼 하늘나라에서 당신이 사랑하셨던 KBS를 온화한 미소와 함께 내려다보고 계시겠지요. 저도, 또 다른 후배들도 사장님의 유지를 받들고 그 길로 나아가겠습니다. 언제나 응원해주세요. 정말정말 감사했습니다. 편히 쉬세요.

# 공영방송의 프로그램 개혁

이원군 (전 KBS 부사장)

박권상 사장 재임 5년간 편성주간 2년, 편성국장 2년 등 편성 실무책임을 맡았다. 매주 금요일 오후에 다음 주 주간편성보고를 정기적으로 했고, 봄 가을 개편 시 수시보고를 하면서 공영방송의 프로그램에 대해 많은 대화를 나누었다. 단순히 보고하고, 결재 받는 것이 아닌 방송의 역할, 국가 기간방송 편성의 방향, 언론의 사명 등 국민의 방송으로 자리매김하기 위한 방향을 토의한 자리였다.

사장님은 대화를 즐겨 하셨고 설득이나 강요가 아닌 토론을 하셨으며, 2채널 100개가 넘는 여러 프로그램에 대하여 그 내용을 알고자 하셨다.

초기에 방송에 대해 잘 모르신다며 열심히 학습하셨고, 학구적이라 여러 방송 관련 책을 옆에 두고, 특히 영국 BBC와 일본 NHK 두 공영방송 자료를 읽으시며 KBS의 방향을 잡고자 노력하셨다.

매주 2시간 넘는 주간편성보고는 사장에 대한 방송 속성과외였던 셈이다. 사장님은 KBS 방송에 대한 자긍심이 점점 커지셨고 무엇보다 신뢰를 높이고 영향력이 커지도록 소망하셨다. 1998년 4월 말, 편성으로 발령받은 뒤 사장님의 최초 말씀은 다음처럼 적혀 있는데, 이를 보면 공영방송에 대한 비전과 철학이 뚜렷하여 방송을 잘 모른다는 것은 겸손으로 실무자에게 편성권한을 위임해주는 말씀이셨다.

KBS는 국민의 방송으로 거듭나기 위해 모두 노력해야 하고, 공동운명체로 집단적 책임감을 가져야 한다. 젊은이들의 창의력과 패기, 간부들의 지혜와 경력이 잘 접목되어 독립된 언론으로 발전토록 하자. (1998년 4월 29일)

특별제작팀의 개혁프로그램 관련, KBS는 국민의 방송으로 모든 책임은 사장에게 있다. 넓은 시각에서 대국적으로 검토하고 언론, 재벌 등 외부비판에 앞서 KBS 자체 개혁이 더 중요하다. 부정부패로부터 안전한지, 정권의 시녀역할을 했던 과거 반성 등 스스로의 개혁을 먼저하고 남을 비판해야 설득력 있다. 부정·비리를 폭로하고 특정 신문과 전임 사장을 비판하는 것은 공공 이익에 부합되는지, 부정적 시각이 아닌 미래 지향적인 프로그램 기획인지 방송의 생명인 공정성은 어떻게 확보할 것인지 한 차원 높고 넓은 시각에서 제작해야 할 것이다. (1998년 4월 30일)

### 프로그램 개혁 시스템화 2년 걸려

KBS는 진정한 국민의 방송으로 새롭게 출발해야 한다는 사장님의 주문이 구체화되면서 98년과 99년 2년에 걸쳐 프로그램 개혁을 추진하였다.

KBS 뉴스는 무조건 믿는다는 신화를 창조하고, 특히 2TV는 상업주의적 시청률 경쟁과 완전히 결별하도록 하며 방송문화를 선도하는 국가기간방송 역할을 수행하여 한국인의 중심채널로 이미지를 구축해가는 방향을 설정했다.

이런 기조하에 모든 프로그램을 바꾼다는 각오로 공영방송 위상을 정립해 갔다. 편성 실무 책임을 맡고 우선 편성기획팀을 신설했다. 편성기획부장과 장르매니저를 임명하여 프로그램 분석과 제작 소스별 메신저 역할을 하면서 새 프로그램 기획 산실로 자리 잡아갔다. 모든 프로그램을 진정한 국민의 방송으로 새롭게 출발시키고자 프로그램 개혁을 지속적으로 추진하였다.

1TV는 시사정보 프로그램을 중심으로 40, 50대 타겟의 사회적 영향력을 높여 한국인의 중심채널로 특성화한다.

2TV는 건강하고 다양한 프로그램을 제공하는 20, 30대를 위한 문화채널로 자리한다.

이러한 기조로 프로그램 진입과 퇴출 기준을 다음과 같이 구체적으로 명확히 적시하였다.

① 채널 이미지에 부합하는가?

② 장르별 최소 점유율 도달 여부 – 뉴스, 오락; 25%, 드라마; 30%, 교양; 15%

③ 2TV 광고 판매율 50% 이상

이처럼 지금까지 편성에서 사장님이나 본부장 등 편성 윗분들의 막연한 감이나 취향으로 해왔던 프로그램 개편을 구체적인 기준과 분석으로 실무자들인 편성 기획팀이 체계적으로 하게 되었다. 모든 프로그램에 대하여 개별 평가를 하고 문제 프로, 개선 프로(광고 개선, 점유율 개선, 공영성 개선 등) 분류를 하고 대대적인 프로그램 제안공모를 하여 신설 가능한 프로그램 목록을 만들어 개편을 시스템화하였다.

그 결실이 99년 이후 서서히 나타난다.

일요스페셜에 뒤이어 역사스페셜(1998. 10)과 환경스페셜(1999. 5)을 정기 편성하며 3대 스페셜이 완성도 높은 다큐멘터리로 타 방송과 완전히 차별화되어 품격 있는 채널로 자리 잡았다. 그 외에도 많은 프로그램이 새롭게 탄생한다. 사장님은 프로그램 개편과 관련한 모든 권한을 실무 책임자에게 주셨다. 개편의 큰 방향만을 제시하고 구체적인 실천은 전적으로 실무자가 결정토록 했다. 실질적인 프로그램 제안공모가 활성화되고 개편워크숍 현장에서 프로그램 폐지와 신설이 결정된다. 보완할 부분이 필요하다는 의견이 있으면 파일럿 제작기회를 주기로 하고 무언가 새로움이 있다면 그 아이디어를 프로그램으로 탄생시키고자 했다. 그 결과로 각 장르에서 많은 새 프로그램이 탄생한다.

## 공영성과 시청률의 두 마리 토끼

도전 골든벨(1999. 5), 시청자칼럼, 우리 사는 세상(1998), 다큐미니시리즈 인간극장(2000. 5), 출발 드림팀(1998. 3), 개그콘서트(1999. 9), 청소년드라마 학교(1999. 2) 등 KBS의 대표 프로그램이 당시 탄생된 것이다. VJ특공대, 부부클리닉 사랑과 전쟁, TV내무반, 꼬꼬마 텔레토비, 좋은 나라 운동본부 등 공영성과 시청률 두 마리 토끼를 잡는 다양한 프로그램이 그때 태어났다.

프로그램 기획안이 수백 편 접수되고 보완되어 편성되었다. 어떤 제안은 선정되어 파일럿으로 제작되기도 하였다. 개그콘서트가 그 일례다.

개그콘서트는 처음 토요일 밤에 방송되다가 연예가중계가 그 시간으로 오고 일요일 밤 9시에 자리 잡게 된다. 새로운 프로그램의 위대한 탄생이라 할 수 있다. 주말 9시대의 젊은 시청자를 두 프로그램이 끌어안으면서 20, 30대 중심의 MBC 주말뉴스를 주저앉게 하고, TV 9시뉴스까지 시청률을 올린 어부지리까지 얻게 된다.

사장님의 당시 말씀이 이런 기조를 잘 설명해준다.

"KBS는 인기는 낮지만 좋은 프로그램이 많다. 역사스페셜은 시청률이 10% 미만이지만 투자를 많이 한다. 민방은 못한다. 상대사에서 저속한 드라마로 30%씩 올리는데 개의할 것 없다. 그런 방향으로 꾸준히 개혁해가면 국민으로부터 결국 인정받게 될 것이다."

"최근 KBS 뉴스와 프로그램 상승세가 무섭다. 2000년 10월 1, 2주 시청률에서 KBS 9시뉴스가 18.6%로 1위, 뉴스 네트워크가 13.9%로 2위를 하고 전체 12개 뉴스프로그램 중 9개가 KBS 뉴스다. 드라마도 인기 순위에서 1위 가을동화, 2위 태조왕건, 3위 좋은 걸 어떡해 등 상위권을 휩쓸었다. 다큐멘터리는 KBS 독무대로 전체 10위권 중 8개를 KBS가 차지했다."

1999년 PSI 조사 결과에서도 상위 10개 중 8개 프로그램이 KBS이고, MBC는 칭찬합시다 등 2개 프로그램만 차지한 적도 있다.

「시사저널」이 조사해 발표하는 매체 영향력 조사에서 2001년부터 KBS는 부동의 1위 조선일보를 제치고 1위를 차지한다. 이후 매체 영향력과 신뢰도 1위를 꾸준히 이어나갔는데 이는 KBS 모든 구성원들의 노력의 결과이지만 박권상 사장님이 깔아놓은 공영방송의 비전이 튼튼한 바탕이 되었다고 할 수 있다.

# 공영방송 독립성을 지켜낸 거목

진홍순 (전 KBS 이사)

공영방송이 왜 필요한가? 국민들이 왜 수신료를 기꺼이 내는가? 국민들에게 필요한 프로그램은 무엇인가? 공영방송이 위기를 맞을 때마다 던지는 질문에 대한 답변이 박권상 사장님의 공영방송 철학에 담겨있음을 알 수 있다.

박권상 사장님은 언론계와 정치권에서 가장 영향력 있고 존경받는 언론인으로 알려져 왔지만 나에게는 직접 만나뵐 수 없는 먼 거리에 계신 분이었다. 전주고등학교와 서울대 문리대의 선배이며 정치부 기자의 선배로서도 자주 접할 수 있는 객관적 조건과 인연이 있었지만 1993년 국회제도개선위원장으로 추대되셨을 때 인터뷰한 것이 사실상 첫 만남이었다.

그리고 KBS 사장으로 부임하신 뒤 나에게 정치부장 임명장을 주시면서 뵙게 된 것이 두 번째 만남이었다.

이때 하신 말씀이 "결국 진홍순이구먼."이었다. 당시 나로서는 이해할 수 없는 말씀이었지만 추후 주변 인사들로부터 뒷얘기를 듣고서야 전후 사정을 알게 되었다.

김대중 대통령 당선 당시 나는 통일부장으로 일하고 있었다. 그 직전엔 정치부 국회반장직을 맡아왔었는데 대통령선거가 코앞에 닥친 1997년 8월에 갑자기 정치부를 떠나게 되었다. 호남출신인데다 주로 야권에서 오랫동안 취재를 담당해온 나를 대선 실무총책인 국회 반장으로 계속 남겨두는 데는 회사로서 큰 부담이었기 때문이다.

야당이 대선에서 승리하자 야당 통 취재기자로 알려져 온 나에게 관심이 모아지게 되었다. 나는 통일부장직을 맡은 지 얼마 안 되는 상황에서 또 자리를 옮기게 될 것이라고는 생각하지도 않았다. 또한 통일 분야는 평소 관심이 많았을 뿐 아니라 실제 업무를 맡고 보니 기자로서 새로운 출발을 해야겠다는 큰 의욕도 일었다.

그러나 일부 정치부 출신의 간부들은 정치부장직 자리를 놓고 치열한 경쟁을 벌였다. 제각기 갖가지 명분과 남다른 연고를 내세우며 새로 등장하게 된 신 여권실세를 비롯해 DJ의 측근 인사들까지 찾아가 인사청탁을 하는 추태도 벌어졌다. 따라서 이제 막 출범한 신 여당 내부에서는 KBS 인사문제가 적잖은 화제가 되었다. 평소 잘 알고 지내오던 여당 핵심당직자 한 사람은 나에게 전화를 걸어와 웃으면서 "진 부장은 정치부장 후보 서열 4, 5번인 것으로 알려지고 있소. 그러나 더욱 놀라운 일은 KBS가 이렇게 복잡한 조직인 줄 우리는 전혀 몰랐다는 사실이오." 하며 혀를 차기도 하였다.

이런 상황에서 결국 경력과 인사서열 면에서 선두그룹에 있었던 나에게 정치부장 임명장이 돌아오게 되었다. 유신독재 정권과 5공 신군부 세력의 탄압으로 「동아일보」에서 해직되고 사실상 망명생활까지 하시다 17년 만에 현직에 돌아오신 박 사장님에게는 놀라움과 분노가 매우 컸을 것으로 보인다. KBS에 대한 외압의 실체들을 직접 체험한 착잡한 심경의 일단을 임명장 수여식에서 표시하신 것이다. 추후 박 사장님은 이에 대해 KBS 인사는 대한민국 인사의 축소판임을 실감했다고 술회하신 바 있다.

## 공영방송 수장의 임무는 독립성

취임 후 박 사장님은 공영방송 수장의 임무 중 가장 중요한 것은 독립성 수호라는 점을 특별히 강조하셨다. 사장직을 걸고서라도 독립성을 지켜내지 못하면 공영방송은 의미를 상실한다고 생각하셨다.

2010년 초 매우 추웠던 날로 기억한다. 박 사장님이 평소 자주 만나시던 몇몇 원로 언론학자들과 오찬을 마치고 나와 둘이서만 남아 차를 마시던 때다. 역대 대통령에 대한 평가를 언급하시면서 이승만, 김대중 두 대통령의 업적을 역사적 사건이라고 말씀하셨다. 특히 김대중 대통령은 민주주의에 대한 신념, 리더십, 역사의식과 국제감각 부문에 있어 탁월한 능력을 발휘했으며 햇볕정책은 세계 주요 지도자들이 모두 지지한 획기적인 제안이었다고 말씀하셨다. 또한 김대중 대통령은 언론에 대한 깊은 이해와 남다른 관심을 갖고 있어 언론인 출신인 자신도 여러 번 감동 받았으나 정작 자신은 바른 언론의 길이라는 명분만을 내세우며 김 대통령께 인간적 도리로서 해서는 안 될 일도 한 바 있다고 토로하셨다.

2000년 임기가 끝난 KBS 이사진 재편 때의 이야기다.

당시 청와대 영부인 측근들은 KBS 출신으로 일찍이 동교동 쪽에서 일했던 모 여성인사를 새 이사 후보로 강력 추천해 왔다. 그러나 KBS로서는 방송 관련 경력이 부족하고 경륜이 낮은 데다 사실상 대선 캠프에 참여했던 전직 방송계 인사를 새 이사로 추천한다는 것이 큰 부담이었다. 이사진 구성에 관한 법적 추천권은 방송위원회에 있었지만 박 사장님의 권위와 DJ 대통령의 절대 신임으로 KBS 의견이 결정적 영향력을 행사하던 때다. 측근들의 노력이 성과를 거두지 못하자 KBS 사장과 이사진 임명권자인 대통령이 박 사장께 직접 전화를 걸어왔다.

이에 박 사장은 방송의 독립성이 무너지면 민주주의가 훼손되고 결국 정부와 DJ 대통령께도 누가 되기 때문에 신중을 기하고 있다고 답변했다. 사실상 거부 의사였는데 대통령은 박 사장의 깊은 뜻을 이해하고 더 이상의 의견 제시를 하지 않았다. 박 사장은 DJ와의 인간적 관계를 봐서도 있을 수 없는 일이라고 생각했지만 일찍이 대통령의 언론관은 분명하고 올바르다는 점을 누구보다도 잘 알고 있었기 때문에 죄송함을 무릅쓰고 감히 말씀드렸다고 회상했다.

그러나 정치지도자와 언론계 원로와의 이 같은 신뢰와 존경으로 가득 찬 애틋함을 깊이 헤아린 측근들은 그리 많지 않았다. 특히 일부 로열 패밀리와 청와대 측근들은 박 사장에 대한 부정적 시각을 날로 더 심하게 드러내놓게 되었다.

"누구 때문에 KBS 사장을 하고 있는데……", "배신감마저 느낀다." 등등 직접 전해드릴 수조차 없는 섭섭한 말들을 나에게도 건네 왔다. 그러나 박 사장님의 태도는 분명하고 단호했다. 진정한 충신은 역적으로 내몰려 처형될 때가 가장 아름다운 모습이라는 소신까지 내비치셨다.

내가 정치부장 직무를 마치고 TV 뉴스 편집부장으로 일하던 때다. 9시뉴스 마무리 편집에 가장 바쁜 때 박 사장님의 전화를 받았다. 뜻밖에 저녁 식사를 함께 하자는 말씀이었다. 그러나 나를 데리고 가신 곳은 모 호텔 양식당이었다. 대통령 큰아들이며 현역의원인 김홍일 의원이 동석했다. 김 의원은 몹시 거동이 불편했고 말투도 매우 어눌했기 때문에 나는 사실상 통역으로 배석한 것이었다.

김 의원은 의정활동준비로 정리했다면서 많은 자료를 제시하며 YTN 살리기에 KBS가 적극 나서야 한다고 말했다. 당시 YTN은 심한 경영난 때문에 존립 자체가 오랫동안 위협받는 상황이었다. 박 사장도 공영방송 KBS가 YTN 운영 정상화에 협력해야 한다는 원칙에는 동감임을 밝혔다. 그러나 방법론에서 김 의원과 박 사장의 의견차이가 좁혀지지 않았다.

김 의원은 KBS가 YTN에 지불하는 남산 송신탑사용료를 즉각 파격적으로 올려야 한다고 주장했다. 이에 대해 박 사장은 송신탑사용료 인상요인을 적극 검토할 수는 있어도 사실상 무조건적인 파격인상은 있을 수 없다고 답변했다. KBS 주 수입원은 국민이 부담하는 수신료일 뿐 아니라 KBS는 국정감사, 감사원감사 등을 받아야 하는 공기업이라는 이유도 설명했다.

## "우리가 지켜야 할 가치" 언론계의 서낭당

시원한 답변을 듣지 못한 김 의원의 얼굴이 붉어졌다. 갑자기 말소리조차 또렷해지며 큰 소리로 말했다.

"박 사장님은 KBS에 계시기에 너무 큰 인물이십니다. 더 큰 자리로 옮겨 일하시는 게 낫다는 게 주변 사람들의 의견입니다. 부친께도 말씀드렸습니다."

곧 있게 될 KBS 사장 재임명 절차에서 박 사장은 제외되어야 한다는 게 주변 분위기라는 뜻이다.

박 사장은 기다렸다는 듯이 자세를 바로잡으며 안주머니에서 구겨진 인쇄물 몇 조각을 꺼냈다. KBS 사장이 바뀌게 될 것이라는 내용의 언론관련단체 홍보선전물들이었다. 비장감에 떨리는 듯한 목소리로 말씀하셨다.

"이 땅에 민주주의가 없었으면 김대중 대통령도 나올 수 없었고 따라서 나도 KBS 사장이 될 수 없었소. KBS는 민주주의 그 자체가 되어야 합니다. 우리 모두가 지켜야 할 가치입니다."

회동을 마치고 호텔 문을 나서면서 김 의원은 나에게 나지막하게 말했다.

"대단한 분을 모시고 계십니다. KBS는 앞으로 누구도 간섭하지 못할 것이오."

박 사장님은 외부압력 못지 않게 내부압력에 대해서도 조직운영의 독립성을 지켜내는 데 심혈을 기울였다.

취임 초 노조간부 출신을 발탁, 부사장에 기용한 것은 명분상 개혁정책추진을 위한 것이라고 내세웠지만 실은 국내에서 최강성으로 분류되는 KBS 노조를 견제하기 위한 것이었다.

1천 명이 넘는 직원의 구조조정, 간부 사원의 능력급제 전면 실시, 노조 집단이기주의의 대명사로 지목돼온 퇴직금 구율제의 폐지 등으로 노조와의 갈등은 상상을 초월했다. 1999년의 경우 노조의 파업결의만 서너 차례 있었다. 노조간부가 심야에 회사에 들어가 방화하려다 적발돼 구속되는 사건도 일어났다.

그때마다 박 사장은 국민 이외의 어느 누구도 KBS를 장악하려 해서는 안 된다는 입장을 강조했다. KBS 구성원이라 할지라도 KBS에 부여된 공적 책임을 다하는 데 그쳐야지 KBS 프로그램제작방송에 개인적인 영향력을 직접 행사하려 해서는 안 된다고 당부하셨다.

뉴스도 사실은 신성하고 진실하게 전달하되 KBS 의견을 뉴스같이 포장해서 내보내서는 안 된다고 말했다. KBS 의견은 반드시 논평이라는 별도의 형식을 통해서 밝힘으로써 국민들이 객관적으로 공정하게 KBS를 판단할 수 있도록 해야 한다는 것이다. 자연스럽게 뉴스 앵커의 진행멘트가 짧아지기 시작했다. 모든 뉴스가 박진감 있게 진행되고 그동안 다소 지루하게 보이던 뉴스해설까지 친근감 있게 다가왔다.

박 사장 재임 시 많은 노사갈등과 정치권과의 시비가 있었지만 공정방송

훼손문제 자체가 심각하게 제기된 적은 없었다. KBS가 독립성을 보장받기 위해서는 무엇보다 공정방송 자세를 확립해야 한다는 박 사장님의 경영철학 때문이었다고 생각한다.

박권상 사장에게는 몇 가지 우리 귀에 익은 수식어가 있다. '영원한 언론인', '가장 존경받는 논객', '선구적 언론인' 등등이다. 그러나 나는 '가장 실질적으로 투쟁했던 언론인' 이었음을 강조하고 싶다. 언론의 본령을 지키기 위해 내부자에겐 가혹하리만큼의 채찍질을 멈추지 않았고 언론 외부 특히 권력과 정치권에 대해선 잔인하다 할 만큼의 공정성 잣대를 들이대었다. 평생 정치권으로부터 많은 유혹을 받았음에도 정계 입문을 거부한 것도 언론의 본령을 지키기 위한 몸부림이었다고 생각한다.

이런 점에서 나는 '언론계의 서낭신 박권상'을 주장한다.

# 남북 방송교류, 화해와 협력의 시대

KBS 남북교류협력단

언론계는 박권상 사장을 "2000년 남북정상회담을 계기로 남북방송교류의 물꼬를 튼 인물이다"라고 평가한다. 박권상 사장의 남북방송교류에 대한 신념과 원칙, 성과에 대해 긍정적으로 평가하고 있는 것이다. KBS가 남북방송교류를 추진할 수 있었던 것은 박권상 사장의 남북문제에 대한 깊은 이해와 지원이 있었기 때문이다. 박권상 사장은 남북 화해와 협력을 위해서는 언론의 책임과 역할이 매우 중요하다는 점을 인식하고 이를 실천했다. 국내 언론사들이 '남북교류협력'을 활발하게 추진하게 되기까지는 선도적 역할을 한 KBS의 영향이 컸고 그 중심에 언론인 박권상이 있었다.

남북방송교류를 추진하는 과정은 순탄치만은 않았다. 반세기가 넘는 장기간의 분단과 단절, 여기서 비롯된 이질감과 불신의 벽은 남북합의를 도출하는 데 커다란 장애가 되었다. 안으로는 이른바 남남갈등이 상당한 부담이 되었다. 북남갈등과 남남갈등을 동시에 해결해야 했던 것이다. 이러한 우여곡절을 거치면서 남북방송교류는 진지한 분위기 속에서 추진되었다.

박권상 사장은 남북방송교류는 ① 면밀하게 준비된 장기계획에 따라 단계적으로 추진해야 한다. ② 정당성과 합리성을 갖춘 상태에서 자신감을 가지고 추진해야 한다. ③ 단기적 성과에 연연해하지 말고 민족의 장기적 이익을 고려해야 한다는 세 가지 큰 방향을 제시했다. KBS는 이러한 큰 틀에서 남북방송교류를 추진하면서 ① 남과 북이 서로 이해하고 협력해 민족의 공존과 공영을 이룰 수 있도록 북한을 올바로 알리는 작업 ② 남북한 사람들의 정서와 생각을 파악해 민족 동질성을 확보하는 작업 ③ 경제적으로 협력 가능한, 협력해야 할 아이템을 개발하는 작업을 진행하였다. 이러한 실천적 작업을 통해 사회통합과 민족화해에 기여하고 민족의 미래에 비전을 제시하고자 노력하였다.

## 6 · 15 공동선언 후속조치 남북 방송교류

남북 간 최초의 방송교류는 1990년 10월 평양 통일축구경기의 녹화중계라고 할 수 있다. 이후 1992년 2월 남북 '기본합의서'가 발효되는 공식행사를 평양 인민문화궁전에서 생중계했다. 2000년 6월에는 남북정상회담이 수시로 중계되고 이산가족 상호방문 장면들도 방송되었다. 그러나 이러한 중계방송은 행사 위주의 단발성 이벤트에서 벗어나지 못한 측면이 있었다. 남북방송교류가 지속적으로 추진되기 시작한 것은 2000년 6월 남북정상회담 이후라고 볼 수 있다.

2000년 6월 김대중 대통령과 김정일 국방위원장은 평양에서 정상회담을 열고 6 · 15 공동선언을 발표하였다. 정상회담 당시 방북한 박권상 사장은 조선중앙방송위원회와 접촉을 갖고 남북방송교류에서 협력하는 문제 등을 논의하였다. 이후 박권상 KBS 사장(한국방송협회장)과 최학래 한겨레신문 사장(한국신문협회장)을 비롯한 남측 언론사 사장단 56명이 8월 5일부터 12일까지 7박 8일 일정으로 방북하였다. 사장단은 12일 평양 목란관에서 김정일 국방위원장과 오찬을 겸한 접견을 하면서 6·15공동선언 이행에서 남북 언론들의 역할을 재확인하였다. 이에 앞서 사장단은 정하철 조선노동당 선전선동부장, 강능수 문화상, 최칠남 로동신문사 책임주필, 김기룡 조선중앙통신 사장 등 북측 언론계 인사들과 언론교류방안 등에 대해 의견을 나누고 '공동합의문'을 도출하였다. 공동합의문은 ① 통일지향적인 언론활동의 적극적인 실천 ② 민족 간의 대결 회피와 상호비방 중지 ③ 남북언론 간의 상호협력과 접촉·교류 ④ 남북 언론 간이 접촉창구 마련 ⑤ 북측 언론기관 대표단의 서울 방문 등의 내용을 담고 있다.

남북 언론 간의 이 같은 합의는 정상회담 이후 남북관계가 북미 관계의 영향을 크게 받으면서 남북이 목표했던 방향으로 진행되지 못하였다. 미국의 부시 정부는 출범 이후 클린턴 정부의 대북정책을 재검토하기 시작하고 북한과의 대화 재개를 결정하였으나 여전히 '신뢰할 수 없는 정권'으로 규정함으로써 남북화해무드에 부정적인 영향을 미친 것이다.

그러나 박권상 사장은 비정치적인 분야, 사회·문화 분야에서의 교류와 협력이 더욱 필요하다는 판단에 따라 북측과의 협의를 독려하면서 방송교류를 추진해 나갔다. '6·15공동선언'과 '공동합의문'의 후속조치로서 남북 방송교류를 실천한 것이다. KBS의 방송교류는 2000년 8월 광복절을 계기로 서울에서 개최된 '남북 교향악단 합동연주회'를 시작으로 본격적으로 전개되었다.

남과 북은 광복 55돌을 경축하고 6·15공동선언을 환영하는 '남북 교향악단 합동연주회'를 서울에서 개최하였다. '조선국립교향악단' 등 북측 공연단 132명은 8월 18일부터 24일까지 6박 7일 동안 서울에 체류하면서 KBS

교향악단과 합동으로 KBS홀(2회)과 예술의 전당(2회)에서 모두 네 차례 공연을 하였다. 남과 북 공동사회로 진행된 공연은 생방송 또는 녹화방송되었는데 동일시간대 최고의 시청률을 기록하였다. 남측 시청자들에게 커다란 관심사였다는 점을 보여준 것이다. 남북 교향악단 합동공연은 남과 북 음악가들이 한자리에 모여 화합과 협력의 정신으로 음악회를 개최함으로써 동포애를 확인하고 음악교류를 통한 민족 동질성 회복에 기여했다는 평가를 받았다. 이 공연의 관람객은 모두 8,400여 명이었는데 각계각층의 인사가 참석했던 점을 고려할 때 남북문제에 대한 관심과 이해를 증진시키고 KBS의 위상을 높인 행사였다고 볼 수 있다.

## 생방송 「백두에서 한라까지」

남과 북은 2000년 9월 10일에서 12일 백두산 정상에서 서울과 한라산을 동시에 연결하는 3원 생방송을 진행하였다. 「백두에서 한라까지」는 남북 방송교류의 새 장을 연 것으로 평가된다. 남측 방송인들이 백두산 정상에서 생중계를 하고 북측 기자와 전문가들이 현장 출연하는 등 남과 북 방송인들이 공동으로 제작에 참여한 것이다. 남측 KBS 제작진 21명을 포함, 남과 북 제작진 138명이 참가해 규모 면에서도 매우 컸으며 분단 이후 최초로 전파를 통해 하나가 됐다는 데 의의가 있었다. KBS는 생방송에 필요한 중계차와 SNG 등 방송장비를 인천항을 통해 남포항으로 이동하고 이를 백두산 천지와 장군봉에 설치하는 등 기술적 실험을 경험하는 성과도 거두었다.

남북방송교류가 추진되는 동안 이를 체계적으로 담당해야 할 조직의 필요성이 대두되었다. KBS에는 그동안 기획보도실과 통일문제연구소, 남북방송협력국, 통일방송연구 등 다양한 명칭의 통일 관련 부서가 신설, 폐지되는 과정을 거치면서 연구 위주의 소극적인 기능을 수행하고 있었다. 박권상 사장은 '연구'와 '사업'이라는 두 개의 큰 축을 아우르는 조직을 구상하고 2000년 8월 사장 직속으로 '남북교류협력기획단'을 신설하였다. 남북교류협력기획단은 이듬해 4월 기존 '통일방송연구'와 통합, 명실공히 연구와 사업을 병행하는 효율적인 조직으로 기능하면서 본격적인 방송교류협력사업을 추진하였다.

2000년의 양대 사업 경험과 조직개편은 KBS의 남북방송교류협력사업 역량을 크게 증진시키는 결과를 가져왔다. 박권상 사장은 남북교류협력기획단에 대해 "남북방송교류는 남북관계의 영향을 받을 수밖에 없다. 하지만 언제든지 교류협력 사업에 착수할 수 있도록 북측과 대화 창구를 유지하고 상호 신뢰를 쌓도록 노력하라"고 주문했다. "KBS가 진정성 있게 접근하면 사회·문화 분야에서의 교류협력은 지속 가능할 것이다"라는 점을 강조하면서 실현 가능한 아이템을 개발하도록 독려하기도 하였다.

이 같은 박권상 사장의 의지와 지원에 힘입어 남북교류협력기획단은 2000년 10월부터 2001년 3월까지 6개월에 걸쳐 북측 파트너인 민족화해협의회와 서신을 교환하고 베이징에서 접촉하면서 'KBS 5대 프로젝트'에 합의하고 이를 추진하기에 이르렀다.

5대 프로젝트는 ① 특별기획 「남과 북이 함께 부르는 노래」 ② 보도특집 「은둔의 땅, 관광으로 빗장 연다」, 「대동강 밸리의 꿈」 ③ 위성생방송 「여기는 평양입니다」 ④ 특별기획 「백두고원을 가다」 ⑤ 10대 민족문화유산 시리즈 등이다.

2001년 5월 19일부터 7월 10일까지 53일 동안 진행된 이 프로젝트에는 32명의 제작진이 투입되었다. 이 같은 대규모 제작진이 평양에서 개성, 묘향산, 백두산에 이르는 지역을 종횡하며 취재, 촬영한 것이다. 취재 촬영 대상은 평양 시내 거리와 주요 건물, 김일성 광장, 평양성과 대동문, 보통문을 비롯한 유물 유적, 컴퓨터 프로그램 연구소, 각종 공장, 백화점, 탁아소, 열사릉, 사찰과 교회, 고분과 내부 벽화, 박물관 전시유물과 수장고 유물, 농장과 양어장 등 광범위한 것으로 기대 이상의 성과를 올렸다. 이후 KBS가 뉴스와 다큐멘터리, 드라마 등 프로그램 제작할 때 활용한 북측 관련 영상은 이 시기에 확보한 것이어서 그 성과가 매우 컸다. 특히 취재진의 규모와 프로그램의 소재가 확대되면서 KBS의 현지 제작역량이 강화되었다.

## 남북 방송교류 상호주의와 양방향으로

2001년 5대 프로젝트에 이어 KBS는 2002년 대하드라마「제국의 아침」 타이틀과 주요장면을 백두산 천지와 평양성 등에서 촬영 방송했다. 2002년 9월에는 '남북통일축구경기'를 서울 상암월드컵경기장에서 개최했다.

남북통일축구경기는 2002년 5월 13일 당시 박근혜 의원과 김정일 국방위원장의 면담 결과 성사되었는데 1990년 이래 12년 만에 재개되는 남북 간의 친선축구경기로 KBS와 남측 유럽-코리아재단(EKF), 대한축구협회(KFA)가 공동으로 추진하였다. KBS는 1TV를 통해 생중계하고 북측은 다음 날 조선중앙TV를 통해 녹화 방송하였다.

박권상 사장은 남북방송교류는 한 방향이 아닌 양방향으로 진행되어야 한다는 점을 강조하였다. 이는 상호주의와도 일맥상통하는 것으로 방송교류는 남과 북, 평양과 서울에서 균형적으로 진행되어야 한다는 것을 의미하였다. 이에 따라 KBS는 2000년 8월 서울에서 개최된 광복절 경축 남북교향악단 합동연주회의 후속조치로 평양에서도 합동연주회를 열 것을 제의하게 되었다. 우여곡절이 있었으나 남과 북은 민족의 명절 '추석맞이 남북교향악단 연주회'를 평양 봉화예술극장에서 두 차례에 걸쳐 진행하기로 합의하였다. KBS는 203명 규모의 방북단을 구성, 전세기편으로 서해 직항로를 이용해 평양 순안공항에 도착하였다. 방북단은 KBS교향악단 105명과 세계적인 바이올리니스트 장영주, 중계기술진, 취재진, 생방송 진행팀, 인솔단, 참관단 (국회, 방송위원회 등)으로 구성되었다. 공연은 서울과 평양에서 생방송되었다. 북측에서는 대외적으로 북한을 대표하는 김영남 최고인민회의 상임위원장을 비롯해 강능수 문화상, 안경호 조평통 부위원장, 리종혁 아태부위원장, 전금진 내각 책임참사, 김영대 민족화해협의회 회장 등 주요 인사들이 대거 관람하였으며 국립민족예술단과 피바다가극단, 만수대예술단 등도 참관하는 등 성황을 이루었다.

공연과 생방송이 성공적으로 마무리되자 평양 상황실로부터 전화를 받은 박권상 사장은 격려의 메시지를 방북단에 전달하였다.

박권상 사장은 남북방송교류협력사업을 협의하기 위해 베이징에 출장 가는 임직원들이나 프로그램 제작을 위해 방북하는 취재진을 사장 접견실로 불러 환송하곤 하였다. 이때 반드시 당부하는 말이 있었다. "평양에 가거든 보고 들은 것을 꼬박꼬박 기록하라."는 것이었다. 박 사장은 디테일하고 리얼한 방북기는 밑줄을 그으면서 읽을 정도로 중요시하였다. 그리고 북측을 방문하는 제작진들이 참고자료로 활용토록 하였다. 언론인 박권상의 사실 중시, 현장 확인 정신과 기록 습관을 엿볼 수 있다.

남북방송교류를 진행하는 과정에서 KBS가 겪는 진통도 컸다. 정부의 대북정책에 대한 여론 분열로 인해 교류협력에 대한 논란이 빚어졌다. 당시 야권은 북측 현지 제작비가 과다한 점을 지적하였고 이른바 '퍼주기' 논쟁이 일어나기도 하였다. 2002년 9월 27일 국회 문화관광위원회의 KBS에 대한 국정감사에서 일부 야당 의원들은 KBS 교향악단의 평양공연에 소요된 비용

등을 따져 물었다. 박권상 사장은 "KBS 교향악단의 추석 평양공연에 북측과의 뒷거래는 없었다."라고 단호히 답변하였다. 박권상 사장의 정연한 논리와 유연한 태도에 더 이상 논란이 되지 않았다.

남북방송교류는 단순한 방송행사 차원을 넘어 남북 간의 긴장을 완화시키고 북한 인민들로 하여금 남한 사회에 대해 변화된 인식을 갖게 하는 데 기여했다는 평가를 받고 있다. 남한 주민에게는 북한에 대한 새로운 인식을 갖게 하는 계기가 되었다. 언론사 측면에서 볼 때 국가기간방송으로서 민족문제에 적극적이며 주도적으로 접근했다는 점과 타 언론사들에 대해 개방적으로 협력했다는 점을 꼽을 수 있다. 박권상 사장 재임 때 다져놓은 북측과의 신뢰관계는 이후 「남북 해외학자 통일회의」 취재 및 생방송, 「평양노래자랑(전국노래자랑 평양 편)」, 「남북경협현장, 평양 남포 그리고 개성」, 드라마 「사육신」 공동제작 등으로 이어졌다. KBS는 또 조선중앙방송의 시설과 장비, 인력과 제작능력 등 북측 방송시스템을 올바로 파악하는 기회를 가질 수 있었다. 방송교류를 위해 서울과 평양을 오고 간 기자와 PD, 기술진들은 엄선된 인력이었는데 이들은 지금도 사내외에서 중요한 역할을 담당하고 있다.

하지만, 박권상 사장이 남북방송교류를 계기로 평양에 지국을 설치하고 특파원을 상주시키려던 계획은 북측의 호응이 없어 포기해야 했다. 지국보다 한 단계 아래인 '남북연락사무소'를 설치해 연 4회 정도의 생방송과 방송교류협력사업을 추진한다는 계획도 역시 무산되었다. 북한 체제상 남한 언론의 취재를 큰 폭으로 허용하는 것은 매우 복잡한 문제로 현재로서도 성사되기 어려운 일로 여겨진다.

# 박권상 형과의 즐거운 대화

김용운 (한양대 명예교수)

　박권상 형과는 30년 가까이 사귀었다. 다정하면서도 약간의 긴장감을 느낀 탓일까, 호형호제할 사이가 될 만도 한데 결국 양존하면서 서로 유명을 달리하게 되었다. 이 글에서는 감히 박 형으로 부르는데 고인도 마다하지는 않으리라 믿는다.

　80년대 말 도쿄에 있는 출판사 고려서림의 재일동포 사장 박광수 씨는 답답한 한일관계를 안타까워하면서 기금을 마련하고 한일관계의 돌파구를 위한 사업을 계획했다. 「동아일보」와 일본 「아사히신문」의 공동주관으로 '한·일 양국의 가교가 될 논픽션'의 현상모집을 실시한 것이다. 기대 이상의 호응으로 수많은 응모작이 쏟아졌고 한국 측 심사위원 한 사람으로 형이 참여했다.

　평소 박 형은 건전한 한일관계는 시민 사이의 두터운 이해에 달렸으며 감정적 애국자는 친일파를 규탄하거나 일본을 매도하는 비생산적 태도를 보인다며 지성은 양심, 양심이 곧 지성이다 하면서 적극적이었다. 필자의 기억으로는 그와 같이 일한 것은 그때가 처음인 것 같다. 응모작품은 수준급이었고 책으로 출간되어 특히 한일지식인 사이에 상당한 반향을 일으켰다. 우리 둘은 이에 보람을 느꼈고 한·일 관계는 분명한 방향이 있어야 선동적인 움직임에 흔들리지 않을 것이라는 일치된 의견도 나누었다.

## 늘 주변에 사람이 모여들었던 박 형

형 주변에는 늘 사람이 모였다. 기회만 있으면 남을 도와주는 성품 탓도 있지만 생각의 폭이 넓고 한쪽에 치우치는 일이 없이 남을 안심시키는 분위기가 있었기 때문일 것이다. 영국생활에서 몸에 밴 것은 아니겠지만 영국 신사를 방불케 하는 풍모에 자신보다 남의 말 듣기를 좋아했었다. 영국대사관 주최로 호킹 박사를 중심으로 한 파티에 재야 시절의 김대중, 김영삼 전 대통령을 비롯한 정치, 과학계 인사가 함께 초청된 적이 있었다. 정치적 적수들이 가시 돋친 말로 응수하면서도 박 형의 독특한 분위기로 좌중의 인사 모두 자연스럽게 고루 말하게 되어 즐거웠던 일이 기억에 남아 있다.

형은 사소한 일에도 단정 내리는 데는 신중했고 사람의 마음처럼 알 수 없는 것은 없다며 남이 별로 보지 않은 면을 주목하는 인물평이 인상적이었다.

'시일야방성대곡'의 글로 잘 알려진 장지연(張志淵) 기념회의 이사장직을 맡고 계시던 때, "그분을 친일파로 매도하는 사람도 있다"며 형은 약간 흥분하면서 역사적 인물에 대해서는 당시의 시대적 상황을 이해해야 하는 데 오늘의 잣대로 비판하는 것을 안타까워했다. 장지연 선생이 일제의 강요에 못이겨 쓴 한두 편의 글을 문제 삼아 친일파라는 설이 나올 때였다.

"그런 식으로 사람 잡을 수가 있겠습니까? 이러다가는 식민지시대의 한국인 모두가 친일파로 매도될 수가 있겠어요. 국민적 자학이 아니고 무엇이오.

아무리 싫어도 일본 만세를 불러야 했던 고된 처지를 이해해야지요. 걱정은 지금이 아니라 남북이 통일되었을 때, 지금 친일파 가르는 식으로 김일성파 니, 민주파니 하며 비방하면서 심한 분열이 될 것입니다."

잡지 「시사저널」을 맡고 계실 때의 일이었다. 그 무렵 일본과 한국에서 세 사람의 저자가 각각 '일본어 한국어 동근설(同根說)'에 관한 책을 출간하여 화제가 되었다. 한·일어는 같은 알타이어로 한자와 고유의 음표문자 '한글과 가나'를 갖는 이중어다. 언어에 다소 관심이 있는 사람이면 금방 이들이 보통 사이가 아니라는 것을 짐작할 수 있다. 그러나 일제는 한국인에게 자존심을 부추기는 일은 절대 금물로 여기고 오직 맹랑한 『니혼쇼기(日本書紀)』를 근거로 일본은 신국(神國)이며 일본어는 신의 언어이므로 조선어와는 전혀 관계가 없다며 우기고, 한편 한국 언어학자 또한 그들을 얕보고 일본어 연구를 꺼린 경향이 있었다. 서양의 근대 언어학이 유럽어를 하나로 보는 것과는 판이한 분위기가 한·일언어학계에 있었던 것은 사실이다.

## 한·일어 동근설 원고 부탁

이솝의 『벌거벗은 임금님』 이야기는 언론들이 실상을 알면서도 권력의 눈치를 보며 안 보는 척할 때 순진한 어린이가 보는 대로 말한다는 내용이다. 박 형은 그것을 인용하면서 한·일어 동근설이 해방 50년이나 지난 요즘 거의 동시에 복수의 저자에 의해 등장하는 배경이 재미있다는 것이다. 학계에서 한·일어 동근설을 정면으로 발설하는 사람이 없고 이들 3명의 한·일어 동근설 저자들이 공동적으로 비전문가인 것은 이솝의 『벌거벗은 임금님』의 이야기와 같은 구조가 아닐까. 그것은 전문가들이 등한시한 학문의 사각이며 누가 무어라 하든 한·일 간의 새로운 풍조의 시작인 것은 사실이다. 세 사람의 방법론이 모두 다르지만 한·일어가 같은 뿌리를 갖는다는 점은 일치하는 데 각각 주장하는 공통점과 차이점을 가려낼 수 있으면 재미있는 글이 나올 것이라며 원고 부탁을 하는 것이었다.

필자는 대학원 시절 지도교수의 이야기 듣는 것 같은 기분으로 그의 말에 큰 자극을 받았다. 박 형은 대학교수는 아닌 분명히 언론인이지만 상황판단 은 언제나 전문학자와 같고, 생각은 언론계와 학계를 자유롭게 넘나들 듯이 하곤 했었다.

깊어가는 가을, 청량한 공기와도 같이 가벼운 긴장을 일으키던 그와의 재 미있던 그간의 대화가 생각난다.

# 사실과 진실, 자유와 책임

김정기 (한국외국어대학 명예교수)

　박 선생 영결식에서 '동아일보맨'인 윤양중 선생이 추도사에서 박 선생의 언론관을 언급한 것이 눈길을 끌었다. 윤 선생은 오랫동안 「동아일보」에서 같이 일한 관계를 언급하면서 영국의 자유주의 언론인 스콧(C. P. Scott)이 "사실은 신성하며 의견은 자유다"라고 했다는 말을 인용하면서 박 선생은 '정확한 사실 보도'를 가장 중시했다고 회고했다.

　윤 선생의 회고는 사실일 것이다. 필자도 박 선생에게 이 말을 몇 번인가 들은 적이 있다. 그러나 가장 중요한 언론의 가치를 사실 보도에 두었다는 박 선생의 언론관은 그가 1980년 8월 「동아일보」에서 해직된 뒤 한동안 낭인 생활 끝에 언론으로 복귀할 즈음(1990년 전후)부터 서서히 바뀌기 시작했음을 엿볼 수 있다. 여기서 말한 언론 복귀란 「시사저널」 창간(1989년)에 주도적으로 참여한 것과, 소설가 최일남 선생을 비롯해 몇몇 지기들과 칼럼 신디케이트 활동 개시(1991년 5월), 그 뒤 「일요신문」 등에 기고 활동을(1994년 초) 시작한 것을 말한다.

그러다가 박 선생의 언론관은 1990년대 중반부터 완전히 탈바꿈한 모습을 볼 수 있다. 그것은 한 마디로 언론이 '사실'을 무시하지는 않되, '진실' 탐사에 보다 매진해야 한다는 것으로 요약할 수 있다. 이것은 그가 언론사 밖에서 다른 눈으로 한국 언론의 현실을 직시할 수 있었다는 점, 그리고 세계 유수언론의 흐름에서 한국 언론의 나아갈 길을 스스로 터득하고 새롭게 깨달은 것이 아닌가 생각한다.

내가 박 선생의 언론관을 이렇게 감히 추량할 수 있는 것은 90년대 중반부터 언론 연구의 관심을 매개로 박 선생과 남다른 관계를 맺어 왔기 때문이다. 그중에서도 결정판을 꼽으라면 1995년 6월부터 다음 해 4월까지 거의 10개월에 걸쳐 활동한 '한국신문윤리개정위원회'에서 선생이 위원장으로 개정작업을 주도했고, 필자가 간사위원으로 이에 보조한 일일 것이다. 나는 이런 관계로부터 박 선생에게 많은 것을 배울 기회를 놓치지 않았으며, 게다가 뒤에 다시 말하겠지만 그가 베푼 많은 시혜를 누렸다.

## 신문윤리 개정과 2000년위원회 큰 업적

위에서 언급한 영국의 자유주의 언론인 스콧은 1921년 「맨체스터 가디언」(현재 「가디언」) 창립 100주년을 맞이해 주목할 에세이를 썼다. 거기에 스콧의 유명한 격언이 나온다. 그해는 그가 이 신문의 편집국장을 지낸 지 50년을 맞이한 해이기도 하다.

그는 이 에세이에서 "의견은 자유롭지만 사실은 신성하다(Comment is free but facts are sacred)."라는 유명한 격언을 남기고는 신문의 기본직무는 정확한 뉴스보도(사실보도)라고 강조했다. 평론의 경우도 자율적인 규제의 울타리를 벗어나서는 안 된다면서 (평론은) '솔직'해야 하며 '공정'하면 더욱 좋겠다고 그는 덧붙였다. 위에서 박권상 선생이 자주 언급했다는 "사실은 신성하고 의견은 자유다"라는 말은 스콧의 에세이에 연유한 것이다. 이와 관련해 박 선생의 언론관을 올바로 이해하자면 19세기에서 20세기에 걸쳐 시대사조의 변천과 언론과의 관계에 대한 다소 복잡 한 배경 이야기가 필요하지만 여기서는 그 족보가 19세기의 시대사조라는 것만 말해 두자.

사실을 신성시한 언론관은 한국의 경우 1957년 신문윤리강령(이하 '구 신문윤리강령' 또는 간단히 '구 강령')으로 체현되었다. 그해 4월 7일 「독립신문」 창간 61주년을 맞이하여 당시 주요 신문의 편집국장 및 엘리트 언론인들이 의기투합하여 마련한 것이 구 신문윤리강령이다.

구 강령이 사실을 신성시하라는 계율은 강령 조항의 표현에서 그대로 드러난다. 제3항 '보도와 평론의 태도'에서 "보도는 사실의 신속 충실한 전달을 생명으로 한다."면서 "출처와 내용에 확증될 수 있는 것에 한하여야 한다."고 못 박고 있다. 나는 이 제3항 보도에 대한 규정이야말로 '사실(facts)'을 우상화한 19세기 시대사조를 그대로 반영한 것이며 바로 미국신문편집인협회(American Society of Newspaper Editors, 이하 'ASNE') 강령을 전범으로 한 것을 보여준다고 생각한다. 풀이하면 제3항 전단인 "사실의 신속 충실한 전달을 생명으로 한다."는 것은 사실주의를, 후단인 "출처와 내용에 확증될 수 있는 것에 한하여야 한다."는 것은 객관주의를 표방한 것이다.

그러나 미국에서 이미 20세기에 들어와 언론학자 슈드슨(Michael Shudson)이 지적한 대로 '사실의 조락(the decline of facts)'을 맞는다. 여기에는 몇 가지 이유가 있지만 그중에서도 정치권력을 상징하는 인물들이 쏟아 놓는 '발표'의 홍수에 대한 언론인들의 반감, 그리고 기업권력이 쏟아 놓는 홍보(publicity)가 사실의 가면을 쓰지만 실은 홍보인들에 의해 '선택된 사실'에 지나지 않는다는 언론계의 의식 개발을 들 수 있다.

여기서 사실조차 믿을 수 없다는 관념이 미국 언론계에 서서히 자리 잡게 된다. 뉴스는 세상에서 일어나는 사건의 보도라기보다 홍보인을 고용할 수 있는 특별계층의 이해에 부합하는 사실의 세계에서 골라낸 "사실을 복사하는 것"에 지나지 않는다는 의식이 언론인 사이에서 일게 되었다는 것이다.

이에 대해 ASNE는 1933년 결의 형태로 반응을 나타내어 "편집자들은 일반 독자가 사건의 추이와 의미를 충분히 이해하기 위해 '설명적이며 해설적인 뉴스(explanatory and interpretative news)'에 더 많은 주의를 기울이고 더 많은 지면을 배당해야 한다."는 것이었다. 다시 말하면 사실 보도를 신성시한 반면 의견을 터부시한 1923년 강령에 대한 자성에서 이제 의견을 중시하자는 태도로 바뀐 것이다.

이런 사실의 조락을 맞아 미국 주류신문계가 새로운 저널리즘의 길을 개척했는데, 그것이 이른바 '탐사저널리즘(investigative journalism)'의 새로운 언론의 경지이다. 그것은 언론이 수동적인 사실보도를 넘어 '진실'을 밝히려는 능동적인 추적활동이다. 그 결과 「워싱턴 포스트」는 '워터게이트 사건'과 같은 세기적인 특종을 일구었고, 「뉴욕 타임스」는 국방부 비밀문서를 폭로해 미국의 베트남전 개입의 검은 진상을 밝혀냈다.

## 신문윤리개정위, 박권상과 나

박권상 선생은 언론계 원로로서 특히 두 가지 우뚝 솟은 언론 개혁운동의 족적을 남긴 것으로 평가된다. 그 하나는 1995년 6월부터 '신문윤리개정위원회(이하 '윤리개정위')'를 주도하여 그 개정작업을 완성한 일이고, 다른 하나는 그해 말 선생의 제창으로 '한국 언론 2000년위원회(이하 '2000년위')'를 설립하고 언론개혁에 관한 주목할 만한 비전을 제시한 것이다.

나는 윤리개정위에서는 간사위원으로 박 선생을 보좌하는 일을 했고 2000
년위에서는 위원 겸 책임연구원으로 일할 기회를 가졌다. 이는 박 선생의
'입김'이 크게 작용한 것으로 보이지만 어떻든 지근거리에서 그가 한국 언론
에 대해 어떻게 생각하는지 관찰할 수 있는 드문 기회였다.

2000년위는 박권상 선생이 1995년 말 「관훈통신」에 '언론발전연구위원회
의 설립을 제안'한 것이 공식적인 계기가 되었다. 2000년위는 당시 교육계
의 원로인 정범모 박사(위원장)를 비롯 12인으로 구성하고, 전문위원회를 이
끌 '책임연구원'으로 필자를 위촉했다. 필자를 포함해 7명으로 된 전문위원
들은 한국언론이 당면한 주요 문제 영역을 설정하고 8가지 연구과제를 실행
했다. 그 결과를 '전문위원보고서'로 정리해 2000년위원회에 제출했다. 결
국 이 보고서가 주요자료가 되었겠지만 2000년위는 중견언론인 간담회를
여러 차례 열어 증언을 청취하는 등 독자적인 활동을 벌인 끝에 「한국언론의
좌표」라는 최종보고서를 2006년 채택했다. 그것은 언론의 일탈 행태와 언론
사의 구조적 비리를 진단하고 그 처방을 위한 권고를 제안한 것이다.

뒤돌아보면 박권상 선생이 주도한 1995~1996년 두 가지 중요한 언론개혁
사업에 필자도 참여하게 되었는데, 그중 신문윤리개정의 완성은 박 선생이
거둔 기념비적인 언론개혁사업이라고 필자는 평가하고 싶다. 게다가 필자가
언론개혁사업에 실무를 맡은 간사위원으로 참여한 일은 박 선생과의 잊을 수
없는 인연을 놓는 다리가 되어 주었다.

나는 신문윤리개정위의 간사위원으로 실무를 준비하는 작업의 하나로 언
론선진국인 영국과 미국을 방문해 언론윤리가 작동하는 현장을 둘러보는 기
회를 가졌다. 그 현장이 영국 런던의 언론불만위원회(Press Complaints
Commission, 이하 'PCC')와 미국의 미네소타 언론평의회(Minnesota
Press Council, 이하 'MPC')이었는데, 기구 대표와 운영자들을 만나 운영

실태를 파악한 것은 귀중한 자산이 되었다. 이 연구여행은 박권상 당신이 스스로 주선해 아시아재단 후원으로 이루어진 것인데, 박 선생이 아무래도 필자에게 과분한 신임을 베푼 것임에 틀림없다.

한 가지 아쉬운 일은 개정된 신문윤리강령 및 실천요강의 실행기구로서 나는 특히 영국의 PCC와 유사한 '한국언론평의회'의 구성을 보고서에서 제의했지만 불발로 끝나고 말았다. 그것은 한국신문윤리위원회가 비효율적인 자율규제기구라는 비판을 받아왔음에도 오랫동안 활동해온 관성을 쉽사리 타파하기란 쉬운 일이 아니었기 때문이라고 본다.

## 큰형님 같은 스승, 방송위원장 추천

1996년 2월 19일 한국프레스센터에서 한국의 대표적 언론 3단체, 즉 한국신문협회, 신문방송편집인협회, 기자협회가 공동주최하는 공청회가 열렸다. 필자는 주제발표자로서 그동안 윤리개정위가 마련한 신문윤리강령과 실천요강 개정안을 발표했다. 이 개정안은 공청회에서 나온 의견과, 다시 각계의 의견을 들어 마무리한 뒤 그 해 4월 8일 독립신문 창간 100주년을 맞이해 확정 공표했다.

이 공청회를 보도한 당시 신문기사를 보면(「한겨레」, 1996. 2. 18) 개정안의 특징에 대해 기존강령이 자유주의, 사실주의, 객관주의를 기조로 했다면 새 강령은 여기에 진실탐사주의를 덧붙였다고 소개했다. 이어 "언론이 사실보도라는 이름아래 당국의 일방적인 발표를 검증없이 마치 입증된 사실처럼 보도하는 발표저널리즘의 폐해를 바로잡기 위해 개정안은 진실을 적극적으로 추적해야 한다는 진실성의 원칙을 삽입했다는 것이다"라고 나와 있다.

이 개정안은 그 일주일 전 박 선생과 내가 프레스센터 사무실에서 긴 시간에 걸쳐 조항의 문구 하나하나를 다듬은 끝에 나온 것이었다. 물론 윤리개정위의 다른 위원들, 예컨대 서울대 법대의 김철수 교수, 김동환 변호사 등이 제시한 중요한 의견도 담겨 있는 것이었다.

여기서 박 선생과 나는 두 가지 점에서 열띤 대화를 나누었다. 그것은 주로 '사실'과 '진실'에 대한 것이었고, 부가적으로 '자유'와 '책임'에 대해 그 가치설정을 어떻게 위치지어 강령에 담을 것인가에 대한 것이었다. 박 선생은 주로 '사실'과 '자유'를 앞세운 반면, 나는 '진실'과 '책임'을 강조하는 편이었다. 그 결과 박 선생 주장대로 구 강령과 같이 제1조 '자유'에 이어 제2조 '책임'으로 되었다.

사실과 진실에 대해서 박 선생과 나는 이분법적으로 생각하지 않았다. 한마디로 박 선생은 사실을 중시하면서도 진실을 경시하지 않았다면, 나는 그 반대로 사실을 경시하지 않으면서 진실에 무게를 두는 편이 좋다는 생각이었다. 그 결과는 윤리강령 제4조 '보도와 평론'에서 "우리 언론인은 사실의 전모를 정확하게, 객관적으로, 공정하게 보도할 것을 다짐하며……"로 나타났고, 실천요강 제3조 '보도준칙'에서 "보도기사(해설기사 포함)는 사실의 전모를 충실하게 전달함을 원칙으로 하며…… 또한 기자는 사회정의와 공익을 실현하기 위해 진실을 적극적으로 추적 보도해야 한다."로 되었다.

박 선생은 구 강령의 "사실의 충실한 전달을 생명으로"라는 따위의 '사실의 우상화'를 청산해야 한다는 데 나와 완전히 공감했다. 그 자신이 정권이 쏟아 놓는 '발표'가 어떻게 '사실'이라는 이름으로 둔갑해 언론이 꼭두각시처럼 춤을 추어왔는지, 그것이 정권과의 야합으로 어떻게 언론의 구조적 비리를 켜켜이 재생산해 왔는지 잘 알고 있었기 때문이었을 것이다.

박 선생은 신 강령이 선포된 뒤 얼마 지나지 않아(1996년 6월) 출간된 자신의 칼럼집 『오늘, 그리고 내일』의 머리말에서 다음과 같이 쓰고 있다.

44년 긴 언론 생활에서 내가 터득한 한 가지 교훈이 있다. 언론, 그리고 언론인은 '진실', 어느 단편적인 '사실'이 아니라 어느 한 사실을 둘러싼 포괄적인 진실을 발견하고 이를 정직하게 알리는 데 일차적인 충성을 다해야 한다는 것이다. 어지럽고 흐트러지고 뒤섞이고 무엇이 무엇인지 도무지 알 수 없는 뉴스의 정글 속에서 진실, 포괄적인 진실을 가려낸다는 것은 불가능에 가깝다…….

그렇지만 실로 인간과 인류를 사랑하고 평화와 조화를 이룩하려면 진실에 대한 충성을 앞세워야 하는 것이 언론의 기본철학이라고 확신한다. 여기에서도 사물을 어떻게 보느냐, 어떤 각도에서 보느냐, 어떤 각도에서 접근하느냐의 철학적인 명제가 필요하다.

## 말벗이자 넉넉한 큰 스승

박 선생은 내게는 열 살 터울의 큰형님 같은 스승이자 말벗이었다. 무엇보다도 선생이 내게 베푼 넉넉한 호의를 잊을 수가 없다. 1999년 김대중 정권이 탄생된 뒤 당시 김 대통령의 신임이 두터운 박 선생은 나를 구 방송위원장으로 추천했다. 나는 당시 한국외대 부총장으로 재임하고 있었기에 애당초부터 일 년도 못 남은 전임 방송위원장(김창열) 임기를 채우는 자리로 옮기는 것에 선뜻 마음이 내키지 않았다.

그러나 박 선생은 "나는 저쪽(청와대 P아무개 수석)에 김 교수가 받아들일지 여부는 모른다고 했는데"라고 하면서도, "그러나 이것은 김 교수가 통합 방송위의 초대 위원장이 될 수 있는 포석일 수 있으니 신중하게 결정하면 어떨까."라고 했다. 나는 결국 박 선생의 은근한 '꾐'에 빠지게 되고 그의 예언대로 초대 방송위원장을 맡게 되었지만 그것은 일개 서생과 민낯의 권력과의 '잘못된 만남'이 되고 말았다. 그러나 이런 부분을 거두어들이면 박 선생이 내게 베푼 과분한 호의마저 부인할 수는 없다.

김대중 대통령 임기 중 박 선생은 1998년 4월 KBS 사장으로 부임해 5년 가까이 재임했는데, 나는 KBS 시청자위원으로, 이어 부위원장으로, 또한 KBS 시청자참여 프로그램 옴부즈맨으로 활동하게 되었는데, 이는 모두 박 선생이 내게 보인 과분한 신임이나 호의라고 밖에는 달리 설명할 길이 없다.

2003년 여름 7월 어느 날이었다. 선생이 서초동 댁 근처 전주콩나물국밥 집에서 이런 말을 혼잣말처럼 했다. "지금 내가 서울을 떠나려는데, 영국에 옛날 귀양 간 자리로 다시 가자니 내키지 않는단 말이여. 가까운 일본의 대학의 초청을 받으면 쓰겠는데." 선생이 KBS 사장을 그만둔 뒤 국내의 시선을 떠나 정신적인 휴양이 필요하다는 것은 두말할 나위도 없을 것이다.

나는 그때 얼핏 나와 박 선생을 바꿀 수 없을까 하는 생각이 떠올랐다. 나는 그해 가을 도쿄의 세이케이(成蹊)대학으로 연구 안식년을 떠나기로 되어 있었기 때문이었다. 그러나 문제는 세이케이 측에서 시간이 촉박한 시점에서 받아 줄 수 있느냐였다. 게다가 방학 중이었다. 나는 사정을 말하고 한번 추진해 보겠노라는 말만 하고 헤어졌다. 내가 쓴 장문의 e-메일을 받은 세이케이 측이 얼마 뒤 호의적인 답변을 보내 온 것을 말씀드렸더니 선생은 기뻐하는 내색이 역력했다. 한 2주쯤 뒤 박 선생이 세이케이 측에서 초청장을 받았는데, 손수 쓴 연구계획서를 일본어통인 김용운 선생과 서로 의논하면서 작성하던 일이 지금도 생생하게 떠오른다.

이것은 박 선생이 베푼 그 한없는 정신적 시혜에 대한 나의 조그만 성의였긴 하지만 그러나 이것이 그 어떤 '거래'와 같은 보상일 수는 없다. 그가 내게 베푼 마음 씀은 그만큼 크고 넓다. 박 선생이 왜 그렇듯 내게 호의 또는 신임을 보였을까…… 가만히 되돌아보면 선생은 과분하게도 나를 '말벗'으로 여기지 않았을까 생각해 본다. 그가 하는 말은 우리 정치와 언론의 이면사이기도 해서 나는 흥미 있게 경청하고 맞장구치기도 하는 편이었다.

선생은 사실보도보다는 진실탐사에 방점을 둔 신문윤리를 거들떠보지도 않는 작금의 한국 언론을 어떻게 보실까. 생전에 그렇게 지키고자 싸웠던 언론자유가 지금 다시 위태롭게 된 현실에 무어라 하실까.

# "외유에 만감이 교차"하던 박 주간

김형국 (서울대 명예교수)

박권상 주간 댁 서재에는 서양식 독서대가 하나 있다. 주변에서 흔히 볼 수 있는, 고시 수험생들이 즐겨 쓰는 책상용 독서대가 아니다. 잠자리에 들기 전에 침대 위에 앉아 책을 볼 수 있는 '레이지 리더'란 재미있는 이름의 독서대다. "한가롭게 유유자적하는 독서가(용)"이란 뜻이다. 책 옆에 위스키 한 잔도 올려놓을 수 있다. 침대 위에서 책장을 넘기다가 잠자리에 들기 직전, 잠을 청하는 한 잔 술, '나이트 캡'을 즐길 수 있는 한량용 독서대이다.

이 이색 독서대에 대해 내가 잘 아는 데는 그럴만한 까닭이 있다. 1983년 초, 싸게 판다는 신문광고를 보고 미국 샌프란시스코의 교외 도시 어느 가구점에 가서 이 북구제 독서대를 살 때 차를 몰고 따라갔기 때문이다.

내가 박 주간을 처음 뵙게 된 곳이 바로 샌프란시스코 이웃에 자리한 버클리대학이었다. 그때가 1982년 가을이었다.

박 주간은 10월에 버클리로 왔다. 나는 그해 9월부터 박사학위 논문을 완성하기 위해 5개월 예정으로 다시 버클리의 캘리포니아 대학에서 지내고 있었다. 그즈음 박 주간은 동 대학의 동아시아연구소 초청연구원으로 버클리에 도착했다. 거기로 오기 직전 일 년은 미국 워싱턴의 우드로 윌슨 국제학술센터 연구원으로 일 년을 보내고 바로 버클리로 왔다고 들었다.

버클리에서 박 주간을 처음 만난 것은 정희경 전 이화여고 교장의 아파트에서였다. 버클리에 정착한 뒤 한국 인사를 몇 분 청하는 저녁 식사 자리라 했는데 어떤 분이 올 예정이냐고 물으니 박권상 선생도 동석한다 했다. 그 소식을 듣고 나는 아주 정색을 하며 꼭 참석해서 만나 뵙고 싶다고 했다. 『영국을 생각한다』(동아일보사, 1979; 속편 1981)를 열심히 즐겨 읽었기 때문에 그 저자를 꼭 만나고 싶어서였다.

예리한 눈빛에 맑은 얼굴의 몸가짐에서 영락없는 영국 신사라는 인상도 함께 받았다. 그 만남이 계기였다. 버클리를 떠날 때까지 5개월 동안 나는 '박권상 언론학'의 개인 교습생이 되었다. 삼십 년에 걸친 언론생활에서 체득했던 그의 경험과 식견을 낱낱이 들었다.

박 주간은 그때 '시간을 죽이는' 생활을 하고 있었다. 동아시아연구소는 편지 수발을 위해 간간이 들를 뿐이었다. 그래서 박 주간과 나는 거의 매일처럼 만났고, 어떤 날은 아침저녁으로 만났다. 나는 기숙사 생활을 하고 있었는데 이야기가 길어지면 버클리 시내의 박 주간 아파트로 자리를 옮겨 거기서 함께 밥도 지어먹으면서 이야기를 계속했다. 마침내 나도 박 주간의 '직계(뜻이 맞아서 왕래하는 가까운 후배들을 일컬어 그는 이 말을 즐겨 쓴다)'가 되었다.

박 주간으로부터 듣는 이야기는 한국 현대사 가운데 특히 그 이면사 부분이었다. 그가 1952년 봄, 대학졸업 직후 기자생활을 시작해서 6·25의 후속 조치인 포로교환 회담을 취재하고 그로부터 「동아일보」 편집국장을 거쳐 마침내 우리가 흔히 주필이라 부르는 논설주간의 자리에 있었던 시절까지의 이야기였으니 한 세대에 걸친 현대사였다. 참 흥미진진했다. 특히 1970년대 초 유신 이후 언론자유가 재갈 물린 이후에 지면에 등장하지 못했던 이면사의 자초지종을 들을 때는 단절됐던 우리의 현대사가 복원되는 기분이었다.

## 음식 만드는 데는 소질 없어

언론 이야기를 할 때는 소신과 소명의식이 넘치는 열변이었다. 그런데 밥이나 먹으면서 이야기를 듣자고 말하면 갑자기 박 주간은 난감해했다. 자취를 하고 있었지만 뭘 어떻게 먹어야 할지 모르겠다는 난처한 표정이었다. 저녁은 그래서 밖에서 때울 때가 많았고 아침은 겨우 빵 한 조각, 계란 프라이, 소시지 등으로 해결한다 했다. 그걸 알고 난 뒤는 박 주간 아파트에 갈 때 일본 식품점 같은 데서 즉석 메밀국수 등을 사서 내가 자취했던 시절의 어설픈 솜씨로 음식을 장만했다. 식성이 좋은 박 주간은 참 맛있게 됐다면서 어떻게 그렇게 음식을 잘하느냐, 치사하곤 했다. 내가 음식을 잘하는 게 아니라 박 주간이 음식 만드는 잡일을 전혀 못 했기 때문이었다. 직접 물어보지 못했지만 나는 항상 이런 심증을 갖고 있다. "박 주간은 라면도 못 끓인다"고. 글 쓰고 신문에 관한 일에 대한 확신과 헌신은 어느 누구에게도 뒤질 수 없는 분이지만, 신변의 잡일은 거의 하지 못했다.

미국에 있는 동안 책자 뭉치를 꾸려서 서울로 우편 발송하게 되어 그 일을 돕고자 나의 버클리 동기생인 건축가 조성중(趙誠重, 1941~ ) 형과 함께 그의 아파트로 갔다. 그런 일에는 내 친구가 선수라서 척척 챙기고 있으니 박 주간은 당신도 한몫해야겠는데 무슨 일을 해야 할지 몰라 그냥 우왕좌왕 방을 왔다 갔다 했다.

나는 버클리에서 1983년 2월에 귀국했고, 박 주간은 5월에 귀국했다. 뒤따라 미국에서 부친 박 주간의 신변잡품 이삿짐이 도착했다. 어떻게 찾으면 좋을지, 먼저 귀국한 나에게 물어왔다. 짐이 얼마 되지 않음을 알기 때문에 나의 조그마한 승용차를 몰고 가서 찾아오면 될 거라고 말한 뒤 함께 인천세관으로 갔다.

박 주간은 공연히 짐 찾을 걱정을 하고 있었다. 무슨 짐이 걱정되느냐 물었더니 백 달러를 주고 산 전기 타이프 라이터와 인스턴트 커피 몇 통이 책과 함께 들어있다는 것이다. 그 말을 듣고 내가 『영국을 생각한다』 한 권을 들고 세관원에게 가서 "이 분은 전 「동아일보」 주필인데 시간을 아껴 통관해 달라"고 부탁을 했다. 내 등 뒤 좀 떨어진 곳에 서 있던 박 주간은 안절부절못하는 기색이었다. 세관원은 별로 사람을 알아보는 체하지 않았다. 잡아먹을 시간은 다 잡아먹은 뒤 짐을 뒤져 보았다. 그러나 그 내용물에는 참으로 의외다 싶은 인상이 완연했다. 호화제품을 곁들여 들어오는 여느 이삿짐과는 전혀 딴판으로 책자만 뒹구는 그런 이삿짐이었으니.

흔히 현대의 제왕이라 불릴 정도로 선택된 직업에 종사했으면서도 특권의식 같은 것은 박 주간에게서 전혀 찾아볼 수 없었다. 특권의식은 가지지 않았지만 지면을 통해 안면을 익힌 독자들이 버스 같은 데에서 알아주면 아주 대견해했다.

남이 알아주는 경우를 이야기하다 보니 다시 버클리에 있었을 적의 일이 생각난다. 버클리대학 동아시아연구소에는 한국의 급변하는 사회정세 때문에 서울에 있기가 거북한 저명인사들이 여럿 있었는데 그 가운데는 전 주월군 사령관 채명신(蔡命新, 1926~2013) 장군도 있었다. 월남전을 시찰한 적이 있었던 인연으로 박 주간은 채 장군과 자주 어울려 서로 시간을 죽이곤 했다.

언젠가 두 분을 따라 샌프란시스코 시내에 있는 중국집으로 저녁을 먹으러 갔다. 음식이 좋다고 이름났기 때문에 항상 손님들이 장사진을 치는 가게였

다. 주인은 한국에서 건너간 중국인이었는데 채 장군을 잘 알아보았다. 예약
이 없는데도 우리 일행이 도착할 때마다 줄 서서 기다리는 사람들을 다 제치
고 먼저 자리를 잡아주는 등, 장군에 대한 예우가 깍듯했다. 기자들이 무관의
제왕으로 설치고 다녀도 그건 다 헛것이고, 이 멀고 먼 미국 땅의 한미한 식
당에서까지 알아주는 한국의 유사 이래 최초의 해외원정군 사령관에 미칠 바
가 아니라는 것이 박 주간의 식탁 덕담이었다.

## 골프 치자면 남의 신세 져야 해서 안 해

귀국 후의 박 주간은 월급쟁이 밥줄이 끊어진 지 오래니 고달픈 생활을 꾸
려갈 수밖에 없었다. 매달 「신동아」 같은 잡지에다 각종 연재물을 적어 그걸
로 생활비를 마련하는 생활이었다. 원고지 칸을 메우는 고역은 글을 적어 본
사람은 아는 일이다. '피를 말리는 일'은 상투적인 표현일 뿐이다.

글 농사만 고되게 매달릴 수밖에 없었던 것은 요주의 인물이란 당국의 보
이지 않는 압력이 작용한 탓이기도 했지만, 사서 하는 고생이기도 했다.
1980년 '대숙청' 때 함께 쫓겨난 후배들의 앞날을 도모하는 방향으로 자신
의 처신을 꾸려가고자 했기 때문이었다. 다른 일간지에서 비싼 값으로 글을
사고자 했지만 해직 당시의 매체 외에는 글을 쓰지 않았던 것도 그 일환이었
다. 똑같이 해직된 처지일지라도 후배들에 대한 걱정이 태산 같았다. 자신은
언론인 생활의 꽃인 편집국장에다 주간까지 지냈기 때문에 아쉬움이 덜하지
만 앞길이 창창한 후배들이 걱정이라면서 그들의 활로에 도움이 되는 방향으
로 처신하고자 애썼다.

5공 때 그는 줄곧 요시찰 인물이었다. 미국에서 망명생활을 했던 5공의 최
대 기피 정치인이 귀국하던 날인데 박 주간 댁에 예고 없이 놀러 갔다. 마침

집에 있었다. 어디 좀 나가보려 했는데 경찰이 와서 "오늘은 나가지 말아 달라!" 해서 못 나가고 있다고 했다. 경찰이 아파트 수위실에서 지키고 있다는 것이다. 거물 정치인은 감옥에 가서도 간수와 친구가 된다더니, 박 주간도 그랬다. 얼마 뒤 들은 이야기로 담당 경찰은 박 주간에게 직장 진로로 자문을 구하고 도움을 청했다. 박 주간이 그 일을 거들어 주었음은 물론이다.

5공 시절은 줄곧 글 농사짓는 것 말고는 언론인 해직 때 물러난 인사들과 어울려 주말이면 관악산 등산을 했다. 나도 자주 거기에 어울렸다. 이 팀은 등산이 본업이 아닌 유산객들이었다. 해직자 생활이 적조하다 보니 일주일에 한 번씩 만나서 서로 안부를 묻고, 시국이 돌아가는 형편에 대해 이야기하는 담소 모임이었다.

그는 내놓고 말하지는 않지만, 취미를 여럿 갖고 있다. 대학진학 때 미술대학을 가겠다는 생각을 한 적이 있다 했고, 20세기 서양화단에서 피카소와 쌍벽을 이루는 조르주 브라크의 특별전을 미국에서 함께 구경 간 적이 있지만, 내 보기엔 그가 서울생활에서 화필을 잡는 여유는 전혀 갖지 못했던 것 같다. 골프는 왜 배우지 않았느냐고 물으니, 영국 특파원 생활에서 골프에 대해 매력을 느꼈던 적도 있었지만 월급쟁이 언론인이 골프를 치자면 맨날 남의 신세를 져야 하는데 그게 사람이 할 짓인가, 그래서 손대지 않았다 했다. 그가 내놓고 말하는 취미는 장기와 바둑이다. 바둑은 3급 실력이고 1980년 해직되고 나서는 기원이나 차려 소일하고자 했던 적도 있다 했다.

그러나 내가 목격했던 박 주간의 주종 취미는 고스톱이었다. 나는 고스톱이 박 주간처럼 창의의 머리를 항상 써야 하는 사람에겐 미덕이 된다고 생각한다. 무언가 새로운 생각을 해야 하는 사람에겐 반복적인 일이 휴식이 되는 법인데, 고스톱이 그런 역할을 맡고 있는 것이라고.

박 주간에게서 전시(戰時) 영국 수상 윈스턴 처칠의 『소일거리로서 그림 그리기(Painting as a Pastime, 1965)』란 책을 얻어 읽어본 적이 있다. 세상을 날로 새롭게 끌고 가야 할 책임이 있는 사람은 일상의 번거로움에서 잠시 해방될 필요가 있는데, 공직에 있는 사람은 일반인과는 달리 독서가 그 해방의 장치가 될 수 없다고 적었다. 일반사람에게는 독서가 그런 해방감을 안겨다 주는 것과는 달리, 공인에게는 독서가 해방이 아닌 필수 직무이기 때문이라 했다. 그래서 아마추어 화가로도 이름난 처칠이 그림 그리기를 취미로 권장하는 그런 내용이다. 박 주간의 고스톱은 처칠의 그림 그리기 같은 여가활동이다. 비록 그림 그리기처럼 생산성이 따르는 여가는 아닐지라도 날로 새롭게 시각을 조준해야 하는 그에겐 자기정화적 여가시간이 되었다고 나는 생각했다.

어쨌거나 그의 삶의 방식에서 많은 감화를 받았다. 대학생활 이후 지금까지 나는 사회생활의 중요 고비마다 훌륭한 선배를 만나는 행운을 누려왔는데 박 주간은 내가 1980년대에 만난 삶의 척도 같은 사람이었다. 1980년대 초 그의 미국생활은 바로 망명생활에 다름 아닌 쓰라린 시간이었지만, 나에겐 새로운 배움을 얻은 소중하고 귀한 시간이었다. 그리고 신문 같은 데 내가 글줄이나 끄적거리게 된 기회의 시발은 박 주간이 다리를 놓았기 때문이었다.

그의 글 구석구석에 나타나고 있듯이 그는 자유민주주의의 철저한 신봉자이다. 마찬가지로 의회주의를 신봉했다. 영국 특파원 시절에 더욱 확신을 얻은 바이겠지만, 그 이전에도 이미 언론인으로서 체득했던 그의 확신이 분명하다. 타협의 원칙을 중시하지만 원칙의 타협을 단연코 배격해야 한다는 것도 그의 소신이었다.

말이 그렇지 온갖 유혹과 풍파가 많은 세상에서 원칙을 지켜나가기란 얼마나 어려운 일인가. 그럼에도 언론인 한 길로 한평생을 살아올 수 있었던 그의 비결은 무엇인가. 너무 간단한 해답같지만 박 주간은 자기 본위의 이해는 전혀 연연하지 않은 채, 자신을 한가롭게 지키는 데 있었다고 나는 생각한다. "한가롭게 지내는 것이 뜻을 키우는 길(閑日養志)"이라는 옛말은 바로 박 주간의 경우를 두고 하는 말인 셈이었다. 그래서 그의 서재를 장식하는, 한가롭게 유유자적하면서 책을 읽을 수 있는 '레이지 리더' 독서대야말로 박 주간을 상징하는 더할 나위 없는 물증이라 나는 믿는다.

## 브리태니커 한창기 사장과의 인연

위의 글은 그즈음의 당신의 논설들을 한 권의 책(『박권상의 시론(時論): 동아시론 모음집』, 열림원, 1991)을 묶을 때 교유기를 부탁해와 적었던 것 가운데 발췌한 것이다.

그 사이 적지 못했던 일화가 하나 있다. 실업자 신세였던 박 주간을 1983년 여름에 한창기(韓彰琪, 1936~1997)에게 소개했던 적이 있었다. 1970년대 후반에 한글 전용을 표방한 문화계 혁신 아이콘 중 하나였던 월간지 「뿌리 깊은 나무」가 5공의 언론 압살 때 폐간되고 말아 그 실의를 메우고자 브리태니커 백과사전 한글판 발간을 준비 중이던 한창기는 그 발간 총책을 물색 중이었다. 이를 알고는 박 주간을 그에게 소개했다.

이전에 서로 면식이 없었지만, 박 주간의 행적을 익히 들은 바 있는 한창기는 당장 큰 호감을 보였다. 언론계에서 차지했던 그분의 지난 위상에 비추어 박 주간을 모실 수 있다면 과분하지만, 장기로 작업을 함께하자면 인간적인 스타일도 서로 조율할 필요가 있다 했다. 그래서 함께 지방으로 여행을 떠나기로 했다.

그래서 한 사장 자가용으로 나하고 세 사람이 속리산 법주사 인근으로 일박 이일 일정의 여행을 떠났다. 법주사 정이품송 앞의 폐교된 초등학교를 사서 박물관으로 꾸미고 있던 우리 전통문화 특히 민화에 대한 조예가 깊었던 조자용(1926~2000)을 만나 즐겁게 식사를 나누기도 했다. 그분이 종횡무진 화제를 끌고 가자 '말 잘하던' 한창기도 입을 열 사이가 없었으니, 박 주간도 그의 거침없는 육담에 그저 감탄사만 연발할 뿐이었다.

박권상의 브리태니커 백과사전 취업은 성사되지 않았다. 무엇보다 우리말 백과사전 작업에 대한 본사의 승인이 지체되어 한국 브리태니커 측에서 당장 사람을 써야 할 처지가 아니었다. 박 주간의 입장에서도 불의로 쫓겨난 신문사로 언젠가 복귀하여 잠시라도 일한 뒤 명예롭게 언론인 자리에서 물러나야 한다는 강박성 집념이 그 '외도'로 빠져나가는 것을 주춤하게 했다. 1980년대 초반의 저 언론 암흑시대에 가장 고통을 많이 겪었던 두 사람 사이에 얽혔던 지난 일화 한 토막이다.

# 학처럼 매화처럼

박종렬 (가천대 신문방송학과 교수)

박권상 주간님을 생각하면 마음이 울컥해진다.

한국 현대 언론계 선구자요, 개척자로 극세척도, 그야말로 지사와 같은 언론 외길을 평생 걸어가신 발자취의 한 부분을 30여 년 지켜본 목격자로서의 소회이다. 아들뻘인 나를 누구보다 귀여워해 주시고 친구처럼 불러 천하사를 하문하시고 담론을 즐기며 유쾌하게 웃으시던 모습이 아직도 눈에 선하다. 일본인이 쓴『한국은 무덤이 지배하는 나라』등 재미있게 읽으신 많은 책들을 읽으라고 추천해 주시고 주변의 훌륭한 분들과 동석하게 해주셔서 인맥의 외연을 넓혀주신 것도 지극한 배려였다.

주간님은 끊임없이 글을 쓰고, 모임을 조직하며 일을 도모하는 부지런한 삶을 사셨다. 박 주간님에게 지식인은 명사가 아닌 동사였다. 다산 정약용 선생이 500여 권을 저술했다지만 짧은 서책도 많아 따지고 보면 주간님이 생산해 낸 20여 권의 서책과 논설 등 저작물도 아마 양적으로는 비슷하다는 생각이다.

현세에 보기 드문 인격자로 아수라 같은 세상에서 학처럼 살다 간 선비 언론인 박 주간님의 한평생이 새삼 내 마음을 울컥하게 한다. 내가 태어나던 1952년 기자가 되어 영면하실 때까지 50여 년 파란만장한 시대를 초지일관, 역사적 사실을 기록했던 조선의 사관처럼 직필을 생명으로 정론을 폈던 그의 올곧은 삶은 후학들에게 이정표가 되고 나침반으로서 사표가 되고 있다.

내가 주간님을 모시게 된 계기는 그 암울했던 1980년 8월 9일, 동아일보사 해직기자가 되면서부터다. 사실 나는 입사 2년 차에 불과한 「동아방송」 사건 기자였고, 당시 주간님은 언론계 풍토에서 범접하기 힘든 카리스마를 지닌 분으로 대면하거나 동석하기도 힘든 처지였다.

10·26 후 신군부로 대표되던 당시 군사집단은 무자비한 유혈진압으로 광주에서 수백 명의 인명을 살상하고 전국적으로 수천 명의 민주인사를 투옥한 뒤 언론계 숙청의 칼날을 박 주간과 나를 포함한 「동아일보」, 「동아방송」 기자 33명에게 들이댔다. 주간님과의 끈끈한 인연은 이렇게 시작됐다.

당시 광주항쟁 취재와 관련해 유언비어 유포혐의로 구속상태였던 나는 구속 중 해직통보를 받았다. 2년 징역형을 받았으나 형 집행정지로 풀려나 선배들을 만나보니 해직기자 가운데 박 주간님이 제일 어른이셨고 2년 차 올챙이 기자로 내가 막내였다. 동아일보사 해직기자들은 해직되어 6개월여 흐른 뒤 '89동우회'란 모임을 발족시켰다. 창졸간에 일터가 없어졌던 우리는 산에 가서 울분을 토로하고, 대폿집에서 시름을 달래는 그야말로 풍찬노숙의 신세가 되어 공동운명체가 될 수밖에 없었다. 박 주간님은 내가 해직기자 시절 어렵게 결혼하던 날 그때는 결혼식에 올 만한 친근한 사이가 아닌데도 예식장인 '수운회관'을 방문하시고 당시로써는 거액의 축의금으로 축하해주셨다. 실업자로서 불투명한 미래와 절망적인 상황에서 방황하던 나로서는 크게 고마웠고, 감사인사차 댁으로 방문했더니 따뜻한 위로의 말씀으로 격려해 주셨다.

그 뒤 수시로 불러서 세상 돌아가는 얘기를 나누고, 그때마다 사부처럼 많은 가르침을 베풀어 주셨다. 국내 최초로 최일남 선배님과 언론 신디케이트를 조직해 지방 주요 일간지에 칼럼을 쓰기도 했던 주간님은 "오늘날 언론자유의 가장 위험한 적은 언론 자신이며, 이 무서운 사실이 가속화하고 있다"고 경고한 미국 민권운동지도자이자 흑인 목사 제시 잭슨을 인용하시며 "언론은 책임지지 않는 권력이다"고 갈파한 영국 언론학자 제임스 커런(James Curran) 교수의 『Power without Responsibility』라는 책을 추천하면서 공부하라고 독려하셨다.

국내 언론학계에도 널리 알려진 세계적인 석학, 영국 런던대학교의 제임스 커런 교수가 평생 천착해온 미디어와 민주주의의 관계 연구는 '누구를 위한 언론의 자유인가'로 평생 씨름하시던 박 주간님의 화두이기도 했다. 잠시도 쉬지 않는 자강불식의 자세로 열심히 공부하시던 주간님은 "사회적 제도로서 언론이 제 기능을 하지 못하는 사회에 민주주의가 꽃피길 바라는 것은 부질없는 일이다"는 주장을 일관되게 하셨다. 그 뒤 KBS 사장으로 취임하자마자 '책임지지 않는 권력'을 불식해야 한다며 프로그램 등을 통해 언론개혁을 강하게 추진하셨다.

## 정부조직개편 위원장 특별보좌역

김대중 정권이 출범할 때는 박 주간님이 '정부조직개편위원회' 위원장을 맡으셨다. 나는 겨울방학을 이용하여 2개월 동안 지근거리에서 특별보좌역으로 참여했다. 정권 출범 전 정부조직 전반에 걸쳐 점검하고 새 정부의 판을 짜는 중요한 국정수행이었다. 열과 성을 다해 일하시는 모습은 많은 것을 느끼게 했다. 옛날 선비들이 일을 맡기면 진충보국한다는 말이 실감 날 정도로 밤새 서류를 검토하고, 위원들과 도시락을 시켜다 먹으며 토론을 통해 합리적 결론을 도출하는 등 심혈을 기울였다.

김대중 정권 출범 후 KBS 사장으로 취임하시게 되어 모 대학교수 등 3곳에서 취임사의 초안을 마련해 왔지만 모두 물리치고 박 주간 서재에서 BBC를 모델로 '언론의 진실성' 등 자신의 언론철학을 강력하게 실천하겠다는 의지를 나를 통해 구술해 정리했다. 몇번이고 퇴고하며 밤늦게 완성했던 기억도 새삼스럽다.

고희를 맞았던 1998년 박 주간님은 고려대에서 명예박사 학위를 수여받았다. 당시 홍일식 총장은 나와 사제지간이어서 교섭이 원만하게 이뤄져 명예박사 수여식을 인촌회관에서 치르고, 그날 지인 300여 분을 불러 고려대 교우회관에서 성대한 칠순잔치를 베풀었다. 최일남, 김진배, 강성재, 전만길 선배들이 주체가 되어 오랜만에 즐겁고 기쁜 모임을 가졌다. 잔치가 끝난 뒤 '학위취득은 100% 자네 덕이네' 하시며 홍 총장과 나에게 만찬을 베풀어주셨다. 홍 총장은 "명예박사는 언론계 제일 어르신이 당연히 받아야 할 대접"이라며 화답했고, 그 뒤에도 종종 두 분이 만나는 모임을 주선했다. 염치와 예의를 알고 항상 배려하시는 마음이 고마웠다.

1995년 2월 박 주간님이 호출해서 갔더니 「동아일보」에서 갑자기 영면하신 남제 김상협(1920~95) 총장 추도문 청탁이 왔다면서 자문을 구하셨다. 장례식날 문상 오신 박 주간님을 뵙고 인사드렸는데 그 기억이 나셨던 모양이다. '고려대의 영원한 총장'으로 기억되는 김 총장님의 고희 문집을 정리했던 나로서는 자료가 있어서 제공해 드렸다. 그런데 곰곰 생각해보니 두 분이 모두 전북 부안 출신으로 김 총장은 4살 때 서울로 이사 오시고, 8살 터울인 박 주간은 초등학교 때 전주로 이사하신 것을 알게 됐다. 참으로 인연은 이처럼 불가사의한 것인가?

　박 주간님과 빼놓을 수 없는 추억은 「동아일보」 논설위원, 편집국장, 논설 주간을 역임했지만 말년에 『조선 태조 이성계의 대업』 등 대하 역사 소설가로 더 많이 알려진 김성한(金聲翰, 1919~2010) 선생과의 만남이다. 역사소설 공부를 위해 고인이 된 강성재 선배와 함께 김성한 선생을 몇 차례 찾아뵈었는데 박 주간님과 만난 지가 오래됐다고 해서 내가 연락책이 되어 두 분을 만나게 해드렸다. 시류에 휩쓸리지 않고 홀로 묵묵히 책을 읽고 글을 쓰는 청교도 같은 금욕적 삶을 살다 2010년 91세를 일기로 세상을 떠난 김 선생은 박 주간과의 만남을 위해 휠체어를 타는 불편한 몸이신데도 일산에서 한남동 서울클럽까지 오셨다. 당시 89세였던 김 선생과 박 주간의 만남에서 옛날 「동아일보」 얘기며 고금의 역사와 시사 문제까지 참으로 흥미진진한 귀한 말씀을 들을 수 있었다.

　간담상조(肝膽相照)한 두 분의 대화 중 난세를 극복하고 새 나라를 세운 불세출의 리더 이성계가 여진족같다는 김 선생의 말씀은 호기심 많은 나에게 많은 궁금증을 불러일으켰다. 그의 건국이야기 속에 담긴 교훈과 오늘의 세태를 빗대 분석하시는 두 분의 통찰력과 경륜은 오늘을 사는 우리들에게 삶의 지혜로 다가오기도 했다.

## 기업인이 준 금딱지 골프채 반납

　KBS 사장에 취임하신 뒤 선조들에게 고유제를 하신다며 부안과 전주 선영을 찾아가 조부 묘터가 매화낙지혈(梅花落地穴)이라며 설명하시던 모습이 기억난다. 박 주간님에게서도 어쩔 수 없는 조선 사대부의 모습이 보였다.

　KBS를 그만두신 뒤 어느 날은 박 주간님이 갑자기 차를 가지고 댁으로 오라고 하셨다. 병원에 가시려는 줄 알고 갔더니 골프채를 차에 싣고 반납하러 가자는 것이었다. 처음에는 문앞에 내놓은 골프채를 보고 당시 골프를 시작했던 나에게 선물로 주시려나 '김칫국부터 마셨는데' 머쓱했다.

사연은 이랬다. 박 주간님을 뒤늦게 알게 된 어느 기업인이 늙어서 골프나 하면서 지내자고 선물했는데 혼마 금딱지가 붙은 것으로 보아 시가가 기백만 원은 될 성싶었다. 결국 내가 운전해서 기증하신 그분 사무실에 직접 들고 가 "고마운 정은 받지만 골프채는 사양하겠다"며 정중하게 반납하셨다. 무슨 이권 청탁하면서 보낸 선물이나 뇌물이 아니어서 받아도 될 성싶었는데 끝내 고사하셨다. 결벽증에 가까운 박 주간님의 처신은 나에게는 큰 가르침이 되었다.

KBS 사장을 그만두신 뒤 동경 세이케이 대학 초빙교수로 계시던 시절, 사모님과 함께 도쿄에서 쓰구바로 모셔 차길진 법사와 오찬을 하고 온천을 하던 일도 엊그제만 같다.

이제 나이를 먹고 세월이 가면서 처한 곳이 더럽게 물들어도 항상 깨끗함을 잃지 말라는 처염상정(處染常淨)의 자세로 승용차에서 『반야심경』을 읽으시며 화이부동(和而不同)이라는 좌우명대로 주변을 배려하고 조직의 인화를 위해 희생을 아끼지 않았던 공(空)에 철(徹)한 박 주간님의 고결한 인품이 더욱 그리워진다.

언젠가는 자랑할 일은 아니라며 '호암언론상'을 거절했던 일화도 들려주셨다.

어떤 어려움 속에서도 양심과 지조로 일관된 학 같은 선비기자셨던 박 주간님이 몸담고 있던 미디어의 파워는 공교롭게도 항상 절정이었다. 본인으로서는 큰 복이 아닐 수 없다. 「동아일보」 편집국장으로 있던 70년대 「동아일보」는 신문으로서 절정을 이뤘고, 80년대 「시사저널」 창립으로 잡지저널리즘의 꽃을 피웠으며, KBS 사장직을 맡았던 90년대 지상파 방송의 미디어 파워는 시대의 한 획을 그었다.

군사독재의 가혹한 상황에서도 항상 웃음을 잃지 않으시고, 대한민국 미디어 산업의 새로운 길을 끊임없이 제시하셨는데 꽃이 피면 남한강으로 바람 쐬러 가시자던 약속을 지키지 못한 아쉬움에 또 마음이 울컥해진다.

# 런던, 서울, 그리고 최병우 전기의 인연

정진석 (한국외국어대 명예교수)

　나는 60년대 중반 「기자협회보」를 편집할 때부터 박권상 선생을 필자로 모실 기회가 있었다. 하지만 개인적으로 처음 대화를 나눌 수 있었던 때는 1969년 11월 29일부터 이틀 동안 유성 만년장호텔에서 편집인협회 주최로 열린 제6회 매스컴 세미나에서였다. 박권상 선생은 '60년대의 청산'이라는 논문을 발표했는데 나는 그 내용에 감명을 받았다. 전국 각 일간신문의 논설위원과 편집간부, 정부의 공보관계자 등 50여 명이 모인 세미나는 1960년대 지나간 10년간을 되돌아보면서 언론의 상처를 파헤쳐 아픔을 반추하고 다가오는 1970년대의 좌표와 방향을 찾는다는 진지한 모임이었다.

　나는 취재기자 입장에서 세미나를 지켜보았다. 저녁 식사가 끝난 뒤에는 호텔의 온돌방에서 편안한 자세로 박권상 선생의 말씀을 추가로 들을 기회가 있었다. 이날 밤 무엇을 설명하다가 그랬는지 기억은 없지만 하여튼 기대상 승(Rising Expectation) 현상에 대해서 이야기해 주었다. 처음 접하는 새로운 이론이었다. 대중매체의 발달, 교육의 보급, 성급한 정부지도자의 약속 등이 기대상승을 부채질하고, 상승한 기대가 충족되지 않을 경우 그 좌절감으로 인해서 사회불안의 요소가 될 수 있다는 요지였다. 정부는 다가오는 70년대는 '소비가 미덕'이 될 것이라면서 민심을 잡으려 하고 있었다. 그날 저녁 박권상 선생과의 사적인 이야기 가운데 그 말은 지금까지 기억에 남아 있다. 세미나 발표문은 「기자협회보」와 「편집인협회보」에 실렸고, 「조선일보」가 이례적으로 '영광과 비극 – 60년대 언론의 반성과 70년대의 좌표'라는 세미나 주제를 한 페이지에 걸쳐 소개했다.

한참 뒤의 일이지만 1995년 2월에 나는 편협에서 박권상 선생을 모시고 '정부와 언론'을 주제로 대담을 가진 적이 있다. 언론계에서 박 선생, 학계에서는 내가 선정되어 문민정부 출범 2년을 평가한다는 취지였다. 「편집인협회보」 1995년 2월 24일(제283호)에 실려 있다.

1974년 4월에 나는 영국의 「더 타임스」를 경영하는 톰슨 재단의 3개월 언론인 연수 프로그램에 참가했었다. 한 달 전인 3월 7일 「동아일보」 기자 33명이 '전국출판노동조합 동아일보사 지부'를 결성하고 이를 서울시청에 신고하여 언론계는 큰 태풍이 몰아치는 상황이었다.

## 런던에서 만난 박권상 특파원

런던에 도착한 날은 4월 25일. 13개국 수강생들이 집합하는 장소는 러셀 스퀘어 지하철역 인근 블룸스베리(Bloomsbury) 호텔이었다. 10년 후 런던 정경대학(LSE)에서 공부할 때에 안 일이지만 근처의 작은 녹지대 러셀 스퀘어를 가로질러 건너 런던대학 본부 건물인 세나트 하우스가 위치한 곳이었다.

박권상 선생은 내가 도착한 직후에 호텔로 찾아오셨다. 「동아일보」 김진배 부장이 마련해 준 깻잎 장아찌 등 밑반찬이 잔뜩 들어 있는 보따리를 전해 드렸더니 수고했다면서 고마워하셨다. 사실 이 무거운 짐을 끌고 4월 16일 서울을 출발하여 도쿄–LA–뉴욕을 거치면서 며칠씩 묵는 여정에 런던까지 갔으니 꽤나 고생을 했었다. 여권 발급과 외국 여행이 어려웠던 시절이었기에 런던으로 가는 길에 말하자면 세계를 한 바퀴 도는 여정을 계획했었다. 돌아오는 길은 반대로 파리–네덜란드–독일–스위스–이탈리아–그리스–이집트를 거치는 일정이었다. 2일 또는 3일간 머물다 다음 나라를 방문하는 방식이었다.

박권상 선생은 나를 댁으로 데리고 갔다. 「중앙일보」 특파원 박중희 선생, 영국 정부 초청으로 런던에 왔던 「중앙일보」 논설위원 두 분 김철수(후에 서울대 법대 교수), 이종복(후에 도서출판 심설당 대표) 선생과 주영 공보관 김수득 관장이 식사에 초대되어 있었다. 관훈클럽 창립멤버였던 박중희 특파원은 그때 처음 뵈었고 그 후에도 박권상 선생과 함께 몇 번 만났다. 뉴 몰든(New Malden)의 박 선생 댁은 윔블던 지하철역에서 내려 버스를 타고 몇 정거장을 더 가야 하는 곳이었다.

이튿날은 아시아, 아프리카에서 온 이른바 제3세계의 기자 13명과 함께 웨일스의 수도 카디프 소재 에디토리얼 스터디 센터로 가서 연수과정이 시작되었다. 런던으로 다시 간 날은 5월 10일 금요일이었다. 박권상 선생은 패딩턴역까지 마중을 나왔다. 마침 런던을 방문 중인 고바우 김성환 선생과 함께였다. 고바우 선생은 4월 26일에 세계 일주 여행을 떠나 약 2개월 동안 홍콩, 인도를 거쳐 영국, 독일을 비롯한 유럽을 순방하고 미국으로 건너갔다가 귀국하는 여정에 있었다.

그 후로도 나는 런던을 떠나기 전까지 주말이면 몇 번 선생의 집에 머물면서 런던을 구경했다. 그때마다 귀찮은 기색 없이 선생께서는 나를 차에 태워 근처 유서 깊은 장소로 데려다 주기도 했고, 혼자 찾아가는 방법을 지도에 표시하면서 자상하게 알려 주시기도 했다. 지금은 뉴 몰든이 한인 타운으로 변했지만 40년 전에는 한국인이 거의 없었다. 귀국한 후에 두어 차례 안부를 전하는 서신을 보냈는데 늘 친절한 답장을 보내 주셨다.

선생이 런던 특파원의 임기를 마치고 귀국한 날은 1977년 8월 28일이었다. 직후인 9월 10일에 관훈클럽신영연구기금이 설립되었는데 선생은 기금의 초대 이사로 선임되었다. 클럽의 전임 총무인 조세형, 김용구, 김종규, 이시호, 조용중, 정인량, 장정자, 계광길 선생과 함께였다.

나는 초대 사무국장에 임명되어 이사회에서 선생을 뵐 기회가 자주 있었다. 그러나 1980년 8월 신군부의 강압으로 선생은 「동아일보」에서 해직되었다. 그 후 선생은 신영연구기금의 지원을 받아 미국으로 건너갔고, 거기서 최병우 기념사업을 제안하여 1984년 7월에 『신문기자 최병우』가 신영기금에서 출간되었다. 문집의 내용은 기왕에 최병우 기자에 관해 발표된 글들과 새로 청탁하여 쓴 글, 그리고 최병우 기자 자신이 남긴 글로 구성되었다. 사무국장이었던 내가 편집을 맡았다.

## 최병우 전기 집필 지원

전기 발간 문제는 5년 뒤인 1988년에 새롭게 제기되었다. 역시 박권상 선생의 발의였다. 박 선생은 최병우 기자가 순직한 지 30주년이 되던 그해 9월에 금문도의 순직 현장에 다녀와서 신영연구기금에 최병우 기념사업의 추진을 제의하여 최병우기념사업회를 구성하고 박권상 선생이 위원장을 맡았다. 원래 선생이 발기하고 추진한 사업이었으니 책임을 맡는 것이 당연했다. 1989년 1월 26일에는 발기인의 모임이 열렸고, 이때부터 사업 기금을 모금하면서 사업이 본격적으로 추진되었다. 최병우 기념상을 제정하고 기념강연회 개최, 전기 발간 등을 진행했다.

전기 집필자는 여러모로 물색한 끝에 내가 집필자로 지목되었다. 나는 처음에는 완강히 거절하였다. 대학교수라 하여 글 쓸 시간이 충분할 것이라는 일반의 생각과는 달리 내게는 시간이 없다는 개인적인 사정도 있었다. 그러나 최병우기념사업회는 전기집필을 내게 위촉하기로 공식 결의하였고, 박권상 선생이 직접 나를 설득하는 데에는 거절할 도리가 없었다.

선생은 1988년에 발행된 서평전문지 「사회과학논평」 제6호(한국사회과학협의회)에 나의 책 『한국현대언론사론』(전예원)의 서평을 쓴 일이 있었다. 10페이지에 이르는 본격적인 서평이었다. 전체적으로 노작이라는 평과 함께 결론에서는 이렇게 말했다.

이 책을 읽으면서 느낀 것은 흔히 역사책에서 느끼는 딱딱하고 난삽함이 없다는 것, 별 부담 없이 재미있게 읽어갈 수 있다는 점에서 저널리스틱 문장의 성향이 있어, 적어도 평자에게는 마음에 들었다. 역시 어떤 글이든 주제가 뚜렷하고 극적이고 평이한 문체여야만 만인에게 널리 애독될 수 있다고 믿기 때문이다.

최종적으로 선생께서 나를 만나 최병우 전기 집필을 부탁한 장소는 서대문 근처 지금의 「문화일보」 사옥 옆에 있던 「시사저널」 주필실이었다. 이리하여 나는 1990년 12월에 취재여행을 떠나게 되었다. 최병우가 고등학교 시절을 보낸 일본 시고쿠의 고치(高知)와 도호쿠제대(東北帝大 오늘의 도호쿠대학)가 있는 센다이까지 가서 최병우의 학적부 등의 자료를 찾아내고, 이듬해 1월에는 영국의 땅끝(Lands End) 근처에 은퇴해 있던 리처드 러트 주교를 만나러 갔다가 미국으로 건너가 하버드대학 와그너 교수와 김남희 여사를 만났다. 최병우 기자의 동생이자 「한국일보」 사진기자였던 최병학 씨도 LA에서 만났고 대만의 금문도까지 취재를 갔다. 박권상 선생의 주선으로 지구를 한 바퀴 도는 최병우 취재여행을 한 끝에 『기자 최병우 평전』을 출간하여 1992년 10월 22일에는 프레스센터에서 출판기념회를 가졌다. 집필 경위는 '최병우 기자 전기집필의 자료를 찾아서'라는 제목으로 책의 말미에 실려 있다.

1988년 9월에 장지연기념회를 설립할 때에 선생이 나를 이사의 한 사람으로 지명하여서 오늘까지 그 일을 맡고 있다. 선생은 맨손으로 기념회를 창립하고 이끌면서 여러 사업을 벌이던 중에 KBS 사장에 임명되어 1998년 4월 20일부터 2003년 3월까지 약 5년간 KBS에 재임했다.

장지연기념회의 후임 회장으로 김창열(전「한국일보」사장·방송위원장 역임) 선생이 취임하였으나, 박권상 선생은 기념회에 늘 관심을 가지고 있었다. KBS에서 퇴임한 후인 2005년에는 기념회 고문 자격으로 종로 종각 건너편 영풍문고 입구 옛날「황성신문」자리에 '시일야방성대곡' 논설비를 세울 계획을 추진하였다. 시일야방성대곡 100주년이 되는 해였다. 나는 사업 추진에 필요한 건의문 등을 작성하는 일을 맡았다. 하지만 선생이 김창열 회장과 논설비 건립에 필요한 지원을 요로에 건의하여 거의 성사단계에 이르렀을 때에 장지연의 친일문제 논란이 일어나 논설비 건립은 무산되고 말았다.

## 회고록 집필은 무산

선생은 KBS 사장에서 물러난 뒤에는 야인이 되었으므로 자동차가 없었다. 마포의 장지연기념회 사무실에서 이사회가 열리는 날이면 더러 내 자동차로 자택인 서초 4동 진흥아파트까지 모셔다 드리곤 했다. 2007년 2월 23일 이사회에는 박권상, 이종석, 윤병석, 송병기, 이광훈, 장재수 이사가 참석하였다. 수입예산이 없으니 새해에는 적립된 원금을 소비하는 수밖에 없다는 어두운 이야기를 나누었다. 돌아오는 길에 선생의 댁까지 내 자동차로 모셔다 드렸다. 반포에 있는 내 아파트에서 멀지 않은 위치였다.

자동차를 타고 오는 경우에는 시국에 관한 선생의 의견을 많이 들려주셨다. 선생은 언론계에서 남보다 앞선 길을 가면서도 나라의 현실에 관해서는 보수적인 입장이었다. 자신이 KBS를 떠난 뒤에 과격하고 편향된 편성과 친북적 프로그램이 많이 방영되는 현실을 매우 못마땅하게 여기고 있었다.

언론인으로 평생을 살면서 폭넓은 발자취를 남긴 선생의 회고록 집필이 성사되지 못하고 말았으니 아쉬운 일이다. 회고록 이야기는 2007년 1월 21일에 처음 거론되었다. 선생의 진흥아파트 근처 음식점 조양관에 관훈클럽 전현직 사무국장(나, 김영성, 이창순)과 정윤재 작가가 함께 한 자리에서 회고록 이야기가 처음 나왔다.

회고록 집필 문제를 구체화하기 위해서 만난 자리였다. 정윤재(필명 정범준) 작가를 동석하도록 하여 집필을 의뢰할지 여부를 탐색하려 했던 것이다. 정윤재 작가는 클럽 50주년에 『이야기 관훈클럽』을 집필한 경험이 있었으니 회고록 집필에 적격의 인물이었다. 그러나 선생은 확실한 언질을 주지 않은 채 헤어졌다. 6월 12일에는 김영성 국장이 나와 동석한 자리에서 박 선생의 의중을 전달하는 방식으로 정윤재 작가에게 집필 의사를 타진하였고, 정 작가는 흔쾌히 수락하였다. 박 선생이 기력이 쇠약해지고 기억력도 이전같지 않으니, 자신의 생애를 기록으로 남기겠다는 생각이라고 김 국장은 전했다.

이리하여 6월 30일에는 나와 김영성, 정윤재 세 사람이 박 선생 댁으로 가서 조양관에서 식사를 하면서 회고록 이야기를 나누었지만 선생은 어떻게 써달라는 명확한 부탁이 없었다. 회고록 이야기는 여기서 중단되었다. 어떤 출판사와 계약이 이루어지면 그때 가서 집필을 정식으로 의뢰하고 선생이 쓴 글 스크랩 등의 자료를 줄 생각인 것으로 짐작이 되었다. 회고록에는 관훈클럽 초창기 이야기, 1989년 「시사저널」 창간 과정의 비화도 다룰 예정이었다. 「시사저널」 창간호는 브란트 전 독일 수상의 인터뷰를 실었고, 10월 24일에는 브란트를 한국에 초청하여 8일간 머무르면서 정계 요인들을 만나도록 주선하였는데, 브란트 초청을 자랑스러운 업적으로 여긴다는 이야기를 들려주었다. 하지만 결국 회고록 문제는 여기서 더 진전을 보지 못하고 말았다.

최병우 전기를 쓰도록 하고 기념사업을 주도하였던 박 선생이 자신의 회고록 집필은 착수하지도 못한 채 무산되고 말았으니 허전하기 이를 데 없다.

## 언론사 사장단의 방북 이야기

회고록 이야기가 오가던 2007년 10월 16일에는 나와 김영성 국장이 거동이 불편한 선생을 모시고 다시 조양관에서 식사를 함께했다. 이날은 언론사 사장단의 방북 이야기를 들려주셨다. 2000년 6월 김대중 대통령의 방북 이후 8월 5일부터 12일까지 언론사 사장단 46명의 북한 방문 때에 '남북한 언론인 공동합의문'을 채택한 과정에 관해서였다. KBS 사장으로 방송협회 회장이었던 박 선생은 사장단의 방북과 합의문 작성에 상당히 신경을 썼던 것 같았다. 이날 박 선생은 내게 『남북 방송교류의 첫걸음—백두에서 한라까지』(KBS, 2000. 12)를 한 권 주셨다. 거기에는 남한 사장단의 김정일 면담과정에서 박권상 선생의 입장이 강하게 반영되었다는 사실이 담겨 있었다.

북한은 처음부터 '민족의 자주'와 '6·15선언의 지지'를 공동선언문에 넣자고 주장했다. 박권상 사장은 북측과 협상할 때에 확고한 입장을 취하는 게 좋겠다는 의견을 우리 대표단에 전달했다. 방송협회 회장이자 방북 사장단 가운데 가장 나이 많은 원로 언론인이었던 박 선생은 비공식적인 자리에서 북측 협상대표 김원철(조선중앙방송위원회 부위원장)에게 우리는 공동합의

문을 작성할 필요가 절실하지 않다는 점을 거듭 강조했다. 북측이 합의문 작성에 조바심내는 눈치를 간파한 것이다. 설사 합의문을 작성하더라도 "우리는 자유사회니까 아무리 완전한 것을 만들어도 개인이나 회사의 입장에 따라 해석이 달라지고 특히 비방·중상 같은 용어는 서로 법과 제도가 다르므로 모두가 동의할 수 있는 정의를 내릴 수 없다"면서 북측을 설득했다.

다만 방문이 끝날 때 초청해 주어서 감사하다는 정중한 수준의 고마운 뜻을 발표하면 되고 합의문에 합의해도 다분히 '선언' 적인 것이라야 한다고 박 사장(방송협회 회장)은 말했다. 선생은 다수의견에 따르겠지만 직접 서명하지는 않겠다고 말했다. 북한의 정치체제와 언론을 오래전부터 연구하면서 영문으로 연구 논문을 발표한 경력이 있는 박 사장은 북한이 집요하게 요구하는 '공동합의문' 이 무엇을 의미하는지 잘 알고 있었다. 결국 북한이 요구하는 '자주' 라는 용어는 들어가지 않았고, '6·15선언의 지지 환영' 이라는 부분은 '남북 공동선언이 조국 통일 실현에 중대한 의의를 가진다고 인정하고……' 로 바뀌었다. 박 사장은 합의문에 서명하지 않았다. 합의문에는 한국신문협회 회장 최학래(「한겨레신문」 사장)와 「로동신문」 책임주필 최칠남이 남북한 언론을 대표하여 서명했다. 국방위원장 김정일 면담은 마지막 순간까지 불확실했는데 박권상 사장이 조평통 부위원장 김영성을 불러 우여곡절 담판 끝에 성사되었다.

이상의 방북 관련 부분은 언론 사장단 방송 측 풀 기자 홍보위원으로 남북한 언론인 협상 과정을 모두 지켜보았던 남선현(KBS 청주방송국장)의 글을 인용한 것이다. 아마도 선생은 언론 역사를 연구하는 내가 언젠가 자신에 관한 글을 쓸 때에 이 자료를 활용하기를 바랐을 것이다. 2008년 1월 29일에도 김영성, 이창순, 나 세 사람이 선생을 모시고 조양관에서 식사를 함께했는데 회고록 이야기는 나오지 않았다.

# 사실은 신성하고 의견은 자유롭다

조용철 (전 호남대 신방과 교수)

나는 고인과 대학원, 「동아일보」, 1980년 「동아일보」 해직기자 모임인 '89 동우회' 등을 통해 인연을 맺었다.

1968년 서울대학교에 신문대학원이라는 특수 대학원이 생겼다. 고 김규환 박사가 원장을 맡았고 박유봉, 김근수, 오갑환, 이상희 씨 등이 강의를 맡았다. 이들 외에 언론계 현직 저명인사들이 강의를 맡기도 했는데 고인도 그들 중 한 사람이었다. 나는 그때 처음으로 고인을 만났다. 나는 문리대를 졸업하고 「동아일보」 입사시험을 봤으나 낙방을 해서 신문대학원엘 갔다. 고인은 그때 '언론의 자유'라는 과목을 개설했는데, 지금도 내 서가에 꽂혀있는 빛바랜 노트엔 가뭄 속 단비처럼 나의 지적 갈증을 해갈시켜 주었던 금과옥조 같은 개념들이 온축되어 있다.

대학원 1학년 가을 무렵 나는 「동아일보」에 재도전해서 뜻을 이루었다. 그때부터 고인과는 한솥밥을 먹게 되었다. 수습기자(1년) 과정과 편집부 근무를 거쳐 사회부 경찰기자를 할 무렵 고인은 편집국장이 되었는데, 그 시절은 박정희 정권의 유신으로 말미암아 언론계는 오상고절을 보내고 있었다.

진철수 부국장, 최재욱 편집기자 등이 하룻밤 새에 정보부에 끌려가 죽지 않을 만큼 두들겨 맞을 때였다. 그때마다 고인은 자신의 인적 네트워크를 통해 '권력의 광란 질주'를 멈추려고 무진 애를 쓰며 긴장의 나날을 넘겼다.

내 눈에 비친 고인의 정신세계는 과학적 합리주의였다. 고인은 항상 선비의 기상을 잃지 않아 신언서판 어느 하나 흐트러지는 법이 없었다. 유학과 연구생활의 결과인지는 몰라도 관찰-기술-해석이라는 과학적 방법을 체득, 읽기와 쓰기 그리고 논리 전개에 부족함이 없었다. 그래서 그의 글을 읽으면 늘 참신하고 시시비비가 뚜렷했으며 선비의 기상이 흘러넘쳤다.

고인은 영원한 자유주의자였다. 대학원 시절 고인의 강의를 통해 뇌리에 새겼던 밀턴의 "Areopagitica"는 나에겐 신선한 백혈구이자 적혈구였으며, 밀의 『자유론』 또한 나의 삶에 빛이 되었다. 고인이 되새긴 밀턴의 시어 같은 문장들 가운데는 이런 것이 있다. "진실과 허위(거짓)가 사상의 시장(marketplace of ideas)에서 자유경쟁을 한다면 어느 누가 감히 허위가 진실을 이길 수 있다고 말하겠는가?"

밀턴은 『아레오파지티카』에서 "다른 모든 자유보다도 양심에 따라 자유롭게 알고, 말하며, 토론할 수 있는 자유를 달라. 그로부터 대가의 소중한 생명의 피인 좋은 책이 태어난다. 언론과 표현의 탄압은 그 생명의 힘을 말살시켜 역사를 퇴보시킨다. 썩어들어가는 이 땅의 언론에 예의와 미덕과 자유의 힘이 되돌아오기를 기원한다."고 했다.

고인이 즐겨 인용했던 또 하나의 잊히지 않는 문장은 존 스튜어트 밀의 『자유론』 가운데 있는 '자유 언론의 대의'였다. "한 사람을 제외한 모든 인류가 같은 의견이고, 단 한 사람만이 반대 의견이라고 해서 인류가 그 한 사람을 침묵시키는 것이 정당화될 수 없는 것은, 그(전체를 침묵시킬 수 있는 권력을 가진 자)가 인류 전체를 침묵시키는 것이 정당화될 수 없는 것과 마찬가지다."

## 늘 맑게 흐르는 물처럼

이처럼 고인은 항상 자유와 진실을 금과옥조처럼 여기며 '사실은 신성하고 의견은 자유롭다'고 말했던 「맨체스터 가디언」 발행인 C. P. 스콧의 말을 실행에 옮기려고 무진 애를 썼다. 그래서 고인은 선비 정신을 잃지 않으면서도 인문사회과학도로서의 저널리즘 천착에 남다른 융통성을 보였던 것이다.

언론은 '정보와 도덕감정의 합선작용'이라는 점에서, 그리고 의제설정의 인공화를 통한 여론의 수렴이라는 점에서, 고인은 나만이 지고지선이냐는 자성적 인생관과 세계관을 갖고 있었던 것 같다.

고인은 언젠가 나에게 이런 말을 했다. "박정희 대통령의 형 상희 씨가 작고하여 「동아일보」 사주 김상만 씨를 모시고 구미 상가엘 간 적이 있다. 박 대통령은 맨발로 문 앞까지 나와 우릴 맞았다. 빈소에서 서로 인사를 한 뒤 고맙다는 말까지 했다. 두 손으로 술을 따랐으며 헤어질 때까지 자리를 지켰다. 나는 그때 박 대통령의 또 다른 모습을 보았다."

고인은 언젠가 이런 말도 했다. "1980년 봄이 왔을 때 계동 인촌기념관에서 3김 모임을 가졌다. 1차 모임으로 끝내서는 안 되겠다는 생각에서 3김에게 다시 만날 의향이 있는지를 물었다. 한 분은 화장실에서, 다른 분은 먼저 자리를 뜨겠다고 해서 배웅 길에, 나머지 한 분은 홀로 남은 순간에 물었다. 두 분은 당연히 만나야 하지 않겠느냐고 했으나, 한 분은 만나서 뭐하겠냐고 했다." 고인은 그 순간 사람의 인격이 어떤 것인지를 느낄 수 있었다고 말했다.

이렇듯 고인의 정신세계는 늘 맑게 흐르는 물과 같았다. 고이면 썩는다는 평범한 진리를, 샘물은 늘 솟구쳐야 한다는 자연의 섭리를 앞장서서 보여주려고 애면글면했던 분으로 나는 기억하고 있다.

고인의 자태는 학을 닮아 늘 고고와 외립 그 자체였다. 후배 기자는 고인의 부음 기사에서 "남에게 조언하기보다 시비 가리기를 더 좋아했던 사람"이라고 썼다. 그런 그가 김대중 정권 내내 KBS 사장 자리에 있었다. 시비를 가리는 입장에서 시비의 대상이 된 것이다. 어떤 사람들은 KBS 사장 자리를 빛의 자리라 했고, 다른 사람들은 그림자의 자리라고도 했다. 고인도 그같은 평가를 잘 알고 있었다.

고인은 KBS를 떠난 뒤 등산을 갔다가 신체에 이상을 느껴 뇌수술까지 했으나 건강을 회복하지 못하고 저승으로 가셨다. 나는 생전에 고인을 부축하여 걷기도 하고 식당에서 한담을 나누기도 했다. 언젠가 KBS에 간 것에 대해 후회가 없는지 물어보았다. 고인은 "글쎄"라며 말끝을 흐렸다. 나는 저런 분도 후회하는 일이 있을까 하고 많은 생각을 한 적이 있다.

나는 그의 건강이 자꾸만 나빠지는 것 같아 인터뷰를 하여 기록을 남기려고 했다. 그러나 고인은 좀 있다가 하자면서 뒤로 미루었다. 그때 억지를 부려서라도 인터뷰를 했어야 했는데 후회가 막급이다. '한 사람이 죽으면 도서관 하나가 없어진다'는 말이 있는데 이런 경우가 그러한 것은 아닌지 생각할수록 아쉬움이 크다.

고인은 평생을 기자 정신으로 살다 가셨다. 자신이 쓴 글에 대해서는 완전무결을 지향했다. 내가 대학 교수직 정년을 앞두고 쓴 책『길 위의 날들』의 서문을 부탁드렸더니 집으로 오라고 했다. 이튿날 댁으로 갔더니 받아 적으라고 했다. 고인은 당시 반신불수가 되어 글을 쓸 수가 없었다. 며칠 후 받아 적은 글을 보여드렸더니 쾌히 승낙을 했다. 고인은 이처럼 자신이 쓴 글에 대해 마지막까지 긴장의 끈을 놓지 않았다.

평소 고인의 서재는 여러 가지 책들로 꽉 차 있었다. 독서량도 엄청났지만,

독서 속도도 무척 빨랐다. 병상에 눕기 전까지만 해도 읽고 쓰기가 일과였으며, 많은 사람들을 만나 세상 돌아가는 것에 늘 예민했다. 나는 그 같은 고인을 뵙고 나면 언제나 지적 포만감에 기분이 상승했다. 그러나 이젠 그럴 수가 없다. 그래서 그가 무척이나 그립다.

안성 언덕배기 소나무 아래 고인의 유분이 묻혀있다. 묘지 관리사무실에 들러 위치를 물으니 44번 소나무 밑이라 했다. 멍하니, 우두커니 홀로 서서 고인과 함께했던 지난날을 회고했다. 주마등처럼 스쳐 간 옛일들이 엊그제 같았다. 창공을 바라보니 옛 고승의 시구가 생각났다.

따스한 볕 등에 지고 유마경 읽노라면, 어지럽게 나는 꽃이 글자를 가리운다.

구태여 꽃 밑 글자 읽어 무삼하리오.

# 정치 저널리즘을 천직으로 살다

최정호 (울산대 석좌교수)

박권상 형을 처음 만난 것은 1949년 가을이 아니었나 생각된다. 박 형이 대학교 2학년에, 나는 중학교 5학년(지금의 고등학교 2학년)에 재학 중일 때의 일이다. 전주의 한 병원에서 두 사람 다 수술을 받고 입원하고 있었으니 말하자면 우리는 병원 동창의 인연이 있던 셈이다

요즘 같으면 통원치료도 가능한 작은 수술을 위해 그 무렵에는 4주일 동안이나 입원했으니 참 옛날 얘기다. 무료한 입원 생활에서 병원 동창 박 형과의 만남은 내게 깊은 인상을 남겨 주었다.

그는 어린 중학생의 눈에도 꽤나 진지하고 순수한, 그리고 열정적인 대학생처럼 보였다. 서울대학의 문리대 영문과에 재학하고 있었지만 그것은 자기 뜻이 아니라 형들과의 타협의 결과라는 것이었다. 원래 가고 싶은 대학은 미술대학이었으나 형들이 그것만은 안 된다 하고, 그 대신 법, 정, 경, 상 쪽은 내가 싫다 해서 나온 타협안이 영문과였다는 것이다. 그러나 마음은 아직도 미술 쪽에 미련을 버리지 못하고 있다며 당시의 나에겐 무척이나 값비싼 호

화판으로 보인 영문의 미술전집들을 자랑삼아 보여주고 빌려주기도 했다.

미술전집보다 박 형이 더욱 자랑삼아 열변을 토했던 것은 그해(1949년) 여름 흉탄에 쓰러진 백범 김구 선생의 운구 대열에 끼어 서울시가를 행진했다는 얘기였다. 백범 선생과 그의 암살에 화제가 미치면 입원실의 열혈청년 눈에는 이슬방울이 맺히기도 했던 것으로 나는 기억한다.

반세기도 훨씬 지난 까마득히 먼 옛날 얘기다. 그러나 그로부터 60년의 세월이 흐르는 동안 나는 멀리서 때로는 가까이서 박 형을 만나 더러는 같이 일을 한 때도 있었지만 박 형은 1949년 가을 평화로운 병원 입원실에서 사귄 첫인상을 배신한 일이 거의 없었다. 사적(私的)으로는 진지하고 순수한, 그리고 공적(公的)으로는 열정적 참여정신의 모습, 객기는 있어도 허황되지 않고 흥분은 해도 페어(공정)한 입장을 지키려는 그 모습을 박 형은 그 뒤 평생 유지해왔다. 이 난세를 겪으며 그러한 입장을 일관하기란 눈에 띄지 않는 엄중한 자기통제를 관철해야만 비로소 가능한 일이라 생각된다.

## 정계 주름잡던 주역들 한자리에 모아

도대체 우리가 겪은 그 격동의 시대에 순수한 초지를 일관한다는 것이 쉬운 일이 아니다. 박권상 형은 언론인을 천직으로 자부하고 언론인으로 일관한 일생을 살았다. 언젠가 우리가 외국에서 만났을 때 그는 다음 세상에 다시 태어나더라도 역시 기자가 되겠다는 말을 내게 한 일이 있다. 스스로의 직업에 대한 그의 만만치 않은 자부심은 감명을 줄 만했다.

기자직이란 어떤 면에선 유혹이 많은 직업이다. 돈의 유혹, 벼슬의 유혹…… 그런 모든 유혹에 나부끼지 않고 기자직을 천직으로 생각한다는 것은 박 형이 무욕(無慾)한 사람, 다른 헛된 욕망을 접은 사람이기에 가능한 일이었다.

박 형은 1952년 대학을 졸업하자마자 6 · 25 전쟁 중의 피난 수도 부산에서 「합동통신」 정치부 기자로 언론계에 발을 들였다. 기자를 천직으로 삼는다 할 때 박 형의 경우 그것은 좁게 말해서 정치부 기자를 천직으로 삼았던 것 같다. 경제부나 사회부 또는 문화부가 아니라—기자로서나 논객으로서나 그리고 편집자로서나—오직 정치 담당 언론인으로서 그는 일생을 살았고 그 직분에 자족하고 자부를 느끼고 있었던 것으로 생각된다.

언론인이나 정치인을 막론하고 한국전쟁 와중에 우리나라의 정치판, 좋게 말해서 정계에 발을 들인 뒤 21세기까지 서바이브한 사람 중에는 1952년의 부산 정치파동을 일선에서 겪은 박 형에 앞선 사람은 아무도 없다. 김영삼, 김대중 전 대통령도 그들의 정계 입문과정을 박권상 기자가 '올챙이 정치가'로서 취재한 새내기였으니 그 뒤에 나온 김종필 전 총리를 포함한 3김씨와 그를 따랐던 일단들은 더 말할 나위가 없을 것이다.

원로 정치부 기자, 한국 정계에 으뜸가는 시니어로서 박 형의 면목이 처음으로 가장 잘 가시화된 신문 사진이 있다. 1971년 6월 1일 「동아일보」 사장이 그의 덕소(德沼)별장에 윌리엄 포터 주한 미국 대사의 환송연을 열고 초청한 인사들을 기념촬영한 사진이다. 참석한 면면들은 주인(김상만)과 주빈(포터) 외에 앞줄에는 정일권, 이철승, 김대중, 김성곤 그리고 뒷줄에는 이후락, 김영삼, 고흥문 그리고 이 무대를 연출한 「동아일보」 박권상 편집국장 등.

지금으로써는 아무렇지도 않은 그냥 기념사진으로 보일지 모른다. 그러나 1971년 사생결단의 치열한 대통령 선거를 불과 두 달 전에 치른 정국에서 어떻게 이런 인사들이 자리를 함께할 수 있었을까 하고 당시 독자들은 고개가 갸우뚱해지지 않을 수 없었다. 그것은 자못 '경탄'스럽기까지 한 사진이었다. 1971년 대선은 우선 그 대결구도가 잡힐 때까지도 무척이나 소연했다.

여당의 박정희 후보는 3선 금지의 헌법 올가미를 떨쳐 버리기 위해 무리한 개헌을 강행했다. 당시 후계자로 물망에 올랐던 5 · 16의 주역 김종필계의 반대를 억압하기 위해 쿠데타 동지인 처조카사위 JP를 무장 해제시켰다는 소문도 나돌았다. 박정희 3선을 위해 온갖 무리수를 썼던 그 강권 정치의 두 주역이 이후락 비서실장과 김형욱 중앙정보부장이었다.

1971년 6월의 덕소 모임에는 그 이후락과 함께 여당에서는 당 의장서리(정일권 전 국무총리)와 재정위원장(공화당의 4인방에 속하는 김성곤 의원) 그리고 야당에서는 40대 기수로 대통령 후보 자리를 경합했던 세 사람이 다 자리를 같이했다. 박정희를 빼고는 참으로 그 당시 한국 정계를 주름잡던 주역들을 한 자리에 모아 놓은 솜씨, 그것은 원로 정치기자 박 국장만이 해낼 수 있는 기막힌 연출 솜씨라 나는 평가했다.

## 험난한 세상에서 언론인으로 종신

박권상 형이 기자로 논객으로 또는 편집자로 이 나라의 정치판에서 주름을 잡고 있던 시절이란 결코 평안하고 좋은 세상은 아니었다. 그것은 이승만, 박정희, 전두환으로 이어지는 후진국형 권위주의 대통령이 군림하던 세월이요, 그 휘하에는 김형욱, 이후락, 전두환 등의 무시무시한 정보부 책임자가 남산의 복마전에 똬리를 틀고 있던 시절이었다.

그런 험난한 세상에서 언론인으로서 정치 일선에 뛰어다녔던 박권상 형은 물론 숱한 곤욕을 치르며 해직도 되고 언론계에서 강제 추방당하는 경우를 겪기도 했다. 그러나 그럼에도 불구하고 이 나라의 대표적인 야당신문, 특히 권위주의적인 세 대통령이 다 혐오했던 「동아일보」에서 요직을 두루 맡은 박권상 형은 다른 동료들, 가령 진철수 씨나 송건호 씨 등에 비해 험한 일은 별로 당하지 않고 비록 굴곡은 있었으나 크게 다치지 않은 채 언론인으로 종신할 수 있었다고 봐도 좋지 않을까 회고된다.

물론 거기에는 운도 따랐다. 다만 박권상 형에게는 그러한 독재권력의 '돌직구' 폭력이 비껴가도록 한-의도한 것이건 의도하지 않은 것이건-몇 가지 기제가 있었던 것으로 느껴진다.

첫째는 덕소 만찬의 연출처럼 박 형은 적대하는 정치세력의 실세들 사이에 가급적 넓은 대화와 소통의 담론권(談論圈)을 넓히는 데 앞장섬으로 해서 폭력화하기 쉬운 권력 사이에 완충지대를 확장하는 데 기여한 것이 정치권만이 아니라 본인의 신상에도 안전판 역할을 해주었던 것은 아닌가 생각해본다.

둘째는 더 개인적이고 비의도적 비인위적인 우연한 요인이 될지 모르나 박권상 형이 타고난 백만 불짜리의 파안(破顔)이라고나 할 웃는 용모가 있다. 모든 사람 사이의 긴장을 금방 풀어주는 (한국인의 관상에선 흔치 않은) 입꼬리가 위로 치켜 올라가는 박권상 미소(微笑)의 인간 친화적 효력이라고나 할 것인가. 그렇게 장난꾸러기 어린이처럼 웃는 얼굴을 미워하기란 쉽지 않으리라 생각된다. 형사들이나 정보부 사람들이나.

셋째는 의도적인지 비의도적인지 판단을 내리지 못하고 있지만 이른바 '행정학'에 대한 박권상 형의 몰입이다. '행정학'이란 말은 그의 중학 동창 정인양(鄭仁亮)-관훈클럽 창립동인, 전 방송개발원 이사장-씨의 조어(造語)로 "GO(行) STOP(停)"의 한문 번역어라나. 하긴 그런 걸 떠나서 박권상 형의 언론인 생애를 되돌아본다면 참으로 그는 난세에 나갈 때와 멎을 때를 분명히 알고 처신한, 그런 의미에서도 행정학(行停學)의 일가를 이루고 있었다고 할 만했다. 그러나 박 형이 진짜 몰입한 행정학은 문자 그대로의 '고스톱'이었다. 그는 잠시의 짬만 나면 고스톱을 했다. 해외 출장을 떠날 때엔 고스톱판에서 집으로 전화해 세면도구와 내의 몇 벌만 공항으로 가져오도록 해서 행정학으로부터 바로 항공기에 갈아탄다는 '전설' 도 있다. 나는 행정학에 입문을 못 해서 한 번도 자리를 같이하진 못했으나 소문에 의하면 설날마다 문전성시를 이룬 박 형 댁에선 후배 세배객들이 신년 인사가 끝나자마자 온 집안의 방마다 그득 메우며 행정학의 일대 총회를 개최했다 하는데 거짓말이 아닌 듯하다. 독재 공포 정치체제에서 무탈하게 서바이브 하기 위한 카무플라즈 또는 알리바이 빌딩이라고도 볼 수가 있을 것이다. 하기야 정치적 야심이 없다는 알리바이를 위해선 가령 미색에 몰입하는 수도 있다고 들었으나 그에 비한다면 '행정학' 에 몰입하는 것이 훨씬 건전하다고 봐 주지 못할 것도 없을 것 같다.

## 난세의 정치판에서 살아남은 힘

그러나 이 모든 것은 자잘한 애깃거리에 불과하다고 해야겠다. 난세의 정치판에서 박권상 형이 크게 흠집 나지 않고 살아온 가장 큰 힘은 그가 인간적으로 청렴했다는 데에 있다고 나는 본다. 「동아일보」의 편집국장으로서 김형욱 중앙정보부장 시절에 박정희 3선을 위한 대통령 선거전을 치르고 있을 때 나는 우연히 박 형을 만나 얘기가 길어진 끝에 그가 당시 살고 있던 마포 집에 처음으로 가서 저녁을 얻어먹은 일이 있다. 그날 밤 나는 박형 댁 밥상의 자못 충격적일 정도의 소찬(素餐)에 놀랐다.

그때 들은 얘기다. 검은돈, 구린내 나는 돈이 정치판에 소용돌이치고 있던 대통령 선거의 계절이라, 이런저런 계기에 지면이 있는 사람의 수상한 방문이 잦았던 모양이다. 그런 경우 조촐한 선물이라며 들고 온 케이크 상자의 바닥엔 수표가 깔려 있는 경우가 비일비재였다. 그때마다 박 형은 보내온 사람을 반드시 찾아서 돌려보냈다는 것이다. 그뿐만 아니라 비판적 언론의 입에 재갈 물릴 구실을 삼을 수 있는 그 밖의 온갖 수작들에 관한 체험담도 들었다. 그러한 유혹을 얼마나 강직하고 당당하게, 그리고 또 얼마나 당연하고 자연스럽게 물리치고 있는지 박 형 댁의 저녁밥상은 내게 보여주고 있는 것 같았다.

그러고 보면 박권상 형은 한국전쟁 전후의 1세대 언론인 가운데 제일 앞선 시니어 기자일 뿐만 아니라 이미 1950년대에 미국으로 건너가 대학에서 저널리즘을 전공한 제1세대의 시니어 언론학자이기도 하다. 그 후에도 그는 신문사와 대학을 왕래하는 좀 희한한 전업 언론인의 경력을 보여주고 있다. 그런 의미에서 전두환 신군부 치하 7년은 박 형의 시계추가 영·미 대학의 연구소에 쏠리고 있던 시기라고 할 수 있겠다. 마침내 1987년 민주화 시민혁명의 성취로 언론의 자유가 회복되자 박 형의 제2의 언론 활동은 시작됐다. 일간신문이 아니라 주간신문에서.

1989년 그는 새로 창간한 「시사저널」의 편집인 겸 주필로 언론계에 복귀했다. 당시 안식년으로 대학에서 휴가를 얻어 독일에 가 있던 나는 그곳에서 명색이 14명의 대형 객원 편집위원의 한 사람으로 창간에 동참했다. 그를 위해 나는 머지않아 「시사저널」의 초청으로 방한하게 될 이른바 '동방 정책'의 기수 빌리 브란트 수상을 본에서 만나 1시간 반에 걸친 인터뷰 기사를 창간호에 싣게 됐다. 그 인터뷰에서 스스로 언론인 출신으로 자처하고 있는 브란트가 방한 초청과 관련해서 내게 한 말은 되새겨볼 만하다.

"우선 언론사의 초청을 받고 한국을 방문하게 된다는 것이 아주 기쁘다는 것을 고백해 두어야겠다. 언론자유가 민주주의의 받침돌이라는 사실에는 추호의 의문도 있을 수 없다. 그것은 언론자유가 때때로 악용될 경우에도 마찬가지이다. 언론자유의 일시적 악용은 언론자유가 억압되고 있는 통제사회의 악폐에 비하면 극히 비중이 작은 문제에 불과하다."

언론, 언론인의 대학살이란 악몽에서 아직 멀리 벗어나지 못했던 80년대 말 언론자유에 관한 브란트의 신앙고백도 가슴에 와 닿았으나 나에겐 그가 언론사의 초청으로 방한하게 된 것을 아주 기뻐한다는 말에 자못 사적인 감회가 깊었다.

## 브란트 방한을 성사시키다

실은 그로부터 4반세기 전에 박정희 대통령이 서독에 첫 국빈방문을 했을 때 나는 당시 빌리 브란트 서베를린 시장과의 단독 인터뷰에서 혹시 초청이 있으면 방한할 용의가 있느냐고 물었으나 부정적인 답을 들은 일이 있다. 그 기사가 박 대통령 서베를린 방문 직전에 신문에 보도됐음에도 불구하고 시장 초청의 만찬석상에서 화제가 궁했던지 박 대통령은 다시 브란트의 방한 초청을 거론했다. 국가원수의 초청이라 브란트는 예를 다한 공손한 말로 언제가 될지 모르나 기회만 오면 기꺼이 가고 싶다고 대답했다. 못 가겠다는 뜻이다. 그 외교 사령의 본뜻을 해독하지 못한 당시 청와대 대변인은 의기양양하게 기자실에 나타나 브란트가 대통령 초청을 수락하고 곧 방한한다고 발표했다. 그러자 브란트가 방한할 수 없다는 단독기자회견을 실은 같은 신문이 다음 날 지면에 브란트가 곧 방한한다는 기사를 대서특필한 우스꽝스러운 일이 벌어졌다.

브란트가 오기는 뭘 오겠는가. 곧 방한하리라는 청와대의 발표가 있고 나서 25년이 지나서야 그의 방한이 성사된 것은 시사 주간지 창간을 준비하던 박권상 형의 공이었다. 이제는 밝혀도 되리라 싶으니 전말을 얘기하면 이렇다. 그해 여름, 혹은 봄에 박 형은 서베를린의 한 회의에서 독일 시사 주간지 「디 차이트(Die Zeit)」지의 베르트람 순회특파원을 만나 브란트 방한의 주선을 타진한다. 베르트람이 브란트의 동아시아 담당비서 호프만에게 문의해보니 조건은 한국 정부의 책임자와 한국의 야당 지도자가 다 같이 방한을 환영한다는 뜻을 전해오면 가겠다는 답신이 왔다. 그것은 박권상 형에겐 전혀 어려운 일이 아니었다. 이홍구 통일원 장관과 야당 평민당의 김대중 총재의 서신을 곁들인 「시사저널」의 초청이 공식화되면서 브란트 방한은 마침내 성사된 것이다.

정부와 민간, 여당과 야당을 다 같이 넘나들면서 정치적 담론권을 넓히는 일에 정치 저널리스트 박권상 형은 오래전부터 투철한 사명의식과 빼어난 친화력에 바탕을 둔 조직의 센스를 지니고 있었다. 1971년 「동아일보」 시절에 덕소 모임을 연출한 이후에도 1980년대 후반의 「시사저널」 시절에 다시 박 형이 여야 정치인을 한 자리에 초청한 상설 모임을 꾸몄다는 사실은 최근 남재희 씨가 「한겨레신문」에 특별 기고한 글에 소상히 나와 있으니 여기에선 생략한다.

한 가지 마지막으로 보다 더 강조해두어야 할 것이 있다. 그것은 그 모든 것에 훨씬 앞서 박권상 형이 이미 1957년에 전후 시대 한국 언론의 선각자 최병우 씨(「코리아 타임스」 편집국장 역임)와 함께 관훈클럽의 창설을 주도했다는 사실이다.

19세기의 대한제국 시대에는 처음 등장한 근대적 민간신문 「독립신문」의 창간으로 개화주의 언론의 시대가 열렸다. 국권을 빼앗긴 20세기 전반기의 일제치하에서는 「동아일보」의 창간, 「조선일보」의 개편으로 민족주의 언론이 시도되었다면 광복 이후 특히 6 · 25 전쟁 이후 안팎으로 전체주의 독재체제의 위협에 노출된 나이 어린 대한민국에서 자유 민주주의를 새로운 언론의 시대정신으로 정착시켜 가는 데에선 관훈클럽의 창립이 커다란 역사적 기여를 했다고 생각된다.

# 타고난 천품과 재골(才骨)

김선홍 (전 KIA 회장)

"저 사람 아주 재골이야. 앞으로 큰일을 해낼 사람이다."

박권상 선생과 전주고등학교 동기생이셨던 우리 형님께서 내게 들려준 말이다. 타고날 때부터 큰 인물이란 뜻이다. 고등학교 친구라지만 그 시절엔 웬만큼은 다 어른들이었고 사람이 사람을 알아보는 안목도 있었다. 나는 형님 덕분에 어렸을 때부터 박 선생의 존재를 알고 있었다. 사실 그때까지만 해도 형님의 동기생이라는 것 외에는 박 선생에 대해 아는 바가 많지 않았다. 철이 들고 사회생활을 하면서도 그분이 「동아일보」에서 유명한, 알아주는 신문기자라는 것 정도 말고는 더 깊은 세교가 없었다. 그러다 60년대 후반 영국에 가게 될 일이 있었는데, 당시 문교부 공무원이었던 형님이 박 선생이 영국에 있으니 꼭 만나서 영국 공부를 하고 출장업무를 보는 것이 유익할 것이라고 당부를 했다.

히스로 공항에 도착하니 박 선생이 나와 있었다. 형님의 전갈을 미리 받은 듯했다. 단아한 풍채에 또렷한 눈매가 인상적이었다. 많은 사람들이 박권상 선생에 대해 영국 신사의 풍모를 얘기하지만 내 첫 인상은 동양에서 온 선비의 모습이었다. 영국에서 묵고 있는 자신의 집으로 가자며 차를 타러 갔다. 그때의 박 선생 차가 아직도 선명히 기억난다. 그 당시에도 나는 자동차에 관심이 많았는데 그 차는 영국의 디자이너이자 기술자인 알렉 이시고니스(Alec Issigonis)가 만든 '미니(Mini)'였다. 지금은 과거에 비해 더 이상 '미니' 하지 않지만 그때의 미니는 1,000cc 차량이었다. 당시에 이집트 전쟁으로 수에즈 운하가 봉쇄되었고, 원유가 부족해 만들어진 차량이었다. 기름 냄새만 맡아도 굴러간다는 말이 나올 정도로 작은 자동차였다. 성인 남자 둘이 타기에 벅차 보이는 미니를 타고 교외를 달려 조그만 정원이 달린 집 앞에 섰다. 붉은색 벽돌로 지어진 마치 만화에 나오는 집 같았다. 영국 홍차를 얻어 마시며 얘기를 나누었다. "형님이 많이 걱정하십니다.", "걱정할 게 뭐 있나. 난 여기 영국에 민주주의를 배우러 왔네. 민주주의가 뭔가!" 비교적 밝은 목소리로 대화를 이어 갔으나, 그 이면에는 유신정권을 피해 영국 특파원을 자청할 수밖에 없었던 그의 답답한 사정이 보이는 것 같았다. 오죽했으면 형님도 박 선생을 위한 한시(漢詩)까지 지어 보이며 걱정하였을까.

## 선비의 풍취가 느껴져

〈도판〉에 보이는 두 편의 시는 형님이 쓰시고 엮어놓은 책에 나와 있는 박 선생에 관한 시다.

10월 14일 박 선생이 영국으로 발령받아 떠났고, 당신이 이렇게 고생하지만 앞으로 잘 풀릴 것이라는 내용과 세상은 지금 비리가 너무 많다는 내용의 시다. 유신정권의 '유신' 단어 하나 꺼내지 못하고 '비리'로 대체하였다. 공무원이 이런 시를 썼다는 것은 목을 내놓는다는 것과 다를 바 없지만 시가 가

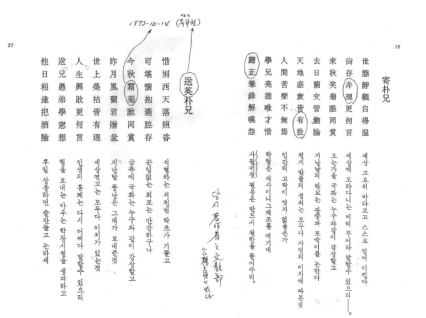

진 함축성을 이용해 교묘히 그 눈을 피했던 모양이다. 박 선생을 걱정하는 마음이 시에 절절히 묻어 있다.

내가 이 낡은 한시를 지금도 소중히 간직하고 있는 것은 옛 선비들이 한시로 흉중을 꺼내놓고 대화하는 마지막 세대가 바로 이분들이 아니겠나 하는 생각에서다. 나 같은 엔지니어 출신의 경제인과는 다른 차원의, 공부하는 선비의 풍취가 형님과 선배 두 분에게 물씬 묻어 있는 데 대한 개인적인 부러움과 존경심이기도 하다.

형님이 박 선생에게 드리는 다음과 같은 또 한 편의 시가 있다.

寄 朴權相兄
高士一心大道耕 선비의 한마음 대도를 고르는데
今番困辱千秋業 금번의 곤욕은 천추의 업이라

迎來捲土向人明 권토중래하여 만인에게 밝히리라
時運不然淚自橫 시운이 불연하야 눈시울을 적신다
金善晤 漢詩

  박 선생은 KBS에서 큰일을 하시고 일본 대학에 가셔서 연구 활동을 하셨다. 그럼에도 불구하고 가형인 김선오가 득병했다는 소식을 듣고 문병하시겠다고 하셔서 내가 모시고 가기로 하고 만나 뵈었다. 전주에 가는 기차 안에서 박 선생님이 봉투에서 꺼내어 보여주신 것이 바로 위의 한시이다. 30년 전에 받은 것을 환자에게 보여주려고 가져오셨다고 하셨다. 가는 도중 주고받은 이야기 가운데 내가 고난을 받고 있을 때도 음양으로 많은 힘을 써주신 것을 알게 되었다. 그 은혜가 백골난망이다. 재벌기업에서 큰 자리 마련해 드리려고 하니 오셔서 도와주기 바란다는 요청이 있었다는 말씀도 하셨다. 삼고초려가 아닌가, 어떻게 되었나 귀를 종긋했다. 숙고 끝에 정중하게 사양했다고 한다. 결국 선비의 견리사의(見利思義)의 원칙이 작동된 것.

弔友 故金善晤
來由空手來 인생은 본래 빈손으로 왔다가
去逐草風去 초개와 같이 바람과 함께 떠나는 것
去來天理在 그러기에 생과 사는 하늘의 이치
畢竟向何處 필경에는 어느 곳으로 향하시나요.
朴權相 漢詩 2004년12월

  위의 시는 가형이 세상을 떠난 다음 한시는 한시로서 답을 하여야 한다며 박 선생이 문상 오시면서 가져오신 한시이다. 마침내 친구의 종말을 보는 듯

침통한 표정이었다. 나에게는 한시를 평가할 만한 실력이 없지만 다시 한 번 두 분이 주고받은 글귀에서 선비의 우정을 본다. 아마도 앞의 시와 뒤의 시는 30년의 차이가 있을 것이다.

영국에서 유배생활과 다름없는 특파원 생활을 했던 박 선생은 한국으로 돌아와 『영국을 생각한다』, 『(속) 영국을 생각한다』 등 영국에 관한 책을 내고 그 속에 민주주의와 사회정의에 대한 자신의 열정과 신념을 담았다. 지금도 영국에 대한 나의 인상의 하나는 음습하고 차가운 날씨만큼이나 정이 들지 않는, 귀양살이 같은 생활이었지만, 박권상 선생은 그 어디를 뒤져봐도 한마디 불평이나 투정 없이 영국을 즐기고 배우셨다. 마치 다산 정약용 선생 같은 면모와 품격이 박 선배의 영국생활에서 느껴진다.

## 왜 '이튼스쿨'을 보라 했을까

박 선생은 영국 이튼스쿨을 꼭 보고 가라는 얘기를 했다. 시간을 내서 가봤더니 크지도 않고, 그저 오래된 건물처럼 보였다. 알고 보니 1820년쯤 '이튼'이란 사람이 만든 이튼스쿨은 수상을 17명이나 배출한 명문학교라는 것이다. 그곳은 훌륭한 선생님을 모아 영재들만 가르치는 곳이 아니고, 오히려 학비를 못 내는 가난한 학생들과 공부에 열의가 있는 학생들, 그리고 명문가의 학생 등 여러 계층의 학생들을 한데 모아서 서로 대화하게 하고 재능을 나누고, 책 읽은 것을 나누게 하여 서로에게 배움의 장을 열어주는 학교이다. 이렇게 서로의 의욕을 북돋게 만드는 것이 곧 민주주의의 다양성을 보여주는 것이고, 이튼스쿨은 영국의 민주주의를 보여주는 학교였던 것이다.

왜 내게 이튼스쿨을 보라고 권유했는지 그때는 그러려니 했는데 나중에 기업 경영을 하게 되면서 훨씬 더 유용한 기억으로 되살아났다. 내가 관여한 자동차산업이야말로 전문 엔지니어들의 최첨단기술이 각자 위치한 자리에서 제대로 발현되고 그것이 기술 협력이란 시스템 속에 녹여져 다시 종합예술 작품으로서의 완성된 자동차로 태어나는 메커니즘이다. 이는 바로 자본주의의 협업과 분업, 책임의식과 다를 바 없고, 박권상 선생은 앞을 내다보신 건 아닐지라도 최소한 내게 엔지니어가 숙지해야 할 영국 시스템의 출발이 이튼식 교육에 있음을 말해 주려 했던 것이다. 바로 민주주의와 자본주의를 이어 주는 영국식 교육의 진면목이 어떤 것인지를 내게 가르쳐주고 싶었던 것이 아닌가 한다.

김대중 정권 시절 박 선생이 KBS 사장으로 취임한 후 남북정상회담이 있었다. 그때 KBS에서는 백두산 천지 생방송과 교향악단 공연, 방송장비 지원 등 활발한 교류가 있었는데 박 선생이 김정일, 김대중, 운전수 이렇게 넷이 차를 타게 된 일이 있었다고 한다. 뒤에서 두 정상이 얘기하는 것이 다 들리는 상황에 놓여 그때 들은 이야기들을 내게 들려줬다. 김정일이 "대통령께서는 남북통일이 언제쯤 될 것 같습니까?"라고 대뜸 물었는데, 박 선생이 "참 중요한 질문을 하셨네요."라고 얘기하자 김대중이 "글쎄요, 우리가 이렇게 왔다 갔다 하면 20~30년이면 되지 않겠습니까?"라고 대답하니 김정일의 대답이 "그렇게 빨리요?"였다는 것이다. 그리고는 "저는 한 50년 후나 될 것 같은데요."라며 대화가 마무리되었다는데, 얼마나 아슬아슬한 이야기인가. 양쪽 정상들의 머릿속에 있는 남북통일에 대한 생각들이 오갔는데, 자신들의 후손도 생각해야 하고 지금 양쪽 조직상 있을 사람 없을 사람 구분해서 그만한 시간이 걸릴 것이라는 속 깊은 생각이었으리라. 과거 이탈리아에서 독일에 아첨한 반역자들 조사해서 명단을 땅속에 묻어놓고 50년 후에 후손들이 다 보게끔 한 것처럼.

가형의 심부름으로 박 선생 댁에 간 일이 있었다. 방에는 발 디딜 곳이 없을 정도로 책이 어질러져 있었다. 정말 책에 파묻혀 있다는 표현이 어울렸고, 서가에는 책들이 진열돼 있다기보다는 무더기로 쌓여 있었다. "이 많은 책들을 언제 다 들여다보십니까?" 하고 묻자 박 선생은 그저 웃음으로 대답했다. 그때 느꼈다. 이 양반은 책하고 사시는 분이구나 라고.

박 선생이 회장을 맡고 있던 장지연기념회에 종종 간 적이 있는데, 선생은 언론의 정도를 걸으려면 선배들의 기록을 잘 해석하고 그 정신을 받들어야 한다는 말을 하곤 했다. 박 선생은 장지연기념사업의 필요성을 후배들에게 얘기하고 싶었을 텐데도 내게는 끝내 직접적으로 도움을 요청한 적이 없다. 그분의 성격상 그게 어떤 일이든지 간에 도움을 요청하실 리 만무했지만 나 역시 고지식한 엔지니어 기업인으로 박 선생의 흉중을 알 길이 없는 채 세월이 흘러 여기까지 왔으니 일말의 애석지감을 금할 길 없다. 동지들이 박 선생의 업적을 기리는 기록을 해주시리라 믿고 재론은 불요하거니와, 박 선생이야말로 길이 아니면 가지 않는 선비의 대도를 구축하고 이 나라에 자유와 민주주의의 초석을 굳히고 지키신 거목이었다.

# 사람을 그렇게 좋아하셨던 분

김원기 (전 국회의장)

박권상 선배님은 나의 17년 언론계 생활에서 가장 가까이 모시던 분이셨고 정계에 진출한 이후에도 중요한 고비마다 가르침을 주셨던 큰형님이자 스승이셨다.

내 마음 속에 남아있는 박권상 선배님의 형상은 사람을 그렇게 좋아하셨던 분, 누구와도 격의를 두지 않던 순진하고 소탈한 분이셨다. 그래서 그의 집에는 명절 때나 휴일에 후배들이 많이 찾았다. 박권상 선배님 댁에 사람이 많이 모인 것은 박권상 선배님을 좋아하는 사람이 많았기 때문이겠지만 사모님의 음식 솜씨가 좋은 것도 한 이유가 될 수 있다고 생각한다. 나도 그 댁에서 가장 많이 식객 노릇을 한 사람이다.

20대 후반에서 70대 후반까지 근 반백 년을 가까이 모신 분이기 때문에 생각나는 사연도 많지만 내가 정치인이기 때문에 정치에 관계되는 몇 가지를 중점적으로 회고하고자 한다. 우선 내가 17년 기자생활을 떠나 정치에 입문할 때 제일 먼저 상의했던 분이 박권상 선배였고 낙타가 바늘구멍에 들어가는 것만큼이나 어려웠던 야당공천을 받는 데 가장 큰 도움을 주었던 분도 박권상 선배님이셨다.

## 유세장 청중숫자 계산법 처음 도입해

일반적으로 언론사의 분위기는 기자가 정치에 입문하는 것을 긍정적으로 받아주지 않았지만 당시 군사정권 아래에서 내가 야당에 입문하는 데 대해서는 「동아일보」의 상하가 격려하고 도와주는 분위기였다. 그것은 당시 「동아일보」가 거의 독보적인 야당지였음에도 「동아일보」 출신으로서 정치에 진출한 사람들 모두가 박정희 공화당 정권에 비례로 진출했기 때문에 내가 최초로 야당 지역구를 지망한 데 대해 성원의 분위기가 조성되지 않았나 싶다. 간부와 기자 할 것 없이 많은 분들이 도와주었지만 박권상 선배님의 친형과 같은 적극적인 성원은 가장 큰 힘이었고 그 은혜를 잊을 수가 없다.

박권상 선배님과 나의 인연은 1962년 박권상 선배님이 「한국일보」에서 「동아일보」 논설위원으로 오시면서부터다. 박 선배님이 1929년생이니 만 33세의 연부역강한 논설위원이었던 셈이다. 선배님은 「동아일보」로 옮긴 지 9년 만인 1971년 만 42세에 당시 최고의 신문 「동아일보」의 편집국장에 올랐다. 그리고 박정희, 김대중 후보의 7대 대통령 선거를 보도하면서 유세장 청중숫자를 1평방미터당 몇 명까지 산식을 도입하고 독재정권의 회유와 협박에 의연히 맞서는 등 중립적이고 균형 갖춘 기사와 당당한 자세로 한국 언론사에 길이 회자되는 족적을 남겼다.

박권상 선배님은 정치에 대하여 글로 비판만 하는 그런 자세가 아니라 여야정치인을 폭넓게 만나 정보를 듣고 의견을 말하는 적극적인 자세를 가졌다. 그는 특히 한국의 정치개혁, 대화와 타협, 협상의 정치에 대하여 적극적인 주장을 하고 실천적인 노력도 했다.

그는 한국 정치의 근본적 폐해가 모든 권력이 대통령 한 사람에게 집중된 소위 제왕적 대통령제에 있음을 가장 일찍부터 역설한 분이었다. 요즈음 개헌문제가 정치권의 가장 큰 화두로 등장하고 대통령의 지나친 권력집중을 완화해야 한다는 의견이 대세를 이루어가는 것을 볼 때 박권상 선배님의 선견지명을 절실히 생각하게 된다.

이제 세상에 잘 알려지지 않았던 '여야 정치중진 상설간담회'에 대해 말하고자 한다.

김영삼 전 대통령 시절 어느 날 당시 시사주간지 「시사저널」 발행인이었던 박 선배님이 필자를 불러 "여야 중진정치인이 만나 흉허물 없이 모든 정치사회 현안을 논의하고 국가 비전을 탐색하는 모임을 만들어보고자 한다."고 구상을 말해주었다. 1980년 전두환 정권에 의해 「동아일보」 편집인에서 강제로 해직된 뒤 한동안 국제적 활동만 하시던 선배님은 1989년 동아그룹 최원영 부회장의 재정지원을 받아 「시사저널」을 창간했다.

「시사저널」은 튼튼한 재정지원을 바탕으로 품격 있는 고급 시사주간지를 지향했다. 또 빌리 브란트 전 서독 총리, 자크 시라크 전 프랑스 대통령, 스티븐 호킹 박사 등을 초청하는 등 활발히 움직였다.

최 씨는 박 선배님이 만든 '여야 정치인 대화모임'도 지원해 모임은 처음부터 꽤 활성화될 수 있었다. 박 선배님이 좌장이 된 이 모임에는 필자와 함께 박관용, 김용환, 조세형, 조순승, 황병태 등 야당 정치인 6명이, 그리고 남재희, 이종찬 등 여당 정치인 2명이 참여해 '9인 회의'가 되었다. 후에 3당 합당이 되는 바람에 박관용, 김용환, 황병태 세 사람은 여당 정치인으로 소속이 바뀌기도 했다.

이 모임에는 김광일, 고 김근태 의원과 장기표 씨가 드물게 초청되기도 했다. 이 모임을 보면 박 선배님의 폭넓은 인적 네트워크와 주도면밀한 성격이 잘 드러난다. 여야 정치인 중에서도 수준이 좀 있고, 식견과 대화능력이 있는 사람들을 선별했다. 지역적으로도 망라했다. 박권상 조세형 김원기는 전북, 조순승은 전남, 남재희는 충북, 김용환은 충남, 황병태는 경북, 박관용은 부산, 이종찬은 서울이었다. 김대중 대통령 정권 초기까지 약 7년쯤 계속됐던 이 모임에서는 여야의 입장을 떠나 논의되지 못할 이슈가 없었다고 할 만큼 격의 없는 토론이 이어졌다. 대부분 난제에 대해서도 긴 토론 끝에 의견의 일치를 보곤 했다. 어떤 비밀도 틀림없이 지켜져 신뢰할 수 있었다.

제왕적 대통령제를 폐지하고 내각제를 해야 한다는 데 대해서도 거의 의견 일치가 있었다. 내각제에 대해서는 특히 박 선배님이 강력한 소신을 갖고 있었다. 필자가 제왕적 대통령제의 폐해를 정확히 알게 되고 이후 일관되게 제왕적 대통령제의 철폐를 주장하는 개헌론을 펴게 된 것도 이 모임에서의 공부 덕분이었다. 이런 모임이 계속되었더라면 한국 정치의 바람직한 발전에 크게 이바지했으리라는 생각에 지금도 못내 아쉽기만 하다.

## 박 선배, 소석 이철승에 단일화 권고

김대중, 김영삼, 이철승의 40대 기수론이 시작되기 조금 전이었다. 어느 날 저녁, 박권상 선배님이 미국 망명에서 귀국한 이철승 선배님을 만나는 자리에 동석했다. 그날 저녁의 화두는 대통령 후보 출마 문제였다. 박권상 선배님은 신민당 대통령 후보가 되고자 하면 김대중과 단일화하지 않으면 김영삼에게 승산이 없다고 권고했다. 그러나 소석(이철승)은 내가 망명에서 돌아와 출마하겠다는데 김대중이 지난날의 관계를 보더라도 어떻게 맞서 나올 수 느냐고 역정스런 반응이었다. 이에 대해 박권상 선배님은 신랄한 충고를 서습지 않았다. "당신이 망명해 있었던 긴 세월 동안 세상도 변하고 정치도 변했다. 옛날 당신이 거느리던 많은 사람들을 그동안 김대중이 거느려 왔다."면서 두 사람의 단일화를 강력히 권고했으나 소석은 이를 수용하지 않는 분위기로 끝났다.

김대중 전 대통령과 박권상 두 분이 언제부터 가까워졌는지 잘 알 수는 없지만 김대중 대통령이 정치적 거물이 되기 훨씬 이전부터였던 것 같다.

박권상 선배가 이런 일화를 얘기했다. 박권상 선배가 「한국일보」에 있을 때 고등학교 동기 동창인 임방현(전 국회의원) 선배와 종로3가 단성사 근처의 어떤 사주관상술사에게 간 적이 있다고 한다. 자기들 사주를 본 후에 박 선배가 갖고 있던 김대중 전 대통령의 사주를 누구라 얘기하지 않고 넣었더니 술사가 "참으로 무서운 사주"라면서 말문을 열지 않더라는 말씀을 한 것으로 미루어 두 분의 관계는 일찍부터 각별했던 것으로 보인다.

박권상 선배님은 옛날의 건국 초기 정치인 중에서는 조봉암 선생을 가장 높이 평가했고 요즘의 정치인 중에서는 김대중 의원이 주목해야 할 정치인이라고 평가했다. 김대중 전 대통령도 박권상 선배에 대해서는 각별히 높이 평가하고 항상 정중히 대했다.

박권상 선배가 김대중 정권 시절에 왜 KBS 사장직을 수락하게 되었을까? 아쉬움을 느낀 사람이 없지 않은 것으로 알고 있다. 나는 분명히 말할 수 있다. 박권상 선배가 어떤 정치적 지위를 제안받았다면 결코 수락하지 않았을 것이다. 박권상 선배는 평소 세계 언론의 모범으로 영국의 BBC 방송을 꼽고 선망해왔다. BBC에 대한 꿈이 KBS 사장직을 수락한 동기였을 것으로 확신한다.

박권상 선배님은 한국 언론계의 큰 산이요, 큰 바위 얼굴이었다. 언론자유에 대한 신념은 확고 불변했다. 언론자유가 모든 자유를 자유롭게 하는 기본적 자유라는 그분의 신념은 일생의 글에 다 녹아있다. 그러나 그분이 특히 많은 사람들에게 사랑받고 존경받는 것은 실력 명성 권위 등을 다 갖고 있으면서도 순수 무구하고 격식을 따지지 않는 소탈함 때문이다. 참으로 올곧으면서도 솔직하고 허심탄회한 분이었다. 권위주의와는 거리가 먼 멋진 신사였다. 동교동 자택, 혹은 그 후에 서초동 진흥아파트로 동료, 후배들을 불러 음식 솜씨 뛰어난 부인께서 내놓는 맛있는 음식과 함께 술잔을 나누며 대화하기를 그렇게 즐기셨다. 뜻밖이라 할 만큼 화투, 포커, 바둑 등 잡기도 매우 즐기셨다. 한국 언론계의 별들이 많았지만 박권상 선배님은 후배들이 항상 친구처럼 생각하고 사랑하는 큰 별이셨다.

# 겹겹이 쌓인 소중한 인연

박 실 (전 국회의원)

불가(佛家)에서는 인연을 소중히 여긴다.

우리나라의 평범한 가정들처럼 우리 집도 불교 쪽이었다. 할머니와 어머니는 줄곧 절에 다니셨고 관세음보살이라는 염불을 입에 달고 사셨다. 그래서 옷깃을 스치기만 해도 나에게 인연은 항상 소중하다.

고인이 된 박권상 선배님은 10년 장의 대선배라기보다도 내가 꼭 따르고 싶었던 이상형의 사표(師表)이셨다. 그분의 성격은 내성적이고 이지적이어서 외향적인 나와는 대조적이었다. 그는 고향 후배들을 무척 사랑했다. 그리고 힘 있는 한 돌봐주려 했다. 나는 그런 선배와 소중한 인연을 겹쳐 맺을 수 있었던 데 감사하고 있다.

나에겐 또 한 분의 훌륭한 선배가 있었다. 조세형 선배다. 그분은 직장에서나 생활의 여러 면에서 나의 멘토였다. 성격도 밝고 유머스러워 나는 퍽이나 닮고 싶어 했다. 이분들 모두 나의 고등학교와 대학교 선배로서 학연과 지연이 겹쳤다. 박 선배는 우리 집 정읍에서 가까운 부안 출신이고 조세형 선배는 산 고개 하나 넘어 김제 원평에 집이 있었다. 박권상 선배는 조 선배의 북 중 · 전주고등학교와 서울대학교 문리과 대학의 3년 선배였다.

박 선배는 조 후배를 무척 좋아했다. 조 선배도 박 선배를 그만큼 존경했다. 이들의 우정을 지켜본 나로서는 이제 이 선배들과 정담을 나눌 수 없다는 게 그지없이 아쉽고 안타깝다.

## 문리대 매스컴 강의실에서 처음 만나

내가 박 선배를 처음으로 대면한 곳은 문리대의 사회학과 강의실이었다. 그는 50년대 말 미국 유학을 마치고 언론계로 돌아온 30대 초반 신진기예의 기자였다. 신학문인 매스커뮤니케이션 강의를 하고 있었다. 나는 정치학과 2학년생이었다. 문리대의 학풍은 무척 자유분방했다. 문과나 이과의 구분 없이 누구나 자유롭게 다른 학과의 강의를 청강할 수 있었다. 나는 사회학과의 매스컴 개론과 매스컴 사회학을 차례로 수강했다. 그때 박권상 강사는 자신이 직접 번역하여 출간한 에드윈 에머리 교수의 『매스컴 개론(入門)』과 찰스라이트 박사의 『매스컴 사회학』을 교재로 썼다. 박 선배와의 소중한 인연을 맺게 된 첫 출발이었다.

그분과의 인연은 내가 신문사의 올챙이 기자가 되면서 이어졌다. 대학을 졸업한 우리들에게 취업의 기회는 낙타가 바늘구멍을 비집고 들어가듯이 어렵고 비좁았다. 정치학과 출신인 나에게는 직장을 찾을 기회가 무척 제한되어 있었다. 공개채용은 신문사의 기자직뿐이었다. 나는 닥치는대로 여러 신문사의 견습 기자 시험에 응했다. 운 좋게 몇 개 신문사의 채용시험에 좋은 성적으로 합격했다. 그런 중에 젊은 신문으로 대학가에 인기가 있던 한국일보사를 선택했다. 이름 난 다른 신문에는 나이 든 구식 노장 기자들이 많이 진을 치고 있어서 가고 싶지 않았다.

「한국일보」에는 면식이 있는 고향 선배들이 몇 분 더 있었다. 기억을 더듬으면 그때 고등학교 선배인 박권상 선배(24회)를 비롯하여 임방현(26회), 조세형과 김철순(27회), 정경희(28회) 선배와 임홍빈 씨 등이 논설위원 또는 부장급으로 포진하고 있었다. 나는 35회 졸업생이었다. 이분들이 올챙이 기자로 출발하는 나에게 든든한 버팀목이 되어 줄 것 같았다.

내가 박 선배와 친숙해질 수 있었던 것은 신문사 밖의 과외활동을 통해서였다. 박 선배와 조 선배가 주동이 되어 조직한 관훈클럽이 해를 거듭하며 유명해졌고 나도 새 멤버로 가입했다. 그리고 동향 언론인들의 모임인 '전언회(全言會)'에서 박 선배는 단연 좌장이셨다. 훨씬 세월이 흐른 뒤 가입한 전주고등학교 유지 모임인 기린회(麒麟會)에서는 달마다 주기적으로 박 선배와 식사를 함께하면서 담소를 즐기게 되었다.

군사 정권자들의 눈에는 우리 세 사람 모두 눈엣가시였다. 진실 보도를 모토로 하여 언론자유를 신봉해 온 박권상 선배는 야당 성향의 「동아일보」 편집국장과 논설위원으로서 박정희 군사정권 시절부터 부단히 언론 탄압에 항거해 온 처지였다. 같은 논객으로서 조세형 선배도 민주주의와 언론자유를 신봉하는 점에서는 박 선배 못지 않았다. 박 선배는 한국편집인협회와 국제언론기구인 IPI를 통해 주로 이론적으로 대항했고 이분들은 전문 직종으로서 한국 언론의 수준 향상을 위해 애썼다.

「한국일보」에서 조세형 선배는 나의 외신부 시절, 정치부 기자 시절에 직통 상사이기도 했다. 한국기자협회의 회장으로서 나는 일선 기자들에 앞장서서 언론자유를 위한 투쟁대열에 나서야 할 처지였다. 유신정권과 전두환 군사정권 시절에, 특히 광주의 처절한 민주화 투쟁과정에 우리는 계엄령하의 무지한 검열과 정보부의 감시에 항거하였던 것이다. 더욱 기막힌 인연은 전두환 군사정권의 탄압으로 박 선배와 조 선배, 그리고 내가 모두 강제로 직장에서 퇴출당한 사실이다. 생존권을 박탈당한 이 암울했던 시기에 우리는 더욱 가까워졌다. 동병상련의 기분으로 서로를 위로하고 격려했던 것이다.

## 80년의 동병상련 귀중한 선배들 만나

1980년 여름 졸지에 실업자가 된 나는 이분들과 생각지도 못한 귀중한 인연을 쌓았다. 전국 최고득표로 국회에 진출한 지 채 1년도 되지 않은 조세형 선배도 당했다. 국회가 해산되어 쫓겨나게 되었다. 특히 현역 야당 정치인이 된 조 선배는 감옥에 잡혀가 영어의 몸이 되지 않은 것만도 다행스럽고 고마워해야 할 처지였다.

고향이 같다고 해서 "김대중을 옹호하는 호남 출신 언론 악질분자"라는 낙인이 군사정권으로부터 찍혀 있었다. 그리고 이 시절 나는 박 선배와 조 선배, 그리고 역시 퇴출당한 최일남 선배나 박찬종 의원들과 어울려 간혹 소주잔을 기울이거나 산행하며 비분강개 속에 무덥고 긴 장장하일을 보냈다. 벌써 삼십수년의 세월이 흘러 그때 나눴던 절박했던 심경과 경험, 괴로웠던 감정들은 지워져서 다 옮길 수가 없다.

나는 저널리즘과 아카데미시즘을 연결 통합하고 구현하려는 박 선배의 지조 있고 학구적인 모습에 감명을 받고 부러워했다. 박 선배야말로 전문 직종으로서의 한국 언론 수준과 직업윤리를 한층 더 높인 논객이었다고 지금도 믿고 있다.

선배는 대학교 은사인 서울대 영문학과의 권중휘 교수로부터 대학에 남아 조교가 되어 달라는 권유를 받은 적이 있었다. 그러나 상아탑에 머물러 책과 씨름하는 게 달갑지 않아 언론계로 나왔다고 한다.

영어를 능통하게 구사한 박 선배는 미국 미시간 호반의 노스웨스턴대학에서 저널리즘과 매스컴을 체계적으로 공부하고 석사학위를 얻은 뒤 귀국하였다. 박사가 되는 것보다는 현역기자로 뛰고 싶었기 때문이라 생각한다.

나도 외신부 시절 미 국무성이 주관하는 풀브라이트 장학생 시험에 선발되어 유학길에 올랐다. 남부 깊숙한 조지아대학교의 헨리 그레이디 스쿨에서 저널리즘을 전공하여 석사학위를 얻었다. 주변에서는 내친김에 박사학위에 도전하라고 권했으나 밤새워 서툰 타자기와 씨름하며 논문과 리포트 등을 작성해 내야 한다거나 엄청난 독서량의 속박에 견딜 수 없었다. 결국 나도 서둘러 봇짐을 싸 귀국길에 오르고 말았다. 나 역시 그때 20대 후반이었다. 박 선배와 같은 젊은 시절에 미국에서 비슷한 경험을 통해 또 하나의 인연을 맺게 된 셈이다.

박 선배가 부산 피난 시절 합동통신사에 문을 두드리게 된 데는 큰 형님 박용상 선생의 조언이 작용했다는 이야기를 전해 들은 바 있다. 박용상 씨는 일본 유학 도중에 귀국하여 경성(京城)일보에 취직하고 전주에서 기자 생활을 하고 있었다. 그때 정읍의 유지였던 우리 아버지와 사귀고 친숙한 사이가 되었다. 박 선생의 고향인 부안은 우리 집이 있는 곳에서 지척 지간이었다. 동년배인 두 분은 좋은 친구가 되었다.

훗날 박 선생이 유력한 지방신문 「전북일보」의 사장이 되셨을 때 우리 어머님의 사업을 직·간접적으로 도와주셨다 한다. 이로 인해 나와 박 선배는 세교(世交)가 있는 친분으로 인연이 더해졌다.

내가 조세형 선배와 같이 정계에서 다시 인연을 이어갔듯이 어쩌면 박 선배와도 정치권에서 다시 만날 뻔했다.

1984년 2월 전두환 정권은 정치쇄신법으로 얽어매 놓았던 구 정치인들을 해금시켰다. 엉뚱하게도 정치와는 직접 관계없었던 내가 일선 기자로는 유일하게 이런 악법으로 정치활동 규제를 받고 공민권이 박탈되었다. 4년 만에 해금된 나는 고교 대선배인 소석 이철승 선배(19회)의 부름을 받았다. 그분 역시 정치규제에서 해금되어 신당 조직을 서두르고 있었다. 나와 함께 박권상 후배를 선명 야당 창당에 합류시키고 싶어 하셨다. 소석 자신이 박 선배를 설득했다. 나는 소석의 심부름으로 박 선배를 여러 번 만나 정계에 같이 나서 줄 것을 졸라대기도 했다.

박 선배는 요지부동이셨다. 기왕에 그는 정부로부터 여러 관직을 제의받았으나 사양한 바 있었다. 자신은 언론이라는 천직을 고수하며 평생을 글쟁이로 남겠다는 것이었다. 언론인을 빙자하거나 그 직분을 이용하여 정치권을 넘나보는 사이비들을 경멸한다고까지 하셨다.

# DJ 재임 중 직언만 하신 박권상 선생

박지원 (국회의원, 전 대통령 비서실장)

박권상 KBS 사장!

그분은 단 한 번도 KBS 사장이라는 직책을 자랑삼아 말씀하신 적이 없는 분입니다. 자신은 기자라는 자부심으로 항상 기자적인 시각에서 세상을 보고 살아왔던 분입니다. 1952년 「합동통신」 기자로 언론계에 투신한 이래 2003년 3월, KBS 사장을 퇴임하실 때까지 정치부장, 논설위원, 편집국장, 논설주간을 역임하셨지만 언론 현장에서 민주주의와 자유 언론의 깃발을 들어오신 '천상 기자'였습니다.

특히 박권상 선생은 「동아일보」 기자였음을 늘 긍지로 생각했습니다. 「동아일보」에 대한 존경과 사랑은 주변에서 보면 샘이 날 정도였습니다. 1980년 동아일보 편집인 겸 논설주간으로 근무하실 때에는 서슬 퍼런 군부독재 시절에 김대중 내란음모사건에 대한 공정한 재판을 촉구하는 사설을 게재하는 등 누구보다 먼저 불의에 항거했고, 그 결과로 해직을 당하셨습니다. 이처럼 「동아일보」에 남다른 애정을 가졌던 선생께서는 이후 「동아일보」의 변화에 대해서 분노를 토로하셨던 것을 똑똑히 기억합니다.

천상 기자였지만 박권상 선생은 KBS 조직과 나아갈 길에 대해서는 어떤 경우에도 양보하지 않는 '진정한 KBS맨'이었고, 탁월한 CEO이셨습니다. 1998년 KBS 사장 취임 이후부터 2003년까지 KBS의 독립성과 공영성, 자율성 확보를 위해서 끊임없이 노력해왔고 KBS의 위상을 국내외에 널리 세웠습니다.

2000년 세계적인 언론단체인 'Freedom House'의 세계 언론자유 보고서는 한국의 언론자유에 대한 평가에서 '한국방송은 국가의 지원을 받고 있음에도 편성 방침 면에서 높은 수준의 독립성을 유지하고 있다.'고 했습니다. 또한 2001년, 2002년에는 「시사저널」의 미디어 신뢰성 및 영향력 조사에서 KBS는 국내 매체 가운데 압도적인 수치로 가장 영향력 있는 언론으로 선정되기도 하였습니다.

## 사람을 사랑하고 전주고를 사랑한 박 선생

박권상 선생은 사람을 사랑하셨고 특히 전주고를 사랑하셨습니다.

심지어 김대중 대통령을 만나러 오시더라도 전주나 전주고 후배인 김진배, 김근 두 분을 더러 동행하고 오셨습니다. 김대중 대통령 퇴임 후 박권상 선생께서 저를 통해서 '대통령을 뵙겠다'고 해, 제가 대통령께 보고를 하면 대통령께서는 웃으시며 "김진배 의원, 김근 사장과 함께 오려고 하나" 하시며 놀리기도 하셨습니다. 그러나 대통령께서는 박권상 선생의 면담 요구를 단 한 번도 거절한 적이 없었습니다.

박권상 선생은 김대중 대통령을 존경하고 사랑하셨고, 대한민국을 사랑하셨습니다.

김대중 대통령 재임 시 청와대에 가장 자주 오신 분은 김수환 추기경님, 강원룡 목사님, 박권상 사장님 이렇게 세 분이셨습니다. 김 대통령을 포함해 이네 분께서는 지금도 하늘에서 대한민국과 민족을 위해서 대화를 하실 것입니다. 박권상 선생은 김대중 대통령을 그처럼 많이 만나셨지만 대통령께 어떠한 민원도 하지 않은 유일한 분으로 기억합니다. 현안에 대해서 가감과 첨삭도 없이 직언하시고 대통령의 잘못을 기사 쓰듯이 지적했습니다. 그래서 저와도 알력이 많았습니다.

　박권상 선생은 김대중 대통령과의 면담을 요구해 사정상 늦어지게 되면 김한정 부속실장을 통해서도 면담하셨습니다. 이른바 '빨대' 둘을 두고 계셨을까요? 지금도 감히 말씀드리지만 빨대가 아니라 우리 모두가 선생을 필요로 했기 때문입니다. 김대중 대통령님께 직언하시는 박권상 선생과 대통령님의 면담이 대통령을 위해서, 나라를 위해서, 그리고 청와대에서 일하는 우리 모두에게 꼭 필요했기에 대통령의 일정과 건강에 문제가 없다면 모두 면담을 하게 해드린 것입니다.

　선생께서는 처음에 저를 좋아하시지 않았습니다.

　몇 차례 대통령을 면담하실 때, "박지원을 곁에 두지 마십시오"라고 하셨습니다. 물론 대통령께서는 묵묵부답이셨다고 합니다. 저는 이러한 내용을 알면서도 선생의 면담 일정을 잡아 드리고 또 '사장님이라도 직언'을 하시라고 했습니다. 어느 날 박 사장께서는 대통령과 면담 후 제 방에 오셨습니다. 그리고 저에게 사과했습니다. 아마 대통령님께서 말씀하셨거나, 대통령님께 저를 곁에 두지 말라고 하시는 말씀까지 하셨지만 제가 계속 면담을 주선해 주는 것을 보고 무엇인가 느끼셨던 것이 아닌가라고 생각했습니다.

　인사 문제가 발생하면 대통령께서는 저와 논의하시다가 "박권상, 한승헌, 신건 세 분과 상의해 보라"고 하셨습니다. 저는 세 분께 대통령의 의중을 말씀드리고 농담 반 진담 반으로 "단 전주고 출신은 한 번만 더 생각해 주셨으면 한다"고 말씀을 드렸던 적도 있습니다. 그러나 세 분의 각별한 전주고 사랑은 아무도 말릴 수가 없었습니다. 결국 세 분은 돌고 돌아서 전주고 출신을 추천하였습니다. 하마평에 오르셨다 발탁되지 않은 전주고 출신은 제가 반대를 한 것이지 세 분이 아니었음을 이 기회에 전합니다.

선생께서 기자로 활동하시면서 언론계와 우리 사회에 남기신 족적은 더욱 강력합니다.

선생께서는 '전후 1세대 기자'로서 한국 언론 현대화를 주도하셨습니다.

영원한 기자, 박권상 선생!

지금 하늘에서는 어떻게 지내실까 생각해 봅니다.

면담 요청도, 기다릴 것도 없는 세상에서 대통령님과 김수환 추기경님, 강원룡 목사님과 밀린 이야기를 밤새 하시지 않을까 생각합니다. 물론 그곳에서도 언제나처럼 민원 없이 대통령님께 민족과 국가를 위한 고언을 하시리라 믿습니다. 선생님 그곳에서도 부디 행복하십시오.

# 청아한 대 바람 소리

신 건 (변호사, 전 국정원장)

멀리서 대 바람 소리가 들린다. 사각사각 대 이파리끼리 부딪치는 청아한 그 소리……. 박권상 선배님!

"신 원장, 잘 계시는가. 신 원장도 건강을 챙길 때가 됐지. 푸른 하늘도 보고 먼 산 숲도 바라보면서 몸과 마음을 잘 추스르시게……." 고인의 따뜻한 음성을 다시 들을 수 없건만 대 바람 소리에 실려 그분의 음성이 이 가을 귓전에 맴돌고 그분의 향기가 폐부를 찌른다.

군사정부 시절로 기억된다. 아마 몸담고 계시던 신문사에서 쫓겨나 자유기고가란 신분으로 글을 쓰실 때일 것이다. 정확을 위해 기록을 찾아보니 박권상 선배는 친정이랄 수 있는 「동아일보」에 돌아가지 못한 채 그나마 글 쓰는 권리만을 부여받은 '복권'을, 그분의 표현을 그대로 옮기면 '7년간 박탈당한 생존권의 일부를 되찾아' 「동아일보」에 '동아시론'이란 칼럼을 기고했다. 그때 읽은 칼럼은 공직자 신분이었던 내게 죽비였고 동종이었다. 칼럼을 읽을수록 박 선배의 모습은 뚜렷한 형상으로 내게 각인되었다. 언론인 박권상 선배는 곧게 뻗어 올라가는 대나무였다. 뒤에 자주 자리를 마주했을 때 본 박 선배는 쩍~쩍 갈라질지언정 결코 꺾이지 않는 대나무의 모습 그대로를 지키고 있었다. 민주주의와 언론의 자유를 지키기 위해 쩍! 갈라지기를 자청하며 우뚝 서 있는 푸른 왕대나무로 후배들 앞에 서 계셨다.

사람들은 그런 박 선배를 "어둠을 밝히는 칼럼니스트" 혹은 "시대를 지키는 의인"으로 존경했다. 내가 알던 군사정부의 많은 사람들이 개인적으로는 박 선배를 "박 선생님"이라면서 경의를 표하기도 했다.

정치인 가운데, 이러한 박권상 선배의 진면목을 제대로 알아차리고 알아준 분이 바로 김대중 대통령이라고 나는 생각한다. 이런 연유 때문이었을 것이다. 김대중 대통령은 대통령이 되자 박 선배를 이 나라의 가장 중요한 언론기관인 KBS 사장으로 모셨다.

박 선배는 KBS 사장으로 재직하며 언론의 정도를 세우기 위해 무던히도 애를 썼다. 뿐만 아니라 정기적으로 대통령을 만나 거침없는 조언을 마다하지 않았다. 두 분은 오랜 동지로서 깊은 이야기를 나누며 국정을 어떻게 풀어갈지에 대해서도 논의하곤 했다. 여담이지만 이 때문에 막강한 권력을 가진 당시 실세들이 박 선배를 어려워하고 개중에 일부는 박 선배의 눈을 피해가느라 조심조심하기도 했다. 박 선배의 권력을 두려워하지 않는 감시자 역할이 일정 부분 주효해서 DJ정부가 비교적 바른길을 가는 데 성공했다고 나는 지금도 믿고 있다.

## 좋은 나라, 좋은 세상은 무엇인가

박 선배를 처음 만난 건 내가 공직생활을 하던 시절 고향 부안군 출신 인사들의 모임에서였다. "제가 신건입니다.", "아! 그래요. 반가워요." 첫인상이 따뜻했다. 깐깐하기만 한 줄 알았는데⋯⋯ 의외였다.

고향 후배에게 베푸는 의례적인 친절을 넘어, 다른 눈길을 주시는 것 같았다. 얼마 지나지 않아 알게 되었지만 그날 나를 처음 만났을 때 박 선배도 많이 기뻤다고 하셨다. 그러면서 나의 선친이신 "'신근' 대선배님이 생각나더라."는 것이었다. 박 선배는 젊은 시절 자신의 장형이 운영하는 「전북일보」에서 편집국 간부로 일하시는 아버님을 만나 많은 것을 배웠다고 술회했다. 박 선배는 몇 번이고 시인이신 아버님을 "내가 존경하는 어르신"이라고 말씀하셨다.

박 선배와 이렇게 인연의 물꼬를 튼 뒤로 나는 공사석에서 그분과 자주 만나게 되었다. 그때마다 박 선배는 세상의 모습, 그리고 사회적 이슈에 대해서 길게는 아니지만 자신의 생각을 말해주었다. 내게 지금도 기억에 강하게 남아있는 말씀의 말미는 항상 '정의'였다. 좋은 나라는 무엇이며 좋은 세상은 무엇인가. 작은 빗방울이 모이고 또 모여 장강을 이루듯이 수많은 사람들이 민주주의를 갈망하며 모이고 또 모여야만 결국 좋은 나라가 된다는 말씀을 하시면서 자신이 보고 겪은 영국과 영국 국민의 예를 진지하게 들려주었다.

나라의 민주화가 한 걸음씩 진척될 때마다 기뻐하는 박 선배를 보면서 나는 이분이야말로 진정한 민주주의의 신봉자라고 새겼다. 내가 공직에서 물러난 뒤엔 더 자주 만나는 기회가 생겼다.

1997년 가을. 박 선배는 조심스럽게 "다가오는 대통령선거가 민주화를 이룩하는 분수령이 될 것이네. 민주화를 위해 DJ를 도울 방법이 없을까"라는 말씀을 하셨다. 그냥 재야법조인으로 비교적 사사롭게 일상을 영위하고 있던 내게 박 선배의 한마디가 쇠북소리처럼 울렸다.

그러던 어느 날, 국민회의의 박지원 의원(당시 김대중 대통령 후보 특보)으로부터 전화가 왔다. 그해 10월 15일 아침. 김대중 대통령 후보의 부름을 받고, 일산에서 조찬을 함께 한 뒤 여의도 당사로 출근하는 차 속에서 김대중 대통령 후보는 내게 대통령 후보 법률특보로 일해 달라는 말씀을 하셨다. 차 속에서 갑자기 임명된 셈이었다. 그날 아침 바로 조세형 총재권한대행을 만나게 되었다. 그리고 내가 법률특보가 되었다는 것이 신문, 방송에 보도되었다. 당에서는 법률특보로서 당사에 나와 있기만 하면 된다고 하지만, 무엇을 어떻게 해야 할지도 잘 모르는 어마지두한 상태로 며칠을 보냈다. 정치라곤 생각해본 적이 없던 내가, 비록 후보와 당의 법률자문이라는 내 전공분야에서 크게 동떨어지지 않는 일이라곤 했지만 잘 해낼지 자신이 없었다. 더욱이 당시 정치 정세는 김대중 후보보다는 상대 쪽이 훨씬 승산이 있는 것으로 돌아가고 있어서 내심 답답하기도 했다.

## 북풍 공작을 뚫고

그러던 어느 날, 나는 내 법률사무소에서 한 통의 공중전화를 받았다. 그리고 새벽 1시에 내 집에서 북쪽으로 100m, 서쪽으로 100m 지점에 있는 가게 앞길에서 공중전화를 건 당사자를 만나게 되었다. 그날 이후, 밤 12시 넘어 공중전화에서 거는 전화가 우리 집 전화벨을 3번 울리고 끊어지면, 어김없이 새벽 1시에 나가 그 사람을 만났다. 당시는 이른바 '북풍공작'이 선거에 결정적 영향을 미치던 때였고 우리 당은 '북풍'을 막아내기 위해 연일 노심초사하고 있었다. 자연풍 북풍이 아닌 가공된 '북풍공작'이 우리나라의 민주주의를 가로막고 선거를 좌우하고 대통령을 결정한다니 참으로 기가 막히고 통탄할 일이었다.

공중전화 당사자는 북풍공작의 국내 집행 요원 중 한 사람이었다. 뉴스에서 내가 법률특보가 된 것을 보고, 나를 만나기로 결심하기까지 그가 얼마나 고민하고 괴로워했겠는가. 자정까지는 자기도 감시당할 수 있기 때문에 자기

집 불을 다 끄고, 잠이 든 것처럼 하다가 12시가 넘어 집 부근의 공중전화에서 전화를 거는 모험을 감행한 것이다. 그는 앞으로 준비돼 있는 공작내용을 내게 다 털어놓았다. 그를 통해 앞으로 수시로 일어날 북풍공작 일정표를 알게 되었고, 나는 새벽에 당사에 나가 조세형 권한대행에게 앞으로 일어날 가능성이 있는 북풍공작의 내용을 알렸다. 그리고 잠을 안 자고 마련한 대응방안을 보고했다. 조세형 대행은 이를 실행했다. 1997년 대선에서 북풍이 힘을 쓰지 못했던 숨은 배경이다. 조세형 대행은 오전에 기자 브리핑에서 "오늘 저 쪽(상대 당)에서 이런 발표를 할 예정인데 그건 날조된 것이니 현혹되지 말라."고 미리 까버리는 바람에 상대를 당황케 한 적도 있었다. 그 전까지만 해도 집권세력이 전가의 보도처럼 쓰던 북풍공작이 더 이상 정치공작에 쓰이지 못하게 된 데 대해 조세형 대행은 두고두고 자랑스러워 하셨다.

1998년 초. 김대중 대통령직 인수위원회가 소임을 다하고 해체될 쯤이었다. 새 정부의 정부조직개편위원장이던 박 선배가 나를 보자고 했다. 그때도 단둘이서만 차를 타고 가면서 내게 '국민의 정부'에서 일해야 하지 않느냐고 하셨다. 왜 주로 차 속에서 얘기해야 하는가? 나중에 도청 때문에 사무실에서는 가급적 전화도, 긴한 대화도 삼가야 한다는 것을 알았다. 어쨌든 그것이 내가 '국민의 정부'에 참여하게 된 계기가 되었다. 박권상 선배는 내가 김대중 대통령 후보를 도와 97년 대선에 매진하고, 그 뒤 국민의 정부에 참여하는데 처음부터 끝까지 영향을 주신 분이다.

## 시대를 이끌어 온 의인

2013년 2월. 해외 체류 중에 박 선배님이 별세하셨다는 청천벽력 같은 소식이 전해졌다. 허탈했다. 오랜 기간 병석에 계셨고 의식이 없으신 채였지만 가끔씩 문병을 가서 손을 잡고 "저 왔습니다. 신건입니다." 하면 드물게 눈을 깜박이셨다. 옆에 있던 간병인이 "알아보신다는 신호"라고 귀띔했다. 그 얘기를 들으면서 '아, 언젠가는 눈을 번쩍 뜨시고 "어 왔어"하고 말을 걸어 주실 수도 있지 않을까?'라고 일말의 기대를 갖곤 했는데 이렇게 그냥 가실 줄이야 정말 몰랐다. 하늘을 올려다보았다. 청아한 바람이 일렁이는 대 바람 끝에 박 선배님의 음성이 실려 왔다. "신 원장! 잘 계시지. 건강하시게."

고 김대중 대통령은 박 선배를 "시대를 이끌어 온 의인"이라고 평가했다. 박 선배를 "행동하는 양심의 표본"이라고도 했다.

내로라하는 사람들이 자고 나면 변절하고 자고 나면 붓을 꺾던 어두운 세상에서 바른 글을 쓰고 양심대로 행동하는 것은 단순한 용기 이상의 정신과 영혼을 가진 의인이 아니면 할 수 없는 법이다.

지난해 작고한 프랑스의 사상가 스테판 에셀은 침묵하고 굴종하는 대중에게 "분노하라"고 주문했다. 불의에 분노하고 정의를 외치라고 했다. 박권상 선배는 지성의 펜을 들어 불의에 분노하고 정의를 외친 시대의 의인이었다.

얼마 전 박 선배 고향이자 내 고향이기도 한 전북 부안에 다녀왔다.

새만금 푸른 바다를 보면서 박 선배를 생각했다. 박 선배는 바다만큼 넓고 깊은 품을 가진 고향 선배이고 어른이었다. 내게는 언제나 인생의 사표와 다름없는 선배였고 집안의 큰형님 같은 어른이었다. 수평선 저 멀리서 청아한 대 바람 소리가 들려왔다. 이번엔 내가 외쳐본다. "박권상 선배님, 존경하고 사랑합니다."

# 내가 본 박권상 선생과 DJ 선생

이강래 (전 국회의원)

　내가 박권상 선생을 처음 만난 것은 1990년대 초반으로 기억한다. 나는 1992년 봄부터 DJ 선생의 비서로 일하게 되었는데 두 분이 친밀한 관계여서 자주 뵐 기회가 있었다. 그때부터 작고하실 때까지 박권상 선생에 대한 나의 호칭은 '선생님'이었다. KBS 사장 시절에도 사적으로 만나면 자연스럽게 '선생님'이라고 했다. 학창시절의 스승을 제외하고, 인생의 사표라는 의미로 존경하는 마음을 담아 내가 '선생님'으로 호칭하는 경우는 DJ 선생과 박권상 선생 두 분밖에 없다. 두 분 모두 돌아가셨으니 이제는 내 인생의 사표가 아무도 안 계신 셈인가?

　'기념회'로부터 원고 청탁을 받고 망설이다가 박권상 선생과 DJ 선생 사이에 있었던 중요한 사실들에 대해 기록해 두는 것은 의미 있는 일이라는 생각이 들었다. 여기에서는 박권상 선생이 1997년 정권교체의 기반이 되었던 DJP연합을 위해서도 노력했다는 것과 국민의 정부 출범 직전 정부조직개편 작업을 주도한 과정 그리고 KBS 사장이 된 경위에 대해 그동안 공개되지 않은 이야기를 하려고 한다. 이 세 가지 사건과 관련하여 내가 직접 보고 경험하고 느낀 바를 기록해 보고 싶다.

이제는 한국현대정치사의 한 페이지가 되었지만 DJ 선생은 1992년 대선에 패배하고 정계에서 은퇴했다가 1995년 지방선거 이후 정계에 복귀하여 새정치국민회의를 창당했다. 1997년 대선을 위해 민주당을 깨고 신당을 창당한 것이다. 그런데 1996년 4월 15대 총선에서 국민회의는 79석을 얻는 데 그쳐 크게 패배하였다. 당연히 DJ 선생은 사면초가의 위기에 빠졌다. 총선 결과로 DJ 선생의 평생 염원인 평화적 정권교체—네 번째 대권 도전도 빨간불이 켜졌다. 당시 거의 모든 언론은 DJ 선생의 대선 출마는 불가능한 것으로 규정하고, 후계구도를 가시화하거나 대권을 포기하는 대신 내각제 개헌으로 권력을 공유하는 선택을 할 것으로 보도했다.

## DJP연합 협상에 박 선생 숨은 노력

DJ 선생의 최측근 정치 참모의 한 사람이었던 나는 DJ 선생에게 자유민주연합(자민련)과 대선 연합을 추진하는 것이 유일한 활로라고 제안했다. 다음 대선에서 JP 측의 양보와 지원을 받아 DJ 선생이 집권에 성공하면 공동정부를 구성하고 자민련의 최대목표인 내각제 개헌을 추진하자는 구상을 제시한 것이다. DJ 선생은 고심 끝에 DJP연합을 추진해 보기로 결심을 굳혔다.

자민련은 JP 중심의 충청권과 박준규·박철언 의원 등의 TK 세력이 동거하고 있었는데, JP 측의 양보를 받아 내기 위해서는 TK 세력이 DJ 선생의 입장을 지지하고 DJP연합에 앞장서 주는 것이 무엇보다 중요한 과제였다. 당시는 지역감정이 극에 달한 상황이어서 TK 쪽에서 먼저 DJ 선생의 대통령 당선을 위해 DJP연합을 선창하는 것은 결코 쉬운 일이 아니었다.

나는 DJP연합을 기획하면서 박철언 의원 측과는 대화의 통로가 있어서 쉽게 교감할 수 있었지만 박준규 전 의장 측과는 선이 닿지 않았다. DJ 선생은 이러한 고충을 아시고 박권상 선생과 박준규 전 의장이 절친한 사이라며 박권상 선생과 상의해 보라고 지침을 주셨다. 박권상 선생을 만나 DJP연합의 구상을 설명하고 도움을 청했더니 적극 찬동하면서 박 전 의장은 당신이 맡겠다며 진지하게 대답하였다. 내각책임제 주창자인 박권상 선생은 내각제 문제에 대해서도 깊이 있게 연구해 보자고 적극성을 보였다. 지금도 분명히 얘기할 수 있는 것은 DJP연합 논의의 시동을 거는데 박준규 전 의장이 큰 몫을 했다는 점이다. 또한 박 전 의장은 DJP연합이 성사될 때까지 DJ 선생을 적극 지지하는 태도를 유지했었는데 그렇게 되기까지에는 박권상 선생의 숨은 노력이 있었던 것이다. 박권상 선생은 내각제 문제에 대해서 자문과 조언을 아끼지 않았다. 박권상 선생은 정치인이 아니기 때문에 DJP연합 협상에 직접 관여하거나 선거운동에 나서지는 않았지만 간접적인 방법으로 DJP연합의 성사를 위해 보이지 않는 노력을 기울였다.

1997년 대선 직후 총무처 차관과 조직국장 등이 당선자 사무실로 찾아와서 이종찬 부총재와 내가 만났다. 이들은 정부 조직개편 준비가 다 되어 있으니 새 정부 출범 전에 정부 조직 개편을 단행할 것을 제안했다. 우리는 이 주장이 일리가 있다고 판단하여 당선자에게 그대로 보고했다. DJ 당선자는 실제로 대통령 취임 전 정부조직 개편을 완료할 수 있는지 검토해보라는 지침을 주었다. YS 정부에서 행정쇄신위원회가 수년간 작업을 하여 정부 조직 개편안은 이미 마련되어 있었다.

또한 지난 대선공약과 그동안 학계에서 논의된 개편안들이 있어서 추진 기구를 잘 구성하면 새 정부 출범 전 마무리 할 수 있다는 판단을 하게 되었다. IMF 위기상황을 타개해야 하는 데다, 헌정 사상 초유의 여야 정권교체를 실현했기 때문에 새 부대에 새 술을 담기 위해서는 새 정부 출범 전 정부조직 개편은 절대적으로 필요한 일이었다. 외환위기와 정권교체의 상황에서 새 정부가 국정운영의 패러다임을 확실하게 바꾸기 위해서는 정부조직을 전면적으로 재검토하고 재설계 하는 것은 당연했다.

또 짧은 기간 내에 정부조직을 전면 개편하기 위해 대통령직 인수위원회와 별도로 정부조직 개편기구를 구성하고 김영삼 정부의 행정쇄신위원회에서 핵심적인 역할을 했던 소수의 인원을 이 기구에 동참시키는 것이 당연하고 합리적이라고 생각했다. 이러한 내용을 담아 추진계획을 세워 당선자께 보고했다. 그리고 정부조직 개편기구의 위원장은 YS 정부의 행정쇄신위원장을 지낸 서울대 박동서 교수를 임명할 것을 건의했다. 그러나 박동서 교수 카드는 주변의 반대 때문에 접을 수밖에 없었고 새로운 적임자를 찾아야 했다.

## 균형감각과 책임감 강해 정부조직 개편

며칠 동안 행정에 대한 전문성과 대외적인 명망, 여기에 대통령 당선자에 대한 헌신성을 갖춘 인물을 물색했지만 마땅한 사람을 찾지 못했다. 고민으로 머리를 싸매고 있는데 DJ 당선자가 나를 부르더니 박권상 선생으로 하자고 말했다. 박권상 선생은 전문성은 좀 부족할지 모르지만 균형감각이 뛰어나고 공직사회의 저항이나 정치권의 압력에 대해서 초연할 수 있으며 책임감이 강해서 본인이 받아들이기만 하면 잘해낼 것이라고 했다. 바로 박권상 선생을 만나서 당선자의 뜻을 전했다. 박권상 선생은 평생을 언론인으로 살아온 사람으로서 정부조직 개편은 너무나 생소한 일이긴 하지만 DJ 선생의 뜻이 그렇다면 한시적 기구인 만큼 맡아 보겠다고 의외로 선선히 수락했다.

정부조직 개편작업은 정부조직개편 심의위원회와 실행위원회를 구성하여 곧바로 추진되었다. 심의위원회는 위원장을 박권상 선생이 맡고 언론인, 대학교수, 전직관료, 정치인 등 14인으로, 실행위원회는 실무고위관료와 연구자 중심의 9인으로 구성되었다. 나는 실행위원으로 활동하며 당선자와 위원회 사이의 가교 역할을 했다. 실행위원회에서 초안을 만들어서 심의위원회에 올리면 여기에서 개편안을 확정하는 방식으로 위원회가 운영되었다.

정부조직 개편작업은 행정부처를 폐지, 통합, 감축하는 일이어서 관료사회의 저항과 동요가 극심하고 이해 관계자들의 압력이 거셌지만 박권상 위원장이 리더십을 발휘하여 많은 성과를 거두었다. 정부조직 개편작업이 대통령 취임 전에 완료됨에 따라 국민의 정부는 새로운 정부조직법을 기반으로 출범할 수 있게 되었다. 이 과정에서 가장 큰 공로자는 말할 것도 없이 박권상 선생이었다.

정부조직 개편이 마무리되어가는 시점에 박준규 전 의장께서 나를 찾았다. 뜻밖에도 박권상 선생의 신상 문제에 대해 귀띔해 주었다. KBS 사장직에 관심이 있다는 것이었다. 나는 박권상 선생의 자택을 방문하여 진의를 타진했다. 정부조직 개편 작업 과정에서 미국의 방송통신위원회(FCC)와 같은 기구가 신설되면 이를 맡아보고 싶은 생각도 있었지만 불발에 그쳤기 때문에 정부에 들어가서 일할 생각은 없다고 말했다. 주변에서 KBS 사장직을 권유하는데 평생 신문사에서만 일해 왔기 때문에 잘할 수 있을지 고민 중이라며 결심이 서면 알려주겠다고 했다.

나중에 알게 된 사실이지만 박준규 전 국회의장은 DJ 선생과 손잡을 무렵 훨씬 전부터 친한 사이인 박권상 선생과 새 정부가 출범하면 같이 일할 생각으로 박권상 선생에게 KBS로 가라고 열심히 권유했던 것 같다. 박권상 선생이 고집하던 언론인의 길을 벗어나는 것이 아니며 박권상 선생 당신께서 KBS로 가시면 아무도 그 자리를 함부로 대할 수가 없을 것이라면서 덧붙여 그분 특유의 너스레 감각으로 농담 반 진담 반 "박권상 당신이 가면 KBS 사장은 총리급이 되는 거야."라고 회유(?)를 했다고 들었다.

나는 박권상 선생을 모시고 정부조직 개편작업을 추진해 왔기 때문에 그분의 진로 문제를 해결하는데 다소라도 도움을 드리는 것이 당연한 도리라는 생각을 하고 있었다. 존경받는 언론인인 박권상 선생이 KBS 사장이 되면 그때까지만 해도 권력의 나팔수처럼 비난받던 KBS의 대내외적 위상이 달라질 것이고 새 정부의 입장에서도 큰 도움을 받을 수 있으리라는 생각이 들었다.

## 청와대 불간섭 약속받은 박 사장 쪽지

그즈음 나는 DJ 당선자로부터 청와대 정무수석으로 일하라는 통보를 받았다. 그런데 동교동 선배들의 반발이 극심해서 없던 일이 되고 말았다. 우여곡절 끝에 안기부 기조실장으로 가게 되었다. 부임하자마자 안기부 기구개편과 인사쇄신 작업에 몰두했다. 그러던 중에 박권상 선생의 진로 문제가 염려되어 전화를 드렸더니 "그동안 KBS 문제를 많은 사람들에게 자문을 구하며 검토해 보았는데 기회가 주어지면 사장직을 맡고 싶다"고 말했다. 나는 속으로 쾌재를 불렀다. 3월 하순경부터 5월 20일 청와대 정무수석으로 자리를 옮길 때까지 매주 두세 번씩 저녁에 청와대 관저에 가서 대통령으로부터 과제를 부여받아 비공개적으로 수행했다. 이러한 과정에서 자연스럽게 박권상 선생 문제를 대통령께 보고 드렸고 긍정적인 답변을 얻었다.

그 후 KBS 홍두표 사장이 사직하여 사장 자리가 공석이 되었다. 대통령의 허락을 받고 박권상 선생에게 준비하시라는 메시지를 전달하기 위해 전화를 드렸더니 나를 만날 일이 있다고 말했다. 박권상 선생은 만나자마자 쪽지 한 장을 내밀었다. 거기에는 KBS 사장이 되면 보도나 인사 문제 등 경영에 관한 모든 권한을 위임하고 청와대가 일절 관여하지 않겠다는 것을 대통령께서 약속해 달라는 것이었다. 나는 몹시 당황스럽고 대통령께서 역정이나 내지 않으실지 걱정이 되었다.

다음 날 대통령께 쪽지를 보여드렸더니 웃으시면서 박권상 고집은 아무도 못 말린다고 하셨다. 그러면서 수십 년간 쌓아온 우정과 믿음이 있는데 설마 당신을 해치기야 하겠느냐면서 소신껏 하라고 말했다. 나는 대통령의 뜻을 그대로 전달했다.

박권상 선생은 그렇게 KBS 사장이 되었다. 사장이 되기로 결심한 순간부터 다시 언론인의 본래 모습으로 되돌아간 것이다. 박권상 선생이 KBS 사장으로 재임한 5년 동안 DJ 대통령은 KBS 보도나 경영에 관여하지 않겠다는 약속을 지켰다고 생각한다. 이러한 대통령과의 약속을 바탕으로 박권상 사장은 KBS의 독립성과 공영성 그리고 자율성 확보에 큰 업적을 남길 수 있었다.

# 박권상이 본 블렌하임 성

이연택 (전 대한체육회장)

　1993년 영국 옥스퍼드에서 1년 동안 지냈던 적이 있다. 때마침 박 선배도 로이터통신 장학금으로 옥스퍼드에 와 있었는데 우리는 종종 블렌하임 성 (Blenheim Palace)에서 함께 산책하기도 하고 근처 카페에서 홍차를 마시기도 했다. 보불전쟁 때 말보로 장군이 왕비로부터 하사받은 블렌하임 성은 돌로 만들어졌으며 어마어마한 크기를 가지고 있다. 게다가 마당은 끝이 보이지 않는 벌판으로 이루어져 있는데 그렇게 너른 풍경을 볼 때면 인간이라는 존재가 작고 보잘것 없어 보이지만 이곳에서 태어나고 자란 처칠이 커서 블렌하임 성보다 훨씬 더 큰 영국을 진두지휘할 줄 누가 알았겠는가.

　그런 블렌하임 성에서 나와 박 선배는 종종 산책을 했다. 가끔 박 선배의 어린 외손자 인호가 함께하기도 했는데, 박 선배는 아장아장 걸어가는 인호의 뒤를 따랐고 나는 멀찍이 서서 두 사람이 나란히 걸어가는 풍경을 감상했다. 긴 다리로 느긋하게 사색을 즐기며 걸어가는 박 선배의 모습을 보며 나는 문득 '학' 을 떠올렸다. 학은 옛날부터 영물로 간주되어 십장생(十長生) 중 하나이기도 하며 꼿꼿하고 능력이 뛰어난 사람들을 학에 비유하기도 한다. 학이 긴 다리로 느긋하게 걸어가는 모습처럼 내게는 박 선배가 꼭 그렇게 보였다. 정치권력에 휘둘리지 않고 사사로운 감정이나 편견에 사로잡히지 않고 공정하고 정의로운 자유언론의 길을 혼자 꼿꼿이 걸었던 박 선배의 모습이 겹쳐졌다. 박 선배와 나는 블렌하임 성에서의 산책을 마치면 근처 카페에 앉아서 스콘과 홍차를 시켜놓고 허심탄회하게 인생에 대한 이야기들을 나누었다. 그렇게 이야기를 나누다 보면 해가 저물었고 곳곳에 가로등이 켜질 즈음 아쉬움을 뒤로하고 일어나곤 했다.

영국에서 돌아와서 사는 게 바빠 박 선배와 연락이 뜸했는데 갑자기 전화가 와서는 KBS 시청자위원회를 맡아달라는 것이었다. 박 선배가 KBS 사장이 되었을 때 진심으로 '잘 되셨다. 영국의 BBC처럼 KBS를 만드실 분'이라고 생각은 했지만 내가 KBS와 인연을 맺게 되리라곤 생각도 못 했다. 시청자위원으로 박 선배가 KBS를 경영하는 것을 옆에서 지켜볼 수 있었다. 박 선배는 KBS의 독립성과 공영성 및 자율성 확보를 위해 계속해서 노력하였고 그 노력의 결과는 세계적 언론단체인 'Freedom House'의 2000년 세계 언론자유 보고서를 보면 알 수 있다. 이 보고서에 나온 한국의 언론자유에 대한 평가는 이러하다.

"한국방송(KBS)은 국가의 지원을 받고 있음에도 편성 방침 면에서 높은 수준의 독립성을 유지하고 있다."

'신념'과 '지조'를 바탕으로 한 박권상 정신이 KBS의 격조와 위상을 올린 것이다.

하지만 박권상 사장이 퇴임한 이후 KBS는 예전 같지 않았다. 사견인지 모르지만 박권상 사장 때처럼 어딘지 신뢰가 가지 않았다. 국가기간방송으로서 KBS가 정권의 큰 영향 없이 건전한 방송 역사와 전통을 이어갈 수 있었을 텐데 아쉬운 일이다. 한국에도 영국의 BBC 같은 공영방송이 나올 수 있었을 텐데 말이다.

## 안타까운 「동아일보」와의 관계

언론인으로서 박 선배의 열정은 그러나 퇴임 후에도 멈추지 않았다. KBS 퇴임 이후에도 계속해서 글을 썼다. 나는 박 선배의 글이 여러 사람들에게 읽혔으면 좋겠다는 생각을 했고 박 선배 모르게 여러 지역신문과 연락을 했다. 그중 「전북일보」에는 직접 찾아가 얘기를 나누었다. 그쪽에서 긍정적으로 생각해 박 선배에게 연락했고 선배의 글은 「전북일보」 외에 몇 군데에 실렸다. 더 많은 곳에 글이 올려졌어야 하는 아쉬움이 아직도 남아 있다. KBS 퇴임 후에도 쉬지 않고 햇빛이 들지 않을 정도로 책더미가 쌓여있는 곳에서 끊임없이 책을 읽고 글을 썼던 박 선배는 그렇게 하셔야 삶의 가치와 보람을 느끼는 분이었다.

박 선배는 「동아일보」에서 해직된 후부터 당시 김병관 회장과 사이가 좋지 않았다. 김병관 회장과 친분이 있던 나로서는 난처한 때가 많았다. 박 선배가 KBS에 있을 때에도 둘 사이가 좋지 않았다. 그런데 한번은 「동아일보」에서 내게 사람을 보내서 당시 김대중 정부가 진행 중인 세무조사와 관련한 부탁을 한 적이 있었다.

박 선배는 정부가 언론사 세무조사를 하는 것이 좋은 방법은 아니라는 생각이었다. 그러나 박 선배가 세무조사하는 정부에 청탁이나 하는 분은 아니라고 그쪽에 이야기해줬다. 남들 듣기 좋아하는 말이나 아부하는 것과는 거리가 멀었던 분이셨다. 학이 머리를 들고 고고하게 있는 것 같다. 깔끔하여 오히려 주변에 연고 있는 사람들이 불이익을 받을 정도였다.

박 선배에게 뜬금없이 전화 올 때가 있었다. 훌쩍 자라버린 외손자 인호가 놀러왔다며 그때 걸었던 블렌하임의 이야기를 주고받곤 했다. 세월이 흘러 네 살배기가 훌쩍 자라 청년이 되고 또 많은 일들이 스쳐 지나가고 많은 것들이 변해가지만 박 선배를 떠올리면 블렌하임에서의 산책과 인간적인 정을 나누었던 그 시간들이 아직도 선명하다.

# 박권상 선배를 그리워하며

이종찬 (전 국정원장)

내가 박권상 선배와 가깝게 지낸 것은 1973년 그가 「동아일보」 런던 특파원으로 부임하면서부터다. 전에도 「동아일보」 편집국장으로 있을 때, 1971년 대통령선거 상황 보도를 하면서 당시 중앙정보부와 격론을 벌인 일이 많았지만 그때 그는 언론인으로서 정확하고 균형 있는 보도를 하기 위해 용기 있게 처신했다. 박정희 후보 대구 유세 때 다른 신문이 100만 청중이라 보도할 때 그는 과감하게 52만 명이라고 비교적 사실에 가깝게 보도하였다. 후끈 단 정보부 중요간부(강창성 차장보)는 그에게 항의하였지만 그는 사진을 여러 장 가지고 와서 일일이 산출 근거를 대는 것이었다. 그때 나는 그를 먼발치에서 보고, 자기 소신을 굽히지 않는 언론인이라는 강한 인상을 받았다.

그 후 그와 나는 '신사의 나라, 영국'에서 만나 재미있고 유익한 이국 생활을 즐겼다. 박 선배가 영국에 부임한 것은 신문사 내에서 보면 일종의 좌천이었다. 편집국장이 특파원으로 나갔으니 말이다. 하지만 그는 영국을 진정으로 사랑하는 사람이었기에 그 시기를 최대한 자기의 것으로 만들었다. 그 결과『성공한 역사의 나라 영국을 본다』란 저서를 내놓았다. 요새 우리 정계에도 경구가 될만 한 구절, 그 책에서 인용한다.

"다른 나라에서는 모르지만 웨스트민스터(국회의사당을 말함)식 민주주의 하에 고통의 분담은 능력 있고 지위가 높을수록 그에 상응해서 커지고 무거워진다. 특히 정치인의 경우 높은 보수를 받아서는 안 되고 스스로 내핍을 시범해야 한다. '귀'도 누리고 '부'도 동시에 차지하자는 것은…… 전제체제의 유산이고, 독재체제의 산물이며 (그런 체제에서는) 사회정의는 찾을 수 없다."

박권상 선배는 영국에서 직접 체험해서 얻은 결론인지 내각제에 대하여 유난히 집착하였다. 내가 내각제에 대하여 우리의 국민의 기질과는 맞지 않는다 해도 그는 한발도 물러서지 않았다. 그는 김대중, 김영삼 두 대통령과 개인적으로 가까웠지만 그들이 내각제를 내세우고 집권했음에도 불구하고 그 약속을 지키지 않았다고 서슴지 않고 비판했다.

1990년 3당 합당은 노태우, 김영삼, 김종필 3인이 내각제를 실현하기로 약속하여 이루어졌다. 하지만 그 후 이른바 각서 파동으로 철석같이 서명 약속한 내각제 개헌 노력이 물 건너가고 거대여당이 국회에서 패권을 휘두르며 날치기를 서슴지 않자 박 선배는 지면을 통하여 통렬하게 비난을 퍼부었다. "3당 합당을 가리켜 '신사고에 입각한 구국의 결단'이라더니 지난 10개월간 국민의 눈에 비친 모습은 밀실 정치요, 힘으로 밀어붙여 33초 동안에 26개 법안을 날치기 통과시킨 것이 전부다."

박 선배의 이론에 의하면, 현직 대통령이 내각제를 진정으로 실현할 의지가 있다면 현행헌법으로도 상당 부분 가능하다고 주장하였다. 이를테면 헌법 86조 "국무총리는 국회의 동의를 얻어 대통령이 임명한다."로 되어 있고, 87조에는 "국무위원은 국무총리의 제청으로 대통령이 임명한다."로 되어 있다. 국무총리는 제한적이지만 내각구성권을 갖고 있으므로 여소야대가 되면 대통령은 국무총리 임명을 국회 다수당과 타협하지 않으면 안 되고, 그런 절차로 임명된 국무총리가 내각을 구성, 운영하게 되므로 프랑스식 대통령제하의 '동거정부'와 비슷하게 운영될 수 있다는 것이다. 말하자면 이원집정부제적 요소가 있다는 것이다. 그런데도 지난 모든 대통령은 한결같이 헌법적인 정신을 무시하고 제왕적 대통령 되기만 바랐던 것이 사실이다.

## 중진 언론인 입장에서 타협의 정치 실험

박권상 선배는 내각제 주장을 하면서도 가장 중요한 방점은 '타협의 정치'에 그 근거를 두었다. 그는 국회란 타협의 현장이다, 타협이 없는 국회야말로 정당독재, 행정독재를 초래하게 된다고 말했다. 그는 내가 민정당 원내총무로 활동할 때 여야 간 타협의 정치를 실현하고자 하지 않았느냐고 반문하면서 내각제란 권력의 독점이 아니라 타협 속에 권력을 풀어나가는 정치라고 설명하였다. 그래서 그는 「동아일보」를 떠나 1989년 「시사저널」을 창간한 후, 실제로 중진언론인의 입장에서 타협의 정치실험을 하는 마당을 만드는 작업도 하였다.

1990년 2월 박 선배는 「시사저널」 발행인인 최원영과 함께 나를 초대하였다. 당시 3당 합당이 이루어져 민정, 민주, 공화 3당이 합친 거대여당인 민자당과 고립된 호남 중심의 평민당 그리고 3당 합당을 거부한 꼬마민주당이 남아있었다. 여야 간 불균형된 정계가 사사건건 첨예하게 대립되던 시기였다. 그는 이런 삭막한 분위기를 해소하고자 여야중진 간의 대화의 장을 만들자며 '시사포럼'을 제의하였다. 구성인원은 여야 당의 원내총무를 역임한 김윤환, 김원기를 비롯하여 중진들을 모두 포함시켰다. 여당에서 김용환, 남재희, 박관용, 황병태, 이종찬, 평민당에서 조세형과 조순승, 3당 합당 거부한 김광일, 이철 이렇게 시작하였다. 그리고 포럼이 활성화되면서 후에 재야에서 김근태, 이부영, 장기표도 참여했다. 90년부터 92년 대통령 선거 때까지 매달 주로 롯데호텔 메트로폴리탄클럽에서 모여서 정치현안을 토론하고 조율하였다. 한때 박태준 대표가 광양제철소로 우리 포럼을 초청하여 분위기를 조성하였다. 나는 오늘날의 국회를 보고 이러한 대화의 장이 필요한 것 아닌가 하는 생각이 절실하다. 그런데 과연 어느 원로나 언론이 이런 역할을 하겠다고 나서겠는가?

1994년 4월 이만섭 국회의장은 외부인사들도 참여하는 국회제도개혁특별위원회를 구성했다. 위원장으로 박권상 선배를 모셨다. 나도 그 일원으로 참여했다. 그때 제정된 국회개혁안이 아마 우리 국회의 발전을 위해 최선의 안이 아니었나 생각한다. 유감스럽게도 그 방안이 그대로 채택되지 못했지만 작금에 많은 문제점이 지적되는 소위 '국회선진화법'보다는 실질적으로 더 선진화된 방안이었다고 평가하고 싶다.

1997년 여야 간 정권교체가 되고 김대중 대통령이 당선되었다. 내가 대통령직인수위원장을 맡게 되고, 박 선배는 정부조직개편위원회 위원장으로 작업하게 되었다. 당시 박 선배는 대선의 적수인 이회창 후보와 가까운 이세중 변호사를 부위원장으로 모셨다 하여 당내에서 반발하는 소리가 컸다. 그러나 그는 소신을 굽히지 않았다. 정부기구는 국민의 합의로 이루어져야 건강하다고 일관되게 주장하였다. 이런 조화된 인선에 대하여 대통령을 포함하여 언론에서도 찬사를 보냈다. 나는 그때 보여준 이런 화합정치가 우리 정계에서도 모범사례로 꼽힌다고 생각한다. 오늘의 모든 정치나 인사는 편 가르는 데만 열중하고 있다. 미관말직까지 소위 보은인사로 먹칠하고 있다. 화합정치는 말로 하는 것이 아니다.

박권상 선배는 일생을 청렴한 언론인으로 살았다. 그분은 KBS 사장을 역임하였지만 공정방송을 위해 여당에 불리한 보도도 서슴지 않았다. 퇴임 후에도 시사포럼식의 정치 대화를 그대로 지속하자는 제의를 여러 차례 했다. 실제로 한남클럽을 중심으로 모임을 가졌지만 우리도 이미 퇴역 정치인이 되어 특별히 현장정치에 별 도움을 주지 못했다. 한사코 정계에 발 들여 놓기를 거부하고, 객관적이고 중립적인 입장을 고수하면서, 나라의 진로를 제시하는 그런 고고한 원로 언론인, 이런 분들이 사라지는 세태를 보면서 다시 박권상 선배를 그리워한다.

# 한눈팔지 않은 '권생이' 동생

이철승 (헌정회원로회의 의장, 7선 국회의원)

"동생, 요새 어디로 먹어."

내가 박권상 후배님의 부음을 들었을 때 퍽 난감한 생각이 들었다. 좋은 후배 동지들을 모두 다 내 앞에서 떠나보내고 망백에 이처럼 건강하게 살아있다는 것이 꼭 자랑할 만한 일도 아닌 듯싶었다. 그렇다고 한 60년, 형 동생하며 지내 온 처지에 모르는 척하고 잠자코 떠나보낼 수도 없었다. 오랫동안 병석에서 고생하고 있다는 소식도 들어 알고 있던 처지였다.

기어코 성모병원 빈소에 들르지 않을 수 없었다. 부인 최 여사에게 뭐라고 인사해야 할지 망설였다.

"정들고 자랑해 왔던 우리 박 사장이 내 앞서 먼저 가시다니 내가 꼭 죄를 지은 것 같습니다."

나는 계면쩍게 이렇게 수인사를 건넸다.

망자가 된 박권상 씨나 나나 80, 90이 넘은 처지이니 어떻게 불러야 할지 모르겠다. 앞에 살아 있다면 "어이 권생이" 하거나 "어이 동생 잘 있었나." 하고 웃어두면 될 것이지만 먼저 간 망인에게는 존칭을 쓰지 않을 수 없을 것이다. 그렇다고 해도 '박 사장(KBS 사장을 지냈으니)' 하고 부르기도 그렇고 '박 주필' 하고 말하기도 어색하다. 꼭 남의 이름을 부르고 짐짓 체면치레를 하는 것 같아 마음에 들지 않았다. 그래도 중학교 후배이고 내가 반탁반공 총학생연맹 회장 시절 제일 어린 나이로 반탁투쟁에 참여했을 때를 생각하면 "권생이 잘 있었어." 하거나, "야 동생 요즘 어디로 먹는가."라고 말해야 반백 년이 넘게 같이 해 온 정이 솟아날 것 같았다.

이젠 고인이 된 '권생'이나 '(조)세형'이나 모두 생전에 나를 두고 '아무개 의원' 또는 '아무개 당수'나 '총재'라고 부르기 마땅찮아 그저 '전주 형님'이라거나 '소석 선배'라고 불렀던 그들의 심정이나 매한가지였을 것이다.

나는 부인에게 "성실하기로 그만한 사람이 없고 알짜 언론인으로서 그토록 똑똑하고 만인의 존경을 받던 사람이 가다니……." 하고 말을 이어가지 못하며 위로의 말씀을 나눴다.

## 언론계에 유달리 많은 전주고 후배들

세월이 수십 년 지나고 보니 그토록 생생했던 좋은 추억들이 다 기억에서 사라지고 멍멍해졌다.

우리 전주고보(고등학교)에는 좋은 후배들이 좀 많았다. 특히 어쩐 일인지 언론계에 유달리 많아서 내가 정치 활동하는 데 크고 작은 도움을 주었다. 그 가운데 박권상, 임방현, 조세형, 정인량, 곽지용 등등이 크게 활약하고 있어서 내로라하는 사회적 인사들이나 정계의 친지들이 입을 모아 "이 당수, 후배들이 기라성 같이 버티고 서서 병풍 노릇을 해준다."고 치켜세울 때는 정말 어깨가 으쓱으쓱 들먹거리고 백만원군을 맞이한 것 마냥 내 기분도 한층 들떴던 적이 한두 번이 아니었다.

　내 기억으로는 박권상 후배님과는 여러 인연이 겹쳤던 것으로 생각난다. 물론 전주고보 5~6년 후배인 것이 가장 큰 인연이었고 그의 백씨인 「전북일보」의 박용상 사장이나 그들과 연사 관계에 있던 「전북일보」 편집국장을 지낸 진기풍 동지 등은 내가 전주 출신 국회의원이라는 차원을 떠나 마치 한 동기 같은 마음으로 친교를 맺고 지낸 처지였다.

　박권상 후배는 영어를 잘해 전주의 미국공보원(USIS)에서 도지사를 나중에 지낸 이춘성 씨와 같이 일한 적이 있었다. 그리고 한창 젊은 나이에는 그림을 잘 그려서 예능반에서 미술부장으로 활동한 것 같은 기억도 난다.

　그런데 부산 피난 시절에 합동통신사에 들어가 그 후 줄곧 신문관계에서 활동한 것으로 알고 있다. 특히 내가 한참 젊은 정치인으로 일할 때인 50년대 후반에는 동아일보사에서 논설을 쓰고 있던 중견 언론인이었다. 그가 장기영 씨가 하던 한국일보사에서 야당신문인 「동아일보」로 옮겼다고 인사를 왔을 때 나는 정말 잘했다고 칭찬하기를 마다하지 않았다. 나는 그때 3, 4대 국회의원으로서 야당 쪽의 맹장이라는 평을 듣고 있었다.

　박 후배가 「동아일보」에 갔으니 나와 「동아일보」와의 관계를 잠시 언급하지 않을 수 없다. 특히 나는 「동아일보」를 만든 인촌 김성수 선생을 보성전문학교 시절을 거쳐 해방 후의 혼란기에 반탁투쟁 등 대한민국의 건국과정, 그리고 자유당 정권과의 투쟁기간을 통틀어 열심히 따르고 배웠던 제자였다. 말 그대로 법장을 들어 나르고 조볼을 떼어 드리던 후배로서 수제자였던 것을 자부해오던 터였다. 인촌 선생과 우리 집안은 일찍이 세교가 있던 사이로서 나를 무척 사랑하며 길러주신 우리 외할머니가 인촌 선생의 본가가 있던 전남 장성군 월평에서 오신 분이셨다.

　우리 아버님도 인촌과는 동년배로 호남의 수재라는 소리를 들었고 일제하의 3·1운동 때부터 퍽 가까이 지내셨다. 그리고 우리 선대 어르신들이 조선 중기 때 호남의 대 유학자이신 하서(河西) 김인후 선생의 영향을 받고 지낸 한학자들이셨다. 인촌 김성수 선생은 울산 김씨로 이 하서 어르신의 십몇 대 직계후손으로 장성, 고창, 부안 등지에서 살아오신 호남의 큰 인물이셨다. 따라서 나는 서울 계동의 인촌 댁에도 자주 들렀고 사모님 이 여사나 그 자제들과 교분이 있는 처지여서 박권상 후배가 「동아일보」에서 활동하고 있다는 사실이 퍽 대견스럽고 자랑스러웠던 것이다.

## 신당 정치 참여 권했으나 끝내 거절

1950년대 말기 인촌께서 작고하셨을 때 나는 보전의 은사이신 고인의 서거를 눈물로써 조의를 올리고 극도의 상심에 빠진 사모님을 위로해 드렸다. 그리고 일주일 후 치른 국민장에서 온갖 심부름을 다 했으며 상여 행렬을 인도한 행동대장으로 모교인 고려대 교정에까지 행진하였고 마련된 묘소에서 하관을 마치고 가인 김병로 선생 등 여러 선배 어르신들과 인사를 나눴던 기억이 있다.

3대 국회 말인 56년 초 3대 대통령 선거를 앞두고 양유찬 미국대사가 만일 이승만 대통령이 대통령에 나가지 않고 하야(下野)하신다면 미국은 한국에 대한 원조를 중단할 것이라고 말한 대목이 도하 각지에 톱기사로 대서특필되었다. 알고 보니 이 기사는 「합동통신」 기자로 있던 박권상 군이 워싱턴에서 보낸 특종기사였다.

4·19혁명 이후 나는 민주당 신파의 소장그룹을 이끌고 있었는데 구태의연한 관료정치와 진부한 사랑방정치를 청산하고 새 시대에 맞는 정치혁신을 이뤄야 한다는 기치를 들고 신풍회(新風會)를 조직하였다. 이때 박권상이나

조세형 같은 전주고 출신의 젊은 기자들이 많이 호응해 준 것으로 기억된다.

서로 바쁜 처지인 70~80년대 어두운 시절에는 자주 만나지 못하고 뜸하게 지냈다. 나는 5·16군사정변으로 유엔총회에 한국대표로 나갔다가 7년 이상이나 미국에서 망명생활을 해야 했다. 정의감이 강한 박 후배도 유신정치 시절 「동아일보」에서 민주언론을 수호하기 위해 어려운 시절을 보냈을 것이다.

지금 생각하면 박권상 후배의 간곡한 소청과 압력으로 10대 국회 때 김원기 기자를 공천해준 것이 마음에 남는다. 내가 신민당 당수로서 총선거를 지휘할 때였다. 그때 김원기도 내 전주고보 후배로서 정읍 출신으로 「동아일보」에서 일하고 있었으나 실은 김 군이 정치부 기자가 아니어서 잘 몰랐다.

나는 그때 정읍 출신으로 반탁반공 투쟁 때부터 항상 내 주변에서 나를 도와준 이광호 군을 공천후보로 내정하고 내 주머니를 털어서 사전준비 운동을 시키고 있었다. 그러나 박 후배의 요청이 하도 강해서 나는 이 군을 버리고 정읍에 김원기를 공천해 주었다. 그 후 이광호 군은 나를 원망하며 술도 많이 마시고 고생하다가 80년 전두환 집권 때 죽고 말았다. 경기도 파주 타향에 묻혔다는 소식을 전해 듣고 참으로 마음이 아팠다.

나와는 정치행로가 다소 달랐지만 김원기는 그 후 노무현 정권 때 국회의장까지 지내고 김일성이 죽었을 때는 임채정 등 몇 사람과 어울려 김일성 장례식에 조문사절을 보내야 한다고 떠들던 모양을 매스컴에서 보았다.

어찌했던 나와 고인은 정으로 엉킨 깊은 인연을 가졌다. 김대중과 친해졌다는 이야기를 들었지만 초지일관 언론계에 남아서 KBS 공영방송 사장까지 지내는 것을 보고 퍽 기쁘고 마음 든든했다. 그리고 다 같이 늙어가는 판에 박 후배가 전두환 정권의 핍박을 받고 신문사에서 쫓겨나 외국을 전전하다 귀국하였을 때 나도 정쟁법에 묶인 낭인으로 서로 만나 회포를 풀 기회가 몇 차례 있었다.

내가 정치쇄신법에서 풀려나 신민당을 창당할 때 역시 전주고등학교 후배인 박실 군을 고인에게 보내 함께 신당 창당에 참여할 의향을 묻고 또 내가 직접 나서 서너 차례나 권유한 적이 있었다. 그러나 박 후배는 여전히 부정적이었다. 그는 나를 만나서는 그저 "죄송합니다.", "고맙습니다." 라고만 말하며 내가 납득할 만큼 정치 참여를 거절하는 이유를 밝히지 않았다. 내 생각으로는 그가 내가 가는 정치노선이 마땅치 않아 그랬나 보다고 지레짐작할 뿐이었다.

다만 박 후배는 추석이나 설같은 명절이 되면 어김없이 내 집에 들러 떡국을 먹고 정다운 인사치레를 꼭 해주었다. 오후 2시쯤 되면 조세형이나 임방현 또는 정인량이나 김진배와 한 세트처럼 언론인 후배들을 데리고 나타나 "늦었습니다. 떡국 있지요."하고 너스레를 떨었다. 3김씨나 이른바 실세들 집에 먼저 들렀거니 하고 나무라기도 하고 섭섭했으나 잠시뿐이었다.

사람은 잔정이 있어야 하고 음식은 간이 맞아야 한다는 우리 할머니들의 옛 말씀들이 생각난다. 백수풍진(白首風塵) 다 늙어서 이런저런 사람 많이 만나고 별일 다 겪어 보았지만 나는 '권생' 이 동생처럼 한눈팔지 않고 오직 자기 신념대로 언론을 천직으로 알고 살아온 좋은 후배와 연을 같이 했다는 것을 퍽 고맙게 생각하고 있다.

옛정이 짙게 배인 고인이야말로 진짜 동생으로 뜨거운 한 뱃속 소생 같은 감을 지울 수 없다.

# 3선 개헌 반대 사설을 쓴 용기

이희호 (김대중 전 대통령 부인)

김대중 대통령의 운명을 며칠 앞두고 그동안 '면회 사절'의 방침을 바꾸어 몇 분에게 연락을 드렸다. 그것이 오랫동안 교분을 가져온 분이나 환자의 뜻으로 보았기 때문이다. 한 10여 명 정도 되었다. 그 가운데 한 분이 언론인 박권상 선생이었다. 그런데 안타깝게도 박권상 선생의 건강상의 이유로 문병하지 못하고 운명하신 후에 국회 영결식장에서 보게 되었다. 그 후 박권상 선생이 3년여 동안 투병생활을 하신 동안에 찾아뵙지 못하고 돌아가시어 안타깝고 미안하기 그지없다.

김대중 대통령의 초년 정치는 유달리 험난했다. 3, 4, 5대 국회에 내리 낙선하고 5대 재선거에 간신히 당선되었다. 그러나 당선 사흘 뒤 5 · 16쿠데타로 인해 국회에 등록도 하지 못했다. 1964년 6대 국회 때 비로소 국회의원이 되었다.

당시 박권상 선생은 「동아일보」 논설위원이었는데, 박 대통령이 '3선 개헌'을 획책할 무렵이었다. 여러 신문들은 강요와 회유로 박 대통령의 3선 개헌에 찬성했다. 서울의 어떤 신문도 감히 반대 소리를 내지 못했다. 「동아일보」라 해서 협박이나 회유의 대상에서 제외되지는 않았다고 한다. 당시 발행인이자 주필은 1930년대부터 줄곧 「동아일보」에 근무한 고재욱 씨였다. 명실상부한 언론계 원로이며 「동아일보」의 터줏대감이었다. 편집국장대리이던 박 선생은 자신이 반대 사설을 쓰겠다고 자청했다고 한다. 고재욱 사장은 다른 논설위원들과는 논의조차 하지 않고 박 선생에게 사설을 쓰게 하고 신문에 실었다. '3선 개헌 반대' 를 분명히 밝힌 것이었다.

당시의 심정을 박권상 씨는 "미국의 국부 조지 워싱턴이 여야 지도자와 다수 국민의 만류에도 불구하고 대내적으로 다난했고 대외적으로 유럽의 식민세력의 위협을 받고 있는 난국에 직면해 있었음에도 불구하고 3선 연임할 것을 거부하는데 발휘한 현명함과 용기야말로 미국이 오늘과 같은 민주 번영의 기틀을 잡게 한 것이라고 믿는바"라고 말했다. 아주 온건한 주장이었지만 이로 인해 「동아일보」는 '역시 동아는 다르다' 는 평판을 받았다.

## 누구 편을 드는 그런 분 아니다

박정희 대통령의 '3선 개헌안' 은 야당의원들이 농성 중인 본회의장 대신 제3 별관에서 일요일인 새벽 통행금지 시간에 여당인 공화당 의원만으로 날치기 통과시켰다. 이 무렵부터 박권상 선생은 '김대중 사람' 으로 낙인이 찍혔다고는 하나 그분은 누구 편을 드는 그런 사람이 아니었다. 박권상 선생이나 「동아일보」는 민주주의 원칙을 무시하는 세력에 저항한 것이다. 이들은 권력에 굽히지 않았을 뿐만 아니라 재벌을 비롯한 광고주나 노조 등의 이익단체의 주장에도 휩쓸리지 않았다. 주관을 가지고 언론인으로서의 양심과 양식을 엄격한 기준으로 삼았던 것이다.

1971년 대통령 선거에 김대중의 인기는 절정에 달했다. 이에 앞서 김대중 후보는 3선 개헌은 박정희 대통령이 영구 독재로 가고자 하는 반민주 개헌이라는 점을 분명히 했다. 대중 경제론을 알기 쉽게 풀어가며 서민들의 아픔을 실감토록 했고 4대국 보장론으로 남북 간의 긴장 완화와 평화 구축을 누구나 알아듣기 쉽게 유권자의 귓속에 전달했다. 유세 일정이 잡히기만 하면 대도시는 물론 중소 도시에서도 유권자들이 구름처럼 몰렸다.

문제는 신문들이었다. 어느 집회고 박정희 후보의 유세 청중 수는 몇 배를 부풀려 싣고 야당 후보의 청중 수는 몇 분의 일로 깎아내렸다. 정부 여당은 온갖 흑색선전으로 야당을 분열시키고 엄청난 물량공세로 유권자를 현혹시켰다. 당시 박권상 선생은 「동아일보」의 편집국장이었다. 남편은 오랜 의정 생활을 통해 편집국의 책임자나 간부들과 좋은 교분을 가지고 있었다. 그러나 '신동아 차관 필화사건'과 '3선 개헌'으로 정국이 굳어지자 신문사들은 앞을 다투어 남편을 외면하고 왜곡했다. 불공정 경쟁이 펼쳐진 것이다.

선거 캠프 관계자들은 「동아일보」도 달라졌다며 항의를 하든가 성명을 내든가 후보에게 무언가 대책을 세워야 된다.'며 강하게 불만을 표시했다. 문제는 청중 수였다. 많은 신문들은 우선 여당 후보의 청중 수를 주최 측의 요구대로 실제보다 배 이상 올려주고 야당 후보의 그것은 여당 후보의 꼭 반 정도로 줄이는 것이 상례였다. 이러한 청중 수의 조작에 「동아일보」는 독자적으로 청중 계산법을 마련했다. 하지만 여당 후보의 청중 수가 줄어드는 것은 당연하지만 덩달아서 야당 후보 청중 수까지 반 토막 나는 경우는 믿을 수 없었다. 「동아일보」나 박권상 씨가 좀 변한 것이 아닌가 해서 걱정이었다.

당시 선거대책위원장인 정일형 박사도 "나도 이야기하겠지만 박 국장에게 직접 좀 협조를 요청하면 어떻겠소?"라고 했지만 김대중 후보는 "그분들대로 방침을 정해서 그대로 하는데 설령 좀 섭섭한 생각이 들더라도 그쪽의 양식과 양심을 믿읍시다."라고 말했다.

## 박권상은 이 시대의 '의인'

온갖 박해와 차별 속에서 싸우는 후보가 나름대로 살얼음을 겪는 편집책임자의 입장을 이해하려 한 것이다. 언젠가 남편은 박권상 씨를 가리켜 "그분은 이 시대의 의인이 아닌가 싶소. 내 그분을 대놓고도 그렇게 칭송했소. 내가 누구를 더러 칭송하지만 이렇게 '의인'이라고 칭송하고 존경한 분은 몇 없지 않소"라고 말했다.

박권상 선생은 박정희 정권 시절 「동아일보」의 편집국장을 역임하고, 전두환 정권에서는 편집권마저 빼앗겼다. 18년 동안 몸을 바친 「동아일보」에서 쫓겨났다. '반정부 언론인 1호'로 지목된 것이다. 80년 소위 김대중내란음모 사건으로 많은 분들이 고초를 받았을 때 박권상 선생은 IPU 총회로 외유 중이었고, 국내에 돌아왔을 때는 국제적인 평판 때문에 신군부의 칼날을 피할 수 있었다.

나는 박권상 선생과는 늦게 만났다. 하지만 그분의 논설이나 그분에 대한 이야기를 들은 나는 정작 본인을 보고 깜짝 놀랐다. 천관우 선생처럼 덩치가 큰 투사로 알았던 내 선입관과는 딴판이었다. 얼굴 어디에도 사나운 모습, 저항하는 투사의 모습은 보이지 않았다.

내 남편 김대중 대통령과 박권상 선생은 생각하는 방식이 크게 다를 수밖에 없다. 그럼에도 비슷한 공통점이 있었다. 첫째는 사람을 대하는 자세와 사물을 생각하는 자세다. 박권상 선생은 대통령이나 나를 대할 때 그전이나 후가 다름이 없다. 아주 성실하면서도 솔직하다는 느낌을 받는다. 당당하고 구김살이 없다. 흔히 볼 수 있는 가식이나 과장이 없다. 사물을 볼 때도 선입관에 사로잡히지 않는 듯하다.

KBS 사장으로 재임한 5년 동안 박권상 선생은 김대중 대통령의 평화공존의 햇볕 정책을 영상을 통해 뒷받침했다. 이러한 박권상 선생의 공은 길이 역사에 남을 것이며 남북화해와 협력을 갈망하는 사람들에게는 하나의 지침으로 활용되리라고 본다.

퇴임 후에도 김대중 대통령은 박권상 사장을 동교동 사저로 초청, 자주 대화를 했다. 화제는 늘 민족의 장래에 관한 것이었다. 현직이든 아니든 나라를 생각하고 민족과 평화를 생각하는 마음은 다르지 않았다. 박권상 선생은 1980년 신군부에 의해 신문사에서 추방된 후에도 지방신문, 월간지, 단행본 심지어 기업의 사보에도 소신껏 글을 썼다. 대단한 애국심과 정열이었다. 말년까지 김대중 대통령과 박권상 선생은 자신의 역할에 충실했다. 이는 민족의 복이오, 하늘이 준 은혜이다.

# '사실과 진실'의 구도자

장성원 (전 국회의원)

매산(梅汕) 박권상 선생을 나는 꼭 "선생님"이라고 불렀다. 언론계에서 흔히 쓰는 선배 또는 선배님 호칭을 쓰지 않았다. 또 그분과 내가 함께 근무했던 「동아일보」사에서 그분이 논설주간을 지내셨기 때문에 "박 주간"이라고 부르는 사람들이 대부분이었으나 나는 그렇지가 않았다. 내가 선생님이라고 부른 것은 그분이 나의 전주고등학교 10년 선배로서 은사 이상의 연치 차이가 있었고 그분을 언론계의 사표로서 존경하고 따르고자 했던 나의 충심이 자연스럽게 그렇게 부르도록 한 것이다.

선생님이 한국방송공사(KBS) 사장을 그만두신 후, 그러니까 사실상 두드러진 사회활동을 안 하시고 계셨을 때 점심식사를 모신 적이 있다. 그때 거동이 불편하셨던지 지팡이를 짚고 나오셨다. 댁에서 넘어지셔서 그렇다고 하셨는데 그 밖의 건강은 좋아 보이셨다. 눈빛은 여전히 맑고 형형하셨다. 비상한 기억력도 조금도 변하지 않았다. 정치 사회 언론 국제 남북 군사 등등 여러 분야에 걸쳐 선생님이 화제를 끌고 나가셨다.

대화의 끝 부분에 가서 선생님께 여쭈어 보았다. 언론인으로서 자랑스러운 명성을 얻으신 분, 군사독재의 박해 속에서도 언론의 자유와 양심을 지키기 위해 외롭게 그러나 당당하게 정도를 걸으셨던 참 언론인이 자신의 평생을 어떻게 평가하고 있는지 궁금했다.

"선생님께서는 언론인으로서 활동하시는 동안 어느 때가 가장 보람 있었다고 생각하십니까?" 거의 머뭇거림 없이 나온 대답은 다소 예상 밖이었다. 잔학했던 전두환 정권이 물러나고 그래도 온건했던 노태우 정권 시절 민주화로 가는 길목에서 '코리아 신디케이트' 라는 이름으로 '박권상 칼럼' 을 쓰던 때라고 말씀하셨다. 왜 그렇게 생각하시느냐고 재차 물었다.

사실 한 신문에 칼럼을 쓰면 그 신문의 독자는 읽어 보지만 여타 신문의 독자는 읽어 볼 수 없는 제한성을 갖게 된다. 그러나 신디케이트를 통해 한 칼럼이 여러 신문에 동시 게재되면 글의 영향력이 그만큼 제고되기 마련이다. 처음 5개 지방지 가입으로 출발했던 신디케이트가 5개월 만에 11개 지방지로까지 확장되는 인기를 누리게 된다.

시국의 정곡을 찌르는 예리한 통찰, 합리적이고 설득력 있는 대안 제시, 정확하고도 투명한 어휘들과 문장, 이런 것들이 성가를 높이는 요인이 됐을 것이다. 한국 신문 100여 년의 역사를 통해 이런 실적을 올린 예가 없는 것으로 알고 있다. 언론계에 신디케이트를 도입, 개설한 것도 선생님이 최초로 기록될 것이다. 또 그때 수입이 일생 중 가장 좋았다고 웃으면서 말씀하셨다. 그래서 그 시절이 가장 보람 있고 여유로웠다고 주저 없이 회고하셨던 것 같다.

김대중 정권이 들어서고 선생님이 KBS 사장으로 내정돼 있을 때 선생님 주변 사람들이 적정 여부를 놓고 왈가왈부를 벌인 적이 있다. 나는 적절하지 않다는 편에 서 있었다. KBS의 위상과 역할을 결코 폄하해서가 아니었다. 선생님이 언론계의 대표성을 가지고 있다고 본 나는 이제 선생님은 한 언론사의 사장 자리를 뛰어넘어, 높은 식견과 경륜을 활용해서 국정의 고위직에서 활동하셔야 한다는 견해였다. 박정희 정권 초대 내각 국무총리였던 최두선 전 「동아일보」 사장처럼 진출해야 격에 맞는다는 의견이었다.

그런데 그때는 이미 김종필 자민련 총재가 총리로 결정되어 있었기 때문에 그렇게 하기는 도저히 불가능한 상황이고 우선 영국대사 정도로 나가 계셨다가 기회를 보아 고위직으로 돌아오는 것이 바람직하겠다는 생각이었다. 나는 주영대사에서 총리가 된 강영훈 씨 케이스를 염두에 두고 있었다. 내 의견에 동조하는 사람들이 많았다. 그래서 친구 한 사람과 함께 선생님을 찾아가 소견을 말씀드렸다.

"이렇게 찾아와서 고마워. 사실은 나도 사장으로 가고 싶은 마음이 없어. 청와대에서 맡아 줘야겠다고 간곡하게 요청하니 거절하기도 그렇고." 딱하게 됐다는 표정이 역력하셨다. 그러나 이미 수락으로 기울어져 있음을 내비치셨다. KBS를 영국의 BBC 수준으로 끌어올리고 싶다는 의욕과 구상도 짧게 언급하셨다. 우리는 더 이상 이견을 말할 수 없었다. 선생님의 사장 취임 이후 KBS는 명실상부한 공영방송으로서 면모를 일신해 전무후무하게 자기 역할을 충실하게 했다는 평가를 받고 있다. 비록 내가 소망하던 대로 선생님의 길이 열리지 않아 아쉽기는 했으나 언론인으로서 또 하나 큰 업적을 남기신 것이다.

## "시간 아껴 공부하는 의원 되라" 당부

선생님은 평소 현행 대통령중심제에서 내각책임제로 바뀌어야 한다는 정치적 소신을 여러 차례 역설하셨다. 내각제가 돼야 현 대통령중심제에서 특정 지역에 권력이 편중됨으로써 생기는 지역 간 갈등을 해소할 수 있고 영 호남, 충청 등 각 지역으로 정치권력이 선순환돼 나라가 균형 있게 발전할 수 있다는 논리였다. 나아가 내각제가 통일지향적인 통치구조, 정부형태라는 것이다. 설득력 있는 탁견이었다. 김대중 대통령이 집권 후, 김종필 총재에게 약속한 개헌을 적극적으로 추진하지 않고 있다고 비판할 만큼 내각제에 대한 집념이 강하셨다.

그러나 내각제를 추진하는 데는 장벽이 한둘이 아니다. 일차적으로 여론조사 결과 더 많은 국민들이 남북대결 상황에서는 강력한 대통령제가 오히려 효율적이라고 대통령제를 선호하고 있다. 또 국회에서 개헌안이 통과되려면 국회의원 재적 3분의 2 이상 찬성을 얻어야 한다. 거의 불가능한 일이다. 개헌안은 국회 의결 후 국민투표에 부쳐지게 돼 있다.

지난 1997년 대선 때 DJP연대를 추진하면서 김대중 후보가 김종필 총재에게 개헌추진을 약속했지만 사실은 김 후보 자신도 내심 내각제에 반대하고 있었다. 선거 과정에서 김 후보를 단독으로 대면할 기회가 있어 내각제에 대한 김 후보의 의향을 물어보았다. 내각제가 되면 국회의원들이 재벌에 예속돼 금권정치가 될 우려가 크다면서 반대 의견을 분명히 밝혔다. 1년에 몇천억 원, 몇조 원씩 벌어들이는 재벌들이 국회의원들을 상대로 은밀하게 로비를 벌이면 국회의원들 형편으로 보아 그것을 이겨낼 의원이 많지 않고 결국은 몇몇 재벌 의도대로 국회와 내각책임제가 원격조종될 가능성이 높다고 말했다. 정치 현실을 꿰뚫어 본 통찰이었다. 장기적으로 보면 내각제로 이행해야 하나 현실적으로는 우리 정치가 수준 높은 내각제를 하기에는 아직 이르다는 의견이었다.

내각책임제 개헌 문제를 놓고 김 대통령과 선생님의 의견이 상반됐으나 평소 두 분은 의기상투했고 서로 신뢰하면서 친숙하게 교유했던 것으로 알고 있다. 김 대통령은 선생님의 권고와 아이디어를 겸허하게 받아들이는 사이였다고 한다.

내가 1996년 15대 총선에 출마했을 때 정치적 자질이 없는 내가 걱정되셨던지 김대중 총재에게 나의 공천을 각별히 부탁하셨다는 이야기를 나중에 전해 들었다. 선거 때는 나의 선거구 김제까지 먼 길을 몸소 내려오셔서 격려해 주셨다. 상당액의 후원금까지 주고 가셨다. 당선 후 찾아뵈었을 때는 "시간을 아껴 공부하는 의원이 되라"고 당부하시기도 했다.

1966년 내가 동아일보사에 입사한 후 서울대학교 대학원 사회학과 B코스(신문학 전공)를 다니고 있을 때 「동아일보」 논설위원이셨던 선생님이 강사로 출강하셨다. 담당 과목은 미국의 언론이론을 소개하는 것이었다. 그러나 그것보다는 언론의 자유가 왜 국가와 사회 발전에 필수적인가를 중점적으로 가르치셨다. 그리고 언론인은 사실과 진실을 추구하고 그것을 정확하게 기록하는 것을 사명으로 해야 한다고 강조하셨다.

감동적인 강의를 들은 지 어언 50년 가까이 된다. 그러나 그 말씀들이 아직도 생생하게 내 가슴에 살아있다. '사실과 진실', 그것이 선생님 자신이 추구했고 또 후학들에게 전하고자 했던 최고의 가치요 명제였다고 외람되이 확신한다.

# 자랑스러운 글로벌 언론인의 귀감

한승헌 (변호사, 전 감사원장)

　-가신 지 벌써 1년이 지났는가? 이 글을 쓰(치)려고 자판에 손을 얹으니 박 선배님의 미소 띤 생전의 모습이 영상처럼 떠오른다. 반사적으로 나는 목례를 드렸다.

　나는 고교 시절에 언론인 지망생이었다. 지금도 모교의 학적부(생활기록부)에는 나의 지망란에 '언론인'이라는 기재가 남아 있다. 나는 6 · 25의 처참한 전란이 겨우 휴전으로 봉합되던 그 해에 대학에 들어갔는데, 마음 약하게도 언론인의 꿈을 접어야 했다. 전쟁의 상처가 혼란과 부패로 덧나가던 풍조 속에서 내가 올바른 언론인의 길을 지켜나갈 자신이 없었기 때문이었다. 그래서 생각지도 않았던 법조인이 되었는데, 그 뒤에도 언론인에 대한 선망은 달라지지 않았다.

　그 무렵 내 마음에 부러움과 함께 이상형으로 다가온 분이 고교 4년 위인 박권상 선배였다. 이 분은 거개의 언론인과는 달랐다. 박 선배는 그때만 해도 흔치 않았던 유력지의 해외 특파원으로서 세계의 동서를 화려하게 주름잡던,

요즘 말로 하면 '잘 나가는' 글로벌 언론인이었다. 나는 박 선배가 쓴 기사나 글을 관심 깊게 읽으면서 부러워했다. 영어에 능통한 국제통으로서의 넓은 시야, 깊은 통찰, 민주주의에 대한 신념 등이 나를 매혹시켰다.

해외 특파원으로 활동하다가 잠시 귀국하거나 아예 임무를 마치고 돌아오면, '우물 안 개구리'에게 이런저런 신선한 이야기를 들려주곤 하셨다. 국내의 독재와 탄압에 대한 해외의 평판을 알려주면서 비판과 개탄을 쏟아 놓기도 하셨다.

## 사진 한 장, 헤이그의 "한승헌 석방하라"

1975년, 박정희 유신통치하에서 내가 시국사건을 변호하다가 반공법으로 구속되어 징역을 살고 나왔을 때, 박 선배는 해외에서 입수한 사진 한 장을 내게 주었다. 국제앰네스티(범세계적으로 정치범 구원운동을 벌이는 국제 민간단체) 네덜란드 지부 회원들이 헤이그 한국대사관 앞에서 '한승헌을 석방하라'고 적힌 플래카드를 들고 시위를 하는 장면이었다. 정치적 박해로 고난받는 후배를 잊지 않고 배려하는 선배다운 손길이 무척 고마웠다.

박정희 정권의 탄압 아래에서도 민주 언론의 대도를 걸었던 그와 10·26 후 전두환 군부 세력에 의해서 다 같은 실업자의 처지에서 함께 분노하고 동병상련하면서 자주 만나게 되었다. 박 선배가 중심이 되어 고등학교 동문 언론인을 중심으로 '전언회'를 만들 때, 나는 선배의 말씀에 따라 그 모임의 간판을 써 주었다. '기린회'라는 동향 출신 인사들의 친목 모임을 발족시킬 적에는 전문 6조의 한국에서 가장 짧은(?) 초미니 정관을 만들기도 했다.

박 선배와 함께한 연례 이벤트도 있었다. 해마다 신정 첫날, 박 선배와 김진배 형(전 「경향신문」 논설위원) 그리고 나, 이렇게 셋이서 순회하는 세배

행각이었다. 세배를 드리는 대상은 당시 이 나라의 지도적 야당 정치인 세 분이었다.

맨 먼저 동교동의 김대중 총재 댁을 들르고, 그다음으로 상도동의 김영삼 총재 댁을, 그리고 방배동의 이철승(소석) 대표 댁-이런 순서로 세배 순례를 하다 보면 점심은 방배동의 소석 선배 댁에서 떡국으로 때우곤 했다. 세배객으로 붐비는 가운데서도 세 분 다 아주 반갑게 환대를 해주는 것이 박 선배에 대한 예우 덕이라고 생각되었다. 그 세 분은 1970년대 초반의 박정희 독재 시절, 야당인 민주당의 40대 기수로서 화려한 무대를 주름잡았고, 그러면서 경쟁과 협력의 관계를 이어가고 있던 정치 지도자들이었다. 우리 셋은 굳이 이념이랄까 정신적 거리로 말하자면 DJ 쪽에 가까웠지만, YS의 민주화 투쟁에 대해서도 존경심과 유대감을 갖고 있었다. 나의 고교 대선배인 소석은 박 정권과의 '중도통합론'으로 일부의 비판을 받고 있었으나, 동문 선배로서의 따뜻한 정과 리더다운 인간성에 끌려 각별한 선후배 관계를 유지해 오는 터였다. 그 세 지도자는 특히 박 선배에게 매우 정중했으며, 그런 환대에서 그 분의 무게랄까 위상을 실감할 수 있었다.

1988년, 박 선배는 6공(노태우 정권)으로부터 KBS 사장 자리를 제의받았지만 이를 한 마디로 사절했다. 그리고 다음 해 창간된 주간지 「시사저널」의 주간으로 작은 언론 현장에 복귀한다. 그때 나는 박 선배의 권유로 그 잡지 맨 끝장에 들어가는 칼럼의 고정 필자가 되어 시사성 있는 글을 썼다. 그 시사주간지는 남북관계 기사를 둘러싸고 정권과 더러 충돌하였고, 심지어는 '빨갱이 잡지' 운운의 중상까지 받아가면서도 굳건히 잡지언론의 새 지평을 열어나갔다.

1998년, 김대중 정부 출범 후 박 선배가 KBS 사장으로 취임한 뒤에는 많은 고생을 하였고 터무니없는 비난도 받았다. '국민의 정부' 출범 후 김대중 대통령의 간청으로—6공 때에는 사절했던—그 자리를 받아들였으나 IMF 위기 속의 구조조정과 방송언론의 개혁이라는 험난한 과업을 떠맡은 탓으로 그는 많은 저항과 비난에 부딪혔다. 막강한 공영방송의 구조개혁에는 체질화된 기득권과 방만한 운영에 대한 칼질이 불가피했는데, 그 고역 내지 악역을 박 선배가 맡게 되었던 것이다. 한국 언론의 상징적 원로이자 민주언론 쟁취의 지사이기도 한 박 선배에게 그 중책은 영광보다는 시련의 무대였다. 심지어 노조의 풍물패가 사장실로 통하는 복도 양편에 포진하여 오가는 사람조차도 당혹스럽게 만들었다.

## 80년 해직 "하늘이 내린 축복"

박 선배는 가끔 나에게 전화를 걸어 고생담과 푸념을 쏟아 놓으시곤 했다. 오죽하면 후배에게 그런 하소연을 할까 생각하니 딱한 생각도 들었다. 한번은 "못 해먹겠다."는 개탄까지 하시기에 "그럼 간단하고 좋은 방법이 있습니다."라고 응답(?)을 했다. 그게 뭐냐고 물으시기에 "사표 내고 그만두시면 되지 않아요?" 이렇게 농반진반으로 말을 잇자 "그럴 자유라도 있으면 얼마나 좋겠어?" 라는 말씀이 돌아왔다. 박 선배의 딱하고 답답한 처지가 응축되어 있는 공인으로서의 '신세타령' 이었다.

박 선배는 전두환 군부가 들어서자 거의 30년이나 되는 언론인으로서의 천직을 빼앗기고 무직자가 되었지만, 그러나 내가 보기에 그는 결코 불행한 추방자는 아니었다. 오히려 그런 핍박의 와중에서 아무나 누리기 어려운 보람 있는 기회를 얻게 된다. 미국의 우드로 윌슨 센터, 버클리의 캘리포니아대학, 조지워싱턴대학, 영국의 옥스퍼드대학 같은 데서 연구생활을 했는가 하면, 프랑스 영국 일본 등 여러 나라를 누비면서 세계적 지도자와 석학들을 만나고 또 취재도 했다. 이처럼 폭넓은 연구와 활동의 기회는 아무에게나 오는 것이 아니었다. 고난의 시기에 누린 그런 축복을 놓고 박 선배 자신도 '비참하면서도 화려하다고 말할 수 있는 낭인 생활'이었으며 '하늘이 내린 축복'이라고 했다. 실력과 신념이 뛰어나고 세계의 지성들과 마주할만한 역량과 품격을 갖춘 언론인이었기에 가능한 일이었다.

박 선배의 영국 민주주의에 대한 지론과 저술은 특히 유명하다. 『영국을 생각한다』, 『대권이 없는 나라』 같은 책은 군부독재에 짓밟히고 불법한 '대권'이 판을 치던 한국에서 우리 자신이 지향하고 성취해야 할 목표가 무엇인지를 깨우쳐 준 명저이기도 했다.

참 언론인의 길, 참 지식인의 길을 펜과 몸으로 극명하게 보여주고 가신 박 선배를 많은 사람들이 추앙하는 것은 그의 글과 삶이 남달리 순결했기 때문이리라. 박 선배에게 부러운 또 하나의 복은 보기에도 아름다운 가족 간의 무한한 사랑이다. 박 선배의 오랜 와병 중에 사모님께서 보여주신 헌신과 자녀들의 지극한 효성에 대하여 진심으로 경의를 표한다.

제 3부

# 추억. 사랑. 그리움

**추억…**

박 주간에 대한 이 생각 저 생각 – 소설가 최일남      429

**사랑…**

이제라도 사랑한다는 말을 꼭 하고 싶어요 – 아내 최규엽      441

**그리움…**

드리고 싶었던 편지 – 장녀 박소희      452

영국과 아버지 – 차녀 박소원      460

직업은 '자유기고가' – 삼녀 박소라      465

수정같이 맑은 인생 아깝고 그립습니다 – 처제 최규경      469

추도식에서 읽은 고인이 좋아했던 시

"이니스프리 호수섬" – 외손자 인호 애글리 번역      472

수목장 樹木葬 – 시인 김경명      474

우뇌적인 탤런트의 아버지 – 장남 박일평      475

# 박 주간에 대한 이 생각 저 생각

최일남 (소설가, 예술원 회원)

박권상 주간과 함께한 세월이 참 길다. 그만큼 이런 계제에 보낼 얘기가 많다면 많은데 기억도 사람 나름이다. 내 경우는 너무 자질구레하고 산만하다. 언론으로 시작하여 언론으로 종신(終身)한 고인의 꼿꼿한 생애와 굵은 내력보다는 알아도 그만이오 몰라도 대세에 지장이 없는, 이를테면 당신의 취미나 성벽(性癖) 등이 먼저 내 안에서 건방을 다투기 쉽다.

등잔 밑이 어둡다는 말이 그러자 생각난다. 해서 대칭을 이루는 것이 '등잔 뒤가 밝다'는 반어법인지 모른다. 가까이서보다는 좀 떨어져 보는 것이 상황 판단에 더 유리하다는 인식 말이다.

서투른 숙수가 안반만 나무란다고 했던가. 혼자 이러쿵저러쿵 미리 자발 떠는 모양이 멋쩍은 가운데 박 주간에 관한 자료를 챙기다가 새삼 놀랐다. 군사정권의 포악 속에서 이 땅의 언론을 걱정하고 갈 길을 제시하는 글이 엄청났기 때문이다.

1980년 해직 이후에 쓴 단행본만 20여 권이다. 신문 잡지와 갖가지 저널에 실은 단발성 칼럼이 2천 꼭지에 가깝다. 밥 먹고 맨 언론 생각만 한 폭이다.

일필휘지 속필에 글자가 아주 컸다. 그것과 박 주간의 다작(多作)은 물론 상관이 없다. 하지만 언젠가 한번은 그 점을 들어 나보다 세 살 많은 동향 선배요, 대학이나 신문기자로도 항상 내 위에서만 노는 분에게 실없이 농을 걸었다. '박 흘림체'로밖에는 설명하기 무엇한 유동성(流動性) 필체에 대해서.

"아니 2백자 원고지의 줄은 왜 있고, 촘촘한 칸은 공연히 나눴겠습니까. 한 자 한 자를 네모 안에서만 또박또박 적으라고 있는 건데, 글씨를 그렇게 크게 쓰면 한 줄에 서너 칸은 매번 거저네요?"

내 억지에 지체 없이 맞선 박 주간의 응답이 그러자 기막혔다.

"뭔 소리여. 소설가들은 퀘션 마크만 달랑 찍어 줄을 삼고, 어떤 때는 점 서너 개로 행수(行數)를 늘리잖아. 대화체로 나갈 때."

세 권짜리 『영국을 생각한다』 시리즈를 꾸미면서 얻은 영국식 유머인가. 『미국을 생각한다』와 더불어 큰 인기를 모았던 에세이스트 박권상의 다른 일면을 떠올리게 했다.

그건 그것대로 이따가 다시 언급하겠지만, 언론일변도로 사서 고생을 한 박 주간의 언행록도 매양 굳은 표정으로 일관하지는 않았다.


박 주간이 피난수도 부산에서 입사시험을 치르고 합동통신에 들어간 것은 1952년 봄이었다. 서울대 영문과를 졸업한 것도 바로 그해다.

한데 30여 명의 영문과 입학생 가운데 졸업장을 탄 학생은 박 주간을 포함한 다섯 명이 전부다. 문리대 동창회 명부(1974년 2월 현재)에 그렇게 나와 있다. 다른 과도 사정은 비슷해 보였다. 딱 한 사람의 이름만 올라 있는 과도 더러 눈에 띈다. 6·25 탓이 제일 크리라.

내가 같은 대학 국문과에 들어간 것도 같은 해(1952년) 봄이었다. 지방 학생들은 저 사는 도청 소재지의 전시연합대학에서 1년간 수강할 수 있었으나 신입생 등록은 별도였다. 반드시 피난살이 본교에서만 받았다.

전주에서 부산까지 갈 일이 막막했는데 도청 간부인 지인의 부산 출장 지프에 편승하는 요행을 만났다.

꼭두새벽에 떠났다. 남원, 함양을 거쳐 종일토록 먼지 속을 달린 차가 야밤의 부산 시내로 진입하자 산자락을 타고 내린 전깃불이 특히 번쩍번쩍 빛났거늘, 자고 나서 보니 거의 다 하꼬방이었다. 서울대 교사는 그나마 단과대학별로 흩어져 있었다. 문리대는 구덕산 밑이었다.

부랴부랴 등록 절차를 끝내고 늦은 석양녘에 여수로 가는 큰 여객선을 탔다. 다음 날 아침의 전라선 열차에 대어 갈 요량이었다.

한밤의 배는 통영에서 손님을 더 태웠는데, 여객선이 선창에 닿기도 전에 저마다 등불을 밝힌 수십 척의 조각배가 우 몰려들었다. 선객들에게 음료나 요깃거리를 팔기 위한 경쟁이 장관이었지만 손에 든 건 대부분이 김밥이었다. 그것이 '통영 김밥'의 시초였다고 나중에 들었다.

그로부터 채 1년이 안 되는 정월 어느 날, 당시로써는 전대미문인 창경호(昌慶號) 침몰 사건이 터졌다. 내가 탔던 배 아닌가!

1953년 1월 9일이었다. 승객 369명을 태우고 오후 2시에 여수항을 떠난 창경호가 그날 밤 10시 20분경, 부산 다대포 앞바다에서 가라앉은 것이다. 풍파에 휩쓸린 탓이었다. 육지와의 거리는 불과 2백 미터밖에 안 되었다(「해방 20년」, 1975, 세문사).

까마득한 옛이야기를 이런 자리에서 되뇌다니 난데없지만 연대(年代)를 넘어 똑같은 우리 사회의 끔찍한 인재(人災)가 거듭 원통하다.

그때도 생존자 7명 중 선장을 포함한 선원은 4명이되, 승객은 단 3명뿐이었다.

그때도 침몰의 가장 큰 원인은 낡은 배에 너무 많은 화물을 실은 탓이었다.

그때도 20년 전에 화물운반용 범선으로 건조한 배를 객선으로 변조한 사실이 곧 드러났다.

그때도 선장은 배에 탄 승객 수조차 제대로 몰랐다. 369명을 230명이라고 말했다.

그때도 아무개 교통부 장관은 이 참사를 불가항력의 천재지변으로 돌렸다. '조금도 인위적 소루(疏漏)'가 없다고 어려운 한자까지 섞어 발표했다가 곧 물러났다.

한번 검으면 흴 줄을 모른다는 옛말이 반세기를 훨씬 넘어 오늘날의 '세월호'로 고스란히 재현된 꼴이다. 그러나 지금처럼 뒷감당조차 제대로 못 하고 죽을 쑤지는 않았다.

당시의 제2대 국회는 즉각 조사단을 꾸며 한 달도 되기 전에 벌써 6개 항목의 사고 원인을 캐냈다. 법무부는 특별처벌법을 제정하여 책임자는 최고 사형까지 받도록 방침을 세웠다.


1952년 봄에 기자의 첫발을 뗀 박 주간은 몸도 마음도 많이 들떴을 터이다.

마침 '백골단', '땃벌떼'들이 삐라로, 데모로 한참 부산 시내를 누비던 무렵이었다. 여담이지만 땃벌은 땅벌의 사투리다. 같은 과(科)에 속하는 말벌에 비하면 크기도 독침도 어림없다. 따라서 애초부터 '말벌떼'라고 해야 옳았다. 걸핏하면 요즈음도 119를 부를 만큼 대단한 말벌의 위세를 당시는 미처 몰랐는가. 그제나 이제나 폭력은 말발이 '쎈' 단어를 좋아한다. 애들 문자로 '무데뽀'로 잘 놀아 점잖은 국민들을 웃긴다.

해방공간의 오만가지 삐라는 더더욱 희한하다. 아니 살아낸 역사의 도막 도막을 재음미하게 만든다. '싸우자'를 '싸호자'로 적은 것도 있다. '격(檄)' 자 하나를 긴 성명서의 제목으로 삼은 것이 되게 흔하다. 「조선신문기자회준비위원회」 안내장은 고색창연한 한문 투로 일관한 데에다 단 한 번도 띄어쓰기를 안 했다.

30여 년 동안 모은 443건의 온갖 전단을 원본 그대로 컬러 인쇄한, 「삐라로 듣는 해방 직후의 목소리」(김현식·정선태 편저, 2011, 소명출판)에는 이런 식으로 웃기는 글줄이 수두룩하다. 그러나 문제는 거기서 그치지 않는다. 한 시대의 생생한 육성과 갈등과 고통이 고스란히 묻어나는 책이다. 그 노력이 어딘가. 내 근력으로는 그걸 들고 백 미터도 걷기 버거울 정도인, 타블로이드판의 무게와 더불어 값진 사료집이다.

모든 기관이 부산시대를 접고 수도 서울이 웬만치 자리를 잡아가던 어느 날, 나는 을지로 네거리 근방의 합동통신 본사로 박 주간을 찾았다. 상경 인사차 들렀던 것인데 어느덧 기자 티가 역력히 박인 모습이 새삼 돋보였다. 통신사의 국회출입기자끼리 주고받는 말투가 그리고 놀라웠다. 신익희, 조병옥, 곽상훈 씨 등 거물들 이름을 누구네 집 아이 이름 부르듯, 스스럼없이 입에 담았으니 말이다.

박 주간의 그 후 행보와 선각(先覺) 언론인 구실은 더 언급할 것이 없다. 선택된 외유 기회를 잘 누리고 정성스레 소화한 분들이 만든 '관훈클럽'의 상징성에 대해서도 나는 더 할 말이 없다. 그 방면에 대한 정보나 지식이 얕고, 기왕에 나온 여러 연구가 여간 많기 때문에 더욱 그렇다.

내 취향으로는 몇몇 분의 하숙집 이름을 딴 '관훈클럽'이 귀에 대뜸 솔깃

했다. 소박해서 좋고 너무 서두르거나 나대지 않는 모양이 듬직해 보였다.

발상의 현실화가 어디 우악스럽기만 하던가. 그렇다면 대를 이어 연면한 클럽의 역사를 받들되 선배들이 당초에 내세운 본래의 뜻을 지금 기자들은 어떻게 이어가고 있는지, 조용히 생각함직도 하다.

부수적인 현상으로 돌리면 그만이겠으나, 미국의 선진 언론을 몸소 경험한 이들이 당시에 동경하고 지향했을 개혁 의지는 우리 언론에 기식(寄食)하던 왜색 밀어내기 역할마저 은연중에 했다고 믿는다.

과장이 아니다. 그 시점을 전후하여 예사로 나돌았던 일본어 투 기사와 신문용어가 어지간히 많았다. '사쓰마와리'를 비롯한 '와리쓰께(layout)', '미다시(제목)', '다찌끼리(내리닫이형 편집)', '하꼬구미(box)', '죠오찡(아부하는 기사)', '게라스리(교정쇄 · galley)' 등등 다양했다.

물론 소소한 말본새에 지나친 비중을 둘 건 없다. 전문용어의 일제(日製) 잔재가 분야마다 시글시글했지만, 이때부터 언론계의 세대교체 기운이 서서히 고개를 든 것도 사실이다. 그리고 보면 박 주간의 그 많은 글 중에 일본은 거의 없다. 찾아보기 어렵다.

이와는 좀 다른 각도에서 확인하는 문인과 신문사의 서로 돕기 관계는 아주 오랫동안 유지되었다. 신문이 상대의 인문 기능에 맞바로 의지했다면, 영입된 당자는 아심찮은 취직자리로 여기기 십상이었다.

그렇다고 아무에게나 해당되었던 관례가 아니다. 기왕의 지명도에 바탕을 둔 선택 기준이 한정적이었다. 두 번이나 동아일보 편집국장을 지낸 춘원은 사설, 소설에, '횡설수설'까지, 어떤 때는 지금은 사라진 '장침 단침'까지 사설(四說)을 쓰는 격무에 시달렸다.

우연한 기회에 동아일보 사회부장 자리를 차고앉은(1948년 봄) 미당(未堂)은, 취재 기자들의 문장이나 고치고 지내다가 부하 하나 없는 문화부장으로 좌천(본인의 말)된다. 거기서도 너무나 할 일이 없어 쓴 시가 '향단아 그넷줄을 밀어라' 로 시작하는 「추천사(鞦韆詞)」다. 그렇게 1년 남짓을 용케 버텼다.

주필 정지용, 편집국장 염상섭 체제로 나간 경향신문 창간은 가위 파격이다.

일본 작가 중에도 기자 경력을 지닌 사람은 적지 않다. 나쓰메 소세키(아사히신문), 이노우에 야스시(마이니치신문), 시바 료따로(산케이신문) 등 많지만, 우리가 그런 것까지 닮았다고 굳이 비교할 건 없다.


박 주간이 신문기자를 애초에 선택한 이유는 이 직업의 리버럴한 성격이 그만큼 좋아 보였기 때문이다. 게다가 자기 능력을 한껏 발휘할 수 있는 기회가 많아 마음이 끌렸다고 했는데, 당시의 리버럴 풍조는 젊은 지식인들이 단골로 선호했던 말이자 바람직한 의식의 한 거처였다.

발설한 본인조차 기연가미연가 자신 없어 했던 실존주의가 한편에 있었다. 탁상용 논란거리로 행세하기 일쑤였거니와 박 주간의 리버럴 마인드와는 처음부터 거리가 멀었다. 그런 경향성 언어의 사치를 싫어하고, 자유주의적 사고방식 억압에 맞서는 언론, 그만큼 책임의식이 있는 언론을 강조하고 나섰다. 그것이 자신의 성품과도 맞아떨어진다고 치부했을 공산이 크다.

장장 50여 년의 언론인 생활에 그처럼 헌신하다가 마지막 3년을 넘어 4년째로 접어드는 말년을 병상에서 보냈다. 하여 무의식 상태로 누워있는 박 주간의 따뜻한 손을 만지고 발을 더듬으면서 나는 생각했다. 이 양반은 이 순간에도 언론 걱정을 하고 있을지 모르겠다고 넘겨짚던 일이 어제 같다.

다 아는 대로 통신사, 신문사, 주간지, 방송국 등 '언론 4사'를 두루 거친 박 주간은 한시도 현실정치에서 눈을 뗀 적이 없다. 정치부 기자나 편집국장 시절은 말할 나위 없다. 논설위원 때도 정치 담당으로 일관했다. 그만치 역대

독재 정권의 미움을 살밖에 없었는데, 박 주간의 동아일보 18년(1962~1980)
은 막 가는 정권의 전횡이 날로 기승을 부리던 시절과 맞물린다.

나는 박 주간보다 한 해 늦은 1963년 봄, 당시의 천관우 편집국장 덕에 동
아일보 사원이 되었다. 그때부터 줄창 한솥밥을 먹었지만 서로 맡은 일이 달
라 사내에서는 박 주간과 같이 자주 어울린달지 한가롭게 담소를 나눌 기회
가 드물었다. 문화부장의 이력으로 편집국장 박권상, 논설위원 박권상의 고
통에 찬 나날이나 찔끔 인용하고 앉았는 이 시간이 그래서도 퍽 무렴하다.


어떤 일에 한결같이 종사하는 것도 쉽지는 않다. 그건 그것대로 미덕이되
자칫 매너리즘에 빠지기 쉽다. 해묵은 관례에 덜미 잡혀 그냥저냥 지낼 수도
있는데, 내가 겪은 박 주간은 일상생활에서도 자기 단속의 강단이 센 편이었
다. 삶의 요소요소에서 보여 준 크고 작은 결단이 매우 당찼다.

멀리 갈 것이 없다. 한 20년 동안 매일 서너 갑씩 피우던 바이스로이(일명
공군담배)를 하루아침에 딱 끊었다면 알조다. 그것도 동아일보 편집국장이
되던 해인 1971년 1월 1일을 기해서(김진배 인터뷰집 『사람을 알고 사람을
말하라』 박권상 편).

술은 원래부터 맛이 없어 재미를 못 붙였다니 좀 알쏭달쏭하지만 믿을 밖
에 없다. 현진건의 단편 「술 권하는 사회」를 떠올릴 것 없이 기자와 술은 얼
마나 단짝이었는데. 그 바람에 나 같은 약골도 무교동의 술깨나 축내고 다녔
는데.

이런 사연이야 어떻든 박 주간은 늘 부지런했다. 역경에 앉아서도 격에 맞
는 일을 꾸미고 궁리를 거듭하여 조용히 실천하고자 애썼다. 그만한 선지식
(善知識)의 한 본으로 런던 특파원 4년간(1973년 10월~1977년 8월)의 증험

인 세 노작(勞作)을 들어야겠다.


　맨 처음에 『영국을 생각한다』가 나왔다(79년 말). 『(속) 영국을 생각한다』, 『영국을 다시 본다』가 뒤를 이었다. 여세를 몰아(?) 『미국을 생각한다』(1985년 9월)가 대서양을 넘으면서 '생각한다' 시리즈는 일단 막을 내린다.

　자매 편의 느낌을 주는 『미국을 생각한다』는 제목만 비슷할 뿐 글의 성격은 다르다. '영국 이야기' 세 권도 겉으로 보기에는 릴레이 경주의 세 주자가 바통을 주고받듯이 따로 쓴 것처럼 보이지만, 앞의 두 권은 「신동아」에, 마지막 책은 6년 후 「여성동아」에 각각 실은 것이다. 차분한 관찰과 천착의 결과를 에세이 풍으로 부드럽게 다듬어 반응이 컸다. 거의 다 재판, 3판씩 찍었다.

　싱거울 정도로 간단한 영국의 정권교체 순간이 아름답다고 썼다. 옥스퍼드 대학 교수회의가 모교 출신 수상들에게 으레 주던 명예박사 학위를 대처수상만은 매몰차게 뺐다. 그 이유가 정부의 보조금 삭감 탓이었다니 우습다.

　「더 타임스」는 곧 '영국'이고, 「디 옵서버」는 왜 가장 권위 있는 일요신문으로 꼽히는가를, 「더 가디언」은 어째서 고급지의 대명사로 추앙받는가를 줄줄이 설명했다. 「더 타임스」 사주인 톰슨 경과의 인터뷰에서는 그분의 '동아 사태'에 대한 관심에 유의하고 있다.

　별도의 장(章)으로 특별히 길게 서술한 「BBC를 생각한다」와 훗날의 KBS 사장을 상상하는 것은 얼토당토않다. 하지만 무엇에 씌듯이 현실화된 기연 (奇緣)에 함소하는 독자도 더러 있기는 있을 테다.

　거듭 나만의 시답잖은 상상력 탓일지 모르겠으되, 그밖에 수다한 영국문화 섭렵은 고등학교 시절의 미술반장 박권상을 또 떠올리게 한다. 그림 쪽으로 꿈을 키운 자신과 법대를 고집하는 맏형이 맞선 끝에 낙착을 본 것이 영문과

였기 때문이다. 그러나 사람의 초심은 미련의 꼬리가 꽤 긴 법이다. 일시적으로 다만 사라질 뿐, 그럴만한 분위기나 환경을 접하면 소싯적 한때를 은근히 그리워하기 마련이다.

박 주간의 '대영박물관', '로열발레단' 이야기 등을 그런 느낌과 함께 읽었다. 늘그막에 모처럼 조우한 인접(隣接)문화로 일찍 작파한 소년의 모습을 내 맘대로 되짚었다.


80년 이후 30년간의 박 주간 후반생은 새로운 면모로 차라리 다채로웠다.

전반생은 어쨌거나 큰 신문의 든든한 배경 속에서 지지고 볶았다. 그게 어딘가 싶거늘, 그런 조직을 떠난 다음의 개인은 물 밖에 난 고기 신세나 다름없다. 당장의 생계도 걱정이지만 아무런 마련 없이 홀로 서서 응시하는 눈앞이 적막하고 아득했을 것이다.

허장성세라고 했다. 언론쟁이들은 그 점에서 워낙 약하다. 현직일 때는 자유분방의 세계가 엔간히 그럴싸하되, 일단 끈이 떨어지면 왕년의 동료마저 냉랭한 내림이 이 동네의 어설픈 등식이다.

한데 박 주간은 그런 경황을 무릅쓰고 힘껏 일을 꾸미기 잘했다. 그러자면 우선 사람을 만나야 하는데 그건 '노 프로블럼'이다. 죽치지 않고 역경을 잘 견디면서 새로운 앞길을 적극 헤쳐나갔다.

처음에는 우선 떨려난 동료끼리 정기적으로 등산을 다녔다. 말이 등산이지 산책의 연장이었다. 서울대 뒷문 쪽에서 관악산으로 휘는 코스를 줄창 택하되 주봉격인 영주대(靈珠臺)는 그야말로 족탈불급이었다. 한 번도 오르지 못했다. 등산 경력이 길어 리더를 자처한 나는 그런 산행이 영 선찮았으나 그나마 최초의 제안자는 박 주간으로 기억한다.

1989년 장지연기념회를 창립한 것도 박 주간이다. 일찍이 장지연선생기념회(현 회장 이종석 · 전 동아일보 논설실장)를 만들어 연에 한 번씩 언론상, 한국학상, 방송상 수상자를 뽑아 시상하고 있다.

바로 그해에는 또 「시사저널」 창간을 주도한다. 주간지가 자리를 잡으면서 조직한 여야 정치인들의 모임은 귀로만 들었다. 한국판 타타담담(打打談談) 형식이었을까.

관훈클럽 이래로 마음에 두었을 별별 아이디어의 실천 능력이 아무튼 대단했다. 흥뚱항뚱 세월을 까먹지 않고 더 나은 선택을 위해 힘썼거늘, 그중에 제일 괜찮았던 것이 신디케이트 칼럼이다. 박 주간이 처음 얘기를 꺼냈을 때는 무슨 소린가 했다. 말뜻조차 아주 모르는 건 아니었으나 우리나라 형편에 될 법이나 한가? 턱도 없으리라고 도리질 쳤다.

착각이었다. 박 주간을 앞세운 우리 쪽 제안이 쉬 먹힌 것이다. 그래서 네 사람의 필자(박권상, 김용구, 정운영, 최일남)가 전국 주요 도시의 6~8개 지역신문에 매월 1회, 또는 2회씩 칼럼을 쓰게 되었다. 91년 5월부터 당장.

각자의 분야도 대강 정했다. 박 주간은 정치, 김용구 전 한국일보 논설위원은 사회, 정운영 전 교수는 경제, 최일남은 문화를 맡았지만, 엄격히 소관을 나누지는 않았다. 넷이 다 해직자라는 게 특징이라면 특징이었다.

1991년 11월 1일 자 「신문과 방송」은 당시 사정을 이렇게 전했다(정봉근 기자).

"우리나라에서는 처음으로 신디케이트 칼럼니스트(Syndicate Columnist)가 등장, 언론가의 화제가 되고 있다. 박권상, 김용구, 최일남, 정운영, 네 사람이 그 주인공. 이미 중앙지를 통해 독자들에게 잘 알려진 인기칼럼니스트인 이들은 각각 매월 1~2개의 칼럼을 5~8개 지방신문에 싣고 있다.

7개월 정도 시행해본 현재 신디케이트 칼럼 시도에 대해 고객신문들은 한결같이 성공적으로 평가하고 있다."

이메일(email)이 없던 무렵이라서 2백자 원고지 15장가량의 육필원고를 신문사별로 보내는 날은 종일토록 팩스를 끼고 살았다. 반대로 내 은행통장에 찍혀 나오는 각 게재지(揭載紙)들의 송금 내역 확인은 기쁨 배가의 순간으로 흡족했다.

창간한 지 얼마 되지 않는 「제민일보」에서는 네 필자를 부부동반으로 초청하여 일박이일의 제주도 여행까지 시켜 주었다.


잡다한 군소리를 어설프게 주절주절 늘어놓았나 보다. 민망하고 허전한 시간이 마침내 덧없다.

그래서도 뼛가루를 고향인 변산 바다에 뿌려 달랬던 박 주간의 트인 활달이 다시없이 시원하다. 고인의 그같은 유지를 받드는 차원에서 남은 가족들의 생각을 아우르면 더 좋으리라 생각했다.

어떻든 경기도 안성땅의 어느 소나무 밑에 그는 지금 두어 줌의 골분으로 있다. 바다 대신 어른의 주먹이 들랑거릴 만큼의 구멍을 내고 묻은 땅속에서 영면에 들어간 것이다. 묘지는커녕 석물 하나 없는 야산의 잔디밭인 까닭에 소나무 가지에 매달은, 반명함판 크기의 이름표 없는 유가족조차 그 장소를 찾기 어렵다. 지난 추석 전에 다시 갔을 적에도 사정은 마찬가지였다.

그런 광경이 신선했다. 풍경 또한 아름다웠다. 맞다. 그는 죽어 풍경이 된 것이다. 이만하면 됐다. 더 이상 무엇을 바라랴 싶은 무언의 탄성이 저절로 나왔다. 잔잔한 바람이 앞앞이 망자를 품은 야트막한 야산의 소나무 가지들을 살랑살랑 흔들었다.

# 이제라도 사랑한다는 말을 꼭 하고 싶어요

아내 최규엽

1956년 4월 말, 이화여대 약대 4학년 졸업반 시절에 그를 처음 만났다.

우리 할머니와 친정아버지, 박권상 씨와 그의 친구 박영준 씨, 진기홍 씨, 그리고 나 이렇게 모두 여섯 명이 함께 식사를 했다. 식사 도중에 갑자기 전기가 나가자 촛불을 켜고 밥을 먹었다. 실내가 어두워 그의 얼굴을 제대로 볼 수도 없었다. 평소 거침없는 성격의 우리 할머니께서 '우리 집안 딸들에게 기자 남편감은 안 된다'고 하셨다. 처음 보는 그에게 무안을 주신 거고 판이 깨지는 말씀을 하신 거다. 나중에 그로부터 들은 얘긴데, 그 순간 뛰쳐나가고 싶었지만 차마 용기가 없어서 나가지 못 했다고 했다. 하지만, 왠지 모르게 나는 첫날부터 그에게 마음이 끌렸다. 다시 그와의 만남이 기다려졌다.

다시 두 번째로 그를 만난 건 광주에서 친정어머니가 서울에 올라왔을 때다. 셋이서 함께 밥을 먹었다. 어머니는 바로 들어가시고, 그와 단둘이서 단성사에서 상영하는 영화 '황태자의 첫사랑'을 봤다. 하지만 밤 10시가 되자 더 이상 극장에 앉아서 마저 영화를 보지 못하고, 영화 도중에 기숙사로 돌아와야 했다. 그가 정신여고까지 데려다 줬다.

그 뒤로는 늘 기숙사로 편지가 날아왔다. 지금도 보관하고 있는 수신인 '최규엽 양'이라고 쓴 그의 편지들. 만나기로 약속한 날은 긴 편지가 왔다. 어디서 만났으면 좋겠는데 못 나오겠으면 연락을 달라고. 좋다는 소린지 나쁘다는 소린지 모를 편지들이었다. 그는 사랑 표현이 서툴렀다.

그를 만나면 주로 식사를 했는데, 백조호수라는 그릴과 이학이라는 일식집에서 몇 번 식사를 했다. 그는 절대 혼자서 나오는 법이 없었다. 주로 임방현 씨와 그의 여자친구, 김철순 씨가 함께 나왔다. 식사 후에는 주로 경복궁, 창덕궁 등 궁을 돌아다녔다. 한 번인가 명동 시민회관에서 하는 발레를 보러 간 것이 기억에 남을 뿐, 특별한 데이트라고는 없었던 것 같다.

여름방학이 되자 나는 고향인 광주로 가게 되었다. 만나러 오겠다던 그가 기다려도 오질 않았다. 그에게 편지를 썼다. 기다렸는데 왜 안 오시냐고. 그러자 다음날 바로 그가 왔다. 차를 타고 어머니와 함께 대흥사로 갔다.

여름방학이 끝나고 9월 1일, 드디어 광주에서 그와 약혼을 했다. 9월 말 생일을 맞아 그가 난데없이 생일케이크 하나와 콤팩트 하나를 사가지고 왔다. 아마도 그의 첫 선물이었던 것 같다.

대학 졸업을 앞두고 약사자격시험을 봐야 하는데, 마음이 뒤숭숭해서 공부가 잘 되지 않았다. 이듬해 1957년 2월 25일 약사시험을 치렀다. 다행히 합격했다. 하지만 나는 평생 한 번도 약사자격증을 써볼 기회를 갖지 못했다. 생각해 보면 조금 아쉽기도 하다. 특히 그가 강제로 신문사에서 쫓겨나 경제적으로 궁핍해졌을 때는 몇 번인가 약사 일을 해볼까 생각도 해봤지만, 그때마다 용기를 낼 수가 없었다. 엄두가 나질 않았다.

1957년 3월 13일 광주 동부교회에서 결혼식을 올렸다. 하룻밤 광주 친정에서 자고 이튿날 전주 시댁 본가로 가서 하룻밤을 자고, 유성온천으로 2일간 신혼여행을 갔다. 나중에 친정 여동생들이 언니는 울지도 않고 시집을 가더라고 나를 놀려댔다.

## 광주 동부교회에서 결혼식

지금 그와의 첫 만남부터 결혼까지의 생각을 이렇게 더듬어 보니 내가 그를 참 좋아했나 보다. 무모하리만치. 그때 내가 얼마나 무모한 결혼을 한 건지는 금방 현실이 말해주었다. 그를 따라서 서울로 올라왔는데 신혼방이 없었다. 그는 신혼방을 얻어 놓지도 않았다. 여관에서 며칠을 자고, 겨우 신당동에 셋방을 얻어서 들어갔다. 네 가구가 옹기종기 한데 맞대고 사는 그런 집인데, 집집마다 매일 지지고 볶고 난리도 아니었다.

그 집에서 석 달을 살다가 1957년 6월 15일 그가 홀연 미국 유학을 떠나버렸다. 그 바람에 나는 친정으로 다시 돌아왔다. 그는 결혼을 올리기 전에 이미 수속을 다 마쳐놓은 상태였다. 아니 그에 앞서 그가 처음 미국에 6개월간 갔을 때 미리 수속을 하고 온 뒤였던가 보다. 결혼 후에 곧바로 유학 간다는 것을 속인 것은 아니었다.

그는 유학을 가서 거의 매일 편지를 보내왔다. 매번 편지에 일련번호를 매겨서 서로 주고받았다. 그에게서 편지가 오면 답장을 보내는데, 사랑한다고 보고 싶다고 빨리 오면 좋겠다고 이런 말 한마디를 못 쓰고 그냥 오늘은 뭐했고, 어디를 다녀왔고, 뭘 먹었고 이런 얘기만 썼다. 언젠가 편지에 '뭐가 먹고 싶냐?' 고 묻길래 조크로 '아이스크림을 먹고 싶다' 고 답장을 했더니 '미안해요. 그건 녹아서 보낼 수가 없어요.' 라고 답장을 할 만큼 그 또한 유머감각이 좀 떨어지는 아주 고지식한 그런 사람이었다. 이게 농담이구나라는 생각을 못 하는 그런 사람이었다. 우리 둘 다 똑같은 사람이었다. 그래서 그냥 무던히 참고 말은 안 했지만 서로 믿고 의지하며 그렇게 살아올 수 있었던가 보다.

내가 시댁인 전주 본가에 다니러 간다고 편지를 하면 그는 참 좋아했다. 전주에 다니러 가는 동안에는 그에게 편지를 쓸 수가 없었다. 그해 8월 말 친정 아버지가 독감으로 몸져누우셔서 그에게 답장을 쓸 겨를이 없었다. 그러자 전보가 날아왔다. 깜짝 놀라서 보니 그로부터 온 전보였다.

SOSIK DALLA.

가족들이 모두 이 영어를 해독하는 데 매달려 한참이나 머리를 쥐어짰다.

'소 식 달 라.'

지금 생각해도 웃음이 난다. 답장이 안 오니 걱정이 된 그가 이렇게 전보를 보내온 것이었다.

1958년 8월 말 그가 돌아왔다. 그때 전주의 형님께서 유학자금을 보내주시고, 그가 장학금을 받았는데, 많지 않은 돈을 아끼고 아껴서 그는 당시 돈으로 50만 원을 남겨 왔다.

그 돈으로 안국동에 방 두 칸짜리 셋집을 마련했다. 그곳이 사실상 우리의 첫 신혼집이었다. 6개월여 그 집에서 살았는데, 다시 이사를 가야 했다. 50만 원으로는 사대문 안 시내에 방을 구할 수가 없었다. 당시에는 변두리였던 신촌에 가니 30만 원에 방 두 칸짜리 문간채를 얻을 수 있었다. 시내에서 아현동까지만 도로가 포장되어 있었다. 신촌은 비포장에 비가 오면 질척질척 발이 빠지는 그런 시골이었다. 그 시절엔 그랬다.

충정로에 개명아파트가 처음 생기고 얼마 뒤 방 둘, 응접실, 부엌, 목욕통, 수세식 화장실이 있는 아주 초호화판(?) 집으로 이사했다. 그 집에서 소희를 낳았다. 그 후로 일평, 소원, 소라를 낳았다.

이후 개명아파트와 전화를 팔아서 동교동에 마당이 있는 집을 샀다. 천 원, 오백 원 하는 작은 나무들을 사다 심었다. 텃밭에 토마토와 고추를 심었는데,

토마토는 가을까지도 주렁주렁 열렸다. 밀가루 배급이 나오면 홍대 앞 배급소에 가서 돈을 조금 내고 그걸 사왔다. 그 밀가루로 식빵과 도넛을 만들어주었다. 겨울에는 국광이라는 사과가 있었는데, 한 상자를 사서 아이들마다 한 사람에 몇 개씩 나눠줬다. 아이들이 아주 좋아하며 맛있게 먹어주었다. 행복한 시절이었다.

## 시숙과 시어머님의 사랑 듬뿍

그 시절 시숙과 시어머님의 사랑을 참 많이 받았다. 전주에 계시는 시어머님께서는 나를 많이 사랑해주셨다. 교육혜택을 받지 못하신 분이었지만, 머리가 좋으셔서 모든 걸 외우시는 분이셨다. 참 좋은 어머님이셨다. 모든 양념을 보내주셨다. 고춧가루는 물론 실고추에 깐 마늘까지도 다 보내주셨다. 동서들이나 하나뿐인 시누이까지 시샘이 말도 못할 지경이었다. 집 살 때 전화까지 팔아서 샀는데, 시어머니께서 전화를 다시 살 돈을 주셨다. 당시는 전화를 사고팔았다.

그의 큰형님인 시숙 또한 나를 참 예뻐해 주셨다. 어디든 가시면 시숙은 유독 나에게 줄 것만 사오셨다. 팬티만 빼고는 사오지 않으신 선물이 거의 없을 정도로 나를 각별히 챙겨주셨다. 전주에서 신문사 경영을 하셨던 형님께서는 동생을 참 사랑하셨다. 네 살 때 아버지를 잃은 그에게 큰형님은 아버지나 다름없는 분이셨다. 미대를 가겠다는 동생을 몽둥이로 때렸다고 하신다. 그 덕분에 그는 나를 모델로 앉혀놓고 그리다 만 작품을 끝내 완성하지 못한 채 가셨나 보다. 애석하지만, 피식 웃음도 나온다.

그는 내 말을 잘 듣는 남편은 아니었다. 그렇지만 미운 짓을 해도 나는 그가 좋았다. 지금 생각해보면 내가 그를 더 좋아했던 것 같다. 사랑한다는 말

한마디를 못하고 거꾸로 잔소리를 해댔으니.

그는 하루에 담배를 세 갑씩이나 피워댔다. 술은 원래 잘 못 했지만. 나는 그가 담배를 피우는 것에 질색이었지만 그는 들은 체 만 체였다. 그러던 그가 막내 소라가 태어난 후 담배를 뚝 끊었다. 그렇게 쉽게 끊을 수 있는 거였는데 왜 내가 그토록 성화를 대도 끊질 않았던 걸까?

그는 귀가할 때면 거의 항상 신문사 사람들을 데리고 왔다. 나중에는 아예 그가 집에 있건 없건 간에 그의 후배 동료 기자들이 밀고 들어왔다. 시장은 멀고 반찬거리는 딱히 없고 해서 그때 내가 준비해서 내놓은 것이라곤 김치와 냉장고에 두었던 돼지고기를 넣고 끓인 김치찌개를 대접하는 것뿐. '왜 이렇게 매일 사람을 데리고 오냐'고 하면, '자기들이 좋아서 온 거'고, '사람들이 오면 당신이 더 좋아하더라'며 딴청을 피웠다. '무슨 소리냐'고 따지면, '당신이 웃지 않았냐'고 해서 나는 더 이상 할 말이 없어서 그만 웃고 말았다. 미국 유학에서 다녀오자 오버코트가 두 개가 되었는데, 하나를 부하직원에게 벗어줘 버렸다. 그는 늘 그랬다.

그 후 매년 정초 양력 1월 1, 2, 3일 사흘 동안 동아일보 해직기자들은 세배를 하러 와서는 돌아가지 않고 화투를 치며 우리 집에서 진을 치고 지냈다. 떡국도 끓이고 전도 부치고 나물도 하고 잡채, 굴비까지 참 준비를 많이도 해야 했다. 술안줏거리로 마른오징어를 사다 오려놓고, 땅콩도 많이 사다가 두었지만 남아나는 게 없었다. 밤이 되면 커피와 빵을 냈다. 그가 좋아하는 사람들이니 쫓아낼 수도 없었다.

## 미운 짓을 해도 나는 좋아

아빠가 아이들 특히 아들을 좀 엄하게 혼내주라고 하면, 그냥 흘려듣는 건지 한 번도 혼내지를 않았다. 오히려 매일 퇴근할 때면 과자며 과일이며 아이들 먹을거리를 한아름 들고 와서 안겨주었다. 괜히 나만 나쁜 엄마가 되는 것 같아서 화도 나고 답답하고 자식 걱정이 되기도 했다.

그는 우리 친정 식구들에게도 참 잘했다. 설탕을 좋아하시는 우리 친정아버지께 그걸 꼭 사다 드렸다. 여럿이나 되는 내 여동생인 처제들에게는 오히려 나보다도 더 살가운 형부였다. 내 동생들이 하나같이 형부인 그를 좋아했다. 참 고마운 사람이었다.

그러다가 온 가족이 영국으로 갔다. 어린 것들을 데리고 모두가 갔다. 돈이 많지 않았지만, 있다고 쓸 수 있는 게 아니었다. 지금처럼 외환을 마음대로 바꿔서 쓸 수가 없는 시절이었다. 애들 넷을 데리고 가서 추운 영국날씨에 그만 내가 관절염에 걸려버렸다. 영국 사는 동안 세 번 이사를 했는데, 그때마다 다른 신문사의 특파원으로 나와 있던 이정석 씨, 박중희 씨가 와서 도와주셨다. 크리스마스 파티는 꼭 박중희 씨 집에서 했는데, 그는 참으로 다정다감한 분이었다. 지금 생각해보니 우리가 처음 영국에 도착한 날도 그의 집에서 밥을 얻어먹었던 것 같다. 참 고마운 분이다.

영국에서 그는 주말마다 어린아이들을 데리고 시골 캠핑이다 박물관이다 미술관이다 어찌나 돌아다니는지 오히려 아이들이 지겨워할 지경이었다. 이렇게 어린 시절 아빠와의 경험과 추억들 덕분인지 아빠가 직장에서 쫓겨나 아주 어려운 시절에도 아이들은 스스로들 알아서 공부도 하고 잘 자라주었다. 그런데 아이들이 자라나서 학교에 다니면서 저마다 어찌나 학교 친구들을 데리고 집에 오는지 집안 가득가득 항상 사람들로 북적였다. 이미 그에게 단련된 나는 아이들 친구들에게 밥을 해먹이고 챙기는 일이 하나도 싫지가 않았다. 그 아버지에 그 자식들이었다.

## 그가 내 눈앞에 나타난다면

2010년 5월 초 내가 수술받기 위해 병원에 입원한 바로 그날 밤 한밤중에 그만 그가 넘어지는 사고를 당했다. 그로부터 2014년 2월 4일 새벽까지 3년 8개월이나 우리가 가장 행복하게 지냈어야 할 황금같은 그 시간을 병상에서 고생만 시키다 보낸 것이 못내 아쉽다. 의지력이 강한 그가 꼭 한 번은 일어나서 다시금 말을 할 수 있을 거라고 나는 믿었다. 매일 아침 병상의 그를 찾아 '내가 보여요?' 하고 물으면 말을 못하는 그는 눈을 깜박여 나를 반겼다. 어떨 때는 눈 가득 눈물이 고여 있곤 했다. 가슴이 미어지게 아팠다.

그는 말로는 표현이 좀 서툴렀다. 대신 그는 나에게 참 많은 편지를 썼다. 처음에 만나서부터 평생 자주 편지를 썼다. 출장을 가면 비행기 안에서도 출장지에 도착해서도 편지를 썼다. 장문의 편지를 써서 나를 위로하기도 했다. 신혼 초 유학을 떠나 떨어져 지내면서 일기 대신 내게 편지를 쓴다는 그가 몇 번쯤은 편지에 사랑한다는 표현을 쓰긴 했지만, 평생 사랑한다는 말을 잘 하지는 못했다. 그래도 그의 편지들을 읽으면서 행간에 얼마나 많은 사랑과 존중, 존경의 마음이 담겨 있는지를 느끼는 것은 그리 어렵지가 않았다.

사실은 내가 오히려 그에게 사랑 표현을 잘 하지 못했기 때문에 그도 그랬을 것이었다. 신식 교육을 받았다는 내가 사랑한다는 말을 하거나 팔짱을 끼고 걷는 일을 무척 쑥스러워했으니 말이다. 얼마간 데이트를 한 이후에 한번은 그가 나를 데리고 일부러 터널 같은 골목길로 간 적이 있다. 덜컥 겁이 났다. 그가 나에게 자신의 팔짱을 끼도록 유도한 것이었는데 나는 차마 팔짱을 끼지 못했다. 지금 생각해도 웃음이 난다.

다 지나고 나니 이렇게 허무한 건데 그가 살아있을 때 그에게 더 잘해줄 걸 하는 후회가 있다. 다시 그가 내 눈앞에 나타난다면 얘기도 부드럽게 해보고 싶고, 애교도 부려보고, 손도 잡아달라고 말해보고 싶다. 이제라도 그에게 사랑한다는 말을 꼭 해보고 싶다.

박권상 씨 사랑해요!

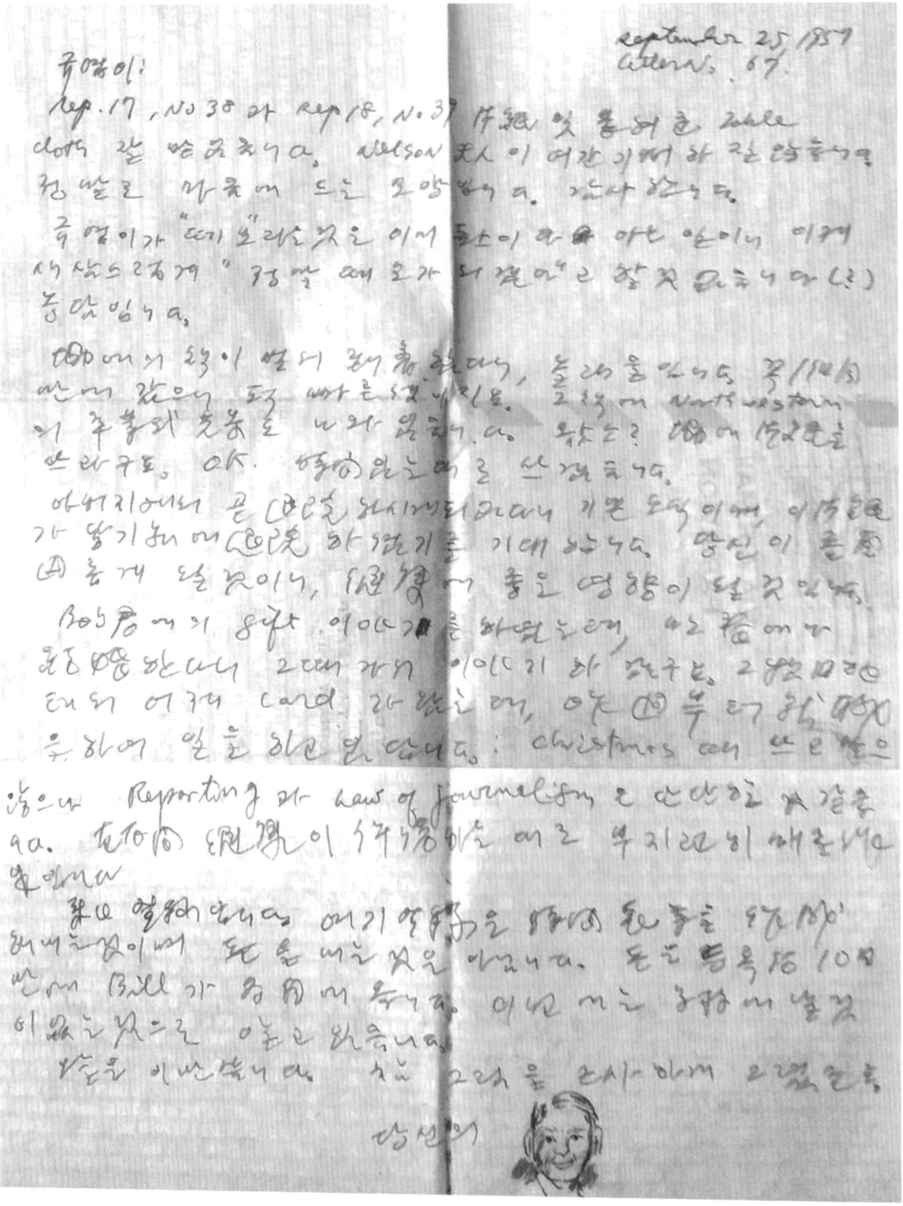

받으십시오.

아버님이 文化를 위하여 重役 하신데 기쁜 소식입
니다. 하나님이 600불가 하시는것을 감사 합니다.

숙씨에가 실수했다가 나오는건 未安 하고 미안한 일
입니다. 좀 잊은건 기쁘셨오 또 기운 웃었습니다. 100 불이
불안한것으로 아녀 감사 합니다.

그리고 부탁한것은 무슨 딴 일이지, 무슨 아첨을
쓰라 한말인줄 알어요.ㅇ어쩐지 못 쓰어봤오ㅇ又는 쓸 날이

VIA AIR MAIL
PAR AVION

AIR LETTER
AÉROGRAMME

Mrs. Kyung C. Park
2, 1st. Chyung-ro
Kwangju, (KOREA)

NO TAPE OR STICKER MAY BE ATTACHED

IF ANYTHING IS ENCLOSED, THIS LETTER
WILL BE SENT BY ORDINARY MAIL

SECOND FOLD

FIRST FOLD

당신이 무엇 하신일을 기억 하겠은? 음흉을 다른
타이나 문안 하십시오. 너첨 조는것이 하나. 132오나
자주 하십시오. 100028을 1回答 하지않으
없은 어라애 끝냅니다. 나도 100028가 아니나
자주 답으로 하겠습니다.

안녕히 계십시오.

# 드리고 싶었던 편지

박소희 (장녀, 미국 하버드대 박사, 반더빌트대 교수)

아빠, 떠나시기 전에 꼭 드리고 싶었던 말이, 여쭤보고 싶었던 것들이 가슴 속에 촘촘히 쌓여있어요. 반세기라는 세월을 아빠의 딸로 살면서 수십 수백 번 기회가 있었지만 그걸 못하고 말았네요. 그 아쉬움이 너무 컸는지 요즘 저의 일상생활은 아빠의 기억으로 시작하고 끝납니다. 이 세상 어디를 가든 제가 무엇을 하든 아빠는 제 마음속에 같이 계십니다.

아침에 우리 아이가 토스트를 먹고 꼭 한 귀퉁이 한 입만큼 남길 때 아빠하고 어찌나 똑같은지 마저 먹으라고 못하고 가슴이 뭉클한 채 그냥 바라봅니다. 아빠가 항상 그러셨죠? 인호가 식탁에 앉으면 제가 책을 못 읽게 하니까 하다못해 잼 용기, 우유병, 시리얼 상자 등 글자가 있는 것이 있으면 있는 대로 읽는 버릇도 참 영락없는 외할아버지의 모습이고요.

계란 스크램블을 만들 때면 제가 네 살 때 아빠 손잡고 졸졸 따라다니던 기억이 생생하게 살아납니다. 아빠도 생각나시죠? 제가 처음으로 노란 스크램블을 먹어본 건 아빠 따라서 그랜드 호텔이라는 데서 인자해 보이는 노신사한 분과 같이 아침 식사를 했을 때였어요. 으리으리한 호텔식당, 빨간 중국식 비단드레스를 입은 예쁜 언니들, 쟁반같이 큰 접시에 담아온 노란 계란 스크램블은 버터와 어우러져 입에서 녹는 듯 부드러운 맛이었죠. 그리고 낭랑한 피아노 연주. 네 살 아이에게는 이런 일들이 너무나 신기하고 즐거웠습니다. 그때 만난 그 인자한 할아버지께서는 누구시죠? 아빠가 안 계시니 이제 영영 수수께끼가 되었네요. 가시기 전에 여쭤봤어야 했는데.

아빠는 계란 스크램블을 참 좋아하셨죠? 미국 노스웨스턴대학교 유학 시절 아빠는 학교식당에서 계란 두 개로 만든 스크램블을 먹고 싶었지만 꼭 하나만 주문했다고 하셨어요. 그렇게 아끼고 아낀 돈으로 친척들 선물 사고 책 사보고 하셨죠. 그때 구하신 책들은 지금도 아빠 서재를 지키고 있어요. 그때 엄마에게 쓰신 수백 통의 편지도 엄마가 소중하게 잘 보관하고 있어요. 아빠 고마워요. 아빠의 딸로 태어났기 때문에 저에게는 아침 식사라는 단순한 일상생활의 반복도 고마움을 느낄 수 있는 시간이 되곤 한답니다.

### 딩동 벨 소리가 나면

어린 시절 저녁때 딩동 벨 소리가 나면 우리는 하던 거 다 집어치우고 현관으로 뛰어가서 "아빠! 아빠! 아빠! 아빠 안녕히 다녀오셨어요?"를 외치면서 퇴근하신 걸 반가워했죠. 그 벨 소리가 얼마나 기다려졌던지 몰라요. 지금도 비슷한 벨 소리가 들리면 가슴이 뜁니다. 아빠가 오시는 것 같아서. 나중에야 알았지만 그 당시 아빠는 동아일보에 계시면서 굉장히 일이 많고 힘드신 시절이셨죠. 역사가 만들어지고 있었던 그 시절, 그러나 저희는 아무것도 몰랐죠. 그냥 우리 아빠는 멋있고 우리를 보면 항상 웃어주는 한없이 좋은 분이셨어요. 현관에서 아빠를 기다리고 있는 아이들에게 무어라도 주고 싶으셔서 아빠는 빈손으로 들어오는 법이 없었죠. 길에서 사신 찐 옥수수, 군밤, 고구마, 그리고 저희들 낙서용으로 신문을 만들고 남은 종이를 가져다주셨죠. 저는 그 신문 자르고 가장자리가 남아서 버려진 누런 종이가 참 반가웠어요. 그림 그리고 종이접기 하기에 딱 좋았죠.

아빠는 아무리 어려워도 전혀 내색하지 않으셨죠. 누구보다도 용감하시고 인내심 있으시고 강하셨어요. 평생 저는 아빠가 저의 등불이자 가장 존경하는 위인이었습니다. 그런데 한 번도 아빠에게 직접 이런 제 마음을 털어놓지 못했네요. 이 말씀을 꼭 해드리고 싶었는데. 돌아가시기 직전 이 말을 하려는데 목이 꽉 막히고 소리가 안 나더라구요. 아빠, 제 마음 아시죠?

1973년 가을 우리 가족이 영국으로 떠나기 전 전주, 부안과 변산으로 여행가서 아빠 어린 시절 고향을 자세히 보여주시던 일 기억해요. "여기는 까치섬이다", "어릴 때 이 뒷동산에서 형님 손목시계 속에는 무엇이 들어있나 궁금해서 돌로 부숴봤다." 그 형님은 독립운동하러 만주로 떠나시고 다시는 돌아오지 않았다고 하셨는데, 지금은 저 세상에서 두 분이 다시 만나셨는지요? 1973년 10월 그 당시 아빠 마음은 굉장히 무거우셨을 것 같아요. 유신 군사정권의 억압이 위험수위를 넘어서 더 이상 글을 쓰실 수 없어서 우리나라를 떠나야 했으니. 제가 한참 자란 후에야 아빠가 그토록 힘든 상황에 있었다는 것을 깨닫게 되었어요. 죄송합니다. 미안해요, 아빠.

우리가 영국에 살 때 아빠는 매일 아침 저희를 학교에 데려다 주셨어요. 차에서 내리면서 아빠에게 제대로 "Thank you!"라고 말하지 않았던 것 같아요. 아빠, 정말 미안해요.

아빠와 같이했던 영국 생활은 저희에게 참 소중한 시간이었어요. 아빠는 저희 영어 실력이 빨리 늘도록 일주일에 한 권씩 짧은 책 한 권을 외우게 하셨죠. 말은 무조건 외워야 한다고. 그래서 매주 아빠 앞에서 그 주의 책을

100% 낭독하면 용돈을 주셨어요. 덕분에 영어를 빨리 배웠죠. 그때 외운 책들 아직도 많이 기억이 납니다. "In Andy Pandy's garden, there was a beautiful willow tree……."

주말마다 아빠는 영국 곳곳에 있는 크고 작은 성, 궁전, 박물관, 유명 작가나 시인의 생가 등 영국 문화의 이모저모를 저희에게 많이 보여주고 체험하게 해주고 싶어하셨죠. 아빠는 토요일 저녁에 책자를 연구하고 지도를 자세히 공부하면서 준비하셨어요. 일요일 아침 엄마가 도시락 준비를 마치면 우리는 떠났습니다. 어떤 때는 저희가 가기 싫어했죠. 다른 집 애들은 백화점에 가거나 오락시설에 가는데 우리는 안 가본 박물관이 없었으니 어린 저희들 마음은 다른 집 애들이 부러운 때도 있었죠. 영화관 대신 Royal Opera House에서 유명 오페라 아니면 발레를 보여 주셨으니. 저희는 그 당시에는 감사한 마음이 별로 없었죠. 그런데 제가 어른이 되고 보니 아빠가 그렇게 키워주신 게 얼마나 고맙고 감사한지. 어린 시절 아빠 덕분에 했던 문화적 체험이 저의 한평생 삶의 기둥이 되어주었어요. 피곤하고 힘들 때면 책 읽고 글쓰고, 마음의 여행을 떠날 수 있는 그런 능력과 소양. 아빠는 그것을 심어줬습니다.

## 엽서 글씨 보면 아빠가 살아계신 것 같아

없는 돈 아끼고 또 아껴가며 저희 어린 4남매를 데리고 유럽의 여기저기를 보여주신 것도 저에게 큰 정신적 유산입니다. 로마의 고적을 직접 눈으로 보고 느끼고 피사의 사탑에 올라가서 갈릴레오의 실험을 상상해보며 살아있는 역사와 문화를 경험하게 해주셨죠. 숙박비 아끼려고 애들 넷 데리고 캠핑을 하시면서 참 많이 힘드셨죠? 저희가 아직 어리니까 잘 돕지도 못했어요. 그런데 저희는 캠핑이 재미있었어요!

아빠 따라서 좋은 절에도 많이 가봤지요. 금산사, 선운사, 송광사, 백련사, 개암사. 다 기억이 나지는 않아요. 숲길을 걸어서 산을 올라가면 신비하게 나타나는 절. 그 조용한 아름다움, 맑은 물이 흐르는 냇가 풍경, 스님들의 목탁 소리가 우리 민족의 역사, 삶, 정신적 유산을 한꺼번에 느낄 수 있는 기회를 주었어요. 저를 데리고 가시면 귀찮으셨을 텐데 꼭 데리고 가신 이유가 제가 외국에 나가 있기 때문에 저의 유전적, 정신적 고향을 더 깊이 생각하고 흡수할 수 있게 배려하신 거죠? 그러니까 아빠는 저에게 전 세계 어디에 가도 살 수 있는 힘과 성공할 수 있다는 자신감을 키워 주고, 이 세상 어디에 가도 제 고향은 아빠의 고향이라는 정신적 뿌리를 심어주셨어요. 튼튼한 뿌리가 있다는 게 얼마나 큰 축복인지 아빠가 그동안 저를 뿌리 있는 올바른 사람으로 키워주시려고 얼마나 염려하셨는지 저는 이제야 깨달았습니다.

저도 제 아이를 데리고 여기저기 여행을 많이 합니다. 아빠의 발자취를 따라가다 보면 더 행복해집니다. 옛날 사진을 정리하다가 1956년쯤 아빠가 처음 베니스에 가서 찍은 사진들이 나왔는데, 얼마 전 제가 베니스에서 찍은 인호 사진과 어찌나 흡사한지. 인호 데리고 세계 곳곳 크고 작은 성, 박물관, 절, 궁전, 작가의 생가 등 여행 다닐 때면 아빠 생각이 납니다. 그러면 꼭 인호하고 저는 엄마와 시어머니께 우편엽서를 보냅니다. 아빠가 꼭 그러셨죠? 저는 아빠가 보내주신 우편엽서들을 소중히 간직하고 있어요. 아빠 글씨를 보면 굉장히 반갑고 마치 글씨가 살아서 바랜 종이에서 뛰쳐나올 것만 같아요. 아빠가 살아계신 것 같아요. 그래서 보고 또 봅니다.

아빠, 저를 17살 때 혼자 영국에 두고 온 것은 저를 그만큼 믿으시고 제가 아빠처럼 강하다고 판단하신 거죠? 저는 외롭고 부모님이 보고 싶었어요. 그렇지만 저를 믿으셨으니까 저도 저 자신을 믿게 됐습니다. 그 시절 항상 저에게 "You are very strong. The strongest." 하셨죠. 사실 그때 저는 약하고 용기는 눈곱만큼도 없었습니다. 그러나 아빠의 믿음이 저를 강해지게 만들어 주셨어요. 제가 원했던 대학교에 합격했을 때 아빠는 굉장히 기뻐해 주셨죠. 그때가 그립습니다.

참 신기해요. 아빠는 한평생 저에게 단 한 번도 야단을 치신 적이 없어요. 그건 제가 잘해서 그런 게 절대 아니고 아빠가 저를 믿어서 제가 실수해도 직접 깨달을 수 있도록 기회를 주신 거죠?

영국에서 혼자 떨어져 살 때 아빠가 가끔 출장 오시면 어릴 때처럼 아빠를 따라다니면서 둘만의 시간을 보낼 수도 있었습니다. 1980년대는 독재자 전두환의 등장으로 아빠는 강제로 직장을 잃고 다시 외국으로 나오셔야 했죠. 이런 어려웠던 시기에 저는 아빠 힘드신 거는 생각도 안 하고 저만 생각했죠. 아빠 너무나 미안해요.

## 부모와 자식의 인연은……

제가 대학교 졸업할 무렵 런던에서 아빠를 만났는데 그때 저는 갈 길을 잃고 방황하고 있었죠. 부모님께서 반대는 하셨지만 강요는 하지 않으셨어요. 아빠를 만나면 크게 야단을 치실 것 같아서 가슴이 조마조마했었는데 그게 아니었어요. 아빠는 난데없이 템스 강 유람선표를 사더니 그리니치까지 왕복하자고 하셨죠. 배 타고 거의 대화도 없었지만 날씨는 따스했고 강가 경치는 아름다웠죠. 마음이 편안해지더군요. 그리니치를 돌아서 템플까지 거의 다시 왔을 때 아빠는 딱 한마디 하셨어요.

"소희야, 부모와 자식의 인연은 죽음도 무엇도 끊을 수 없는 법이다. 이 말 잘 새겨둬라. You are very strong."

그리고 아빠는 일어나셨죠. 서류가방을 들고 유람선을 내려가시는 아빠의 뒷모습이 지금도 눈에 선하네요. 그때 저는 당장 아빠 말씀을 깨닫지는 못했지만 무언가 깊이 느꼈고 어깨가 가벼워지는 것 같았습니다. 그 후 저는 영국 생활을 마무리하고 한국 가는 비행기를 탔고 계속 공부하여 교수가 되었습니다.

2005년 여름 저희 세 가족과 같이 스위스 산속으로 여행 갔을 때 재미있는 일도 많았고 인호와 참 다정한 시간을 보내셨지요. 그때 부모님 두 분은 많이 웃으시고 즐거워하셨지요. 인호는 그때 아빠가 산에서 사준 알프호른(Alphorn) 장난감을 아직도 소중히 간직하고 있답니다. 저는 잊고 있었는데 얼마 전 제 책상 서랍('보물' 만 모아둔 데)에서 꺼내서 보여주데요. 할아버지가 융프라우 올라가면서 사주셨다고. 손자가 할아버지를 못 잊고 그리워하는 것은 아빠의 정신과 마음이 그 아이에게 그대로 흐르고 있어서라고 볼 수 있겠죠? 인호가 할아버지의 발자취를 따라가면 그 길은 정직함과 용기, 사랑과 의리, 진리와 깊은 노력과 인내로 단단하게 만들어 놓은 길이니 인간으로서 그보다 더 좋은 길은 없을 것입니다. 그러면 항상 생각하고 추구하며 힘없는 사람들 편에서 살아가는 사람이 되겠죠?

아빠. 아빠가 떠나시기 전에 못한 말이 너무나 많이 쌓여있어요. 제가 한 줌의 재가 되어서 땅으로 돌아갈 때까지 계속 제 마음에 편지를 쓰겠습니다. 그리고 아빠가 믿어준 만큼 더 노력하겠습니다. 세 살 때 저는 이렇게 자주 졸랐죠. "아빠 안고 호산나 가서 아이스크림 사 먹자! 아빠 안고 매점 가서 까까 사 먹자!" 그러면 아빠는 참 좋아하셨어요. 그래서 저를 안고 여기저기 참 많이 갔지요. 좀 커서는 손잡고 여기저기 같이 나들이를 했고. 아빠가 그때 자주 해주셨던 이야기는 '호랑이보다 더 무서운 곶감' 이었어요. 그 이야기는 듣고 또 들어도 우습고 재미있었죠. 아빠는 곶감을 참 좋아하셨는데.

그리고 50여 년이 눈 깜빡 하는 순간 사라져 버리고 이제 저는 '아빠' 라고 불러보고 싶어도 아빠가 안 계신 세상을 맞았습니다. 다행히 30여 년 전 템스 강에서 "부모와 자식의 인연은 죽음도 그 무엇도 끊을 수 없는 것"이라고 아빠가 들려주신 말씀을 소중히 가슴에 새기고 있습니다.

아빠, 정말 고맙습니다. 저를 낳아주시고 길러주셔서. 그리고 아무리 어려워도 뿌리가 깊으면 줄기가 커지고 자라서 햇빛을 볼 수 있다는 지혜를 심어주셔서. 아빠가 베푼 사랑의 힘이 얼마나 많은 사람들의 삶의 기둥이 되었는지 아세요? 아빠, 훌륭하게 사셨습니다.

# 영국과 아버지

박소원 (차녀, 옥스퍼드대 영문과 재직, 옥스퍼드대 석사 · 박사)

1973년 10월 15일 아버지가 동아일보 주영 특파원 부임 길에 오르면서 영국하고 깊은 인연이 시작되었다. 그때 아버지 나이 44세. 뒤로하는 한국은 계엄령하에 유신 통치가 단행된 지 1년 될 무렵이다. 사회가 침묵을 강요받을 때이다. 어려서 구체적인 정치 상황은 몰랐지만 어머니가 우리를 모아놓고 아버지가 어려운 일을 하시니 우리가 특별히 말을 잘 들어 아버지의 근심을 덜어 드려야 한다고 말씀하셨다. 또 할머니, 어른들, 하물며 그때 동아일보를 구독하시던 담임선생님까지 같은 당부를 하셨기 때문에 우리도 시대의 회오리에 무감하지 않았다. 떠날 때 나이는 소희 13세, 일평 10세, 소원 9세, 소라 6세였다. 당시 어른 세계에 우리도 동참한다는 기분에 새로운 사명감이 생겼고 특히 아버지를 도울 수 있다는 생각이 좋았다.

요즘은 서울–런던 노선이 12시간 직항으로 별 힘든 길이 아니고 일 년에 몇 번 왔다 갔다 하는 것을 대수롭지 않게 여기지만 그때는 영국에 가는 자체가 큰일이었다. 타향살이를 우려해 주시는 친척 친지의 환송을 받으며 김포공항을 떠나 홍콩에서 하룻밤 묵고, 방콕에서 하룻밤 더 묵으며 비행기를 갈아타 마지막으로 스위스에서 또 환승하여 2박 3일 후 런던에 도착하였다. 어린아이들 주렁주렁 데리고 런던의 낯선 생활을 직면하는 그때 부모님의 마음은 착잡하셨겠지만 우리들에게는 이상한 나라의 앨리스가 굴에 빠진 격이었다. 홍콩의 습한 열기, 태국의 묘한 향냄새, 유럽행 대형 비행기가 다 새로운 모험이었다. 런던 시내 service flat에서 첫날밤을 자고 새벽에 일어나서 주위를 살피니 낯선 신세계였다. 나만 겨울 코트가 없어 아침에 외투 먼저 구하러 아버지가 데리고 나갔다. 잔뜩 흐린 날이었고 하얀 하늘에 해가 달처럼 떠 있었지만 그때 본 피카딜리 서커스(Piccadilly Circus)는 찬란하였다. 40년이 지났지만 아직도 런던 시내에 나가 여기를 지날 때면 아버지와 같이 걸었던 기억이 어제처럼 생생하다.

## 아버지와 '영국을 생각한다'

영국과 관련된 아버지의 기억이 유난히 많다. 외국 주재원들이 대부분 그렇듯이 아버지도 영국에서는 유례없게 가족과 시간을 많이 보냈다. 또 현재 내가 영국에 살고 있기 때문에 그런 기억들이 흘러가버리지 않고 일상 속에 축적된 것도 있겠지만 전체적으로 살펴보면 아버지의 글이나 평소 사고방식에 영국이 차지하는 비중이 컸다. 사실 영국생활을 아버지가 한없이 좋아하시진 않았기 때문에 여기 계실 때 아버지의 마음은 어떠했을까 종종 생각하게 된다. 우선 아버지는 여기 날씨를 끔찍하게 여기셨다. 영국 음식도 가끔 roast beef 드시는 것을 제외하고는 싫어하셨다. 한국 슈퍼마켓 하나 없었던 70년대에도 어머니가 4년 동안 매일 한식을 요리하셨을 정도다. 지금 영국이라면 젊은 사람들이 연상하는 팝 음악이나 패션, 영화에는 전혀 관심이 없으셨고 친한 친구들은 다 한국 분들이셨다. 표피적으로 보면 아버지에게 영국생활이 불편하셨을 것 같다. 특히 아버지처럼 동료들과 일 중심으로 평생 사신 분에게는 여기 생활이 유배살이였을 것이다.

하지만 영국과 아버지가 분리되지 않는 것은 영국이 자유민주주의, 복지국가제도, 공공기관 형성과 경영에 대하여 아버지가 깊이 생각할 수 있는 공간이었기 때문이다. 물론 영국체류가 없었어도 아버지 인생이 달라지지는 않았겠지만, 그때 영국 의회민주주의의 긴 관찰과 경험이 80년대 암흑시절 아버지의 사고를 지탱하는 데 기여했다고 생각된다. 그때 영국 일상생활의 단편적인 면모를 소개하는 아버지의 글이 신동아에 연재되었고 그것을 바탕으로 1979년 크리스마스에 『영국을 생각한다』가 발행되었다. 저자 후기에 이 책을 쓰게 된 취지를 이렇게 쓰셨다.

나는 자유와 민주주의 및 사회정의 가치를 확신하는 사람이며, 그런 관점에서 아마도 가장 성숙한 사회를 여러 각도에서 살피고 분석하였다. 다시 말해 내가 확신하는 그런 가치들을 긍정적인 입장에서 현장 확인하는 자세로 단편적인 일들을 엮으려한 것이다. ……문명사적으로 영국사회가 주는 교훈을 배우자는 의도가 있다. …… 아직 발전도상에 있는 우리에게 참고되는 일들이다.

한국 권력 세계에서뿐 아니라 영국 정치역사의 맥락에서 또 여기 시민들의 실생활에서 고민한 결과 아버지의 정치사상의 뿌리가 더 깊이 내려지지 않았나 생각한다. 늘 말씀하셨던 관대한 무관심, 승자의 관용, 비타협 원칙주의에는 제2차 세계대전 시 처칠의 정치사상의 흔적도 크지만 영국 사회의 보편적인 사고방식과도 맞다.

아버지는 영국사회가 어떻게 돌아가나 늘 공부하는 입장이셨기 때문에 우리의 경험을 사례로 교육제도를 이해하려고 했고 그래서 학교생활에 전후 없는 관여를 하셨다. 영국의 초등학교에 입학한 첫날의 모습이 특히 기억에 선명하고 아버지 하면 떠오르는 대표적 이미지이기도 하다. 요즘은 인터넷으로 세상이 연결되어 무엇이든지 먼저 영상 이미지를 보고 차후에 기회가 되면 실물을 접하게 된다. 하나 70년대 런던에 가기 전에 우리는 서양을 접할 기회가 거의 없었고 서양 사람을 한 번 만난 적도 없었다. TV 디즈니극장으로 서양 문화를 인지하고는 있었지만 흑백으로 봤고 극장에서 본 휘황찬란한 총천연색의 과장된 색은 실제 모습과 거리가 멀었다. 영어는커녕 알파벳도 본적이 없는 상태여서 처음에는 화성에 내린 것처럼 보이는 모든 것이 생소하였다.

## abc를 처음 그리게 한 아버지

입학 전 일요일 낮 아버지가 부엌 식탁에 우리를 앉혀 놓고 abc를 처음으로 그리게 했다. 다음 날 아침에 학교 교장실로 향했다. 절차 후 아버지와 교실로 가니 건물 밖 한 줄로 가지런히 영국 아이들이 늘어서 있다. 그 앞을 지나 걸어가는데 11월 추위에 파랗게 떠는 아이들이 유령같이 흐린 눈으로 우리를 겨냥한다. 도착하자마자 아버지는 잘하라는 한마디 초연하게 하시고 돌아서 가신다. 점점 멀어지는 아버지의 뒷모습을 보면서 숨이 안 넘어갔다. 하지만 마음 한구석 아버지가 잘하리라고 믿고 걱정을 안 하신 것을 보니 괜찮을 것 같았다. 그리고 사실 괜찮았다. 아버지는 자식들이 어떤 상황에도 잘해내리라는 것을 믿어 의심치 않으셨다. 오히려 당연하게 여기셨다. 그 믿음이 생활에서 구현은 안 되지만 나에게 용기를 주고 힘이 된다. 철저하고 엄격하고 틀림없는 아버지의 입에서 '쉬엄쉬엄해라', '대충해라', '적당히 해라'

는 말이 나온 것을 들은 적이 없다. 마찬가지로 한 번도 '아니 여자가……' 로 시작하는 말을 들은 적도 없다. '민주주의가 밥 먹여 주냐', '사회 정의는 무슨 빌어먹을 정의' 또한 상상할 수 없는 말이다. 감사할 뿐이다.

70년대 이후 아버지는 옥스퍼드대학에서 Visiting Fellow로 여러 해 계셨다. 1993년에 옥스퍼드의 그린 칼리지(Green College)에 1년 계실 당시 난 울프손 칼리지(Wolfson College)에서 영문학 석사과정을 하고 있었다. 아들이 한 살이었다. 그때 부모님과 많은 시간을 같이 보냈다. 태호가 할아버지, 할머니 사랑을 많이 받은 참 행복한 해였다. 그 후에도 옥스퍼드에 자주 오셨다. 늘 아버지는 도착하시면 우선 집 앞 신문 가판대에 가셔서 일간신문 5, 6개를 사서 보신다.

아버지 주위에는 항상 읽을거리가 많았다. 어디 계시나 문학, 역사, 정치, 방송, 철학에 대한 책, 정기간행물이 수북했다. 거슬러 올라가면 아버지와 영국과의 인연은 서울대 문리대 영문과에 입학하면서부터다. 존 키츠(John Keats)의 낭만주의 영시에 대한 학사 논문을 끝으로 영문학 세계는 떠나셨지만 영국에 오시면 전에 다 못 읽은 디킨스의 소설, 워즈워스의 시 등을 쌓아 놓고 보셨다. 나의 영문학자의 길은 아버지의 서재에서 시작되었다. 아버지로부터 받은 것이 헤아릴 수 없이 많다. 아버지가 주신 선물 중 가장 소중하게 느껴지는 것 중 하나가 『영국을 생각한다』에 쓰여 있다. '이 책을 자유와 민주주의와 사회정의를 믿는 분들에게 드린다' 로 시작된다. 언제 읽어도 마음이 넉넉해진다.

# 직업은 '자유기고가'

박소라 (삼녀. 호주 캔버라대 커뮤니케이션과 교수,
미국 노스웨스턴대 박사)

많은 분들은 우리 아버지를 기자, 방송사 사장, 언론인으로 기억하겠지만, 적어도 나의 기억 속 아버지의 본업은 글쓰기였다. 1980년대 초 전두환 정권 때 아버지가 해직을 당하셨을 무렵이다. 당시 중학교에 다니던 나는 가정환경조사서 부모 직장란에 뭐라 적어야 할지 고민하다가 아버지께 조심스럽게 여쭤 보았더니, 아버지는 글자 한 자 한 자에 힘을 실어 "자-유-기-고-가" 라고 말씀하셨다. 그 후에 시사저널 편집 주간, KBS 사장 등 여러 중책을 맡으셨지만, 그때 자랑스럽게 말씀하신 그 느낌이 각인되어 잊히지 않는다. 직장은 빼앗길 수 있지만, 지적인 자유는 침해당할 수 없고, 글을 통해 진실을 말할 수 있다는 강한 의지가 담겨 있었기 때문이다.

그 후 글에 대한 아버지의 열정을 직접 경험할 기회가 있었다. 90년대 초 용돈을 모아 처음으로 386컴퓨터와 도트(dot) 프린터를 샀을 때이다. 대학원에 다니고 있었던 내게 아버지께서는 큰 지령을 내리셨다. 칼럼을 원고지에 쓰시면 컴퓨터로 작성해서 신문사에 보내달라는 것이었다. 그전에도 '워드 프로세서'라고 불리던 전자타자기가 집에 있어, 몇 번 원고를 타이프해드린 적은 있었다. 그런데 마침 아버지가 일요신문 칼럼과 주요 지방지 신디케이션을 시작했던 무렵이라, 이참에 아버지 비서 노릇을 정기적으로 하게 된 것이다. 한타 자격증까지 있었던 나로서는 누워서 떡 먹기일 거라 생각하고 흔쾌히 일을 시작했다. 알고 보니 결코 쉬운 일이 아니었다. 그렇지만 뜻하지 않게 아버지 내면의 모습을 보게 된 소중한 계기가 되었다.

글쓰기가 시작되면 서재가 온통 신문기사 스크랩으로 발 디딜 틈이 없어진다. 가위로 각종 신문을 오리고, 빨간 사인펜으로 줄을 긋고, 스크랩북에 정리하는 일이 몇 날 며칠 계속된다. 일주일에서 열흘 정도 그리 보내셨던 것 같다. 어느 정도 필요한 자료가 모아지면, 그다음 단계에서는 생각을 정리하신다. 딱히 말씀하신 적은 없지만, 아마도 이때쯤 칼럼의 주제와 구조가 대략 정해졌던 것 같다. 이 과정은 옆에서 보기에도 고통스럽다. 밤에 잠을 설치시고, 입안은 다 헐고, 소화가 안 되고, 신경이 예민해지신다.

그다음은 집필 단계이다. 주어진 나의 역할은 이때부터다. 아버지의 악필을 읽을 수 있는 사람은 많지 않다. 1950년대에 기자 생활을 시작한 아버지는 속기를 미처 배울 여유가 없어 빨리 흘려 쓰던 버릇이 굳어진 것이다. 원고지에 왜 쓸까 싶을 정도로 줄과 칸을 지키지 않는 것은 물론, 얼핏 보기에 영어인지 일본어인지 한참 들여다봐야 알아볼 수 있는 글자들이 빼곡히 채워진다. 그렇지만 악필도 몇 번 경험하고 나면 나름 해독의 노하우가 생기기 마련이다. 금방 타이프를 쳐서 출력해 갖다 드리면 잠시 쉬고 계셨던 아버지는 "벌써 했냐?"라고 반갑게 맞이하신다. 칭찬하거나 감사 표시를 하는 것에 서투르신 아버지로서는 이것이 고맙다는 표시였다. 그 짧은 두 마디에 '막내딸이 다 커서 도리어 날 도와주니 고맙구나'라는 아버지로서의 애틋함이 담겨있었던 것이다. 여기까지는 참 평온하고 행복하다.

그런데 진짜 작업은 이때부터 시작이다. 일주일 넘게 연구하고 고민해서 활자화한 원고는 가차 없이 난도질을 당한다. 초고의 수난이 시작되면서 나의 괴로움도 증폭된다. 처음 출력한 초고를 가져갔을 적 아버지의 환한 표정은 두 번, 세 번 고쳐서 출력해 갈 때마다 점점 어두워지기 때문이다.

## 집필실은 지저분한 공장

처음에는 주로 구조가 바뀐다. 문단 순서가 바뀌고, 논리적 흐름이 다시 그려진다. 어떨 때에는 주제가 완전히 바뀌기도 한다. 아마도 칼럼을 구상할 때 여러 대안을 생각해놓으셨던 것 같다. 시사적인 평론을 하셨기 때문에 갑자기 발생하는 뉴스에 민첩하게 대처하는 방법을 터득하신 것일 게다. 그다음 몇 번의 수정 과정에서는 문장이 꼼꼼히 다듬어진다. 이 단계에서는 표현에 유난히 신경을 많이 쓰셨다. 어조가 어디서 강하게 표현되고, 어디서 부드러운지, 마치 운율을 맞추듯이 자연스럽게 흘러야만 했다. 그리고 마지막 단계에서는 단어나 어휘 하나하나, 쉼표의 자리, 따옴표나 마침표 등 아주 세세한 것까지 모두 몇 번이고 바뀌고 또 바뀐다.

도트 프린터는 요즘 프린터와는 달리 출력할 때 글자가 한 줄씩 아주 천천히 찍혀 나온다. 원고를 대여섯 번쯤 수정하고 나면, 겨우 한 페이지 반 남짓한 분량인데도 프린터의 '찌지직, 찌지직' 소리가 어찌나 길게 느껴지는지, 고장이 난 건 아닌지 몇 번이고 들여다보게 된다. 이쯤 되면 원고마감이 코앞이라 아버지도 조급함을 참지 못하고 서재와 내 방 사이를 왔다 갔다 서성이신다. 그런데도 수정본을 들고 달려가면 어김없이 빨간 사인펜으로 여기저기 누더기가 되어 돌아온다. 이 때문에 나는 수업이나 약속에 늦은 적이 한두 번이 아니다. 드디어 마지막 방점을 찍고, 팩스에 원고를 집어넣는 순간, 난 타이피스트일 뿐인데도 큰 과업을 끝낸 듯한 희열을 느끼곤 했다.

하도 여러 번 같은 글을 들여다봐서 그런지, 그때부터 난 아버지의 글이 신문에 게재되고 나면 일부러 읽지 않는 습관이 생겼다. 내용을 이미 알기 때문이기도 하지만, 신문 지면 한 귀퉁이에 인쇄된 글은 그동안의 노력과 고뇌가 무색하게, 술술 쏟아 낸 듯한 인상을 주기 때문이다. 칼럼과 함께 실리는 저자 사진은 환한 미소를 띠고 있고, 활자들은 다른 기사들과 어우러져 자연스러운 느낌마저 준다. 그 몇 자가 나오기까지 저자가 얼마나 고민하고 투쟁했는지 흔적조차 찾아볼 수 없다.

아버지의 글은 언제 읽어봐도 간결하고 명쾌하다. 그렇게 되기까지 이면에 고통과 성찰이 배어 있어 독자의 마음을 사로잡을 수 있는 것 같다. 당시에는 내가 아버지를 도와드린다는 뿌듯함에 우쭐했지만, 지금 생각해 보면 그때 나눈 아버지와의 무언의 대화가 그 후 삶을 살아가는 데 큰 힘이 되고 있다.

돌이켜 보면 딸 아이 학교에 제출하는 서류에 '자유기고가'라고 적으라고 할 수밖에 없었던 상황이 부모로서 얼마나 가슴 아픈 일이었을까 싶다. 고민이 안 되었겠냐만, 적어도 자식들에게는 약한 모습을 보인다거나 불평을 하신 적이 없다. 인생의 역경을 잘 견뎌내셨던 아버지의 저력은 끊임없는 노력과 자기 성찰에서 비롯되었다는 것을 다시금 깨닫는다. 그리고 여러 갈래 길에서 아버지가 끝까지 중심을 지키고 가장 소중히 여겼던 작업은 글쓰기였다.

아버지 원고를 타이프해드린 지 20여 년이 지났건만, 학자의 길을 택한 나는 지금도 논문을 학회지에 제출할 때마다 막판에 망설이게 된다. 아버지처럼 철두철미하게 성찰하지는 못하지만, 막바지에는 선뜻 보내지 못하고 몇 번이고 다시 한두 글자라도 바꿔야 직성이 풀리는 버릇이 생겼다. 그리고 마지막까지 글을 붙들고 있을 때마다 아버지가 어쩐지 응원을 보내시는 것 같아 마음이 훈훈해지곤 한다.

# 수정같이 맑은 인생 아깝고 그립습니다

최규경 (처제)

우리 아저씨(형부)가 가신 후, 저녁 TV 뉴스는 보지 않아도 일기예보만큼은 꼭 봅니다. 우리 형부가 먼 산기슭에 홀로 외로우신데, 이제 늙어서 걸음도 잘 못 걸으니 제가 차마 그곳에 가보지는 못하고 혹시 형부를 지키고 있는 소나무가 쓰러지면 어쩌나 걱정을 합니다.

형부가 가시고 나서 언니가 혼자 지내다가 치매라도 걸리면 어쩌나 걱정을 많이 했는데, 언니가 팔십 넘어서 시작한 그림을 참 잘 그리십니다. 그래서인지 요즘 언니 목소리에 힘이 생겼습니다. 아저씨 우리 언니 걱정은 이제 안 하셔도 되겠다고 생각합니다.

장녀인 언니와 둘째 딸인 저는 2년 터울로 서울에서 같은 대학을 함께 다녔으니까 아저씨와 우리 언니의 만남을 처음부터 지켜볼 수가 있었습니다. 아저씨와 언니가 처음 만난 그해 이대 약대 4학년에 재학 중인 언니는 과 퀸에 뽑힐 만큼 참 예뻤습니다. 데이트 한번 하자고 쫓아다닌 사람들도 참 많았는데 언니가 너무너무 냉정했지요. 그러다가 여섯 살이나 연상인 아저씨(형부)를 처음 만나고 나서, 언니 생각에는 아저씨가 금방 언니를 좋아할 줄 알았대요. 그런데 한 달 동안이나 소식이 없었지요. 나중에 알았지만, 그즈음 나라에 어떤 선거가 있어서 형부가 매우 바쁘셨다고 했습니다.

한 달 만에 아저씨가 장문의 편지를 언니에게 보내셨습니다. 마음이 있으면 한번 만나자는 편지였습니다. 저는 언니가 나가나 안 나가나 유심히 지켜보고 있었습니다. 제 예상대로 언니가 아저씨를 만나러 나갔습니다. 제가 보기에도 형부가 편지를 정말 잘 쓰셨습니다. 그만 언니가 홀딱 반한 겁니다. 멋있잖아요. 우리 언니가 반할 만 했습니다.

형부는 우리를 꼭 친동생처럼 생각하고 아껴주셨습니다.

언니와 약혼한 후 형부는, 언니와 함께 생활하는 저를 꼭 두 분의 데이트에 데리고 나오도록 하셨습니다. 아마 세상에 태어나서 제가 먹어본 맛있는 음식들은 모두 다 형부가 처음 사주신 것일 겁니다. 제가 철이 없어서 두 분 연애하는 데 아무 데나 따라다닌 것이지만요.

형부는 대화가 통하는 분이셨습니다.

대학 3, 4학년 때 이화보이스 기자를 했던 저는 현역 기자로 활동하시는 형부에게 "아저씨 이 기사 어때요?"하고 제가 쓴 기사를 보여드리면 "아주 잘 썼다"고 칭찬하시며 지도해주시던 모습이 엊그제 같습니다.

제가 대학 3학년 때 형부가 되신 아저씨는 앞서 당신의 대학 졸업논문으로 존 키츠에 대해서 썼는데, 마침 영문과에 다니는 저를 위하여 필요하면 쓰라고 영문 자료를 한 보따리나 가져다주셨습니다. 그 시절에는 그런 자료가 참 귀했습니다.

형부는 대학 졸업을 앞둔 저를 미국에 유학 보내기 위해 여러 대학에 편지를 많이 보내셨습니다. 나중에 여기저기 대학들에서 입학허가서가 왔습니다. 친구들이 그렇게 부러워할 수가 없었습니다. 결국 제가 형제 많은 집 장남과 결혼하면서 유학의 꿈을 실현하지 못하고 말았지만, 평생 그런 형부가 자랑스럽고 고마웠습니다.

형부는 꼭 큰오빠 같았습니다.

우리 친정에는 딸이 여섯에 막내로 아들 하나 있는 집이라서 오빠 있는 친구들을 보면 그렇게 부러울 수가 없었는데, 형부가 오시니 마치 큰오빠가 생긴 것처럼 우리 자매들 모두가 그렇게들 좋아했습니다. 형부는 우리 동생들이 차례차례 당신 집에 갈 때마다 하나같이 친동생처럼 잘 대해주셨습니다. 그 어려운 시절에 말입니다.

형부는 신문사에서 일하실 때 가끔 당신 댁으로 퇴근하지 못하고 후암동에서 병원을 하는 우리 부부의 집으로 오시곤 했습니다. 나중에 언니에게 들은 얘기지만 그런 날은 신문에 꼭 무슨 기사가 터진 거고, 경찰이나 정보관계 사람들이 신촌의 동교동 언니네 집에 잔뜩 진을 치고 시위를 하듯 겁을 주는 날이라고 했습니다. 그런 날에도 형부는 아무 일 없으신 듯 태연하게 저희 애들 아빠와 저녁을 잘 드시고 잘 주무시고 출근을 하시던 기억이 새롭습니다. 참 존경스럽고 자랑스러운 형부라고 생각했습니다.

우리 친정어머니 돌아가신 다음에 형부는 매주 한 번씩 광주에 꼭 내려가셔서 홀로 계신 장인과 바둑을 두고 오셨습니다. 우리 형부 같은 분이 세상 어디에 계시겠어요?

우리 형부는 수정같이 맑은 분이셨습니다.

수정같이 맑은 인생 아깝고 그립습니다.

추도식에서 읽은 고인이 좋아했던 시

# "이니스프리 호수섬"

시 윌리엄 버틀러 예이츠
번역 인호 애글리(Basil Inho Park Egli, 외손자)

일어나 지금 가리, 이니스프리로 가리
가지 얽고 진흙 발라 조그만 초가 지어
아홉 이랑 콩밭과 꿀벌통 하나
벌 윙윙대는 숲 속에 나 혼자 살리라.

거기서 나는 평화를 느끼리
아침의 장막으로부터 귀뚜라미 울 때까지
평화는 천천히 내려오는 것.
어렴풋한 별빛 가득한 밤, 보랏빛 어리는 한낮
방울새의 날갯소리 가득한 저녁.

나 일어나 이제 가리, 밤이나 낮이나
호숫가에 찰랑이는 그윽한 물결 소리
맨 길에 서 있든, 회색 포장길에 서 있든,
내 마음 깊숙이 그 물결 소리 들리네.

# The Lake Isle of Innisfree

By William Butler Yeats

I will arise and go now, and go to Innisfree,
And a small cabin build there, of clay and wattles made;
Nine bean-rows will I have there, a hive for the honey-bee,
And live alone in the bee-loud glade.

And I shall have some peace there, for peace comes dropping slow,
Dropping from the veils of the morning to where the cricket sings;
There midnight's all a glimmer, and noon a purple glow,
And evening full of the linnet's wings.

I will arise and go now, for always night and day
I hear lake water lapping with low sounds by the shore;
While I stand on the roadway, or on the pavements grey,
I hear it in the deep heart's core.

# 수목장 樹木葬

김경명 (시인)

뼛가루 한 줌 손에 집어
나무 밑 흙에 뿌리며 눈물 흘린다
좀 일찍 깨달았으면 사랑 한 줌
가슴에 품고 환하게 웃었을 것을

캄캄한 밤 어두움 헤치고
뚜벅뚜벅 걸어온 길
젖은 땅 흙탕물 튕겨도
당신의 하이얀 버선엔 스며들지 못했습니다

활활 타오르는 불길
집 태우고 육신을 벗어
따사한 햇살처럼 촛불이 되려 하네

발자국마다 알알이 맺힌 방울
오롯이 한 점 빛이기에
그 흔적 더듬으며 당신을 생각하리

흙에서 와서 흙으로 돌아가
평화스러운 동산 아름드리 수목에 생명을 부어주리.

# 우뇌적인 탤런트의 아버지

박일평 (장남, 미국 하먼 부사장 겸 CTO로 재직,
서울대 계산통계학과, 미국 컬럼비아대 박사)

저는 오늘 아버지의 인품에 대해 몇 말씀 올리겠습니다.

저희 아버지는 하루에 24시간이 모자라면 그 이상의 시간을 만들어 쓰시는 부지런하신 분이었습니다.

저희 아버지는 마음속을 유리병에 넣어서 볼 수 있을 만큼 투명하신 정직한 분이었습니다.

저희 아버지는 모든 감각이 뛰어나고 우뇌적인 탤런트가 많으면서도 누구보다도 열심이셨던 노력파였습니다.

저희 아버지는 물질적인 욕심이 전혀 없는 멋있는 선비이자 최고의 학자였습니다.

저희 아버지는 정의를 위해서는 개인적인 희생을 언제든지 감수하셨던 용감하신 분이었습니다.

저희 아버지는 아무리 상황이 힘들어도 좌절하거나 힘들다는 기색을 보이신 적이 없습니다. 항상 가족이나 주변 사람에게 긍정적인 힘이 되신 분이었습니다.

평소 표현은 잘 안 하지만 남에 대한 배려심과 정이 많은 아버지셨습니다.

오늘 저 자신을 생각해볼 때 부끄럽지만, 이에 반대되는 삶을 살고 있지 않았나 반성하게 됩니다.

이제 아버지는 하늘나라에서 편하게 쉬시고 항상 즐거움으로 저희를 보고 계시기를 기도드립니다.

안성 일죽 유토피아 추모관에서

## 연보_ 전후기자 1세대의 생애(1929년 10월~2014년 2월)

□ **1929년 10월 25일(음력) 전북 부안군 하서면 장신리 반월마을에서 태어나다.**

  – 부 박경래(1892~1933, 4살 때 부 사망), 모 최성녀(불교법명 최자선화)

  – 장형 용상(1910, 전북일보 사장), 둘째 형 원상(1915), 셋째 형 기상(1920),

    누이 영례(1932)

□ **1936년 부안 최초 천주교공소가 운영하는 '등룡학술강습소'에서 글을 배우다.**

  – 큰형님의 도움으로 전주완산초등학교 5학년에 전학, 부안 갯가 소년에서 전주 도회지

    소년이 된 박권상 차츰 재골의 면모를 드러내다.

□ **전주남중에 진학, 북중으로 통합,**

  **1948년 전주고 24회로 졸업하다.**

□ **1948년 서울대 문리대 입학하다.**

□ **1952년 4월 26일 6 · 25전쟁 중, 피난수도 부산에서 서울대 문리대 영문과 졸업하다.**

□ **1952년 졸업과 동시 23살 나이로 합동통신사 정치부 기자로 언론계에 투신하다.**

□ **1954년 동국대 대학원 정치학과 진학, 기자와 학업을 병행하다.**

□ **1955년 미 국무성 초청 언론인 시찰 훈련단의 일원으로 연수에 참가하다.**

  – 노스웨스턴대학 연수(6주), 신문사 실습(2개월), 미국 전역 여행(1개월)

  – 연수 참가 기자 10명 가운데 박권상, 조세형, 노희엽, 김인호, 진철수, 박중희 6명의 20

    대 중반 젊은 기자들이 의기투합하여 귀국 후 서울 종로구 관훈동 84의 2 박권상의 하

    숙집에서 모임을 갖고, 관훈클럽을 창립하다.

□ **1956년 4월 30일 관훈클럽 창립멤버 10인 첫 회동.**

  – 미국 연수단 1기 6명 외에 박권상의 주장으로 선배 기자 최병우와 동년배의 젊은 기자

    정인량, 임방현, 이시호 추가 합류. 최병우 임시의장, 박권상 서기.

- 20대 중반의 젊은 기자들에 의해 태동한 관훈클럽은 이제 한국 현대 언론을 표징하는 자긍심이 되어 60주년을 눈앞에 두고 있다.

□ 1957년 1월 11일 최병우, 박권상, 조세형 등 18명 회원으로 관훈클럽 정식 발족.

□ 1957년 3월 13일 최규엽 여사와 결혼하다.

- 질풍노도의 저널리스트 시절, 운명처럼 다가온 최 여사와의 세기적 로맨스는 이 책 『박권상을 생각한다-추억 사랑 그리움』 편에 최 여사가 직접 증언한다.

□ 1957년 6월 노스웨스턴대 신문학과 대학원 유학.

- 57년 여름부터 이듬해까지 다섯 학기 동안 학부과정 필수과목을 모두 수강하면서 석사학위에 필요한 대학원 과목을 이수해야 하는 끔찍한 공부의 늪 속에서 박권상은 루스벨트 대통령의 "This day will be over"의 명언을 책상머리에 붙여놓고 견디었다.

□ 1958년 8월 신문학 석사학위 취득 후 귀국.

- 노스웨스턴대학 저널리즘 석사과정 유학 중 미국의 가장 권위 있는 기자단체인 시그마 델타 카이(Sigma Delta Chi, 전문언론인협회/미국)의 정회원이 되다. SDC를 관훈클럽 운영의 롤모델로 반영하다.

□ 1958년 9월 세계통신 정치부장으로 자리 옮기다.

□ 1959년 1월 관훈클럽 제5대 총무(당시는 운영위원장)에 선출되다.

- 같은 해 6월 창립된 한국신문학회(현 언론학회)에 관훈클럽 총무이자 언론계 대표로 참여, 간사로 선출되다.

□ 1959년 7월~1960년 5월 세계통신 출판부장.

□ 1959년 미국 연수와 노스웨스턴대학원 신문학 석사 취득을 계기로 모교인 서울대 문리대 사회학과에서 '매스커뮤니케이션' 강의, 이후 60년대 중반까지 서울대 문리대와 신문연구소에서 언론학 강의를 계속하다.

- 강의 틈틈이 미국 언론학 이론서를 번역 출판하고, 59년 귀국 이후 관훈클럽이 창간한 「신문연구」에 매호 논문을 발표하다.

- 1959년 12월 미국 대법원의 윌리엄 더글러스의 역작 『The Rights of People(인민의 권리)』을 '박.철.배(박권상, 김철수, 김진배 약칭)'의 이름으로 공동 출판하다.
- 1963년 여름 「신문연구」 5호부터 6회에 걸쳐 연재한 '매스커뮤니케이션 강좌'는 언론학 연구는 물론 당시 대학의 신문학 교육에 유용한 교재가 되다.

□ '언론'을 테마로 해마다 「신문연구」 등에 논문 발표하다.

〈언론 자유〉

- '치기 위해 치는 자유는 없다' ; 보도와 명예훼손, 미국의 이론과 실제(현대, 1959)
- 언론출판의 자유; 선진국의 이론과 실제(신문연구, 1959.12)
- 신문의 자유의 새로운 개념(신문연구, 1961. 봄)
- 신문자유의 재발견(사상계, 1961.11)
- 정부와 신문; 언론자유의 사명(한국신문편집인협회 세미나, 1965.12)
- 언론의 자유와 책임, 언론의 기능과 역기능(정경연구, 1966.10)

〈언론과 국가발전〉

- 언론과 국가발전, 한국신문 70년대의 전개(신문연구, 1970.9)
- 신문이 근대화에 미치는 영향(세대, 1964.4)
- 언론과 국가발전; 잡지적 측면에서(신문연구, 1970. 가을)

〈언론과 정부〉

- 정부와 신문(신문평론, 1965.11.12)
- 정부와 신문, 제1회 매스컴 관계 세미나 주제논문(신문연구, 1965. 가을)
- 여론의 조작; 20세기의 병리를 진단한다(정경연구, 1966.2).
- 공보정책에 대한 비판과 건의, 언론창달을 중심으로(신사조, 1962.3)
- 공보선전의 문제점(시사, 1961.10)

〈언론개혁〉

- 한국신문 개혁의 방향, 선진국과의 비교(제지계, 1966.2)

- 신문인의 자세를 위한 노트(신문평론, 1964.10)

〈방송〉

　- 텔레비전 시대와 신문(신문연구, 1962. 여름)

　- 현대사회와 전파매스컴(세대, 1964.10)


☐ 1959년 5월 베를린 IPI 제8차 총회에 한국대표단으로 참석하다.

　- 장기영(한국일보사장, 신문발행인협회 부이사장), 김성곤(동양통신, 연합신문 발행인), 홍
　　종인(조선일보 주필), 박권상(관훈클럽 운영위원장 세계일보 정치부장) 등 5인의 대표단.

　- 한국이 IPI 정회원국으로 가입하는 것이 목표였으나 좌절되고 대신 장기영과 홍종인이
　　개인 자격 회원으로 가입.

　- 1959년 9월 사상계, 'IPI와 한국언론–독재국가의 신문이라고 불리워도 좋은가' 논문 발표.

☐ 1960년 3월 8일 장녀 소희 출생

☐ 1960년 6월 한국일보 논설위원으로 옮기다. 당시 31세.

　- 통신과 달리 기명으로 글을 쓰고 논객으로 능력을 발휘하는 계기가 되다.

☐ 1960년 6월 IPI 가입 승인된 한국, 1961년 10차 텔아비브총회에서 정식회원국, 박권
　상은 김규환과 함께 한국일보 논설위원 자격으로 회원으로 가입, 이후 IPI 한국위원
　회 이사로 피선되다.

☐ 1962년 5월 동아일보로 옮기다. 논설위원과 심의위원을 겸하다.

☐ 1963년 1월 5일 장남 일평 출생

☐ 1963년 에드윈 에머리 등의 『매스컴론』을 장용 교수와 함께 공동 번역하다.

　- 1965년 에드워드 휴턴의 『근대국가와 언론자유』를 고명식과 공역.

　- 1967년 찰스 라이트의 『매스컴 사회학』 번역.

☐ 1964년 8월 28일 차녀 소원 출생

☐ 1964년 9월 하버드대학 니먼펠로우로 선정되어 세 번째 유학길에 오르다.

□ 1965년 귀국 후 논설위원으로 활동하다.

□ 1967년 삼녀 소라 출생

□ 1969년 2월 동아일보 편집국장대리.

□ 1970년 영국 톰슨재단 초청으로 카디프대학에서 신문경영과정 4개월 연수하다.

□ 1971년 4월 동아일보 편집국장에 취임하다.

□ 1972년 10월 17일 비상계엄령선포와 21일 국민투표로 유신헌법이 선포되었으나 유신체제에 정론으로 맞서다.

□ 1973년 8월 주영 특파원으로 발령 나다.

  - 주영 특파원 기간, 동아일보, 동아방송에 대한 광고탄압, 기자들에 의한 언론 자유 수호 운동, 노조결성, 기자와 경영진 갈등으로 인한 대량해직 등 이른바 동아(조선) 사태의 회오리 바람이 몰아닥침.

□ 1977년 주영 특파원 임기 마치고 귀국하다.

  - 논설위원 복귀, 통일문제 조사연구소장 겸임

□ 1979년 영국 특파원 경험을 바탕으로 쓴 영국에 관한 4권의 저서 가운데 1권 『영국을 생각한다』 발간하다.

□ 1979년 박정희 대통령 시해 10·26사태 발발-12·12군사 쿠데타.

□ 1980년 논설주간 겸 안보통일문제 조사연구소 상임연구위원.

□ 1980년 신군부에 의해 강제해직 당하다.

  - 동아일보는 물론 타 언론기관 취업도 불가능한 대상자로 분류돼 미국, 영국 등 해외 유랑을 떠날 수밖에 없게 되다.

□ 1981년 미국 워싱턴의 우드로 윌슨 국제학술센터 연구원. 동년 6월, 윌슨 센터에서 'North Korea under Kim Chong Il' 제목의 논문을 발표하다.

□ 1981년 『(속) 영국을 생각한다』 출간, 85년 1월 『(속) 영국을 생각한다』 3판 발행.

□ 1982년 미국 캘리포니아대 동아시아연구소 연구원.

□ 1983년 12월 저서 『자유언론의 명제』 출간.

□ 1983년 4월 『영국을 생각한다』 4판 발행.

□ 1985년 영국 옥스퍼드대 세인트안토니스 칼리지연구원, 미국 조지워싱턴대 중·소
　 객원연구원으로 활동하다.

□ 1985년 4월 저서 『윗물이 맑은 사회를』 출간.

□ 1985년 미국 연구 기간에 저서 『미국을 생각한다』 출간.

　 – 기약 없는 해외 귀양 생활이었지만 그에게는 국제적 저널리스트로서의 안목과 실력을

　　 배양하는 기간이 되다.

□ 1987년 8월 15일 저서 『영국을 다시 본다』 출간.

□ 1987년 9월 5일 저서 『감투의 사회학』 출간.

□ 1987년 9월 15일 저서 『민주주의란 무엇인가』 출간.

　 (각기 다른 세 권의 책을 한 달 새, 열흘 간격으로 동시 출간한 진기록이다)

□ 1988년 귀국 후 자유기고가로 활동.

□ 1988년 9월 재단법인 위암장지연기념사업회 설립, 초대 이사장 취임.

　 – 1990년 10월, 제1회 장지연상 수상자로 언론부문 김중배(동아일보), 학술부문 이정식(미

　　 펜실베이니아대 교수)을 선정 시상.

□ 1988년 봄 최원영(동아건설 최원석 회장의 동생)의 자금지원으로 주간지 「시사저널」
　 창간준비 착수.

□ 1988년 10월 최병우 기념사업회 발족 초대 회장 취임하다.

□ 1989년 3월 저서 『권력과 진실』 출간하다.

□ 1989년 10월 19일 「시사저널」 창간호 발간. 박권상은 사장대우 편집인 겸 주필, 친
　 구이자 언론계의 오랜 동반자 진철수가 편집주간을 맡다.

　 – 창간호에 브란트 전 독일수상의 특별인터뷰를 싣는 등 미국의 「타임」, 「뉴스위크」 같은

　　 본격 시사주간지가 한국에도 등장했다는 평가를 받다.

- 창간 직후인 10월 24일 브란트를 한국에 초청해 8일간 체류하게 하면서 정계 요인들과의 교유를 주선한 것을 비롯해 이후 스티븐 호킹 박사, 자크 시라크 파리시장 등을 잇달아 초청하다.
- 국내 시사주간지 최초로 워싱턴과 파리에 상주특파원을 두다.
- 창간 1년 만에 발행 부수 10만 5천을 달성하는 기록을 세우다.
□ 1990년 4월 저서 『대낮에 등불을 밝히고』 출간하다.
□ 1990년 9월 저서 『성공한 역사의 나라 영국을 본다』 출간하다.
□ 1990년 중앙대학교 제정 중앙언론문화상 수상하다.
□ 1991년 2월 19일 「시사저널」 편집인 겸 주필 직 사임. '월급 받는 직장은 더 이상 맡지 않겠다'고 했으나 편집고문직은 유지하다.
□ 1991년 5월 저서 『저자세 고자세가 아닌 정자세로』 출간하다.
□ 1991년 5월 국내 최초로 칼럼 신디케이트를 결성하다.
- 박권상, 최일남(소설가, 동아일보 문화부장, 부국장), 김용구(한국일보 논설위원), 정운영(경제학자, 한겨레 논설위원)이 담당 분야 칼럼을 써서 지방신문에 공동으로 싣는 형식.
- 부산일보, 제민일보, 대전매일, 경기매일, 전북일보, 강원일보, 충청일보, 전남일보 8개 지방 신문으로 1년 정도 유지.
□ 1991년 9월 인촌상 언론부문 수상하다.
- 1987년 설립 후 제1회 수상자로 함석헌을 선정한 뒤 수상자를 내지 못하다 5회째에 박권상을 두 번째 수상자로 선정하다.
□ 1992년 10월 저서 『대권이 없는 나라 I-미국, 프랑스』, 『대권이 없는 나라 II-영국, 일본』 동시 출간하다.
□ 1993~1994년 국회제도개선위원장.
□ 1993~1994년 고려대 언론대학원 초빙교수.
□ 1994년 5월 저서 『예측이 가능한 세상이었으면』 I, II권 동시 출간하다.

□ 1995년 신문윤리강령 개정위원회 위원장.

- 1957년 제정 이후 시대 환경 변화에 부응할 개정 필요성 절실, 신문협회, 편집인협회, 기자협회 공동 강령 개정 작업을 지휘.

- 독립신문 창간 100주년인 1996년 제40회 신문의 날에 새 강령 공포.

□ 1995년 11월 박권상, '언론 2000년위원회' 구성을 제의하다.

- 1995년 12월 11일 발행 「관훈통신」(제42호)에 '언론발전 연구위원회 설립을 제안한다' 는 글에서 언론 현실 진단과 바른 처방을 위해 각계대표로 권위 있는 기구를 만들 것을 정식 제의.

□ 1996년 8월 일요신문 고정 칼럼을 모은 저서 『오늘과 내일』I, II 동시출간.

□ 1997년 관훈클럽신영연구기금과 고려대학교 협약에 의한 석좌교수로 강의 시작.

□ 1997년 10월 22일 2000년위원회, 111쪽에 달하는 『한국언론 2000년위원회 위원 연구논총』을 발간, 박권상 '언론의 자유와 책임'이라는 논문을 싣다.

□ 2000년 10월 27일 프레스센터에서 21세기 한국 언론이 나아가야 할 방향을 밝히는 '한국언론보고서' 공표식.

□ 1998년 정부조직개편심의 위원장.

□ 1998년 4월 20일 KBS 사장에 취임하다.

- 취임사에서 공영방송 KBS의 독립성 확보를 위한 강도 높은 내부개혁 강조

□ 1998년 9월 26일 대만 금문도, 관훈클럽 초대 총무 최병우 순직 40주년 추모행사 참석하다.

□ 1998년 10월 30일 제9회 위암 장지연기념상 시상 - 한국학상 이기문 국어학자, 언론상 김영희 중앙일보 대기자, 방송상 KBS 한국어연구회

□ 1999년 1월 2일 신년사에서 KBS 보도, 방송, 기술, 경영 등 총체적 일신을 위한 '신 KBS 시대' 선언.

□ 3월 3일 KBS 창립 26주년 기념식; 시청자께 드리는 10대 약속 공표(KBS 10계명).

□ 4월 21일 영국 여왕 엘리자베스 2세 방한, KBS 한영친선음악회 주관하다.

□ 7월 9일~7월 29일 KBS 노조 통합방송법안 반대 파업.

□ 11월 1일 제10회 위암 장지연상 시상 – 황패강 한국학 고전문학자, 김상훈 부산일보 사장, 남성우 KBS PD, 특별상 수상자 KBS 남승자 기자.

□ 11월 11일 각계 전문가, 학자 60명을 KBS객원해설위원으로 위촉. 해설은 물론, 프로그램 자문, 인터뷰, 출연을 자유롭게 위촉하기 위한 인재 풀 시스템 도입.

□ 12월 4일 월례조회. 2000년 새해 뉴밀레니엄 플랜 발표. 'KBS가 한국 정신문화, 대중문화의 그린벨트가 되자'고 제안하다.

□ 2000년 1월 3일 시무식; '벽을 넘어 화합의 시대로'를 밀레니엄 시대 KBS 방송지표로 제창.

□ 3월 3일 KBS 창립일 취재기자 간담회; KBS는 국가기간방송–National public service. 상업주의에만 치우친 방송이 초래하는 오염과 혼탁을 막아주는 공영방송으로서의 KBS 역할이 있음을 강조.

□ 3월 13일 새 방송법 발효–통합방송위원회 출범, KBS 국가기간방송 명시.

□ 5월 23일 KBS 이사회 추천에 의해 박권상 사장 연임.

□ 6월 13일 김대중 대통령의 남북정상회담에 KBS 사장 자격으로 평양 방문. KBS 취재, 촬영, 중계기술진 11명 동행.

□ 8월 5일~12일 방송협회장 자격으로 남한 언론사 사장단 일행과 함께 평양방문.

 – 남북언론사대표단 합의; 민족의 단합을 이루고, 민족 화해와 단합을 저해하는 비방을 중지하며 상호접촉과 왕래, 교류를 통한 이해와 신뢰 증진 노력한다.

□ 8월 15일~17일 남북 이산가족교환방문 상봉 생중계.

□ 8월 20일~22일 남북 교향악단(KBS교향악단–조선국립교향악단) 합동연주회 KBS홀과 '예술의 전당'에서 개최.

□ 9월 10일 백두산 천지에서 KBS가 특파한 김종진 앵커, 임성민 아나운서 등 22명의

KBS특별취재팀 「백두에서 한라까지」 생방송.

☐ 10월 20일 'ASEM 서울 2000 총회' 강남 코엑스에서 개막. KBS 주관방송사. 88 서울올림픽 이후 국가 최대 규모 행사.

  – 세계 최초로 인터넷 동영상으로 모든 공식행사를 생중계.

☐ 11월 1일 제11회 위암 장지연상 시상 한국학 부문에 전상운 과학사학자, 언론상 장명수 한국일보 사장, 방송상 엄기영 MBC앵커 선정

☐ 2001년 신년사. '세계는 디지털 혁명시대' – 디지털시대 KBS의 '제2의 창사'

☐ 5월 1일 월례조회.

  – KBS의 독립성 제고. 뉴스와 프로그램 품질 향상, 국민신뢰 획득 평가.

  – 다채널 다미디어 시대를 이끌 위성방송 10월 시험방송, 12월 본방송 계획 발표.

  – 지상파 디지털방송 하반기 수도권부터 전면 시행 발표.

  – 슘페터의 '창조적 파괴와 파괴적 창조'를 일상화, 변화하는 KBS가 되어야.

☐ 5월 17일 방북 특별제작진 환송식.

  – 남북 방송교류사업 「북의 10대 민족문화유산」, 「개마고원」, 「남과 북 함께 부르는 노래」, 「여기는 평양입니다」 발표. 이후 6·15남북정상회담 선언 1주년까지 프로그램 순차 방영.

☐ 6월 21일 6월 시청자위원회.

  – 90년 만의 혹독한 가뭄 극복 성금 모금 특별생방송에서 열흘(6월 9일~6월 19일) 만에 전 언론사 모금의 47%, 전체 방송사의 79%인 64억 원 모금은 국민의 KBS 신뢰를 실증하는 사례라고 보고.

☐ 7월 19일 7월 시청자위원회.

  – 전체 방송 3사 시청률 순위 10대 프로그램 중 「KBS 9시뉴스」, 「태조 왕건」, 「명성황후」, 「우리가 남인가요」, 「VJ특공대」, 「부부클리닉」 등 6개가 절대 우위라고 보고.

☐ 10월 18일 10월 시청자위원회 보고.

  – KBS 창사 이래 최고의 경쟁력을 유지하고 있다. 전체 시청률 TOP 10에 「태조 왕건」 등

8개 KBS 9시뉴스가 전체 시청률 5위 차지.

- 시사저널 오피니언리더 여론조사 65.3%가 'KBS를 대한민국에서 가장 영향력 있는 매체'라고 선정.

□ 11월 19일 국장급 연수회.

- KBS가 가장 중요하게 생각해야 할 목표는 'KBS의 독립성'

- 다른 상업방송이 할 수 없는 KBS만의 '퍼블릭 서비스'

- KBS는 국민이 오너이고 그 오너에 봉사하는 방송.

- KBS의 독립은 전적으로 국민의 신뢰와 연결돼 있다.

□ 2002년 1월 2일 시무식.

- '2002 코리아, 하나 되어 세계로 미래로' KBS 방송지표 발표.

- KBS의 브랜드를 '신뢰'로 하자고 강조.

- 2002한일월드컵 KBS 준비 만전을 기하자.

□ 3월 19일 드라마 「겨울연가」 종방 자축연.

□ 5월 9일 NHK 교향악단 서울 초청음악회. 한일월드컵 공동개최 기념.

□ 7월 26일 『TV 동화 행복한 세상』 출판기념회. 박인식 PD, 이미애 작가 시상격려.

- KBS가 추구하는 공공 서비스정신을 실현한 KBS만 만들 수 있는 좋은 프로.

□ 9월 3일 제39회 방송의 날.

- '방송의 자유와 독립성은 보장되어야 한다' 방송협회장(박권상) 성명서 발표.

□ 9월 16일 KBS교향악단 평양방문, 공연(21일).

□ 10월 10일 KBS-한국방송학회 세미나.

- KBS의 영향력(64.7%), 신뢰도 사상 최고. 기자협회의 언론 편파보도 여론조사 응답자의 0.3%만 KBS가 편파보도한다고 응답, 전체 매체 중 '영예로운 꼴찌'.

□ 10월 24일 KBS국악관현악단 UN 공연. KBS교향악단 상하이공연(22일 북경공연).

- '사시 타로르' UN 사무차장, "작년 빈 필 공연 때보다 더 감동적"이라고 평가.

□ 11월 20일 가요무대 800회 기념백서-리셉션.

  – 박현태 사장(85년 당시), 김동건 MC, 조의진 PD(제작본부장) 공로 치하.

  – 국민과 애환을 같이 한 KBS 대표 프로그램, 이제 KBS의 전통으로 자리 잡다.

□ 12월 19일 대통령선거.

  – 출구조사 노무현 49.1%, 이회창 46.8%로 격차 2.3%를 정확하게 예측.

□ 12월 21일 KBS 강태원 복지재단 창립식.

  – 강태원 옹, 'KBS만이 좋은 일에 쓸 수 있다고 믿기에 재산을 헌납했다' 피력.

□ 2003년 1월 2일 신년사.

  – '공영방송 30주년. KBS의 독립성과 공영성을 확립하는 역사적인 해로 삼자'

□ 1월 6일 이민 100주년 기념 하와이 '열린 음악회' 참석.

□ 1월 30일 신년업무보고.

  – '마침내 KBS는 자유롭고 독립된 언론매체가 되었고 동시에 국민으로부터 가장 신뢰받는 매체가 되었으며 가장 영향력 있는 매체가 되었다'

□ 3월 5일 KBS 30주년 리셉션.

□ 3월 10일 이임.

  – '재임 5년간 가장 심혈을 기울인 것은 KBS의 독립성. 독립된 입장에서 뉴스와 프로그램을 제작하면서 진실성, 공정성, 객관성을 확보하는 것이며 그렇게 함으로써 국민의 신뢰를 얻어내는 것이었다'

  – '국민을 위한 방송, 국민에 의한 방송, 국민의 방송으로 뿌리내리기 위해 정직성, 근면, 공정성, 상호 소통, 용기, 공공봉사의 덕목을 가져라'

  – '신뢰받는 KBS에서 힘 있고 장엄한 KBS로 우뚝 솟는 것을 보고 싶다. 누구도 함부로 범접할 수 없고 모두가 우러러보는 위대하고 막강한, 그러나 책임 있는 KBS를 만드는 데 힘과 용기와 지혜를 모으라'

□ 퇴임 후 국내외 대학의 초빙으로 석좌교수, 강의, 연구에 정진하다.

  – 경원대학교 석좌교수

  – 명지대학교 석좌교수

  – 일본 세이케이대학교 초빙 연구교수 '일본 국가 전략 연구'


□ 2014년 2월 4일 새벽 타계.

  경기도 안성 유토피아수목원, 어느 나무 밑에 잠들다.

# 편찬을 마치고

1957년 1월 관훈클럽 탄생시킨 박권상의 관훈동 하숙집
58년 뒤 옆 골목서 후배들 추모문집 내 관훈동시대 마감

"저널리스트는 고된 직업이다. 고된 데 비해 대가는 적다. 그래도 평생 직업이 될 수 있다. 이 직업을 다른 목적을 위한 수단으로 격하시키는 일은 없어야 한다. 만약 언론을 그런 도구로 악용한다면 이 직업과 이 직업에 종사하는 스스로가 비참해진다."

1968년 5월 박권상 선생이 기자협회보에 '10년 전의 나, 10년 후의 나'란 제목으로 쓴 글의 마지막 구절입니다. 2014년 2월 생애를 마감하기까지 그 후 10년이 아니라 46년 동안 선생은 그런 저널리스트 한길 원칙을 지키고 가셨습니다.

그 언론인 현역 50여 년에 그가 남긴 글이 2천여 편, 언론에 관한 것만 960편에 이릅니다. 이 글들을 모아 책으로 엮은 것이 22권, 번역과 공저를 빼고 언론에 관련해서 쓴 글을 모아 책을 낸 게 19권입니다. 1979년 영국 특파원을 마치고 돌아와 낸 첫 책이자 대표작 중의 하나가 『영국을 생각한다』입니다. 그 뒤 1985년까지 『(속) 영국을 생각한다』, 『미국을 생각한다』가 나왔습니다. 영국과 미국의 선진 정치와 언론을 소개하면서 우리 언론

의 후진적 현실이 불거질 때마다 저널리즘의 원칙을 깨우치고 언론철학을 강조한 그는 행동하는 기자이자 생각하는 학구적 언론인이었습니다. 그래서 전후 1세대 저널리스트로서 그가 반세기 영욕의 한국 언론사에 이룩하고 간 귀중한 행적을 조명한 추모 평전의 제목을 '박권상을 생각한다' 로 이름 지었습니다.

1권 '박권상을 생각한다' 의 중심 특집에는 시대별 영역별 활동을 다섯 시기로 구별해서 같은 시대 함께 일하거나 가깝게 지낸 언론계 원로 후배 다섯 분이 참여했습니다.

1기 기자 시절에서 김진배 전 동아일보 기자는 20대의 초년 기자 박 선생이 미국과 서독을 넘나들면서 종횡으로 활약하던 기사를 찾아 신문문장 현대화의 선각자 행적을 추적했습니다. 1955년 시카고의 미국사회 르포 시리즈, 1956년 워싱턴의 양유찬 대사 정치망언 특종, 1959년 서베를린의 브란트 시장 인터뷰 등 60여 년 전의 문헌적 가치가 돋보이는 기사들을 찾아 구시대 문장과 비교하면서 그가 개척해놓은 서양 선진 저널리스트 면모를 소개했습니다.

2기 논객 시절에서 남재희 전 서울신문, 주필은 숨은 정치 논객으로서 박 선생이 보여준 탁월한 역량을 공개했습니다. 선생은 90년부터 여야의 중량급 정치인 간담회를 만들어 노련하게 운영한 막후 정치 논객이기도 했습니다. "그가 아직 살아있다면 억지와 극단의 주장이 판치는 거대 언론들을 보고 어떻게 말할까…… 난데없이 야권의 연합 공천을 큰 잘못인 것처럼 공격하는 매카시즘적 행태에 대해……." 지난 9월 26일 한겨레신문은 추모 문집에 기고한 글의 일부를 전면에 특집해 주변의 관심을 끌었습니다.

3기 저술가 시절에서 김민환 고려대 미디어학부 명예교수는 방대한 선생의 글들을 체계적으로 분류해서 '박권상의 언론사상'으로 새롭게 평가해 놓았습니다. '언론은 자유 명예 그리고 의무와 연결시키는 꿈이었다'는 고인의 독백을 지칠 줄 모르는 자유혼의 파랑새였다고 회고한 김 교수는 언론 자유에 대한 그의 지적 탐험은 학계에서도 독보적이었다고 감탄했습니다.

4기 잡지인 시절에서 창간 멤버이자 대학 영문과 후배인 표완수 전 시사저널 국제부장은 2년여 준비 기간의 막바지 치열한 작업 열기를 현장 중계하듯 전해 주었습니다. 시사저널의 출현은 한국 주간잡지 역사 특히 뉴스 주간지의 역사를 바꾼 분수령이었습니다. 시사저널이 나오기 이전의 선정적 주간지 시대에서 정통 시사주간지 시대를 연 전환점에서 그는 영국 고급 주간지 이코노미스트의 기사 문장을 꿈꾸면서 새로운 매체를 통해 양심의 소리를 담으려고 땀 흘렸습니다.

5기 방송인 시절에서는 같은 시기 함께 일한 류 균 전 KBS 보도국장은 신문인 박권상 선생이 한국 최대 TV 방송사를 맡기까지 김대중 대통령에게서 방송의 독립을 보장받는 메모에 서명을 받고 취임했다는 놀랍고 역사적인 비화를 발굴해 세상에 알렸습니다.

권력으로부터 인사 편성 재정의 독립과 불간섭을 요구하는 7개 항목의 메모는 제목이 'KBS 사장 수락을 위한 약속'이었습니다. 이 메모를 전달받은 DJ는 "역시 박권상답구만" 그러면서 사인했다고 합니다. KBS가 신뢰와 영향력에서 1위 매체로 올라선 박 사장 재임 5년, 그 뒤 지금까지 아무도 이런 비밀 약정의 존재를 몰랐습니다. 박 사장이 무덤까지 가지고 간 그 특유의 신사도 정신 때문이기도 합니다.

2월 중순 삼우제 지내고 열흘 뒤 박 선생이 자주 다니던 서초동 한식집에서 김진배 선생이 기념회 예비모임을 마련했습니다. 유족과 후배들이 모인 이 자리에서 1주기를 기념해 추모 문집을 두 권 내기로 의견을 모았습니다. 1권은 평전이고 2권은 유고집이었습니다. 그러자 최일남 선생이 유고집을 언론 중심의 글로만 만들자고 제의했습니다. 50년 동안 남긴 글의 절반은 민주주의와 정치와 선거 등 소재가 다양합니다. 그 가운데 언론의 명제들만을 모아 해방 뒤 독립과 전쟁과 정변이 교차한 혼돈의 공간에서 한국 언론이 어떤 길을 걸어왔는지 그의 글을 통해 조명하고 그 기록들을 '박권상 언론학' 문헌으로 후대에 남기자는 취지였습니다.

　'박권상 언론학' 이 처음 활자로 소개된 것은 1991년 출간된 『박권상의 시론; 동아시론 모음집』에서 서울대 환경대학원의 김형국 교수가 책 끝에 교유기를 쓰면서였습니다. 1982년 가을 김 교수는 박사학위 논문을 완성하기 위해, 박 선생은 해직 뒤 미국 연구원 생활로 버클리대학에서 만났습니다. 그 시절 김 교수는 5개월 동안 매일처럼 박 선생을 만나 30년 언론 생활의 경험과 식견에 흠뻑 빠져 스스로를 '박권상 언론학의 개인교습생' 이란 글을 남겼습니다. 그 박권상 언론학을 이번 추모 문집에서 고대 김민환 교수는 '박권상 언론사상' 으로 한 단계 학문적으로 재평가했습니다.

　3월 중순 인사동에 조그마한 기념회 준비 사무실을 마련하고 자료 수집에 들어간 지 석 달 만에 여러 군데 흩어져 있던 자료들이 정돈되었습니다. 그때부터 시대별 분야별 기사를 분류하고 주제에 따라 영역별로 조합된 기사 중에서 겹치는 대목들을 추려 순열을 맞추는 작업을 계속했습니다. 그렇게 해서 960편의 원고를 60편으로 줄여놓고 정선을 거듭해서 최종 34편으로 '박권상 언론학' 의 구성을 확정했습니다. 김종심 전 동아일보 논설실장이 이 어려운 작업을 도우셨습니다. 이 과정에서 김민환 교수가 중요한 정보를 주셨습니다. 서울대 신문정보연구소의 김영희 책임연구원이 2014년 7월 한국연구재단으로부터 '언론인 박권상과 한국 현대 언론'을 주제로 저술출판을 지원받았다는 내용이었습니다. 그 김 박사의 특별 기고문을 싣게 된 것은 대단한 행운입니다.

KBS에서 박권상 사장의 보좌관으로 인연을 맺어 이제는 그를 기리는 기념회 운영을 보살피고 있는 박인택 대표, 5년 전 조세형 선생의 추모문집 3부작을 만든 전력 때문에 차출돼서 수고한 정학연구소의 박광순 이사와 박규한, 조나연 두 젊은 디지털 세대의 기민한 도움 그리고 출판을 맡은 상상나무 여러분 모두에 고마움을 전합니다.

우연이랄까, 1957년 1월 관훈동 84의 2 하숙방에서 박권상 선생은 청운의 뜻이 같은 새내기 기자 10명을 모아 한국 언론의 새로운 비전을 걸고 관훈클럽을 탄생시켰습니다. 그로부터 58년의 세월이 흘렀습니다. 그리고 2015년 1월 바로 그 관훈동 옆 골목 기념회사무실에서 그에게서 언론인의 삶과 길을 배우고 따른 후배들이 '박권상을 생각하고 박권상의 언론학'을 영원히 기리는 추모 문집의 편찬을 마감합니다. 아울러 60년을 관통해온 선생의 관훈동 한 시대도 막을 내립니다. 그렇게 만든 문집 두 권을 삼가 그의 영전에 바칩니다.

2015년 1월 박권상기념회 추모문집 편찬실

편찬위원; 김진배 최일남 서동구 김종심 류 균 진홍순 박종렬 박광순 박인택